설교주제잡기 700선

제 4 권

신약

요한복음, 사도행전

설교주제잡기 700선
제4권

지은이: 박순오

초판_ 2018. 8. 10.

발행처_ 도서출판 조명문화사
발행인_ 이재영

등록번호_ 제2-846호
등록일자_ 1989.7.13

서울특별시 성동구 뚝섬로4길 28(성수동1가)
전화 02-498-3017 팩스 02-498-3018
홈페이지 http://www.cmpress.co.kr

ISBN 978-89-7257-489-7 94230

정가 17,000원

설교주제잡기 700선

제 4 권

신약: 요한복음, 사도행전

박순오 지음

도서출판 조명문화사
CMPress

| 서문 |

“설교자가 강단에 설 때에는 천국이 기쁨으로 응답하고 지옥이 두려움에 떨도록 교회의 모든 성도들은 거룩함으로 기다려야 합니다. 그러할 때 영원한 모든 것은 떨며 사탄과 그의 졸개들은 두려움으로 흠뻑 젖게 될 것입니다.”

“목회자들이여, 당신의 설교가 회중이 나아가는 길의 구름기둥, 불기둥이 되게 하라! 사람들의 회의나 인간관계나 이벤트성 사업으로 목회하려 하지 말고, 오직 성경 본문의 의도에 충실한 설교로 목회하라!”

『설교주제잡기 700선』 시리즈가 발간을 시작한 것은 전적으로 하나님의 은혜입니다. 제1권(모세오경)이 지난 6월 1일에 발간된 후 한 달 되는 7월 2일에 제2권(역사서, 시가서, 선지서)을 출간하게 된 것은 기적과 같은 일입니다. 제3권(마태, 마가, 누가복음)의 원고를 두 주 전에 출판사로 보냈고 본서 제4권(요한복음과 사도행전)의 내용을 끝내고 서문을 쓰고 있는 지금 필자의 심정은 오직 하나님께 영광을 돌리는 마음으로 충만합니다.

『설교주제잡기 700선 제4권』에서는 [Part I]에서 “대지 유형 변화에 따른 설교 개요 변화”를 예를 들어가며 설명하고 있습니다. 이미 제2권에서 구역성경의 본문을 예로 들며 대지의 다양한 유형을 소개한 바 있는데, 본서인 제4권에서는 신약성경의 본문을 예로 들어 상세하게 설명하려 노력했습니다.

그리고 대지 유형 변화를 응용하여 설교 개요를 작성하는 방법을 여러 가지로 제시해 보았습니다. 향후 이 부분은 더 많은 연구가 필요한 영역이 되어 후배들의 멋진 작품들이 빛을 보게 될 것을 기대하겠습니다.

앞으로 제5권(로마서~요한계시록)에서는 그리스도 중심의 설교(Christ-centered Sermon), 곧 구속사적인(Redemptive) 설교를 작성하는 방법을 제시할 예정이고, 제6권에서는 성경적 상징주의(Biblical Symbolism)를 적용하여 성경 본문에서 주제와 설교 개요를 작성하는 예들을 선보이려 합니다. 그리고 제7권에서는 목회자들의 편의를 위하여 목회 계획에 따른 설교주제잡기(송구영신, 사순절, 부활절, 성령강림절, 가정의 달, 맥추 및 추수감사절, 대림절, 성탄절, 3.1절, 광복절, 사회개혁, 성경과 자유민주주의...)를 시도해보려 합니다.

필자와 같이 나이 들고 우둔한 사람을 지난 5년간 전국 30곳 이상의 지역에서 1,200여 명의 목회자들에게 〈강해대지설교 클리닉〉의 강사로 사역하게 하신 하나님께 영광을 돌립니다. 본서의 출판을 위해 여러 가지로 도움을 주신 조명문화사의 이용재 부장님과 이은경 팀장님, 그리고 직원 여러분의 노고에 새삼 감사드립니다.

2014년 10월 대구서현교회를 6년 조기 은퇴한 후 서울을 중심으로 강소교회운동(작지만 강한 교회 세우기 운동)을 진행해 오는 동안 참 많은 분의 물심 양면의 도움이 있었습니다. 지난 4년 동안 매월 선교비를 보내주시는 대구서현교회의 당회원 여러분, 〈기독교영성상담연구소〉의 오우성 박민수 목사님, 〈흰돌선교센터〉의 이광복 목사님 부부, 나눔과기쁨의 서경석, 김용태, 박희봉 목사님, 안산 성문교회 조종제 목사님, 당진 에이스 산업의 오호융 집사님 부부와 김병창 장로님 부부, 대구의 신철, 송현옥 집사님 부부, 이대

목동병원의 박혜영 교수님, 부산의 한남석 장로님 부부, 이천의 이정수 집사님 부부, 재경 1438 진주고등학교 기독 신우회 동지 여러분, 그리고 전국의 1,200여 〈강해대지설교 클리닉〉 수료자 여러분들, 그리고 필자의 사역을 음으로 양으로 후원해 주시는 모든 분께 감사를 드립니다.

필자의 가족 친지 여러분들은 지난 38년간 우리 부부가 하나님 나라 사역을 위해 일할 때 비가 오나 눈이 오나 우리 부부의 버팀목이 되어 주셨습니다. 이 기회를 통해 모든 가족분께 감사를 드립니다. 그리고 지난 41년간 필자와 함께 생사고락을 같이 하며 항상 곁에서 힘을 북돋우어 주는 아내 손정민에게 감사를 드립니다. 당신은 하나님께서 필자를 위해 준비해 주신 많은 것들 중 최고의 선물입니다!

〈강해대지설교 클리닉〉을 통해 강단 설교의 새로운 지평을 열게 하시는 우리 주님께 모든 영광을 돌립니다.

서울 강서구 마곡동에서

박 순 오 목사

설교주제잡기
700선

제 4 권

차례

Part Ⅰ

대지 유형 변화에 따른 **설교 개요** 변화

A. 대지의 다양한 유형

강해대지설교에서 가장 핵심적인 부분은 대지(大旨, points)이다. 한 세대 전만 해도 누구나 대지 설교, 그것도 3대지 설교를 선호했고, 심지어 대지 없는 설교는 교회 성도들로부터 원성의 대상이 되기까지 했다. 지금부터 20여 년 전 필자가 대구서현교회에 부임하여 몇 주일이 지나기 전에 당시 은퇴장로 중 한 분이 강한 어조로 필자에게 직접 3대지로 명확히 해 달라는 요청을 하시던 장면을 기억하고 있다.

그런데 지금은 어떠한가? 3대지 설교는 자주 천덕꾸러기 취급을 받는다. 현장보다 설교학자들에게 3대지 설교는 한물 간 구식이다. 촌스러운 설교, 심지어 비성경적인 억지 형식이라고 매도당하기도 한다. 필자의 경험으로는 교회에 새로이 부임하는 젊은 목사들 사이에 3대지 설교에 대한 거부감이 꽤 깊숙이 퍼져 있는 듯하다.

과연 그러한가? 3대지 설교는 정말 이제는 버려야 할 구닥다리인가? 필자의 생각으로는 결코 그렇지 않다. 필자도 목회 초창기에는 주로 대지 없이 강물 흐르듯이(?) 주제를 전개해 나가는 방법을 선호했다. 제목의 중요성에 대해 무지했고, 주제의 진행을 구성하는 방법이나 방향성에 대해 별다른 관심을 두지 않았다. 그리고 내 설교가 아주 논리적인 전개를 추구하고 있다고 자신했다. 내러티브 설교나 원포인트 설교에 비해 3대지 설교는 매우 비효율적이고 경직된 형식이라 치부했다. 하지만 지금 돌이켜보면 이런 생각들은 3대지가 다른 설교 형식보다 얼마나 큰 장점을 가졌는지를 알지 못했기 때문이다. 3대지 설교의 장점에 대해 채경락은 이렇게 말한다.[1]

1. 채경락, 『쉬운 설교』 (서울: 도서출판 생명의양식, 2015), 15~16.

> 변화의 잠재력에 있어서 3대지는 마르지 않는 우물과 같다. 지금까지 우리가 아는 3대지가 3대지의 전부는 아니다. 다양한 형태로의 변신이 가능하다… 3대지는 죽은 격자가 아니라 꿈틀꿈틀 살아있는 틀이다. 메시지의 특징에 맞춰 기민한 적응과 변신이 가능하다. 들어오는 메시지를 자기 틀에 맞추려 하기보다 오히려 메시지에 맞춰서 자기를 변화시킬 수 있는 틀이다.

하지만 강해대지 설교가 가지고 있는 비할 바 없는 장점들에도 불구하고 설교 작성시 주의해야 할 점들이 몇 가지 있다. 또한 이것들 때문에 대지 설교가 쉽사리 비판받기도 한다.

첫째로, 대지 하나하나가 각기 한 편의 설교가 되어 결국 세 편의 설교를 억지로 한 데 엮어놓은 짜깁기가 될 수 있기 때문에 이것을 주의해야 한다. 짜깁기 3대지가 되어서는 결코 안 된다. 우리의 설교는 하나의 단일 주제를 중심으로 일사분란하게 조직된 일체형 설교여야 한다.[2] 여기서 핵심은 통일성(unity)이다. 이상적인 설교는 하나의 주제를 중심으로 긴밀한 통일성을 유지해야 하는데, 3대지 설교를 작성할 때 반드시 유념해야 할 점이다.

둘째로 주의해야 할 점은 해석적인 측면의 것인데, 대지를 명제형(命題形)으로 뽑는 과정에서 본문 메시지가 왜곡되지 않도록 특히 조심해야 한다. 성경에는 내러티브(narrative)와 시, 서신, 율법 등 다양한 장르(genre)가 있는데, 3대지 설교자가 장르의 구분 없이 명제형 대지를 얻을 때 메시지가 왜곡되지 않도록 특별한 주의가 필요하다.

한 가지 알아야 하는 것은 장르의 변화가 의미의 왜곡을 초래하지

---

2. *Ibid*. 27.

는 않는다는 점이다. 만일 틀이 바뀐다고 해서 의미도 왜곡된다고 한다면 우리는 설교하면 안 된다. 이 경우 우리 설교자는 그저 성경 본문을 시편이든 내러티브든 서신서든 그대로 낭독해 주는 것 외에 할 수 있는 일이 없을 것이다. 왜냐하면 설교도 하나의 독립된 장르로서, 설교단에 오르는 순간 필연적으로 본문의 장르 변화가 일어나기 때문이다.[3]

그럼에도 불구하고 예수님이 우리에게 말씀 선포를 명하시는 것은 어떤 이유에서인가? 결국 틀이 바뀌더라도 메시지는 본문의 의도를 벗어나지 않을 수 있다는 말이 아닌가!

한걸음 더 나아가 명제형 대지를 통하여 우리는 본문의 의도를 선명하게 드러낼 수 있다. 명제는 가장 선명한 언어 형태다. 모든 설교 언어가 명제형일 필요는 없지만, 설교의 골격은 단연 명제형 문장이어야 한다. 설교의 주제와 대지는 반드시 명제형 문장으로 기술되어야 한다. 그렇지 않으면 설교가 방향을 잃어버리게 될 것이다.

강해대지설교의 강점 중 필자가 특히 강조하고 싶은 것은 변화의 역동성이다. 우리가 일반적으로 알고 있는 3대지가 3대지의 전부는 아니다. 본 장에서 다루고자 하는 것은 바로 이 변화의 역동성인데, 이를 통해 강해대지설교의 전개의 다양성과 적용의 역동성을 알아볼 수 있다. 놀라운 것은 3대지 설교 속에 본문의 의도와 주제에 대한 설명, 증명, 적용, 이유 제시 등 다양한 메시지를 다양한 리듬으로 담아낼 수 있다는 점이다.[4]

이제 대지의 다양한 유형에 대해 알아보자. 대지의 유형을 분류하는 여러 가지 방법 가운데 가장 논리적이며 체계적인 것은 대지를 중심으로 하여 주제와 대지, 본문과 대지, 그리고 대지와 대지의 관계를 중심으로 분류하는 것이다.

---

3. *Ibid*. 31.
4. *Ibid*. 45.

우리는 이미 『설교주제잡기 700선』 제2권에서 대지 유형별로 구약의 역사서와 시가서, 그리고 선지서에서 본문을 찾아 예시한 바 있다. 여기서는 신약성경의 요한복음과 사도행전을 중심으로 신약 전체의 본문에서 해당 유형에 적합한 본문을 찾아 설교 개요를 전개해 보려 한다. 본서와 제2권의 설명을 통하여 독자 여러분의 대지 유형에 대한 이해도를 높이게 되기 바란다. 이제 3대지의 다양성과 풍성함 속으로 들어가 보자.

1. **주제**와 **대지**의 **관계**에서 본 대지 유형

설교 작성의 순서는 먼저 본문을 선택하고, 선택된 본문으로부터 한 문장으로 된 주제를 결정하고, 그 주제를 중심으로 3대지 또는 몇 개의 대지로 펼치는 과정으로 이어진다. 이때 주제를 설명형으로 펼칠 수도 있고 적용형, 증명형 또는 함축형으로 대지를 펼칠 수도 있다.

1.1. 주제 설명형

'주제 설명형'은 문자 그대로 주제를 대지들을 통하여 설명하는 방식의 설교이다. 설명을 받아내는 질문, 즉 설명형 우산질문(ex. 그것이 무엇인가?)을 던지고, 대지들이 그 질문에 대답하는 형식이다. 요한복음 12:44~50을 본문으로 하여 설명형 3대지를 구성해 보자.

본문 : **요 12:44~50**

제목 : **육신을 입고 오신 예수님**

44.예수께서 외쳐 이르시되 나를 믿는 자는 나를 믿는 것이 아니요 나를 보내신 이를 믿는 것이며
45.나를 보는 자는 나를 보내신 이를 보는 것이니라
46.나는 빛으로 세상에 왔나니 무릇 나를 믿는 자로 어둠에 거하지 않게 하려 함이로라
47.사람이 내 말을 듣고 지키지 아니할지라도 내가 그를 심판하지 아니하노라 내가 온 것은 세상을 심판하려 함이 아니요 세상을 구원하려 함이로라
48.나를 저버리고 내 말을 받지 아니하는 자를 심판할 이가 있으니 곧 내가 한 그 말이 마지막 날에 그를 심판하리라
49.내가 내 자의로 말한 것이 아니요 나를 보내신 아버지께서 내가 말할 것과 이를 것을 친히 명령하여 주셨으니
50.나는 그의 명령이 영생인 줄 아노라 그러므로 내가 이르는 것은 내 아버지께서 내게 말씀하신 그대로니라 하시니라

1. 주님은 세상에 보내심을 받았음 (= 파송받으신 예수님)

44절= "예수께서 외쳐 이르시되 나를 믿는 자는 나를 믿는 것이 아니요 나를 보내신 이를 믿는 것이며"

45절= "나를 보는 자는 나를 보내신 이를 보는 것이니라"

2. 주님은 빛으로 세상에 오셨음 (= 신적 침공자 예수님)

46절= "나는 빛으로 세상에 왔나니 무릇 나를 믿는 자로 어둠에 거하지 않게 하려 함이로라"

3. 주님은 세상을 구원하러 오셨음 (= 구원자 예수님)

47절= "…내가 온 것은 세상을 심판하려 함이 아니요 세상을 구원하려 함이로라"

본문에서 예수님은 자신이 이 땅에 오신 목적을 담대하게 선언하신다. 예수님은 잡히시기 닷새 전 예루살렘에 입성하셨다. 당시 하나님의 도시 예루살렘 주민들의 신앙 상태는 비참한 지경에 이르렀다. 이를 보신 예수님은 마음이 강퍅한 무리에게 외치신다. 주님은 감동

받지 못하는 자들, 말씀에 은혜받지 못하는 자들에게 간절한 마음으로 외치셨다. 설교의 개요는 예수께서 자신이 이 땅에 오신 것에 대해 스스로 밝히신 내용을 설명하고 있다.

1대지에서 예수님은 자신이 세상에 보내심을 받았다고 선언하신다. 예수님의 의식 가운데 깊이 뿌리 내린 사상은 '나를 보내신 이'에 대한 것이다. 2대지에서 예수님은 자신이 빛으로 이 세상에 오셨다고 선언하신다. 이 세상은 사탄이 주관하는 흑암의 땅이다. 주님은 그 속에서 신음하는 인류를 자유케 하기 위하여 빛으로 오셨다. 그리고 3대지에서 주님은 세상을 구원하러 오셨다고 당당하게 밝히신다. 육신을 입고 오신 예수님은 어떤 분인가? 그분은 하나님에 의해 파송받으신 분이요 신적 침공자로 이 세상에 오셔서 우리를 구원하시는 분이시다.

이처럼 주제 설명형은 각 대지가 주제를 차례로 설명해 나가는 형태의 설교이다. 가장 보편적인 형태이며, 성경의 진리를 쉽게 증거하며 교인들을 교육하는 데 편리한 유형이다. 주제 설명형 대지의 다른 예들, 그리고 아래 언급한 모든 대지 유형의 예들은 본서의 [Part II. 설교주제잡기 700선: 요한복음, 사도행전]의 각 설교 개요의 〈대지 유형〉의 구분을 참조하라.

1.2. 주제 적용형

'주제 적용형'은 본문의 내용을 따라 주제를 성도의 실제 삶에 적용하는 형식으로, 즉 '구체적으로 이렇게 하라'고 지시하거나 권면하는 대지들로 펼쳐가는 설교이다. 먼저 원리를 제시하고 후에 그것을 적용해 간다. 주제 적용형 설교는 서론의 마지막 부분에서 '그렇다면 우리는 어떻게 해야 하는가?'라는 우산질문을 던진 후 각 대지 진술이 이 질문에 답하여 가는 유형의 설교이다. 사도행전 3:1~10을 본문으로 삼고 주제 적용형 설교를 구성해보자.

<table>
<tr><td>본문 : 행 3:1~10
제목 : 장애인의 손을 잡아 일으키는 교회
(Helping the Handicapped Stand-up)</td></tr>
<tr><td>1.제 구 시 기도 시간에 베드로와 요한이 성전에 올라갈새
2.나면서 못 걷게 된 이를 사람들이 메고 오니 이는 성전에 들어가는 사람들에게 구걸하기 위하여 날마다 미문이라는 성전 문에 두는 자라
3.그가 베드로와 요한이 성전에 들어가려 함을 보고 구걸하거늘
4.베드로가 요한과 더불어 주목하여 이르되 우리를 보라 하니
5.그가 그들에게서 무엇을 얻을까 하여 바라보거늘
6.베드로가 이르되 은과 금은 내게 없거니와 내게 있는 이것을 네게 주노니 나사렛 예수 그리스도의 이름으로 일어나 걸으라 하고
7.오른손을 잡아 일으키니 발과 발목이 곧 힘을 얻고
8.뛰어 서서 걸으며 그들과 함께 성전으로 들어가면서 걷기도 하고 뛰기도 하며 하나님을 찬송하니
9.모든 백성이 그 걷는 것과 하나님을 찬송함을 보고
10.그가 본래 성전 미문에 앉아 구걸하던 사람인 줄 알고 그에게 일어난 일로 인하여 심히 놀랍게 여기며 놀라니라</td></tr>
<tr><td>1. 신체적인 장애를 극복하도록 잡아주어야 함 (= 신체적 장애 극복)
7절= “오른손을 잡아 일으키니 발과 발목이 곧 힘을 얻고”
2. 장애인들의 경제적인 어려움을 극복하도록 도와야 함 (= 경제적 장애 극복)
3절= “그가 베드로와 요한이 성전에 들어가려 함을 보고 구걸하거늘”
3. 사회적인 장애를 극복하도록 도와야 함 (= 사회적 장애 극복)
10절= “그가 본래 성전 미문에 앉아 구걸하던 사람인 줄 알고 그에게 일어난 일로 인하여 심히 놀랍게 여기며 놀라니라”</td></tr>
</table>

본 설교("장애인의 손을 잡아 일으키는 교회")는 장애인들을 차별하고 그들의 어려움에 무관심한 사회 풍조와 그 풍조에 저항하지 않는 무기력한 교회를 향해 외치는 하나님의 말씀이다. 본 설교의 주제는 "교회는 장애인들을 위해 신체적·경제적·사회적 장애를 극복하도록 도와야 한다" 정도로 요약할 수 있겠다.

교회는 장애인들을 어떤 면에서 도와야 하는가? 어떻게 하면 우리 교회가 장애인을 돕는 교회라는 칭찬을 하나님으로부터 받을 수 있을까? 이 질문에 대한 대답으로 1대지는 교회가 장애인의 신체적 어려움을 도와야 한다고 교훈한다. 복음의 능력으로 치유가 일어난다는 사실을 강조하고 기대하라. 동시에 교회 식구들의 신체적 장애에 대한 관심이 필요하다. 장애인을 위한 시설에 투자가 필요하다(화장실, 계단, 엘리베이터, 의료시설 등). 우리 교회는 장애인의 관점에서 생각하는 발상의 전환이 필요하다.

2대지에서 장애인들의 경제적 어려움을 극복하도록 그들을 도와야 함을 역설한다. 장애인의 취업 문제에 특별한 관심을 가져야 하고, 장애인을 고용하는 일에 앞장서야 한다. 3대지에서는 10절을 통하여 그들의 사회적 장애를 극복하도록 도와야 함을 교훈한다. 장애인들의 낮은 자존감(自尊感)은 큰 문제이다. 장애인들의 입장에서 문제를 해결하려는 시도가 필요하고 장애인을 사회의 중심으로 끌어내는 노력이 필요하다. 교회는 대(對)사회적인 선도 기능을 회복해야 한다.

본 설교의 개요는 주제 적용형 – 본문 수집형 – 대지 병렬형의 대지 유형을 따르고 있다. 세 대지가 모두 장애인의 손을 잡아 일으키는 교회가 해야 할 일을 본문에서 찾아 병렬로 나열하고 있다.

이처럼 주제 적용형 대지는 성도의 신앙생활에서 부족한 부분을 권면하거나 교훈하는 내용이므로 오랜 기간 신앙생활을 하고 있는 교인이나 교회 직분자들에게 보다 적절한 설교 유형이라 할 수 있다.

1.3. 주제 증명형

'주제 증명형' 대지란 각 대지가 주제를 증명하는 방식으로 펼쳐지는 것을 말한다. 앞에서 언급한 주제 설명형이나 주제 적용형에서와 마찬가지로 여기서 말하는 '증명'은 논리적인 언어로서의 증명이라기보다 단지 설교를 펼쳐가는 방식으로서의 증명이다. 본문에서 뽑아낸 주제에 대하여 '정말로 그러한가?'라는 우산질문을 던진 다음 그 질문에 대하여 하나하나 풀어가는 방식이다. 사도행전 4:31~35을 본문으로 삼고 "역동적인 초대교회의 모습"이라는 제목으로 주제 증명형 설교 개요를 작성해보자.

본문 : **행 4:31~35** 제목 : **역동적인 초대교회의 모습 (The Year of New Beginnings)**
31.빌기를 다하매 모인 곳이 진동하더니 무리가 다 성령이 충만하여 담대히 하나님의 말씀을 전하니라 32.믿는 무리가 한마음과 한 뜻이 되어 모든 물건을 서로 통용하고 자기 재물을 조금이라도 자기 것이라 하는 이가 하나도 없더라 33.사도들이 큰 권능으로 주 예수의 부활을 증언하니 무리가 큰 은혜를 받아 34.그 중에 가난한 사람이 없으니 이는 밭과 집 있는 자는 팔아 그 판 것의 값을 가져다가 35.사도들의 발 앞에 두매 그들이 각 사람의 필요를 따라 나누어 줌이라
1. 함께 모여 기도하였더니 모인 곳이 진동하였음 (= 합심기도와 응답) 31절= "빌기를 다하매 모인 곳이 진동하더니…" **2. 무리가 다 성령이 충만하였음 (= 성령 충만)** 31절= "…무리가 다 성령이 충만하여…" **3. 사도들이 큰 권능으로 주 예수의 부활을 증언함 (= 능력 전도)** 33절= "사도들이 큰 권능으로 주 예수의 부활을 증언하니 무리가 큰 은혜를 받아"

본 설교("역동적인 초대교회의 모습")는 신년을 맞아 교회의 목표를 제시하는 메시지로 적절하다. 설교의 석의(釋義) 주제는 "초대교회는 기도 응답과 성령 충만, 그리고 능력 전도 면에서 모범적인 교회였다" 정도로 요약할 수 있겠다. 그런데 오늘날 많은 교회가 초대교회의 역동적인 모습에서 멀리 떨어져 있으니 이를 어찌할까! 설교자는 각 대지를 풀어나가면서 초대교회가 과연 어떤 면에서 역동적이었는가를 살피며 그 역동성을 부각시키는 것이 효과적일 것이다.

1대지에서 초대교회 성도들의 합심기도의 모습과 하나님의 응답을 통해 과연 초대교회는 역동적이었음을 제시한다. 우리는 교회 공동체의 합심기도회를 예사롭게 볼 것이 아니다. 합심기도회를 통해 한마음, 한 가치관을 세우는 계기로 삼고, 기도 응답을 크게 받는 새해로 만들어야겠다.

2대지에서는 모든 성도가 함께 성령으로 충만해진 것을 강조한다. 그런데 성령 충만에 대한 오해가 많다. 성령 충만은 성령의 부으심이요, 성령께서 나의 모든 내면을 지배하는 상태이다. 나의 생각, 의지, 감정이 성령에 의해 지배당하면 나는 그분의 뜻에 순종하게 된다. 주님의 뜻이 나의 뜻이 되고 주님의 가치관이 나의 가치관이 되는 변화가 일어난다. 초대교회 성도들이 이러했다는 것은 참으로 놀라운 일이다. 그 교회는 역동적인 믿음을 가진 성도들로 가득 찬 공동체였다.

3대지에서는 능력 전도를 행한 교회 일꾼들의 이야기를 다룬다. 현대교회에서 가장 부족한 것이 바로 구령(救靈)의 열정이다. 열정이 부족하니 증거하는 말에도 능력이 부족하고, 따라서 다른 것으로 채우려 한다(각종 프로그램, 그림, 영상, 연극, 노래 등등). 우리는 반드시 초대교회의 영성을 회복해야 한다! 큰 권능으로 복음을 증거하는 본래의 모습을 되찾아야 한다. 오늘날 한국교회에 절실히 필요한 것이 성령 충만의 체험이다. 한국교회는 역동적인 초대교회의 성령 충만한 모습을 본받아 1907년 평양대부흥의 역사를 다시 써야 할 것이다.

앞에서 보인 대로 주제 증명형 설교는 진리에 회의적(懷疑的)인 사람들이나 논증을 좋아하는 젊은이들에게 보다 효과적으로 접근할 수 있는 대지 유형이라 할 수 있다.

1.4. 이유 제시형

'이유 제시형' 대지란 '그 이유가 무엇인가?'라는 우산 질문에 대해 각 대지에서 그 이유나 원인을 제시하는 대지 유형이다. 많은 경우 이유 제시형의 설교 제목은 " ~한 이유"와 같은 형식으로, 그리고 각 대지는 "~이기 때문"의 형식을 취한다. 요한복음 19:28~30을 본문으로 삼고 "그들이 전해야 하는 이유"라는 제목으로 이유 제시형 설교를 작성해보자.

본문 : **요 19:28~30** 제목 : **"내가 목마르다"고 하신 이유**
28.그 후에 예수께서 모든 일이 이미 이루어진 줄 아시고 성경을 응하게 하려 하사 이르시되 내가 목마르다 하시니 29.거기 신 포도주가 가득히 담긴 그릇이 있는지라 사람들이 신 포도주를 적신 해면을 우슬초에 매어 예수의 입에 대니 30.예수께서 신 포도주를 받으신 후에 이르시되 다 이루었다 하시고 머리를 숙이니 영혼이 떠나가시니라
1. 예수께서 참사람으로 죽으셨기 때문 (= 그리스도의 인성 강조) 28절= "그 후에 예수께서 모든 일이 이미 이루어진 줄 아시고 성경을 응하게 하려 하사 이르시되 내가 목마르다 하시니" **2. 그가 지옥의 목마름을 경험하셨기 때문 (= 지옥의 고통 체험하심)** 28절= "...이르시되 내가 목마르다 하시니"

3. 성경의 예언을 이루시기 위함 (= 성경을 이루고자 하신 주님의 열심)

28절= "…성경을 응하게 하려 하사 이르시되 내가 목마르다 하시니"

본 설교("'내가 목마르다'고 하신 이유")의 개요는 28절 한 절을 중심으로 묵상하며 예수께서 십자가에서 "내가 목마르다"고 외치신 이유를 찾아보는 것을 중점적으로 하여 작성한 것이다. 이유 제시형이며 본문 묵상형이요 대지 심화형의 구조이다.

설교의 주제는 "예수님이 십자가에서 '내가 목마르다'고 외치신 것은 참사람이신 주님이 지옥의 고통을 체험하는 중에도 성경의 예언을 이루려는 열심이 특심하신 것을 나타낸다" 정도로 요약할 수 있다. 그런데 많은 신앙인은 주님의 목마름을 피상적으로만 알고 있으므로 설교자는 말씀 생기가 담긴 설교로 회중이 주님의 부르짖음을 깊이 느끼도록 해야 할 것이다.

1대지에서는 이 말이 그리스도의 인성을 강조하고 있음을 지적한다. 예수님은 인간의 성장 과정을 모두 거치셨다. 주님은 우리가 느끼는 것을 느끼셨고, 우리의 필요를 친히 경험하셨다. 복음서에 분명하게 기록된 주님의 피곤하심, 배고픔, 주무심, 눈물을 흘리심 등등, 이 모든 것은 그분이 참사람으로 오셨다는 것을 증거한다. 이 모든 것은 그가 우리의 죄를 감당하시려고 참사람으로 오셨기 때문이다.

2대지에서는 예수께서 "내가 목마르다"고 외치신 이유를 그가 지옥의 고통을 체험하신 것에서 찾는다. 지옥의 특징 중 하나는 그곳이 목이 타는 곳(눅 16:24)이라는 사실이다. 주님은 시대를 초월하여 죄로 인해 영혼의 목마름으로 몸부림치는 인류의 고통을 대신 지고 친히 낮은 자리로 내려가셨다. 우리는 이 주님을 사랑한다!

3대지에서는 이 말씀이 성경의 예언을 이루고자 하시는 주님의 열심 때문이었다고 한 성경 저자의 해석을 인용한다. 주님의 성경관을 우리도 확실하게 파지해야 한다. 성경은 일점일획이라도 변개될 수 없고 예언된 말씀은 100% 이루어진다. 구약에서 예수님에 관한 예언이 333회 이상 나오는데, 이 중 240곳 이상이 주님의 승천 시까지 성취되었다. 하나님의 말씀은 주님에게 너무 중요해서 주님은 말씀 한 마디라도 허투루 하지 않으시고 성경을 이루시는 데 필요한 말씀을 그토록 고통이 엄습하는 가운데서도 하셨다.

이와 같이 이유 제시형 설교는 일차적으로 본문의 주제와 본문의 구성이 이유를 제시하고 있는 경우에 취해야 할 대지 유형이고, 이 경우 청중에게 직선적인 메시지를 전달할 수 있는 이점이 있다.

1.5. 목적 제시형

'목적 제시형' 대지란 '그렇게 하는 목적이 무엇인가'라는 우산 질문에 대해 각 대지에서 그 목적을 제시하는 대지 유형이다. 많은 경우 목적 제시형의 설교 제목은 " ~한 목적"의 형식으로, 그리고 각 대지는 " ~하기 위함"의 형식을 취한다. 누가복음 4:14~21을 본문으로 삼고 "예수님이 오신 목적"을 제목으로 목적 제시형 설교를 작성해보자.

본문 : **눅 4:14~21** 제목 : **예수님이 오신 목적 (What Jesus Christ Came for)**
14.예수께서 성령의 능력으로 갈릴리에 돌아가시니 그 소문이 사방에 퍼졌고 15.친히 그 여러 회당에서 가르치시매 뭇 사람에게 칭송을 받으시더라 16.예수께서 그 자라나신 곳 나사렛에 이르사 안식일에 늘 하시던 대로 회당에 들어가사 성경을 읽으려고 서시매 17.선지자 이사야의 글을 드리거늘 책을 펴서 이렇게 기록된 데를 찾으시니 곧 18.주의 성령이 내게 임하셨으니 이는 가난한 자에게 복음을 전하게 하시려고 내게 기름을 부으시고 나를 보내사 포로 된 자에게 자유를, 눈 먼 자에게 다시 보게 함을 전파하며 눌린 자를 자유롭게 하고

19.주의 은혜의 해를 전파하게 하려 하심이라 하였더라
20.책을 덮어 그 맡은 자에게 주시고 앉으시니 회당에 있는 자들이 다 주목하여 보더라
21.이에 예수께서 그들에게 말씀하시되 이 글이 오늘 너희 귀에 응하였느니라 하시니

1. 가난한 자에게 복음을 전하심 (= 영적·육적 빈곤자에게 해방 선포)

18절= "주의 성령이 내게 임하셨으니 이는 가난한 자에게 복음을 전하게 하시려고 내게 기름을 부으시고…"

2. 포로 된 자에게 자유를 전파하심 (= 마귀로부터의 해방 선포)

18절= "…나를 보내사 포로 된 자에게 자유를… 전파하며…"

3. 눈 먼 자에게 다시 보게 함을 전파하심 (= 영적·육적 시력 회복 선포)

18절= "…눈 먼 자에게 다시 보게 함을 전파하며…"

4. 눌린 자를 자유롭게 하심 (= 억압에서의 해방 선포)

18절= "…눌린 자를 자유롭게 하고"

5. 주의 은혜의 해를 전파하심 (= 하나님 나라의 새 시대 선포)

19절= "주의 은혜의 해를 전파하게 하려 하심이라 하였더라"

본 설교("예수님이 오신 목적")의 대지 유형은 목적 제시형 – 본문 분석형 – 대지 병렬형의 흐름을 가지고 있다. 설교의 주제는 "예수님이 이 땅에 오신 것은 죄 가운데 빠져 마귀에게 노예 된 자들을 해방시켜 진리를 보게 하고 하나님 나라의 새시대를 선포하기 위함이다"라고 요약할 수 있다. 그런데 현대인들은 자신이 마귀에게 속박된 사실을 인정하지 않으려는 교만과 무지에 빠져 있지 않은가? 본 설교는 이들을 깨우치려는 목표를 갖고 있다.

1대지는 주님이 오신 목적이 가난한 자에게 복음을 전하려 하심이라 선언한다. 아담과 하와가 범죄한 이후 모든 인류는 영육 간에 가난하게 되었다. 사람들은 삶의 능력과 가치를 상실하게 되었다. 예수님은 우리에게 가난에서의 해방을 선포하셨다.

2대지는 포로된 자에게 자유를 선포하기 위하여 주님이 오셨다고

선언한다. 이는 마귀로부터의 해방을 선포하는 것이다. 우리의 죄를 사하시고 마귀의 속박에서 우리를 해방시키시기 위해 십자가에서 죽으시고 부활하여 사망과 음부를 철폐하시고 천국 가는 길을 열어놓기 위해 오신 것이다.

3대지에서는 예수님 오신 목적을 죄인들의 영적·육적 시력을 회복시키기 위함이라고 밝힌다. 여러분은 영적 눈을 떠서 주님의 은혜와 영광의 모습을 보고 있는가? 이제 곧 주님의 재림의 때가 되었음을 보는 시력이 회복되었는가? 4대지에서 예수님은 마귀의 억압에서의 해방을 선포하신다. 많은 사람은 정신적인 억압 속에서 살아간다. 이 세상 풍속을 좇고 정욕과 탐심 때문에 마귀의 종이 되어 억압된 삶을 살아간다. 이들은 본래의 자유를 잃어버리고 노예의 쇠사슬에 묶여서 끌려다니는 신세가 되고 말았다.

그리고 5대지는 주님 오신 목적이 하나님 나라의 새시대를 선포하기 위함이라 증언한다. 초림 예수님은 하나님 나라의 새시대를 선포하셨고, 새시대를 위한 모든 역사를 이미 이루셨다. 주님은 이제 곧 다시 오셔서 말씀대로 새로운 나라를 여실 것이다. 성령으로 기름 부음 받으신 예수님은 이 모든 목적을 훌륭하게 수행하셨다. 그러므로 우리는 예수님 안에서 새로워져야 한다. 주님을 닮아 어떤 죄인일지라도 하나님의 용서와 자비와 은혜를 먼저 전해야 한다.

이처럼 목적 제시형 대지는 본문이 보여주는 하나님의 의도를 명확히 나타내어 설교자의 메시지를 보다 구체적으로 전하도록 도와준다. 설교자가 성령 충만하여 각 대지의 메시지를 확신을 가지고 전할 때 회중은 말씀 속에 내재되어 있는 말씀 생기를 받고 '혼과 영과 관절과 골수'에 찔림을 받게 되는 것이다.

1.6. 주제 함축형

'주제 함축형' 대지란 주제를 논리적으로 전개하는 명제로 대지를 삼아나가는 유형이다. 예를 들면 '~의 동기, ~의 과정, ~의 결과' 등으로 3대지를 잡고, 본문에서 그 내용을 뽑아 대지를 완성해 나가는 방식이다. 주로 서구의 설교자들이 많이 사용하는 것으로 회중이 설교의 흐름을 따라 메시지를 명확히 파악하는 데 도움이 되는 형식이다. 요한복음 17:13~26을 본문으로 삼고 "그리스도의 대제사장적 기도"를 설교 제목으로 하여 주제 함축형 대지를 작성해보자.

본문 : **요 17:13~26**
제목 : **그리스도의 대제사장적 기도**

13.지금 내가 아버지께로 가오니 내가 세상에서 이 말을 하옵는 것은 그들로 내 기쁨을 그들 안에 충만히 가지게 하려 함이니이다
14.내가 아버지의 말씀을 그들에게 주었사오매 세상이 그들을 미워하였사오니 이는 내가 세상에 속하지 아니함 같이 그들도 세상에 속하지 아니함으로 인함이니이다
15.내가 비옵는 것은 그들을 세상에서 데려가시기를 위함이 아니요 다만 악에 빠지지 않게 보전하시기를 위함이니이다
16.내가 세상에 속하지 아니함 같이 그들도 세상에 속하지 아니하였사옵나이다
17.그들을 진리로 거룩하게 하옵소서 아버지의 말씀은 진리니이다
18.아버지께서 나를 세상에 보내신 것 같이 나도 그들을 세상에 보내었고
19.또 그들을 위하여 내가 나를 거룩하게 하오니 이는 그들도 진리로 거룩함을 얻게 하려 함이니이다
20.내가 비옵는 것은 이 사람들만 위함이 아니요 또 그들의 말로 말미암아 나를 믿는 사람들도 위함이니
21.아버지여, 아버지께서 내 안에, 내가 아버지 안에 있는 것 같이 그들도 다 하나가 되어 우리 안에 있게 하사 세상으로 아버지께서 나를 보내신 것을 믿게 하옵소서
22.내게 주신 영광을 내가 그들에게 주었사오니 이는 우리가 하나가 된 것 같이 그들도 하나가 되게 하려 함이니이다
23.곧 내가 그들 안에 있고 아버지께서 내 안에 계시어 그들로 온전함을 이루어 하나가 되게 하려 함은 아버지께서 나를 보내신 것과 또 나를 사랑하심 같이 그들도 사

랑하신 것을 세상으로 알게 하려 함이로소이다
24.아버지여 내게 주신 자도 나 있는 곳에 나와 함께 있어 아버지께서 창세 전부터 나를 사랑하시므로 내게 주신 나의 영광을 그들로 보게 하시기를 원하옵나이다
25.의로우신 아버지여 세상이 아버지를 알지 못하여도 나는 아버지를 알았사옵고 그들도 아버지께서 나를 보내신 줄 알았사옵나이다
26.내가 아버지의 이름을 그들에게 알게 하였고 또 알게 하리니 이는 나를 사랑하신 사랑이 그들 안에 있고 나도 그들 안에 있게 하려 함이니이다

1. 중보기도의 대상: 자신의 제자들을 위해 기도하심 (= 일꾼들을 위한 기도)
15절= "내가 비옵는 것은 그들을 세상에서 데려가시기를 위함이 아니요 다만 악에 빠지지 않게 보전하시기를 위함이니이다"

2. 중보기도의 내용: 제자들을 진리로 거룩하게 해 달라고 기도하심 (= 일꾼들의 성화를 위한 기도)
17절= "그들을 진리로 거룩하게 하옵소서 아버지의 말씀은 진리니이다"

3. 중보기도의 목표: 제자들이 하나가 되게 해 달라고 기도하심 (= 교회의 통일을 위한 기도)
21절= "아버지께서 내 안에, 내가 아버지 안에 있는 것 같이 그들도 다 하나가 되어 우리 안에 있게 하사 세상으로 아버지께서 나를 보내신 것을 믿게 하옵소서"

본 설교("그리스도의 대제사장적 기도")의 대지 유형은 주제 함축형 - 본문 묶음형 - 대지 연결형의 흐름을 갖고 있다. 설교의 주제는 "예수님은 제자들이 거룩하게 되고 서로 하나가 되도록 중보기도 하신다" 정도로 요약할 수 있다. 그런데 지금 많은 신앙인은 예수님의 중보기도에 대해 확신하지 못해 현재의 신앙생활에 확신을 갖지 못하고 나약한 상태에 있다. 본 설교는 이 점을 공략 목표로 세우고 대지 전개를 작성해야 한다.

1대지는 주님의 기도의 대상에 대한 내용이다. 주님은 기도에서 세상과 제자들을 구분하신다. 우린 주님의 이 모습을 결코 잊을 수 없

다. 소속감이 중요하다(14, 16절). 세상이란 하나님에게 적대적인 사람들이나 사회 조직을 가리키는데, 바로 이 세상이야말로 주님의 제자들이 일할 곳이 아닌가! 그러므로 주님은 자신의 제자들, 즉 하나님 나라의 일꾼들을 위해 중보기도 하신다.

2대지는 중보기도의 내용에 대한 것이다. 제자들을 진리로 거룩하게 해 달라는 것은 하나님 나라 일꾼들의 성화(聖化, Sanctification)를 위한 기도를 의미한다. 성결과 진리는 함께 간다. 거룩은 너무나 중요하다. 주님의 최고의 관심사는 제자들의 거룩이다. 그때나 지금이나 주님의 보혈이 우리를 거룩하게 한다.

3대지의 중심은 중보기도의 목표에 관한 것이다. 당시 주님은 제자들이 하나가 되게 기도하셨고, 이것은 오늘 교회의 통일을 위한 기도를 의미한다. 이 기도는 이미 응답되었다(유대인과 이방인의 장벽, 종과 자유자의 구분, 남녀의 구분이 해소됨). 그동안 기독교는 가는 곳마다 하나님의 영광을 드러냈다. 문제는 부족한 인간들로 인해 분열이 일어나는 데 있다. 주님의 기도의 내용이나 강조점은 변하지 않는다. 우리는 주님의 소원을 이루어드리는 교회를 만들어가는 데 최선을 다해야겠다.

위에서 보는 바와 같이 주제 함축형 대지는 청중에게 뿐만 아니라 설교자 자신에게도 전하고자 하는 명제를 분명하게 하는 이점이 있다. 그러나 함축형 대지 진술을 먼저 제시하는 과정에서 본문의 의도를 넘어서거나 왜곡할 위험성에 더욱 조심해야 한다.

2. **본문**과 **대지**의 **관계**에서 본 대지 유형

이번에는 본문과 대지의 관계에서 볼 때 나타나는 3대지의 역동성을 살펴보자. 강해대지설교의 세 가지 특징(본문중심, 주제중심, 적용중심) 중 가장 중요하고 핵심적인 것은 본문 중심의 설교 개요를 작성하고 본문 중심의 대지 전개를 지속하는 것이다. '본문의 의도'에 충실한 구조야말로 강해대지설교의 중심을 이루는 골격이어야 하고, 따라서 각 대지 진술은 반드시 본문 안에서 나와야 한다. 본문을 떠난 대지, 본문의 의도를 벗어난 대지는 이미 대지라 할 수 없다. 그런 점에서 본문과 대지는 '밀접한' 관계에 있을 수밖에 없다. 그런데 그 밀접한 관계는 하나가 아니라 다양하게 얽혀 있고, 이것이 3대지 설교에 또 다른 역동성을 부여한다.

2.1. 본문 분석형

'본문 분석형' 대지는 이름 그대로 본문을 쪼개고 분석하여 보통으로는 발견하기 쉽지 않은 소주제들을 발굴해 내어 펼쳐낸 대지이다. '본문 분석형'은 주로 짤막한 본문을 대상으로 하여 그 속에 들어 있는 심오한 주제를 대지로 엮어간다. 어떻게 하면 분석형 대지 설교를 만들어 낼 수 있을까? 인내하는 마음으로 본문을 읽고 또 읽고, 보고 또 보고, 작은 한 구절 안에 대지가 될 만한 것이 있는지 세밀하게 들여다보는 것이 최선이다. 좋은 주석이나 원어 성경을 참조하는 것도 한 방법이다. 모든 유형에서 원어 성경이 유용하지만 특히 본문 분석형에서 큰 도움이 된다. 사도행전 2:37~41을 본문으로 삼고 설교 제목을 "영혼의 상처"로 하여 본문 분석형 설교를 작성해보자.

본문 : **행 2:37~41** 제목 : **영혼의 상처 (Cut to the Heart)**
37.그들이 이 말을 듣고 마음에 찔려 베드로와 다른 사도들에게 물어 이르되 형제들아 우리가 어찌할꼬 하거늘 38.베드로가 이르되 너희가 회개하여 각각 예수 그리스도의 이름으로 세례를 받고 죄 사함을 받으라 그리하면 성령의 선물을 받으리니 39.이 약속은 너희와 너희 자녀와 모든 먼 데 사람 곧 주 우리 하나님이 얼마든지 부르시는 자들에게 하신 것이라 하고 40.또 여러 말로 확증하며 권하여 이르되 너희가 이 패역한 세대에서 구원을 받으라 하니 41.그 말을 받은 사람들은 세례를 받으매 이 날에 신도의 수가 삼천이나 더하더라
1. 베드로의 설교에 마음이 찔렸음 (= 진리는 영혼에 상처를 줌) 37절= "그들이 이 말을 듣고 마음에 찔려 베드로와 다른 사도들에게 물어 이르되 형제들아 우리가 어찌할꼬 하거늘" **2. 찔림의 상처는 죄 사함으로 치유됨 (= 치료약은 예수님의 피)** 38절= "베드로가 이르되 너희가 회개하여 각각 예수 그리스도의 이름으로 세례를 받고 죄 사함을 받으라" **3. 치유받은 자에게 성령의 선물이 약속됨 (= 성령 충만)** 38절= "죄 사함을 받으라 그리하면 성령의 선물을 받으리니" 39절= "이 약속은 너희와 너희 자녀와 모든 먼 데 사람 곧 주 우리 하나님이 얼마든지 부르시는 자들에게 하신 것이라"

본 설교("영혼의 상처")의 개요는 주제 설명형 – 본문 분석형 – 대지 연결형의 흐름으로 작성되었다. 설교의 주제는 "하나님의 진리에 찔림 받은 죄인의 영혼은 보혈로 고침 받아 성령으로 충만하게 된다"라고 할 수 있다. 그런데 안타까운 것은 많은 신앙인이 진리의 말씀에 영혼이 찔림 받는다는 것을 알지 못한다는 점이다. 설교자는 이 점에 유의하여 대지를 전개해 나가야 할 것이다.

1대지는 37절을 근거로 오순절에 모여든 군중이 베드로의 설교 말씀에 마음이 찔렸다는 점을 부각시켜 진리가 영혼에 상처를 준다는 사실을 보여준다. 하나님의 말씀 속에는 죄인의 영혼을 찌르는 능력이 있다. 말씀을 통하여 죄인의 마음속에서 하나님의 심판의 엄위(嚴威)함과 죄로 인해 받게 되는 형벌에 대한 두려움이 일어나게 되고, 그것들이 우리 영혼에 깊은 상처를 남기게 된다.

2대지는 38절의 내용을 깊이 묵상하여 1대지에서 언급한 찔림의 상처가 죄사함 받음으로 치유된다는 점을 강조한다. 진리의 말씀에 찔려 깊게 패인 상처는 아무나 치료할 수 없다. 그 상처는 오직 예수님만이 치료하실 수 있다. 주님께서 사용하시는 유일한 치료약은 십자가의 보혈이다. 그 피를 공급하는 손은 못 박힌 손이다. 주님이 상처받은 자에게 요구하시는 것은 오직 예수님을 즐거이 영접하는 것이다. 이 얼마나 엄청난 은혜의 말씀인가!

우리는 다음 구절인 39절에서 3대지의 중심 사상인 성령 선물의 약속을 발견한다. “모든 먼 데 사람 곧 주 우리 하나님이 얼마든지 부르시는 자들”이란 표현은 복음이 유대 지경을 벗어나 세계만방에 전해질 것을 내다보고 한 말이다. 그러므로 성령 충만은 복음을 받는 유대인에게와 모든 이방인에게 고루 약속된 주님의 선물이다. 성령님은 진리의 말씀에 찔림을 받고 예수님의 보혈로 치유받아 건강해진 영혼 위에 주어지는 하나님의 선물이다. 여러분은 자신이 심령의 찔림을 받던 날을 기억하고 있는가? 여러분이 영혼의 상처 때문에 고민하던 밤이 언제였나?

본 설교는 37절, 38절, 39절에서 각각 소주제를 뽑아내어 대지를 만들고 세 대지의 진술들이 영혼의 상처에 대해 생기는 원인과 치료약, 그리고 주님이 주시는 성령 선물의 약속이 어떤 것인가를 연결되도록 설계하였다. 좋은 본문 분석형 설교를 위해서는 구절구절에 대한 정확하고 깊은 해석과 적용이 필요하다. 각 대지 진술이 본문의 의도를 정확히 반영할 때 이를 선포하는 설교자의 입술에 성령님의 강력한 역사가 함께하신다.

2.2. 본문 수집형

'본문 수집형' 대지는 본문 이곳저곳에서 주제에 맞는 구절들을 수집하여 구성하는 유형의 대지이다. '본문 분석형'이 본문을 파고드는 유형이라면 '본문 수집형'은 본문을 읽어나가면서 주제에 맞는 부분을 뽑아내는 방식이다. 수집형의 본문은 하나의 연결된 단락일 수도 있고 떨어져 있는 성경 구절의 조합이 될 수도 있다. 후자의 경우 제목설교와 혼동될 수도 있으므로 대지들의 통일성이나 연결성에 더 많은 관심을 쏟아야 하는 것이 좋다. 요한복음 9:1~6을 본문으로 삼고 "날 때부터 맹인 된 사람을 보는 시각"을 제목으로 하여 본문 수집형 설교를 작성해보자.

본문 : **요 9:1~16**
제목 : **날 때부터 맹인 된 사람을 보는 시각**

1.예수께서 길을 가실 때에 날 때부터 맹인 된 사람을 보신지라
2.제자들이 물어 이르되 랍비여 이 사람이 맹인으로 난 것이 누구의 죄로 인함이니이까 자기니이까 그의 부모니이까
3.예수께서 대답하시되 이 사람이나 그 부모의 죄로 인한 것이 아니라 그에게서 하나님이 하시는 일을 나타내고자 하심이라
4.때가 아직 낮이매 나를 보내신 이의 일을 우리가 하여야 하리라 밤이 오리니 그 때는 아무도 일할 수 없느니라
5.내가 세상에 있는 동안에는 세상의 빛이로라
6.이 말씀을 하시고 땅에 침을 뱉어 진흙을 이겨 그의 눈에 바르시고
7.이르시되 실로암 못에 가서 씻으라 하시니 (실로암은 번역하면 보냄을 받았다는 뜻이라) 이에 가서 씻고 밝은 눈으로 왔더라
8.이웃 사람들과 전에 그가 걸인인 것을 보았던 사람들이 이르되 이는 앉아서 구걸하던 자가 아니냐

9.어떤 사람은 그 사람이라 하며 어떤 사람은 아니라 그와 비슷하다 하거늘 자기 말은 내가 그라 하니
10.그들이 묻되 그러면 네 눈이 어떻게 떠졌느냐
11.대답하되 예수라 하는 그 사람이 진흙을 이겨 내 눈에 바르고 나더러 실로암에 가서 씻으라 하기에 가서 씻었더니 보게 되었노라
12.그들이 이르되 그가 어디 있느냐 이르되 알지 못하노라 하니라
13.그들이 전에 맹인이었던 사람을 데리고 바리새인들에게 갔더라
14.예수께서 진흙을 이겨 눈을 뜨게 하신 날은 안식일이라
15.그러므로 바리새인들도 그가 어떻게 보게 되었는지를 물으니 이르되 그 사람이 진흙을 내 눈에 바르매 내가 씻고 보나이다 하니
16.바리새인 중에 어떤 사람은 말하되 이 사람이 안식일을 지키지 아니하니 하나님께로부터 온 자가 아니라 하며 어떤 사람은 말하되 죄인으로서 어떻게 이러한 표적을 행하겠느냐 하여 그들 중에 분쟁이 있었더니

1. 제자들의 시각: 맹인으로 난 것의 원인이 무엇인가를 물었음 (= 신학적 접근)

2절= "제자들이 물어 이르되 랍비여 이 사람이 맹인으로 난 것이 누구의 죄로 인함이니이까 자기니이까 그의 부모니이까"

2. 바리새인들의 시각: 안식일에 고침 받은 것에 관심을 집중했음 (= 율법적 접근)

14~15절= "예수께서 진흙을 이겨 눈을 뜨게 하신 날은 안식일이라 그러므로 바리새인들도 그가 어떻게 보게 되었는지를 물으니…"

3. 예수님의 모범: 맹인이 눈을 뜨도록 도와주셨음 (= 선교와 봉사의 차원)

3~4절= "이 사람이나 그 부모의 죄로 인한 것이 아니라 그에게서 하나님이 하시는 일을 나타내고자 하심이라"
6~7절= "이 말씀을 하시고 땅에 침을 뱉어 진흙을 이겨 그의 눈에 바르시고 이르시되 실로암 못에 가서 씻으라 하시니…"

본 설교("날 때부터 맹인 된 사람을 보는 시각")의 개요는 주제 함축형 – 본문 수집형 – 대지 반전형의 유형으로 작성되었다. 설교의 적용 주제는 "날 때부터 맹인 된 사람을 보는 시각은 신학적이거나 율

법적인 것이 아니라 예수님처럼 선교적 봉사적 접근법이어야 한다" 정도로 요약할 수 있다. 그런데 많은 신앙인에게 부족한 것이 어려운 이웃에 대한 직접적인 봉사의 정신이다. 설교자는 이 점을 향해 말씀 생기가 터져 나오게 해야 한다.

설교의 개요를 작성하기 위해 맹인을 바라보는 세 가지 시각을 본문에서 찾아 각 대지의 중심 구절로 삼았다. 2절에서 제자들의 시각을 찾아내어 1대지를 구성하고, 14~15절에서 바리새인들의 시각을 발견하여 2대지를 만들고, 3~4절과 6~7절에서 예수님의 시각이 어떠함을 해석하여 3대지를 작성한다.

날 때부터 맹인 된 사람의 문제를 놓고 제자들은 신학적으로, 바리새인들은 율법적으로 접근한 데 반하여 우리 예수님은 선교와 봉사의 차원으로 접근하셨다. 우리는 정욕의 눈, 마귀의 눈이 아니라 오직 예수님 한 분밖에 볼 수 없는 눈을 가지는 것이 중요하다. 예수가 없는 사람은 눈을 떴어도 소경일 뿐이다. 육의 소경이 비참하다면, 영적 소경은 훨씬 더 참혹하다. 우리 모두 신령한 눈을 뜨자.

본문에는 또 다른 주제들이 숨어 있지만 일단 한 주제(본 설교의 경우 '맹인에 대한 접근법')를 선택했으면 모든 대지 진술과 대지 전개는 그 주제를 향해 올인 하여야 한다. 본문 수집형의 위험은 설교자의 자의적(恣意的)인 조작에 의해 설교를 구성할 수 있다는 점에 있다.

2.3. 본문 묶음형

'본문 묶음형' 대지는 설교 본문을 적당량의 덩어리로 나눈 후 각 덩어리의 소주제들을 대지로 만들어 설교의 개요를 만드는 방식이다. 따라서 한 덩어리로 묶은 조각들에 대해 적절한 이름을 붙여 대지 진술을 만드는 것이 중요하다. 각 대지의 진술이 보다 선명한 이름 붙이기의 작업을 거친 결과로 나타날 때 설교자는 무질서한 설교가 질서 정연한 설교로 거듭나는 기쁨을 맛보게 될 것이다. 요한복음 18:1~11을 본문으로 삼고 "십자가를 향한 발걸음"을 설교 제목으로 하여 본문 묶음형 설교를 작성해보자.

본문 : **요 18:1~11**
제목 : **십자가를 향한 발걸음 (Crossing the Kidron Valley)**

1.예수께서 이 말씀을 하시고 제자들과 함께 기드론 시내 건너편으로 나가시니 그 곳에 동산이 있는데 제자들과 함께 들어가시니라
2.그 곳은 가끔 예수께서 제자들과 모이시는 곳이므로 예수를 파는 유다도 그 곳을 알더라
3.유다가 군대와 대제사장들과 바리새인들에게서 얻은 아랫사람들을 데리고 등과 횃불과 무기를 가지고 그리로 오는지라
4.예수께서 그 당할 일을 다 아시고 나아가 이르시되 너희가 누구를 찾느냐
5.대답하되 나사렛 예수라 하거늘 이르시되 내가 그니라 하시니라 그를 파는 유다도 그들과 함께 섰더라
6.예수께서 그들에게 내가 그니라 하실 때에 그들이 물러가서 땅에 엎드러지는지라
7.이에 다시 누구를 찾느냐고 물으신대 그들이 말하되 나사렛 예수라 하거늘
8.예수께서 대답하시되 너희에게 내가 그니라 하였으니 나를 찾거든 이 사람들이 가는 것은 용납하라 하시니
9.이는 아버지께서 내게 주신 자 중에서 하나도 잃지 아니하였사옵나이다 하신 말씀을 응하게 하려 함이러라
10.이에 시몬 베드로가 칼을 가졌는데 그것을 빼어 대제사장의 종을 쳐서 오른편 귀를 베어버리니 그 종의 이름은 말고라
11.예수께서 베드로더러 이르시되 칼을 칼집에 꽂으라 아버지께서 주신 잔을 내가 마시지 아니하겠느냐 하시니라

1. 기드론 시내 저편으로 나가심 (= 대적들을 향한 발걸음)

1절= "예수께서 이 말씀을 하시고 제자들과 함께 기드론 시내 저편으로 나가시니…"

2. 찾는 자에게 '내로라' 하심 (= 고난을 향한 자발적 발걸음)

4절= "예수께서 그 당할 일을 다 아시고 나아가 가라사대, 너희가 누구를 찾느냐?"

5절= "대답하되, 나사렛 예수라 하거늘 가라사대, 내로라 하시니라…"

3. 아버지께서 주신 잔을 달게 마심 (= 순종의 발걸음)

11절= "예수께서 베드로더러 이르시되 검을 집에 꽂으라 아버지께서 주신 잔을 내가 마시지 아니하겠느냐 하시니라"

본 설교("십자가를 향한 발걸음")의 개요는 주제 증명형 – 본문 묶음형 – 대지 진전형의 유형을 따르고 있다. 설교의 석의 주제는 "십자가를 향해 가시던 예수님의 발걸음은 기드론 시내를 넘어 고난을 향해 자발적으로 나아가는 순종의 발걸음이었다" 정도면 되겠다. 그런데 많은 신앙인에게 하나님의 계명을 지키는 일에 자원하여 순종하는 마음이 부족한 것이 문제다. 설교의 방향이 어느 쪽에 있어야 하는지를 알게 한다.

본문을 세 묶음으로 나누어 각 덩어리에서 소주제를 찾아내어 대지를 잡을 수 있다. 1대지는 1~2절을 한 묶음으로 하여 기드론 시내 저편을 향하여 가시는 예수님의 행진을 대적들을 향한 발걸음으로 해석하였다. 대적들이 누구인가? 적어도 세 부류의 사람들이다. 먼저는 로마 군인들이고 또 다른 대적자로서 바리새인들, 그리고 셋째는 가룟 유다이다. 주님은 이미 승리하셨다. 그리고 주님은 이제 승리할 수 있는 믿음의 힘을 구하는 성도에게 마음껏 주신다.

2대지는 3~9절을 한 묶음으로 하여 자신을 찾는 원수의 무리들에게 "내로라"라고 하시는 장면을 중심으로 예수님의 발걸음은 고난을 향한 자발적 발걸음으로 해석하였다. 예수님은 고난의 쓴잔을 마시기 위하여 담담히 앞으로 나아가셨다. 우리의 발걸음도 이런 복된 발걸음이 되어야겠다. 내 몫에 태인 십자가를 지기 위하여 망설이지 않고 앞으로 나서는 성도가 되자.

그리고 3대지는 10~11절을 한 묶음으로 하여 아버지께서 주신 잔을 달게 마시고자 하시는 주님의 모습을 순종의 발걸음으로 해석하였다. 신앙에 따르는 고난은 영광이라는 동전의 다른 면이다. 이것은 하나님께서 약속하신 영광에 들어가는 통로이기도 하다. 하나님의 거룩한 경륜 앞에서 나의 보잘것없는 칼을 휘둘러서는 안 된다. 말고의 귀 하나 벤다고 달라질 것은 아무것도 없다. 오직 아버지의 잔을 자원하여 마시는 순종의 발걸음이 있을 뿐이다. No Cross, No Crown! 십자가 없이는 면류관도 없다!

위에서 펼쳐 보인 바와 같이 본문 묶음형 대지는 설교의 주제가 전체 본문의 흐름에 어떻게 작용하고 있는가에 끊임없이 주의를 기울이며 대지 진술을 작성해 나가는 방식이다. 따라서 본문 묶음형 대지는 성경의 반 이상을 차지하는 내러티브 본문을 관찰하여 설교 개요를 작성할 때 고려하는 것이 많은 도움이 된다.

2.4. 본문 묵상형

'본문 묵상형' 대지는 설교 본문을 쪼개거나 덩어리로 묶는 대신 전체 본문을 통으로 바라보면서 깊은 묵상을 통하여 설교 개요를 잡아 나가는 방식이다. 본문 전체를 여러 번 읽어 본문이 주는 메시지를 포괄적으로 추출하고, 때로는 본문의 울타리를 넘어 의미의 지평을 넓히기도 한다. 이 경우 본문의 의도를 벗어나지 않도록 세심한 주의가 필요하다.

'본문 묵상형'은 앞서의 세 가지(본문 분석형, 본문 수집형, 본문 묶음형) 유형에 비해 비교적 본문에서 자유로운 방식으로서, 본문과의 관계가 느슨하기 때문에 자주 사용하는 것은 바람직하지 않다. 사도행전 20:7~12을 본문으로 삼고 "유두고 사건의 교훈"이라는 제목으로 작성한 필자의 묵상형 설교를 살펴보자.

본문 : **행 20:7~12** 제목 : **유두고 사건의 교훈**
7.그 주간의 첫날에 우리가 떡을 떼려 하여 모였더니 바울이 이튿날 떠나고자 하여 그들에게 강론할새 말을 밤중까지 계속하매 8.우리가 모인 윗다락에 등불을 많이 켰는데 9.유두고라 하는 청년이 창에 걸터 앉아 있다가 깊이 졸더니 바울이 강론하기를 더 오래 하매 졸음을 이기지 못하여 삼 층에서 떨어지거늘 일으켜보니 죽었는지라 10.바울이 내려가서 그 위에 엎드려 그 몸을 안고 말하되 떠들지 말라 생명이 그에게 있다 하고 11.올라가 떡을 떼어 먹고 오랫동안 곧 날이 새기까지 이야기하고 떠나니라 12.사람들이 살아난 청년을 데리고 가서 적지 않게 위로를 받았더라
1. 유두고는 졸다가 떨어져 죽었음 (= 위기의 순간에 졸지 말아야 함) 9절= "유두고라 하는 청년이 창에 걸터 앉아 있다가 깊이 졸더니 바울이 강론하기를 더 오래 하매 졸음을 이기지 못하여 삼 층에서 떨어지거늘 일으켜보니 죽었는지라 " **2. 창에 걸터 앉아 있다가 떨어져 죽었음 (= 위험한 자리나 높은 자리에 앉지 말아야 함)** 9절= "유두고라 하는 청년이 창에 걸터 앉아 있다가… 삼 층에서 떨어지거늘 일으켜보니 죽었는지라" **3. 주위 사람들이 붙들어주지 않았음 (= 졸고 있는 사람을 깨워야 함)** 9절= "유두고라 하는 청년이 창에 걸터 앉아 있다가… 삼 층에서 떨어지거늘…"

본 설교("유두고 사건의 교훈")의 개요는 주제 적용형 - 본문 묵상형 - 대지 병렬형의 대지 유형으로 구성되었다. 설교의 적용 주제는

"성도는 위기의 순간에 졸지 않고, 위험한 자리에 앉지도 않고, 졸고 있는 사람을 깨우는 사람이 되어야 한다"라고 할 수 있다. 그런데 말세에 많은 성도들이 영적으로 깨어 있지 못하고 졸고 있음을 생각할 때 본 설교는 설교자에게 날카로운 성령의 검이 될 수 있다고 생각된다. 유두고 사건이 우리에게 주는 교훈은 무엇인가?

1대지는 졸다가 떨어져 죽은 유두고의 모습을 생각하며 성도는 위기의 순간에 절대 졸지 말아야 할 것을 외친다. 유두고는 졸다가 죽었다. 죽는 줄도 모르고 졸았다. 설교 말씀이 선포되고 있는 엄숙한 시간, 그토록 진지한 자리에서 그는 졸고 있었다. 바울 사도는 이제 떠나면 잡혀서 순교하게 될 터인데, 당대 최고의 설교자가 설교하는 자리에서 졸다니! 여러분, 지금이 어느 때인데 졸 수 있단 말인가? 영적으로 깊은 밤이다. 세상일에 너무 피곤하면 영적 졸음이 올 수 있다.

우리의 묵상은 2대지에서도 계속된다. 9절에서 유두고가 창에 걸터앉아 있다가 떨어져 죽었다고 했다. 이것은 위험한 자리나 높은 자리에 앉지 말아야 할 것을 의미한다. 그곳은 설교자에게 집중하기 어려운 높은 곳이다. 우리는 겸손하게 낮은 자리에 앉아야 한다.

좀 더 생각해보자. 유두고 청년은 왜 떨어져 죽었나? 주위에 함께 있는 사람들이 붙잡아 주지 않았기 때문이다. 우린 졸고 있는 사람을 깨워야 한다. 우리 주위에 졸고 있는 성도는 없는지 살펴보라. 강제로라도 창틀에서 내려 앉혀야 한다. 유두고의 죽음은 큰 시험거리였다. 청중들의 동요로 설교는 중단되었고, 은혜받는 것도 중단되었다. 마귀는 이런 사건을 크게 이용하려 한다. 여러분은 지금 졸고 있지 않는가? 여러분은 지금 어디에 앉아 있는가? 옆 사람 중 졸고 있는 사람은 없는가?

이처럼 본문 묵상형은 본문에 직접 언급하지 않는 영역까지 확대하여 주제를 발전시켜 나감으로 매우 깊은 진리를 드러내는 장점이 있지만, 동시에 본문의 의도를 벗어날 수 있는 위험성도 상존하므로 조심해서 사용해야 한다.

3. **대지**와 **대지**의 **관계**에서 본 대지 유형

이제 대지와 대지의 관계를 중심으로 3대지의 역동성을 살펴볼 차례다. 사실 대지가 살아있는 것을 실감하는 것은 대지의 흐름이 천편일률적인 것이 아니라 상황에 따라 적절히 변신할 수 있다는 것을 깨달을 때이다. 어떤 본문은 본문의 빅 아이디어(주제)를 뒷받침하는 소주제들(대지들, main points)의 흐름이 외적으로 뚜렷이 나타나 있는 경우도 있지만, 많은 경우 이 흐름은 내면적인 것이다. 따라서 설교자는 본문을 관찰하며 본문 속에 내재되어 있는 대지의 흐름을 감지하는 훈련을 게을리하지 말아야 한다.

대지와 대지의 관계에서 본 대지 유형에는 흐름의 방향성이나 관계의 역동성에 따라 대지 병렬형, 진전형, 반전형, 심화형, 연결형, 혼재형, 대조형 등으로 구분할 수 있다.

3.1. 대지 병렬형

대지와 대지의 관계에서 본 대지 유형 중 가장 기본적인 형태는 '대지 병렬형(parallel type)'이다. 이름 그대로 1, 2, 3대지가 평행을 이루며 서로 대등한 관계에 있는 구조이다. 병렬형 설교에서 모든 대지는 서론에서 제시하는 하나의 우산 질문에 의해 다리를 놓은 것이며, 그래서 모든 대지는 병렬적인 특성을 갖는 형태이다.

대지 병렬형의 특징은 대지의 순서를 바꾸어도 전체 메시지에 별 영향이 없다는 점이다. 설교 준비에 비교적 용이한 점, 청중이 알아듣기 쉽다는 점 등의 장점이 있지만 흐름이 정적(靜的)이어서 청중의 주의를 끄는 데에 다소 어려움을 겪을 위험이 있다. 고린도후서 6:3~10을 본문으로 삼고 "참된 일꾼의 모습"을 제목으로 하여 대지 병렬형 설교를 작성해보자.

본문 : **고후 6:3~10**
제목 : **참된 일꾼의 모습**

3.우리가 이 직분이 비방을 받지 않게 하려고 무엇에든지 아무에게도 거리끼지 않게 하고
4.오직 모든 일에 하나님의 일꾼으로 자천하여 많이 견디는 것과 환난과 궁핍과 고난과
5.매 맞음과 갇힘과 난동과 수고로움과 자지 못함과 먹지 못함 가운데서도
6.깨끗함과 지식과 오래 참음과 자비함과 성령의 감화와 거짓이 없는 사랑과
7.진리의 말씀과 하나님의 능력으로 의의 무기를 좌우에 가지고
8.영광과 욕됨으로 그러했으며 악한 이름과 아름다운 이름으로 그러했느니라 우리는 속이는 자 같으나 참되고
9.무명한 자 같으나 유명한 자요 죽은 자 같으나 보라 우리가 살아 있고 징계를 받는 자 같으나 죽임을 당하지 아니하고
10.근심하는 자 같으나 항상 기뻐하고 가난한 자 같으나 많은 사람을 부요하게 하고 아무 것도 없는 자 같으나 모든 것을 가진 자로다

1. 무명한 자 같으나 유명한 자임 (= 묵묵히 자기 일에 충실한 일꾼)

9절= "무명한 자 같으나 유명한 자요…"

2. 징계를 받는 자 같으나 죽임을 당하지 아니함 (= 오뚜기같이 살아나는 일꾼)

9절= "…징계를 받는 자 같으나 죽임을 당하지 아니하고"

3. 가난한 자 같으나 많은 사람을 부요하게 하는 자임 (= 남을 돕는 일에 부요한 일꾼)

10절= "…가난한 자 같으나 많은 사람을 부요하게 하고 아무 것도 없는 자 같으나 모든 것을 가진 자로다"

본 설교("참된 일꾼의 모습")의 개요는 주제 설명형 - 본문 수집형 - 대지 병렬형의 대지 유형으로 구성된다. 본문은 바울 일행이 그동안 어떻게 사역을 해 왔는가를 다소 강한 어조로 역설하고 있다. 본 설교의 주제는 "하나님의 참된 일꾼은 자기 일에 충실하며 환난 속에서 오뚜기처럼 살아나서 남을 돕는 일에 부요한 사람이다"라는 정도로 요약할 수 있다. 그런데 적지 않은 신앙인들이 처음엔 열심히 하는 듯하다가 약간의 어려움으로 주저앉아 버리는 나약한 일꾼의 모습을 보이고 있다. 설교자는 시종일관 이 점(FCF)을 공략 목표로 삼고 말씀 생기를 전해야 할 것이다. 바울 사도가 말하는 참된 일꾼이란 어떤 자인가?

참된 일꾼은 묵묵히 자기 일에 충실한 제자이고, 오뚜기같이 살아나는 사명자이며, 남을 돕는 일에 부요한 사람이다. 여기서 각 대지는 다른 대지들과의 관계에서 대등한 자격으로 주제를 섬기고 있다. 대지의 순서를 바꾸어도 전체 구조에는 별다른 영향을 미치지 않는다.

여기 주제에 대한 각 대지의 무게는 등가(等價)라 할 수 있고, 이것을 대지 병렬형이라 부른다. 병렬형 대지는 일반적으로 가장 많이 나타나는 유형으로, 안정감이 있는 유형이지만 설교의 흐름의 역동성 면에서는 다소 떨어지는 경향이 있다. 그러므로 목회자의 입장에서 병렬형 일변도의 설교에서 벗어나 대지 진전형이나 반전형 등을 차용해 설교의 변화를 시도하는 것이 좋다.

3.2. 대지 진전형

우리의 대지들이 반드시 병렬적일 필요는 없다. 순차적(順次的)일 수도 있는 것이다. 대지 1은 대지 2로, 대지 2는 대지 3으로 이어지고 대지 3은 대지 4로 이어진다. 이것은 단순하고 논리적이고 강력하다. 이름하여 '대지 진전형'이다.

진전형은 이름 그대로 대지와 대지 사이에 모종의 진전(進展, progress)이 감지되는 유형이다. 병렬형과는 달리 대지의 순서를 바꾸면 메시지에 큰 변화가 일어나거나 아예 주제 전개가 이루어지지 않을 수도 있다. 요한복음 18:1~11을 본문으로 삼고 "십자가를 향한 발걸음"을 제목으로 하여 대지 진전형 설교를 작성해보자.

본문 : **요 18:1~11** 제목 : **십자가를 향한 발걸음 (Crossing the Kidron Valley)**
1.예수께서 이 말씀을 하시고 제자들과 함께 기드론 시내 건너편으로 나가시니 그 곳에 동산이 있는데 제자들과 함께 들어가시니라 2.그 곳은 가끔 예수께서 제자들과 모이시는 곳이므로 예수를 파는 유다도 그 곳을 알더라 3.유다가 군대와 대제사장들과 바리새인들에게서 얻은 아랫사람들을 데리고 등과 횃불과 무기를 가지고 그리로 오는지라 4.예수께서 그 당할 일을 다 아시고 나아가 이르시되 너희가 누구를 찾느냐 5.대답하되 나사렛 예수라 하거늘 이르시되 내가 그니라 하시니라 그를 파는 유다도 그들과 함께 섰더라 6.예수께서 그들에게 내가 그니라 하실 때에 그들이 물러가서 땅에 엎드러지는지라 7.이에 다시 누구를 찾느냐고 물으신대 그들이 말하되 나사렛 예수라 하거늘 8.예수께서 대답하시되 너희에게 내가 그니라 하였으니 나를 찾거든 이 사람들이 가는 것은 용납하라 하시니 9.이는 아버지께서 내게 주신 자 중에서 하나도 잃지 아니하였사옵나이다 하신 말씀을 응하게 하려 함이러라 10.이에 시몬 베드로가 칼을 가졌는데 그것을 빼어 대제사장의 종을 쳐서 오른편 귀를 베어버리니 그 종의 이름은 말고라

11.예수께서 베드로더러 이르시되 칼을 칼집에 꽂으라 아버지께서 주신 잔을 내가 마시지 아니하겠느냐 하시니라
1. 기드론 시내 저편으로 나가심 (= 대적들을 향한 발걸음) 1절= "예수께서 이 말씀을 하시고 제자들과 함께 기드론 시내 저편으로 나가시니…" **2. 찾는 자에게 '내로라' 하심 (= 고난을 향한 자발적 발걸음)** 4절= "예수께서 그 당할 일을 다 아시고 나아가 가라사대, 너희가 누구를 찾느냐?" 5절= "대답하되, 나사렛 예수라 하거늘 가라사대, 내로라 하시니라…" **3. 아버지께서 주신 잔을 달게 마심 (= 순종의 발걸음)** 11절= "예수께서 베드로더러 이르시되 검을 집에 꽂으라 아버지께서 주신 잔을 내가 마시지 아니하겠느냐 하시니라"

본 설교("십자가를 향한 발걸음")의 개요는 주제 증명형 - 본문 묶음형 - 대지 진전형의 유형을 따른다. 설교의 석의 주제는 "십자가를 향해 가시던 예수님의 발걸음은 기드론 시내를 넘어 고난을 향해 자발적으로 나아가는 순종의 발걸음이었다"이다. 그런데 많은 교인에게 부족한 것이 계명을 지키는 일에 자원하여 순종하는 마음이다.

지금 예수님은 다락방 강화(요 13~16장)와 대제사장의 기도(요 17장)를 다 끝내시고 드디어 고난의 현장으로 가시기 위해 기드론 시내를 건너 겟세마네 동산으로 걸음을 옮기고 계신다. 본문을 통하여 십자가 고난을 향하여 자발적으로 발걸음을 내딛으시던 예수님의 발걸음을 생각해보며, 우리에게 주시는 교훈이 무엇인지 살펴보자.

1대지는 기드론 시내 저편에 있는 대적들을 향하여 나가시는 모습이다. 대적들이 누구인가? 적어도 세 부류의 사람들이다. 먼저는 로마 군인들이고 또 다른 대적자로서 바리새인들, 셋째는 가룟 유다이다. 주님은 이미 승리하셨다. 그리고 이제 승리할 수 있는 믿음의 힘을 전심으로 구하는 성도에게 반드시 주신다.

2대지는 적의(敵意)를 품고 주님을 찾는 자들에게 "내로라"고 하시면서 고난을 향해 자발적으로 발걸음을 옮기시는 주님의 모습을 그린다. 예수님은 고난의 쓴잔을 마시기 위하여 담담히 앞으로 나아가셨다. 우리의 발걸음도 이런 복된 발걸음이 되어야겠다. 내 몫에 태인 십자가를 지기 위하여 망설이지 않고 앞으로 나서는 성도가 되어야 하지 않겠는가.

3대지에서 주님의 발걸음은 십자가를 향하여 나아가시는 순종의 발걸음이었다. 신앙에 따르는 고난은 영광이라는 동전의 다른 면이다. 이것은 하나님께서 약속하신 영광에 들어가는 통로이기도 하다. 하나님의 거룩한 경륜 앞에서 나의 보잘것없는 칼을 휘둘러서는 안 된다. 말고의 귀 하나 벤다고 달라질 것은 아무것도 없다. 오직 아버지의 잔을 자원하여 마시는 순종의 발걸음이 있을 뿐이다. No Cross, No Crown! 십자가 없이는 면류관도 없다!

대지의 진전(progress)이 보이는가? 예수님은 기드론 시내 저편으로 대적을 향해 나아가셨고, 주님을 잡으러 온 적들에게 "내로라" 하셨고, 제자들에게 "아버지께서 내게 주신 잔을 마시지 않겠느냐"고 하시면서 위급한 순간에도 제자들에게 모범을 보이셨다.

대지 진전형은 대지 병렬형에 비해 역동적이며 청중으로 하여금 점점 깊은 진리 가운데로 빠져 들어갈 수 있게 만드는 데 유리하다. 대지 진전형은 뒤에 나오는 대지 심화형과 유사하나 그 차이점은 진전형의 경우 시간적인 진전, 장소적인 진전, 사건의 외적인 진전의 모습 쪽에 무게를 두는 반면, 대지 심화형은 주제 전개의 진행 방향이 내적인 농도나 강조 면에서 진전을 보이는 케이스에 더 가깝다는 점이다.

대지 진전형 설교를 작성할 경우 1, 2, 3 대지 진술의 진전의 정도가 논리적으로나 상황적으로 과속(過速)하지 않도록 유의해야 한다.

3.3. 대지 반전형

'대지 반전형'도 넓게 보면 대지 진전형의 한 유형으로 볼 수 있지만, 이름 그대로 그 방향이 역방향인 것이 다른 점이다. 강해대지 설교가 얼마나 다양한 변신을 보여줄 수 있는지, 성경 본문이 얼마나 다양한 주제의 흐름을 갖고 있는지를 보여주는 좋은 예라고 생각한다. 필자는 대지 반전형의 본문을 만나 거기에 가장 적합한 설교 유형을 살피다가 반전형의 묘미에 푹 빠져들게 되었다. 고린도후서 3:13~18을 본문으로 삼고 "그리스도 안에서 벗겨지는 수건"이란 제목의 필자의 설교를 통해 반전형 설교를 살펴보자.

본문 : **고후 3:13~18** 제목 : **그리스도 안에서 벗겨지는 수건 (The Veil Taken Away in Christ)**
13.우리는 모세가 이스라엘 자손들에게 장차 없어질 것의 결국을 주목하지 못하게 하려고 수건을 그 얼굴에 쓴 것 같이 아니하노라 14.그러나 그들의 마음이 완고하여 오늘까지도 구약을 읽을 때에 그 수건이 벗겨지지 아니하고 있으니 그 수건은 그리스도 안에서 없어질 것이라 15.오늘까지 모세의 글을 읽을 때에 수건이 그 마음을 덮었도다 16.그러나 언제든지 주께로 돌아가면 그 수건이 벗겨지리라 17.주는 영이시니 주의 영이 계신 곳에는 자유가 있느니라 18.우리가 다 수건을 벗은 얼굴로 거울을 보는 것 같이 주의 영광을 보매 그와 같은 형상으로 변화하여 영광에서 영광에 이르니 곧 주의 영으로 말미암음이니라
1. 구약은 예수님 안에서 수건이 벗겨짐 (= 예수님으로 해석, 예수님 유일 해석) 14절= "…그 수건은 그리스도 안에서 없어질 것이라" 16절= "그러나 언제든지 주께로 돌아가면 그 수건이 벗겨지리라"

2. 완고한 자는 수건이 벗겨지지 아니함 (= 예수님으로 보지 못하면 완고한 자임)

14절= "그러나 그들의 마음이 완고하여 오늘까지도 구약을 읽을 때에 그 수건이 벗겨지지 아니하고 있으니…"

15절= "오늘까지 모세의 글을 읽을 때에 수건이 그 마음을 덮었도다"

3. 성경에서 주의 영광을 볼 때 우리도 예수님과 같은 형상으로 변함 (= 예수님으로 볼 때 변화의 삶-성화를 이룸)

18절= "우리가 다 수건을 벗은 얼굴로 거울을 보는 것 같이 주의 영광을 보매 그와 같은 형상으로 변화하여 영광에서 영광에 이르니 곧 주의 영으로 말미암음이니라"

본 설교("그리스도 안에서 벗겨지는 수건")의 개요는 주제 설명형 - 본문 분석형 - 대지 반전형의 흐름을 가지고 있다. 설교의 주제는 "우리가 성경에서 율법적 문자적 수건을 걷어내고 성경을 예수로 볼 때에야 비로소 영광에서 영광으로 이르게 된다"이다. 그런데 오늘 교회는 성경에서 예수님을 발견하지 못하고 세상의 사상이나 세상적인 지혜 정도로 만족한 채 수건을 쓴 자들이 설교 강단을 점령하고 있지는 않은지 우려된다.

성경이 말하고 있는 핵심은 단언컨대 '예수 그리스도'이다. 그런데 이 시대 교회 강단들은 성경이라는 무궁무진한 영적 보화가 담긴 광산에서 귀한 보배인 예수님의 메시지를 제대로 캐내고 있지 못하다. 바울은 자신의 복음 전파의 개방성을 출애굽기 34:29~35에 언급되어 있는 사건, 곧 모세가 얼굴에 수건을 쓴 것과 대조하여 설명한다.

1대지에서 수건을 벗어야 할 당위성에 대해 역설한다. '수건'의 의미는 첫째로 율법주의, 둘째로는 문자주의로 해석된다. 구약을 읽을 때 우리는 수건을 벗고 철저히 예수님의 관점에서 봐야 한다. 이것이

'그리스도 안에서 수건이 없어짐'의 의미이다.

2대지는 수건을 벗지 않고 있는 현실을 개탄한다. 모세의 얼굴에 하나님의 광채가 나듯 구약성경에는 예수님의 광채가 담겨 있다. 그런데 유대인들은 수건 즉 문자주의와 율법주의로 그 광채를 가려버린 것이다. 예수님을 덮어버리고 문자주의와 율법주의로 구약을 읽은 것이다. 우리는 성경에서, 특히 구약에서 예수님을 만나야 한다. 이러할 때 사도행전 교회의 생명의 역사가 이루어지며, 혼과 영과 관절과 골수를 찔러 쪼개며 마음의 생각과 뜻을 감찰하는 역사를 이루게 된다.

3대지에서 다시 반전이 일어난다. 성경에서 주의 영광을 볼 때 우리도 예수님과 같은 형상으로 변한다. 즉 우리가 수건을 벗고 성경을 예수님으로 보게 될 때 진정한 성화를 이루게 된다. 그러므로 수건을 벗는 일은 무엇보다 중요하다. 바울은 아브라함의 아내 사라에게서 하늘의 예루살렘을 보았고, 몸종 하갈에게서 땅의 예루살렘을 보았다(갈 4:24~26). 온 성경을 예수님으로 보기 시작하라. 구약에서도, 신약에서도, 그리고 계시록에서도 태양과 같은 광명으로 우리의 인생을 인도하시는 예수님의 모습을 발견하라. 설교자는 예수님으로 성경을 보고 이를 설교하고 선포해야 한다. 그리고 회중은 설교 말씀을 통하여 예수님의 생수를 마시고 또 마셔야 한다.

이와 같이 대지 반전형 설교는 설교자의 적절한 강조 여부에 따라 매우 역동적인 설교 메시지를 전달할 수 있다. 설교자는 본문을 잘 살펴서 주제의 흐름에 반전이 있을 때를 놓치지 말아야 한다. 설교 작성에서의 '대지'는 버려야 할 구닥다리가 아니라 본문의 의도를 정확하게 반영하는 틀(frame)을 제공하는 기둥이 됨을 잊지 말고, 대지를 주신 하나님께 감사하자.

3.4. 대지 심화형

'대지 심화형'은 진전형의 개념과 유사한 형태로서, 이어지는 대지들이 믿음의 강도 면에서나 영적 삶의 농도가 깊어지는 방향으로 점점 심화되어가는 유형을 말한다. 설교를 작성할 때 심화형의 대지를 만들어내기 위해 단어나 구(句)의 표현에 유의하여 주제의 풀어냄이 점점 깊고 강하게 되도록 유의하자. 요한복음 4:5~14을 본문으로 작성한 필자의 설교 "성령의 생수"를 통하여 대지 심화형 설교의 특징을 살펴보자.

본문 : **요 4:5~14**
제목 : **성령의 생수 (Living Water of the Holy Spirit)**

5.사마리아에 있는 수가라 하는 동네에 이르시니 야곱이 그 아들 요셉에게 준 땅이 가깝고
6.거기 또 야곱의 우물이 있더라 예수께서 길 가시다가 피곤하여 우물 곁에 그대로 앉으시니 때가 여섯 시쯤 되었더라
7.사마리아 여자 한 사람이 물을 길으러 왔으매 예수께서 물을 좀 달라 하시니
8.이는 제자들이 먹을 것을 사러 그 동네에 들어갔음이러라
9.사마리아 여자가 이르되 당신은 유대인으로서 어찌하여 사마리아 여자인 나에게 물을 달라 하나이까 하니 이는 유대인이 사마리아인과 상종하지 아니함이러라
10.예수께서 대답하여 이르시되 네가 만일 하나님의 선물과 또 네게 물 좀 달라 하는 이가 누구인 줄 알았더라면 네가 그에게 구하였을 것이요 그가 생수를 네게 주었으리라
11.여자가 이르되 주여 물 길을 그릇도 없고 이 우물은 깊은데 어디서 당신이 그 생수를 얻겠사옵나이까
12.우리 조상 야곱이 이 우물을 우리에게 주셨고 또 여기서 자기와 자기 아들들과 짐승이 다 마셨는데 당신이 야곱보다 더 크니이까
13.예수께서 대답하여 이르시되 이 물을 마시는 자마다 다시 목마르려니와
14.내가 주는 물을 마시는 자는 영원히 목마르지 아니하리니 내가 주는 물은 그 속에서 영생하도록 솟아나는 샘물이 되리라

1. **예수께서 직접 주시는 물임 (= 주님이 직접 주시는 성령의 은혜)**
   10절= "…그가 생수를 네게 주었으리라"
   14절= "내가 주는 물을 먹는 자는 영원히 목마르지 아니하리니…"
2. **우리 안에 저장되어 있는 물임 (= 마음속에 저장된 성령의 은혜)**
   14절= "…나의 주는 물은 그 속에서 영생하도록 솟아나는 샘물이 되리라"
3. **영생하도록 솟아나는 샘물이 됨 (= 영원히 솟아나는 성령의 은혜)**
   14절= "내가 주는 물을 먹는 자는 영원히 목마르지 아니하리니 나의 주는 물은 그 속에서 영생하도록 솟아나는 샘물이 되리라"

본 설교("성령의 생수")의 개요는 주제 설명형 - 본문 분석형 - 대지 심화형의 유형으로 구성되었다. 설교의 주제는 "예수님이 직접 주시는 성령의 생수는 우리 마음속에서 끊임없이 솟아나는 성령의 은혜이다" 정도면 되겠다. 그런데 많은 신앙인이 아직 마음속에서 솟아나는 성령의 생수를 잘 모르고 있는 것이 현실이다. 설교자는 이점을 지속적으로 기억하고 적용해야 한다.

1대지는 예수께서 직접 주시는 성령의 은혜를 설파한다. "내가 주는"이란 표현에서 1인칭 단수 '내가(ego)'가 매우 강조되고 있다. 세상이 주는 물과는 차원이 다른 물을 주님께서 직접 주시겠다는 말씀이다. 이것은 예수님의 속죄 사역과 관련되는 말씀이다.

2대지는 1대지로부터 한 길을 더 깊이 파 내려간다. 그 생수는 마음속에 저장된 성령의 은혜를 가리킨다. 안에 있는 물은 저장된 물이고, 이것은 성령의 은혜가 속에서부터 끊임없이 흘러나오는 모습이다. 어떤 인생의 갈증을 만나더라도 능히 해갈(解渴)할 수 있는 성령의 은혜를 저장받는 성도가 되자.

3대지에서는 영원히 솟아나는 성령의 은혜를 다루고 있다. 예수님은 그를 믿는 자마다 영생을 가졌다고 선포하셨는데(요 5:24), 그 영생을 위해 솟아나는 물의 샘은 어떤 의미인가? 그것은 바로 계속적인 성령의 도우심을 의미한다. 부활하신 예수께서 승천하셔서 하늘 보좌로부터 보내시는 보혜사 성령의 은혜는 이처럼 신약시대의 성도들의 삶을 송두리째 바꾸어놓았다.

여러분, 우리의 초장에 무엇보다 필요한 것은 물이다. 주님 주시는 물을 공급받을 때 우리의 초장은 언제나 푸를 수 있다. 이 물은 영원히 마르지 않는 그리스도의 물이고, 나의 마음속에서 영원히 솟아나는 성령의 은혜이다.

이와 같이 대지 심화형은 대지 진전형과 유사한 유형으로서, 신앙과 헌신의 농도나 깊이를 더해 가는 경우에 적합한 대지 유형이다.

3.5. 대지 연결형

'대지 연결형'은 대지 병렬형의 경우처럼 딱히 대지 간의 흐름을 강조하지는 않으나 대지들을 이어주는 매개가 있어 서로 연결되어 있는 경우를 가리킨다. 연결형 설교를 작성할 때는 대지의 연결 고리가 무엇인지를 인지하고 이를 최대한 사용하여 설교의 통일성을 높이는 것이 좋다. 계시록 1:4~8을 본문으로 삼고 "삼위 하나님께 영광"이라는 제목으로 대지 연결형 설교를 작성해보자.

본문 : **계 1:4~8**
제목 : **삼위 하나님께 영광 (Glory to God the Father, Son, and the Spirit)**

4.요한은 아시아에 있는 일곱 교회에 편지하노니 이제도 계시고 전에도 계셨고 장차 오실 이와 그의 보좌 앞에 있는 일곱 영과
5.또 충성된 증인으로 죽은 자들 가운데에서 먼저 나시고 땅의 임금들의 머리가 되신 예수 그리스도로 말미암아 은혜와 평강이 너희에게 있기를 원하노라 우리를 사랑하사 그의 피로 우리 죄에서 우리를 해방하시고

6.그의 아버지 하나님을 위하여 우리를 나라와 제사장으로 삼으신 그에게 영광과 능력이 세세토록 있기를 원하노라 아멘
7.볼지어다 그가 구름을 타고 오시리라 각 사람의 눈이 그를 보겠고 그를 찌른 자들도 볼 것이요 땅에 있는 모든 족속이 그로 말미암아 애곡하리니 그러하리라 아멘
8.주 하나님이 이르시되 나는 알파와 오메가라 이제도 있고 전에도 있었고 장차 올 자요 전능한 자라 하시더라

1. **성부 하나님은 "나는 알파와 오메가"라고 친히 말씀하심 (= 영존하신 아버지께 영광)**
   8절= "주 하나님이 이르시되 나는 알파와 오메가라 이제도 있고 전에도 있었고 장차 올 자요 전능한 자라 하시더라"
2. **성령 하나님은 "그 보좌 앞의 일곱 영"으로 나타나심 (= 우리와 동행하시는 성령님께 영광)**
   4절= "…그의 보좌 앞에 있는 일곱 영과"
3. **성자 하나님은 "구름을 타고 오시리라"는 약속을 이루실 것임 (= 다시 오실 예수님께 영광)**
   7절= "볼지어다 그가 구름을 타고 오시리라 각 사람의 눈이 그를 보겠고 그를 찌른 자들도 볼 것이요 땅에 있는 모든 족속이 그로 말미암아 애곡하리니 그러하리라 아멘"

본 설교("삼위 하나님께 영광")의 개요는 주제 설명형 - 본문 수집형 - 대지 연결형의 흐름으로 작성되었다. 설교의 주제는 "우리는 영존하시는 하나님, 우리를 인도하시는 성령님, 장차 오실 재림주 예수님을 소망하며 찬송과 영광을 돌리자"이다. 그런데 많은 신앙인은 삼위 하나님의 사역에 대한 이해가 부족하고 인격적으로 경배하는 일에도 부족한 것이 사실이다. 본문은 삼위일체 하나님의 이해와 인식에 결정적으로 기여할 수 있는 말씀이다. 순서는 알파(A)이신 하나님의 창조—일곱 영의 다양한 활동—오메가(Ω)로서 임하실 그리스도의 재림의 차례로 되어 있다.

1대지는 성부 하나님께 영광을 돌릴 것을 제안한다. 사도 요한이 하나님에 대해 서술하는 표현은 대단히 장엄하다. 성부는 “이제도 계시고 전에도 계시고 장차 오실 이”(4절)이시다. 하나님은 스스로 “나는 알파와 오메가”라고 말씀하신다.

2대지는 우리와 동행하시는 성령 하나님께 영광을 돌릴 것을 제안한다. 여기 일곱 영은 스가랴 14장의 ‘성령에 대한 상징적 묘사’이다. 이는 성령님의 다양한 사역을 나타내고, 그 사역이 완전함을 가리킨다. 일곱 영은 일곱 교회와 관련된다.

3대지는 성자 하나님 곧 다시 오실 예수님께 영광을 돌리자고 외친다. 요한의 강조점은 종말론적인 재림에 있다. 이 하나님께 영광을 돌리자. 찬양은 구원받은 성도가 영원토록 하게 될 사역이다.

여기 세 대지들은 서로 간에 특별한 진전이나 반전의 관계는 없으나, 하나님께 영광을 돌리는 면에서는 세 대지가 연결되어 있음이 분명하다. 설교자는 어떤 본문에서 대지 진술을 뽑을 때 대지 연결형이 적합하다고 생각되는 경우에 키 워드(key word)가 무엇이 되어야 할지를 미리 정하고 이를 토대로 대지 진술을 잡아나가는 것이 좋다.

3.6. 대지 혼재형

‘대지 혼재형’은 대지들이 원리와 실천, 혹은 해석과 적용이 혼재(混在)하는 경우이다. 한편의 설교 안에 원리를 소개하는 설명형 대지와 실천을 촉구하는 적용형 대지가 함께 어울려 하나의 주제를 섬기는 형태이다. 여기에는 설명형 대지 하나에 적용형 대지들을 배합하거나, 원리 둘에 실천 하나로 구성할 수 있다. 계시록 22:16~21을 본문으로 삼고 “말씀의 중요성”이라는 제목으로 대지 혼재형 설교를 작성해보자.

본문 : **계 22:16~21**
제목 : **말씀의 중요성**

16.나 예수는 교회들을 위하여 내 사자를 보내어 이것들을 너희에게 증언하게 하였
노라 나는 다윗의 뿌리요 자손이니 곧 광명한 새벽 별이라 하시더라
17.성령과 신부가 말씀하시기를 오라 하시는도다 듣는 자도 오라 할 것이요 목마른
자도 올 것이요 또 원하는 자는 값없이 생명수를 받으라 하시더라
18.내가 이 두루마리의 예언의 말씀을 듣는 모든 사람에게 증언하노니 만일 누구든
지 이것들 외에 더하면 하나님이 이 두루마리에 기록된 재앙들을 그에게 더하실 것
이요
19.만일 누구든지 이 두루마리의 예언의 말씀에서 제하여 버리면 하나님이 이 두루
마리에 기록된 생명나무와 및 거룩한 성에 참여함을 제하여 버리시리라
20.이것들을 증언하신 이가 이르시되 내가 진실로 속히 오리라 하시거늘 아멘 주 예
수여 오시옵소서
21.주 예수의 은혜가 모든 자들에게 있을지어다 아멘

1. **이 말씀은 예수께서 교회들을 위해 주신 것임 (= 예수님이 주신 말씀)**
   16절= "나 예수는 교회들을 위하여 내 사자를 보내어 이것들을 너희에게 증언하게 하였노라…"
2. **이 말씀에 더하면 여기 기록된 재앙들을 그에게 더한다 하심 (= 첨가 불가)**
   18절= "내가 이 두루마리의 예언의 말씀을 듣는 모든 사람에게 증언하노니 만일 누구든지 이것들 외에 더하면 하나님이 이 두루마리에 기록된 재앙들을 그에게 더하실 것이요"
3. **이 말씀에서 제하여 버리면 천국 참여 명단에서 제하여 버린다 하심 (= 삭제 불가)**
   19절= "만일 누구든지 이 두루마리의 예언의 말씀에서 제하여 버리면 하나님이 이 두루마리에 기록된 생명나무와 및 거룩한 성에 참여함을 제하여 버리시리라"

본 설교("말씀의 중요성")의 개요는 주제 증명형 - 본문 수집형 - 대지 혼재형(1+2)의 유형을 따르고 있다. 설교의 주제는 "예수님이 교

회를 위해 주신 말씀은 첨삭(添削)해서는 절대 안 되는 매우 중요한 말씀이다"이다. 그런데 현대교회의 많은 신앙인들이 성경의 영감을 믿지 못하고 말씀의 첨삭의 위험성에 민감하지 못한 것이 사실이다. 설교자는 이 부분을 집중 공략해야 한다.

1대지는 총론적인 말씀으로, 이 말씀은 예수께서 교회들을 위해 주신 것이다. 딤후 3:16에 의하면 모든 성경은 하나님의 감동으로 된 것이다. 이 말씀은 어떠한 말씀인가? 예수께서 직접 주신 말씀을 보라. "천지는 없어지겠으나 내 말은 없어지지 않으리라"(마 24:15). "천지가 없어지기 전에 율법의 일점일획이라도 다 이루어진다"(마 5:18). 그러므로 이 귀중한 주님의 말씀을 변개하는 자의 책임이 어떠하겠는가!

2대지와 3대지에서는 성경 말씀에 첨가하는 것과 삭제하는 것이 모두 불가하다는 점을 강조해서 선포하고 있다.

전형적인 혼재형(1+2)의 형태를 본문 자체가 보이고 있다. 대지 혼재형은 한 주제에 대한 통일성을 다소 흐트러뜨리는 경향은 있으나 혼재형을 가진 본문의 경우에 본문의 의도에 충실한 설교를 할 수 있기 때문에 양보할 수 없다.

3.7. 대지 대조형

'대지 대조형'은 주로 두 개 또는 네 개의 대지가 한 주제를 향하여 서로 대조되는 형태를 띠고 있는 경우이다. 천국과 지옥, 구원받은 자와 구원받지 못하는 자, 진리와 거짓 등의 내용을 함의(含意)하는 대지들이 서로 대조되면서 설교의 주제를 보다 뚜렷이 부각시키는 효과를 준다.

누가복음 6:20~26을 본문으로 삼고 "두 종류의 사람들"이라는 제목으로 필자가 작성한 대지 대조형 설교를 살펴보자.

본문 : **눅 6:20~26**
제목 : **두 종류의 사람들 (Two Kinds of People)**

20.예수께서 눈을 들어 제자들을 보시고 이르시되 너희 가난한 자는 복이 있나니 하나님의 나라가 너희 것임이요
21.지금 주린 자는 복이 있나니 너희가 배부름을 얻을 것임이요 지금 우는 자는 복이 있나니 너희가 웃을 것임이요
22.인자로 말미암아 사람들이 너희를 미워하며 멀리하고 욕하고 너희 이름을 악하다 하여 버릴 때에는 너희에게 복이 있도다
23.그 날에 기뻐하고 뛰놀라 하늘에서 너희 상이 큼이라 그들의 조상들이 선지자들에게 이와 같이 하였느니라
24.그러나 화 있을진저 너희 부요한 자여 너희는 너희의 위로를 이미 받았도다
25.화 있을진저 너희 지금 배부른 자여 너희는 주리리로다 화 있을진저 너희 지금 웃는 자여 너희가 애통하며 울리로다
26.모든 사람이 너희를 칭찬하면 화가 있도다 그들의 조상들이 거짓 선지자들에게 이와 같이 하였느니라

1. 복 있는 자들: 가난한 자, 지금 주린 자, 지금 우는 자, 주님 때문에 핍박받는 자

20~22절= "…너희 가난한 자는 복이 있나니 하나님의 나라가 너희 것임이요 지금 주린 자는 복이 있나니 너희가 배부름을 얻을 것임이요 지금 우는 자는 복이 있나니 너희가 웃을 것임이요 인자로 말미암아 사람들이 너희를 미워하며 멀리하고 욕하고 너희 이름을 악하다 하여 버릴 때에는 너희에게 복이 있도다"

2. 화가 임할 자들: 부요한 자, 지금 배부른 자, 지금 웃는 자, 모든 사람에게 칭찬받는 자

24~26절= "그러나 화 있을진저 너희 부요한 자여 너희는 너희의 위로를 이미 받았도다 화 있을진저 너희 지금 배부른 자여 너희는 주리리로다 화 있을진저 너희 지금 웃는 자여 너희가 애통하며 울리로다 모든 사람이 너희를 칭찬하면 화가 있도다 그들의 조상들이 거짓 선지자들에게 이와 같이 하였느니라"

본 설교("두 종류의 사람들")의 개요는 주제 함축형 - 본문 묶음형 - 대지 대조형의 유형으로 작성되었다. 설교의 주제는 "주님은 복 있는 자들과 화(禍)가 임할 자들을 분명히 구분하시고 화가 임하지 않도록 조심하라고 경고하신다"이다. 그런데 많은 신앙인이 복과 화의 경계선을 넘나들고 있는 지금의 회중의 상황에 비추어 볼 때 설교자의 목표는 분명해진다.

1대지는 복 있는 자들에 관한 이야기이다. 그들은 가난한 자들, 지금 주린 자들, 지금 우는 자들, 주님 때문에 핍박받는 자들이다. 이 말씀은 당시 주님 주변에 둘러선 주님을 따르는 자들에게 하신 말씀이다. 그들은 세상적인 눈으로는 실패한 자들이다. 23절에서 "그 날에 기뻐하고 뛰놀라"고 하신다. 바로 그 핍박의 현장에서 적극적인 기쁨의 행동을 취하라는 말씀이다.

2대지는 화가 임할 자들을 다룬다. 그들은 부요한 자들이고 지금 배부른 자들이요, 지금 웃는 자들이며, 모든 사람에게 칭찬받는 자들을 가리킨다. 여러분에게는 화 있는 자의 요소는 없는가? 자신 속에 있는 이런 요소들을 철저히 도려내어야 한다. 복 있는 길로 나오라는 주님의 말씀을 듣자. 이 길은 생명의 길이다. 주위를 돌아보라. 얼마나 많은 사람들이 화를 부르고 있는가?

앞의 설교("두 종류의 사람들")의 개요는 대지 대조형의 전형이라 할 수 있다. 1대지와 2대지가 복 받을 자와 화 입을 자의 날카로운 대조를 보인다. 설교자는 이와 같은 대비(對比)의 효과를 설교 진행에서 효율적으로 사용하여 설교 목표를 이룰 수 있을 것이다.

지금까지 대지와 대지의 관계에서 강해대지설교의 대지들이 품을 수 있는 역동성을 살펴보았다. 가장 기본적인 것은 대지 병렬형과 대지 연결형이지만 그건 시작에 불과하다. 시간적이거나 논리적인 흐름을 가진 내재적인 움직임을 골격으로 삼는 대지 진전형 또는 대지 심화형이 있고, 대칭 효과를 활용한 대지 반전형 설교 메시지가 청중들에게 더 큰 공감을 일으키기도 한다. 거기에 원리와 실천을 배합한 대지 혼재형, 그리고 선과 악, 또는 하나님 나라와 사탄 왕국 등을 첨예하게 비교 대조하여 진리를 드러내는 대지 대조형 등, 3대지의 변신은 다양하고도 역동적이다. 오늘도 목회 현장에서 성경 말씀을 들고 분투하는 동료 설교자들의 경험에서 우러나오는 또 다른 대지 유형들이 모습을 드러내기를 필자는 기다리고 있다.

B. 대지 유형 변화를 응용하기

지금까지 우리는 강해대지설교의 대지들이 변화하는 다양한 유형들을 살펴보았다. 주제와 대지의 관계에서 대지들은 설명형, 적용형, 증명형, 이유제시형, 목적제시형, 함축형 등으로 분류된다. 본문과 대지의 관계에서는 분석형, 수집형, 묶음형, 묵상형 등으로 변화한다. 그리고 대지와 대지의 흐름을 중심으로 하여 병렬형, 진전형, 반전형, 심화형, 연결형, 혼재형, 대조형 등으로 다양하게 움직인다.

일반적으로 주제 설명형은 초신자들이나 성경 내용에 익숙지 않은 청중들에게 적합하고, 주제 적용형은 신앙 경력이 오랜 성도들이나 직분자들에게 유익하다. 주제 증명형은 젊은 층이나 고학력자들을 설득하는 데 유리한 대지 유형이라 할 수 있다.

이러한 대지 유형의 변화를 충분히 숙지한 후에 다시 본문을 관찰하면 본문의 의도에 충실한 주제를 다양한 예배 청중에게 적합한 방식으로 풀어나가는 길을 쉽게 찾을 수 있다.

『설교주제잡기 700선』 제3권의 Part I에서는 "한 본문에서 여러 개의 주제를 뽑아 각 주제에 따른 설교 개요를 작성하기"를 통하여 주제 설정의 방향에 따른 설교 개요의 변화하는 모습을 살펴 보았다. 그런데 여기서는 주제의 방향을 고려하기 전에 먼저 주제와 대지의 관계, 또는 대지와 대지의 관계를 먼저 염두에 두고 개요를 작성해보기로 한다. 사도행전 8:26~40을 가지고 대지의 움직임을 살펴보면서 실제 대지 잡기에 응용해 보자.

26.주의 사자가 빌립에게 말하여 이르되 일어나서 남쪽으로 향하여 예루살렘에서 가사로 내려가는 길까지 가라 하니 그 길은 광야라
27.일어나 가서 보니 에디오피아 사람 곧 에디오피아 여왕 간다게의 모든 국고를 맡은 관리인 내시가 예배하러 예루살렘에 왔다가

28.돌아가는데 수레를 타고 선지자 이사야의 글을 읽더라
29.성령이 빌립더러 이르시되 이 수레로 가까이 나아가라 하시거늘
30.빌립이 달려가서 선지자 이사야의 글 읽는 것을 듣고 말하되 읽는 것을 깨닫느냐
31.대답하되 지도해 주는 사람이 없으니 어찌 깨달을 수 있느냐 하고 빌립을 청하여 수레에 올라 같이 앉으라 하니라
32.읽는 성경 구절은 이것이니 일렀으되 그가 도살자에게로 가는 양과 같이 끌려갔고 털 깎는 자 앞에 있는 어린 양이 조용함과 같이 그의 입을 열지 아니하였도다
33.그가 굴욕을 당했을 때 공정한 재판도 받지 못하였으니 누가 그의 세대를 말하리요 그의 생명이 땅에서 빼앗김이로다 하였거늘
34.그 내시가 빌립에게 말하되 청컨대 내가 묻노니 선지자가 이 말한 것이 누구를 가리킴이냐 자기를 가리킴이냐 타인을 가리킴이냐
35.빌립이 입을 열어 이 글에서 시작하여 예수를 가르쳐 복음을 전하니
36.길 가다가 물 있는 곳에 이르러 그 내시가 말하되 보라 물이 있으니 내가 세례를 받음에 무슨 거리낌이 있느냐
37.(없음)
38.이에 명하여 수레를 멈추고 빌립과 내시가 둘 다 물에 내려가 빌립이 세례를 베풀고
39.둘이 물에서 올라올새 주의 영이 빌립을 이끌어간지라 내시는 기쁘게 길을 가므로 그를 다시 보지 못하니라
40.빌립은 아소도에 나타나 여러 성을 지나 다니며 복음을 전하고 가이사랴에 이르니라

B.1. 주제 설명형 대지의 예

본문 : **행 8:26~40**
제목 : **전도의 영이신 성령님**

1. **사마리아 사역 중인 빌립에게 광야로 내려가라고 지시하심 (= 전도자를 불러내시는 성령님)**
   26절= "주의 사자가 빌립에게 말하여 이르되 일어나서 남쪽으로 향하여 예루살렘에서 가사로 내려가는 길까지 가라 하니 그 길은 광야라"
2. **내시의 수레로 가까이 나아가라 지시하심 (= 전도 사역을 구체적으로 인도하시는 성령님)**
   29절= "성령이 빌립더러 이르시되 이 수레로 가까이 나아가라 하시거늘"

3. 빌립을 또다른 사역지로 이끌어 가심 (= 사역지를 개발하시는 성령님)
39~40절= "둘이 물에서 올라올새 주의 영이 빌립을 이끌어간지라 내시는 기쁘게 길을 가므로 그를 다시 보지 못하니라 빌립은 아소도에 나타나 여러 성을 지나 다니며 복음을 전하고 가이사랴에 이르니라"

본 설교("전도의 영이신 성령님")의 개요는 주제 설명형-본문 묶음형-대지 진전형의 유형으로 작성되었다. 이것은 본문을 여러 번 읽고 관찰하여 자연스럽게 머리에 떠오르는 생각을 정리함으로써 가능한 일이다.

성령께서 아프리카의 에디오피아 전도를 위해 어떤 활동을 하시는가에 중점을 두고 주제 설명형으로 풀어나가면 쉽게 이런 결론에 도달할 수 있다. 성령님은 지금도 전도 사역을 위해 일꾼을 찾아내어 불러 세우시고, 구체적인 활동 지침을 내리시며, 또 다른 사역지로 인도해 가신다.

그런데 이번에는 성령님이 한 영혼을 구원하여 하나님 나라를 확장시켜 나가시는 일에 얼마나 힘쓰고 계시는가에 초점을 맞춰 '주제 증명형' 대지 유형으로 변화시켜 보자.

B.2. 주제 증명형 대지의 예

본문 : **행 8:26~40**
제목 : **전도의 영이신 성령님**

1. 빌립에게 광야로 내려가라고 지시하심 (= 전도자를 열악한 곳까지 보내시는 성령님)
26절= "주의 사자가 빌립에게 말하여 이르되 일어나서 남쪽으로 향하여 예루살렘에서 가사로 내려가는 길까지 가라 하니 그 길은 광야라"

2. 수레로 가까이 가서 전도하라고 지시하심 (= 전도 사역을 구체적으로 인도하시는 성령님)

29절= "성령이 빌립더러 이르시되 이 수레로 가까이 나아가라 하시거늘"

3. 빌립을 또다른 사역지로 이끌어 가심 (= 새로운 사역을 맡기시는 성령님)

39~40절= "둘이 물에서 올라올새 주의 영이 빌립을 이끌어간지라 내시는 기쁘게 길을 가므로 그를 다시 보지 못하니라 빌립은 아소도에 나타나 여러 성을 지나 다니며 복음을 전하고 가이사랴에 이르니라"

'주제 증명형' 대지 유형은 각 대지의 내용이 주제를 증명하는 분위기로 대지 진술과 대지 전개를 서술해 나가는 유형이다. 따라서 증명형이라 하여 딱히 논리적인 증명을 시도하는 것이라기보다 전체 분위기를 증명 쪽으로 이끌어가는 것을 말한다.

본 설교("전도의 영이신 성령님")의 경우 1, 2, 3대지의 대지 진술 자체는 주제 설명형의 대지 진술을 그대로 사용할 수 있으나, 설교자의 강조점은 각 대지가 "과연 성령님은 전도의 영이신가?"라는 질문에 답하도록 대지 전개를 진행하는 데 있다.

그렇다. 성령님이 전도에 관심이 매우 크신 분이신 것은 사마리아 성에서 크게 사역 중인 빌립 집사를 불러내어 가사로 내려가는 광야 길로 보내어 에디오피아 내시를 복음화시키는 데 사용하신 것을 보아 알 수 있다. 성령님이 전도의 영이신 것은 빌립에게 수레로 가까이 가라고 지시하고, 또 내시에게 복음을 전할 수 있는 기회를 주심으로 입증된다.

어디 그뿐인가? 사역을 마친 빌립을 성령님은 초자연적으로 아소도까지 순식간에 이끌어가심으로써 당신께서 얼마나 한 영혼을 구원하시는 일에 열심인가를 보이셨다. 주제 증명형 설교 개요를 펼쳐가는 설교자는 대지 전개의 각 과정(설명부, 예증부, 적용부. 『설교주제 잡기 700선』 시리즈 제1권의 Part I 참조)에서 청중에게 주제의 논리적 당위성을 부각시키는 점에 주의를 기울여야 한다.

이번에는 주제 적용형으로 대지 잡기를 시도해 볼 차례이다. 주제 적용형 설교 개요를 작성하기 위해서는 "그러면 무엇을 어떻게 해야 하는가?"라는 우산질문을 계속 되뇌이면서 본문을 살펴볼 때 자연스럽게 대지 진술을 끄집어낼 수 있다. 본문에는 전도자 빌립이 성령님의 지시를 받아 순종하는 장면이 여러 곳에서 발견된다. 이제 주제 적용형으로 설교 개요를 작성해보자.

B.3. 주제 적용형 대지의 예

본문 : **행 8:26~40**
제목 : **전도자 빌립의 모습**

1. **광야로 내려가라는 성령님의 지시에 순종함 (= 성령님의 음성에 민감, 절대 순종)**
   26절= "주의 사자가 빌립에게 말하여 이르되 일어나서 남쪽으로 향하여 예루살렘에서 가사로 내려가는 길까지 가라 하니 그 길은 광야라"
2. **성경 말씀을 가지고 복음을 전함 (= 복음전도의 효과적 수행)**
   35절= "빌립이 입을 열어 이 글에서 시작하여 예수를 가르쳐 복음을 전하니"
3. **내시에게 세례를 주어 하나님의 백성이 되게 함 (= 세례받고 교회 등록하게 함, 교제권으로 인도)**
   38절= "이에 명하여 수레를 멈추고 빌립과 내시가 둘 다 물에 내려가 빌립이 세례를 베풀고"

본 설교("전도자 빌립의 모습")의 개요는 주제 적용형-본문 수집형-대지 진전형의 유형으로 작성되었다. 빌립은 성령님의 세미한 음성에 귀를 기울여 성령님의 분명한 뜻을 알았고, 말씀대로 사마리아의 크고 놀라운 사역을 접고 광야 길로 나아갔다. 거기서 마차를 보았고, 다시 성령님의 지시를 받아 마차에 다가가 에디오피아 내시를 만나 그가 읽고 있던 이사야서의 구절로부터 시작하여 마침내 메시아의 고난의 십자가를 증거하게 된다. 그리고 물을 만나 내시에게 세례를 베풀어 하나님의 백성이 되게 한다.

놀라운 일이다. 모든 성경은 우리에게 교훈과 책망과 바르게 함과 의로 교육하기에 유익한 말씀이다(딤후 3:16). 본문의 빌립처럼 우리는 성령님의 음성에 예민해야 하고 그 말씀을 순종해야 한다. 우리는 빌립처럼 성경 어느 구절이든지 또는 삶의 어떤 상황이든지 그곳으로부터 시작하여 예수 그리스도의 십자가 복음을 전할 수 있어야 한다. 평안의 복음이 준비한 신발을 신고 있어야 한다(엡 6:15)는 말씀이다. 그리고 우리는 믿음을 가진 자들에게 세례를 받게 하고, 교회 공동체에 등록하게 하는 일을 해야 한다.

본 설교 개요는 주제 적용형의 유형을 따른다. 서론에 뒤따르는 각 대지는 "그러면 어떻게 해야 하나?"의 우산질문에 대답하는 내용이어야 한다. 설교 작성에 앞서 본문을 읽으면서 "그러면 우리는 무엇을 해야 하는가?"라는 질문을 던지면서 본문에서 끊임없이 대지를 찾아야 한다.

이번에는 에디오피아 내시가 특별한 은총을 입어 빌립을 만나 복음을 받게 되는 일련의 과정이 일어나게 된 이유를 생각해보자. 이유 제시형 설교 개요를 작성하기 위해 먼저 분명한 우산질문을 만들어보는 것이 도움이 된다. 성령님이 이렇게 적극적으로 내시에게 은총을 베풀게 된 이유는 무엇인가? 본문에서 그 이유를 찾을 수 있는가?

B.4. 이유 제시형 대지의 예

본문 : **행 8:26~40** 제목 : **에디오피아 내시를 쓰신 이유**
1. 예배하러 에디오피아에서 예루살렘까지 왔음 (= 예배를 존귀하게 여기는 자세) 27절= "에디오피아 사람 곧 에디오피아 여왕 간다게의 모든 국고를 맡은 관리인 내시가 예배하러 예루살렘에 왔다가" **2. 수레를 타고 가며 성경을 읽고 있었음 (= 말씀을 사모하는 자세)** 28절= "돌아가는데 수레를 타고 선지자 이사야의 글을 읽더라" **3. 읽고 있던 성경 말씀의 내용을 알고 싶어 했음 (= 말씀 연구의 진지한 자세)** 34절= "그 내시가 빌립에게 말하되 청컨대 내가 묻노니 선지자가 이 말한 것이 누구를 가리킴이냐 자기를 가리킴이냐 타인을 가리킴이냐" **4. 빌립의 말씀을 받고 기꺼이 세례받음 (= 예수 영접 결단, 교회 등록)** 36절= "길 가다가 물 있는 곳에 이르러 그 내시가 말하되 보라 물이 있으니 내가 세례를 받음에 무슨 거리낌이 있느냐"

본 설교("에디오피아 내시를 쓰신 이유")의 개요는 이유 제시형-본문 수집형-대지 진전형의 대지 유형으로 작성되었다. 대지를 작성하는 설교자의 머릿속에 "성령께서 내시에게 빌립 집사를 보내어 예수 믿게 하고 세례까지 받게 하여 에디오피아 복음화에 앞장서게 하신 이유가 무엇인가? 내시의 어떤 면이 주님의 마음에 들었는가?"라는 질문을 반복할 때 위와 같은 대지 진술이 쉽게 풀려나올 것이다. 내시의 예배 신앙, 말씀을 사모하는 자세, 진지하게 말씀을 알고자 하는 모습, 그리고 세례받기로 결단하는 모습 등은 오늘 교인들이 반드시 갖추어야 할 덕목이다.

이번에는 앞에서 언급한 여러 가지 대지 유형이 모두 수집형의 형태를 띠고 있는 것에 착안하여 그와는 다르게 '본문 분석형' 설교를 작성할 수 있는지를 살펴보자.

B.5. 본문 분석형 대지의 예

본문 : **행 8:26~40**
제목 : **그리스도의 수난 예언**

26.주의 사자가 빌립에게 말하여 이르되 일어나서 남쪽으로 향하여 예루살렘에서
가사로 내려가는 길까지 가라 하니 그 길은 광야라
27.일어나 가서 보니 에디오피아 사람 곧 에디오피아 여왕 간다게의 모든 국고를 맡
은 관리인 내시가 예배하러 예루살렘에 왔다가
28.돌아가는데 수레를 타고 선지자 이사야의 글을 읽더라
29.성령이 빌립더러 이르시되 이 수레로 가까이 나아가라 하시거늘
30.빌립이 달려가서 선지자 이사야의 글 읽는 것을 듣고 말하되 읽는 것을 깨닫느냐
31.대답하되 지도해 주는 사람이 없으니 어찌 깨달을 수 있느냐 하고 빌립을 청하여
수레에 올라 같이 앉으라 하니라
32.읽는 성경 구절은 이것이니 일렀으되 그가 도살자에게로 가는 양과 같이 끌려갔
고 털 깎는 자 앞에 있는 어린 양이 조용함과 같이 그의 입을 열지 아니하였도다
33.그가 굴욕을 당했을 때 공정한 재판도 받지 못하였으니 누가 그의 세대를 말하리
요 그의 생명이 땅에서 빼앗김이로다 하였거늘
34.그 내시가 빌립에게 말하되 청컨대 내가 묻노니 선지자가 이 말한 것이 누구를
가리킴이냐 자기를 가리킴이냐 타인을 가리킴이냐
35.빌립이 입을 열어 이 글에서 시작하여 예수를 가르쳐 복음을 전하니
36.길 가다가 물 있는 곳에 이르러 그 내시가 말하되 보라 물이 있으니 내가 세례를
받음에 무슨 거리낌이 있느냐
37.(없음)
38.이에 명하여 수레를 멈추고 빌립과 내시가 둘 다 물에 내려가 빌립이 세례를 베풀고
39.둘이 물에서 올라올새 주의 영이 빌립을 이끌어간지라 내시는 기쁘게 길을 가므
로 그를 다시 보지 못하니라
40.빌립은 아소도에 나타나 여러 성을 지나 다니며 복음을 전하고 가이사랴에 이르
니라

1. 그리스도는 도살자에게로 가는 양과 같이 끌려가셨음 (= 무자비한 체포와 구금당하심)

   32절= "…그가 도살자에게로 가는 양과 같이 끌려갔고…"

2. 털 깎는 자 앞에 선 어린 양처럼 입을 열지 아니하였음 (= 고난의 잔을 달게 받으심)

   32절= "…털 깎는 자 앞에 있는 어린 양이 조용함과 같이 그의 입을 열지 아니하였도다"

3. 공정한 재판 없이 생명을 빼앗기셨음 (= 불의한 재판에 의한 사형 언도를 받으심)

   33절= "그가 굴욕을 당했을 때 공정한 재판도 받지 못하였으니 누가 그의 세대를 말하리요 그의 생명이 땅에서 빼앗김이로다"

본 설교("그리스도의 수난 예언")의 개요는 주제 설명형-본문 분석형-대지 반전형의 흐름으로 작성할 수 있다. 본문의 핵심 구절은 32절("그가 도살자에게로 가는 양과 같이 끌려갔고 털 깎는 자 앞에 있는 어린 양이 조용함과 같이 그의 입을 열지 아니하였도다")과 33절("그가 굴욕을 당했을 때 공정한 재판도 받지 못하였으니 누가 그의 세대를 말하리요 그의 생명이 땅에서 빼앗김이로다")이다.

앞 부분에서 빌립이 광야로 내려가 수레를 타고 고국으로 돌아가는 내시를 만나는 장면, 빌립이 내시에게 세례를 베푸는 장면 등은 서론과 대지 전개의 곳곳에서 반영되어야 한다. 전체 본문에서 하나의 예처럼 언급되고 있는 구절(32~33절)이지만, 실로 중요하고 깊은 뜻을 가지고 있는 예언적인 구절이다. 이사야 53장에서 예언된 '그'는 빌립이 해석했을 것으로 생각되는 것처럼 예수 그리스도에 대한 구약적 표현이다. 그러므로 본문 분석형의 대지들로 설교 개요를 만드는 것은 타당한 설교 작성이 될 수 있다.

설교자 여러분, 대지 유형의 다양함과 이를 이용한 대지 작성의 편리함이 눈에 들어오는가? 이상의 예에서 보듯이 우리에게 주어진 성경 본문은 성령의 감동으로 기록된 것이기에 그 주제의 다양함, 그 내용의 깊이와 변화무쌍함의 예측불허, 그 상징의 오묘함 등이 일반인의 상상을 초월한다. 수천 년의 인류 역사에서 인간이 만들어 낸 그 어떤 역사책이나 문학 작품도 성경 말씀(Logos)의 길이와 넓이와 깊이와 높이에 비견할 수 없다.

설교자는 먼저 이런 성경 본문의 맛과 멋을 깊이 관찰하고 느끼는 것이 중요하다. 당신은 설교 개요를 작성하고 대지 해석과 대지 전개를 서술하며 앞을 향하여 헤엄쳐 나갈 때 이런 성경 본문의 요구를 성령님이 원하는 수준에서 만족시키고 있는가?

Part Ⅱ.
설교주제잡기 700선

요한복음

사도행전

| 주제잡기 일러두기

- [**제목**]은 본문의 주제로부터 뽑아내는 것을 원칙으로 하였음.
- [**대지 진술**]의 문장은 본문 그대로 사용하는 것을 기본으로 하되, 경우에 따라서는 함축적으로 작성함.
- [**제목**]과 [**대지**]를 연결할 때 자연스럽게 이야기가 되도록 하여, 그것이 전체 본문의 중심사상(main idea, 주제)이 되게 함.
- [**대지 해석**]은 회중에게 적용할 수 있도록 하되, 문맥에 맞게 직역과 의역 중 선택함.
- [**대지 유형**]은 앞의 대지 유형 변화의 설명을 참조하기 바람.
- [**주제**]에는 석의 주제와 적용 주제로 나누이며, 본문에 따라 적합한 쪽을 사용함.
- [**FCF**]는 Fallen Condition Focus의 약자로서, 앞의 FCF 설명을 참조 바람.
- [**서론**]은 설교문 작성 시 필요한 5가지 요소(흥미유발, 주제소개, FCF, 배경 및 자료, 우산질문) 중 참조 될 만한 것을 무작위(無作爲)로 제시함.
- [**우산질문**]은 설교의 대지 유형을 결정할 수 있는 문장으로서, 앞의 우산질문 설명을 참조 바람.

- [**대지 전개**]의 설명란에 제시된 것은 대지 전개에 도움이 될 만한 내용을 무작위로 작성한 것으로, 독자 여러분이 실제 대지 전개(설명, 예증, 적용)를 작성할 때는 대지의 흐름을 고려하여 설교문을 작성해야 함.
- [**절기, 용도, 장르, 특징**]은 필요에 따라 독자 여러분이 작성하기 바람.
- [Key Word]는 설교 주제의 중심 되는 단어임.
- [Remarks]는 독자 여러분이 사용하는 비고 항목임.

본문 : **요 1:9~18**

제목 : **성육신의 신비 (Jesus the Word Made Flesh)**

9.참 빛 곧 세상에 와서 각 사람에게 비추는 빛이 있었나니 **10.**그가 세상에 계셨으며 세상은 그로
말미암아 지은 바 되었으되 세상이 그를 알지 못하였고 **11.**자기 땅에 오매 자기 백성이 영접하지 아
니하였으나 **12.**영접하는 자 곧 그 이름을 믿는 자들에게는 하나님의 자녀가 되는 권세를 주셨으
니 **13.**이는 혈통으로나 육정으로나 사람의 뜻으로 나지 아니하고 오직 하나님께로부터 난 자들이니
라 **14.**말씀이 육신이 되어 우리 가운데 거하시매 우리가 그의 영광을 보니 아버지의 독생자의 영광
이요 은혜와 진리가 충만하더라 **15.**요한이 그에 대하여 증언하여 외쳐 이르되 내가 전에 말하기를
내 뒤에 오시는 이가 나보다 앞선 것은 나보다 먼저 계심이라 한 것이 이 사람을 가리킴이라 하니라
16.우리가 다 그의 충만한 데서 받으니 은혜 위에 은혜러라 **17.**율법은 모세로 말미암아 주어진 것이
요 은혜와 진리는 예수 그리스도로 말미암아 온 것이라 **18.**본래 하나님을 본 사람이 없으되 아버지
품 속에 있는 독생하신 하나님이 나타내셨느니라

1. 성육신의 본질: 말씀이 육신이 됨

14절= "말씀이 육신이 되어…"

2. 성육신의 목적: 임마누엘

14절= "말씀이 육신이 되어 우리 가운데 거하시매…"

3. 성육신의 축복: 하나님을 보게 됨

14절= "…우리가 그 영광을 보니 아버지의 독생자의 영광이요 은혜와 진리가 충만하더라"

◈◈◈

【대지 유형】 주제 함축형 – 본문 분석형 – 대지 심화형

【주제】 예수 그리스도께서 육신을 입고 오신 것은 임마누엘 하시며 하나님을 보도록 하기 위함이다.

【FCF】 은혜와 진리가 충만한 예수님을 잘 알지 못하는 현대 교인들의 영적 상태.

【서론】 기독교 교리 가운데 기독론(基督論)의 핵심이라 할 수 있는 이 부분이 차지하고 있는 중요성에 대해서는 많은 설명이 필요치 않다. 14절은 간단하고 소박한 단어로 구성된 문장이지만 그 내용은 엄청난 진리를 담고 있는 말씀이다.

【우산질문】 예수께서 육신을 입고 이 땅에 오신 성육신은 그 본질이 무엇인

가? 그가 오신 목적은 무엇이며, 그가 오심으로 우리는 어떤 **축복을** 누리고 있나?

【1대지】 여기 '육신(사륵스)'은 인간성 전체를 가리킨다. 예수님은 완전한 인간으로 오셨다. 예수님은 영혼과 육체를 구비한 완전한 사람으로 우리 가운데 오셨다. 이것을 '로고스의 인격성'이라고 한다. '말씀(로고스)'이 사람으로 변했다는 말이 아니라 영원한 말씀이신 성자 하나님께서 성부 하나님과 함께 계시면서 인간의 육신을 덧입은 것을 의미하는 말씀이다. 사도 요한이 이처럼 성육신의 진리를 요한복음의 도입부에서부터 강조적으로 진술하고 있는 것은 당시의 영지주의적인(gnostic) 경향을 반대하기 위해서였던 것으로 보인다. 그러나 예수 그리스도께는 우리와 확연히 구별되는 분명한 점 두 가지가 있다. 첫째는 그분에게는 죄가 없다는 점이고, 둘째는 그분이 모든 일에 완전한 모범을 보이셨다는 점이다.

【2대지】 '거하시매(에스케노센)'= '천막을 세우다' 혹은 '천막에 살다'를 뜻하는 동사의 부정과거형. 말씀이 육신이 되어 우리 가운데 '천막을 치셨다'는 것은 로고스가 육체로 거하시는 것은 일회적이며 일시적이라는 것. 주님께서 자기 백성과 함께하시던 이 성막과 성전은 때가 이르러 예수께서 직접 육신을 입고 오심으로 임마누엘의 절정을 이루었다. 임마누엘의 예수님은 갈보리 언덕의 십자가에서 피를 뿌려 모든 인류의 죄를 사하시는 구속(救贖)의 대업을 성취하셨다. 주님은 죽음을 이기시고 부활하셨고, 승천하셔서 하늘 보좌에 앉으셨다. 그리고 예수님은 하늘로부터 자기 백성들에게 보혜사 성령을 파송하셔서 교회를 시작케 하셨다.

【3대지】 사도 요한이 '보았다'고 한 것은 성육신하신 예수님을 보았다는 말이다. 주님이 오시기 전, 이 세상은 하나님을 볼 수 있는 다른 길이 없었다. 요한과 제자들이 본 것은 인간 예수 안에 내재된 신적 영광이었다. 하나님께서 그분을 이 세상에 육신을 입게 하여 보내신 것은 우매하고 무지한 인생들로 하여금 직접 눈으로 보고서 믿게 하려는 사랑의 배려였다.

【결론】 성탄절은 불우한 사람에게 사랑을 주는 날이 되어야 할 것이다. 이것이야말로 성육신하신 예수님을 세상에 보여드리는 최고의 방법이요, 성육신의 하나님 사랑을 반포하는 최고의 찬양이 될 것이다.

- 절기, 용도, 장르, 특징: 성탄절.
- Key Word: 성육신.
- Remarks:

본문 : **요 1:29~34**

제목 : **하나님의 어린양 예수 (The Lamb of God)**

29.이튿날 요한이 예수께서 자기에게 나아오심을 보고 이르되 보라 세상 죄를 지고 가는 하나님의
어린 양이로다 **30.**내가 전에 말하기를 내 뒤에 오는 사람이 있는데 나보다 앞선 것은 그가 나보다
먼저 계심이라 한 것이 이 사람을 가리킴이라 **31.**나도 그를 알지 못하였으나 내가 와서 물로 세례를
베푸는 것은 그를 이스라엘에 나타내려 함이라 하니라 **32.**요한이 또 증언하여 이르되 내가 보매 성
령이 비둘기 같이 하늘로부터 내려와서 그의 위에 머물렀더라 **33.**나도 그를 알지 못하였으나 나를
보내어 물로 세례를 베풀라 하신 그이가 나에게 말씀하시되 성령이 내려서 누구 위에든지 머무는 것
을 보거든 그가 곧 성령으로 세례를 베푸는 이인 줄 알라 하셨기에 **34.**내가 보고 그가 하나님의 아
들이심을 증언하였노라 하니라

1. "세상 죄를 지고 가는" 어린양이라 함 (= 구약의 완성자 예수)

29절= "이튿날 요한이 예수께서 자기에게 나아오심을 보고 이르되, 보라 세상 죄를 지고 가는 하나님의 어린 양이로다"

2. "하나님의 어린양"이라 함 (= 흠 없는 유월절 양 예수)

29절= "…요한이 예수께서 자기에게 나아오심을 보고 이르되, 보라 세상 죄를 지고 가는 하나님의 어린 양이로다"

3. 요한은 어린양을 "바라보라"고 함 (= 우리가 바라보아야 할 예수)

29절= "…보라 세상 죄를 지고 가는 하나님의 어린 양이로다"

◈◈◈

【대지 유형】 주제 함축형 - 본문 분석형 - 대지 연결형

【주제】 구약의 완성자로 오신 예수님은 하나님이 특별히 준비하신 유월절 어린양의 역할을 완벽히 감당하셨다.

【FCF】 예수님을 발견하고 요한이 가졌던 감격으로 외치는 믿음의 성도들을 보기 어려운 현대교회의 황폐한 모습.

【서론】 세례 요한은 자신의 명예와 관련된 온갖 유혹을 물리치고 왕이 오시는 길을 준비하는 소임을 철저히 수행한 참 선지자였다. 요한은 요단강에서 세례를 베풀며 메시아가 나타나기를 기다렸다. 마침내 예수께서 요단 강변에

자기를 드러내셨을 때 요한은 감격하여 외쳤다. "보라 세상 죄를 지고 가는 하나님의 어린 양이로다." 요한의 이 감격이 우리의 감격이 되기를 바란다. 경건한 이스라엘의 감동이 오늘 우리 교회의 감동이 되기를 바란다.
【우산질문】 요한의 증언 속에 메시아이신 예수님의 명칭과 사역이 매우 간략하면서도 정곡을 찌르는 단어로 압축되어 있다. 이를 살펴보자.

【1대지】 예수님은 아담 이래 온 세상에 가득해진 죄 문제를 해결하기 위해 하늘로부터 파견된 하나님의 어린양이시다. 예수 그리스도는 구약의 완성자로 오신 분이시다. 성탄의 주님은 단순히 위대한 사람이 아니라 하나님의 구원 경륜을 이루시는 유일하신 분이시다.
【2대지】 1) 예수님은 어린양이 가진 특징들로 상징되는 특성을 갖는다. 2) 예수님은 유월절 어린양이시다.
【3대지】 구약의 모든 유월절 양은 사람이 준비한 사람의 양이었다. 그러나 하나님의 준비는 완벽하다. 하나님께서 준비하신 구속주는 완전한 어린양이셨다. 그분을 바로 보자. 성육신, 신비로움, 낮아지심의 경이. 그분의 경이로운 삶을 보자. 그분의 놀라운 투쟁, 그분의 부활 승천. 어떻게 볼까? 겸손, 믿음의 눈, 뜨거운 감사로.
【결론】 성탄절을 맞이하면서 요한이 가졌던 거룩한 감격을 우리도 갖자. 요한은 예수님을 구약 성경의 완성자로 보았고, 유월절 어린양으로 보았고, 하나님께서 친히 준비하신 하나님의 어린양으로 보았다. 지금 우리는 오히려 더 높은 차원에서 주님을 바라보아야 하겠다. 마지막 날, 주의 날에 온 세상이 주님을 보게 될 것이다.

- 절기, 용도, 장르, 특징: 성탄절.
- Key Word: 양, 어린양, 죄.
- Remarks:

본문 : **요 1:29~42**
제목 : **그리스도의 제자 되는 단계**

29.이튿날 요한이 예수께서 자기에게 나아오심을 보고 이르되 보라 세상 죄를 지고 가는 하나님의 어
린 양이로다 **30.**내가 전에 말하기를 내 뒤에 오는 사람이 있는데 나보다 앞선 것은 그가 나보다 먼저
계심이라 한 것이 이 사람을 가리킴이라 **31.**나도 그를 알지 못하였으나 내가 와서 물로 세례를 베푸
는 것은 그를 이스라엘에 나타내려 함이라 하니라 **32.**요한이 또 증언하여 이르되 내가 보매 성령이
비둘기 같이 하늘로부터 내려와서 그의 위에 머물렀더라 **33.**나도 그를 알지 못하였으나 나를 보내어
물로 세례를 베풀라 하신 그이가 나에게 말씀하시되 성령이 내려서 누구 위에든지 머무는 것을 보거
든 그가 곧 성령으로 세례를 베푸는 이인 줄 알라 하셨기에 **34.**내가 보고 그가 하나님의 아들이심을
증언하였노라 하니라 **35.**또 이튿날 요한이 자기 제자 중 두 사람과 함께 섰다가 **36.**예수께서 거니심
을 보고 말하되 보라 하나님의 어린 양이로다 **37.**두 제자가 그의 말을 듣고 예수를 따르거늘 **38.**예
수께서 돌이켜 그 따르는 것을 보시고 물어 이르시되 무엇을 구하느냐 이르되 랍비여 어디 계시오니
이까 하니 (랍비는 번역하면 선생이라) **39.**예수께서 이르시되 와서 보라 그러므로 그들이 가서 계신
데를 보고 그 날 함께 거하니 때가 열 시쯤 되었더라 **40.**요한의 말을 듣고 예수를 따르는 두 사람 중
의 하나는 시몬 베드로의 형제 안드레라 **41.**그가 먼저 자기의 형제 시몬을 찾아 말하되 우리가 메시
야를 만났다 하고 (메시야는 번역하면 그리스도라) **42.**데리고 예수께로 오니 예수께서 보시고 이르시
되 네가 요한의 아들 시몬이니 장차 게바라 하리라 하시니라 (게바는 번역하면 베드로라)

1. 그리스도를 인정하는 단계: "예수님은 세상 죄를 지고 가는 하나님의 어린 양"

29절= "이튿날 요한이 예수께서 자기에게 나아오심을 보고 이르되 보라 세상 죄를 지고 가는 하나님의 어린 양이로다"
36절= "예수께서 거니심을 보고 말하되 보라 하나님의 어린 양이로다"

2. 믿음으로 행동하는 단계: "두 제자는 요한의 말을 듣고 예수님을 따랐음"

37절= "두 제자가 그의 말을 듣고 예수를 따르거늘"

3. 내 마음의 진정한 동기를 조사하는 단계: "너희가 무엇을 구하느냐?" "예수님을 따르는 것으로부터 기대하는 것이 무엇이냐?"

38절= "예수께서 돌이켜 그 따르는 것을 보시고 물어 이르시되 무엇을 구하느냐"

4. 예수님의 은혜로운 초청의 단계: "와 보라"

39절= "예수께서 이르시되 와서 보라 그러므로 그들이 가서 계신 데를 보고 그 날 함께 거하니 때가 열 시쯤 되었더라"

5. 자원하여 봉사하는 단계: "우리가 메시아를 만났다"

41~42절= "그가 먼저 자기의 형제 시몬을 찾아 말하되 우리가 메시야를 만났다 하고(메시야는 번역하면 그리스도라) 데리고 예수께로 오니…"

◆◆◆

【대지 유형】 주제 함축형 - 본문 수집형 - 대지 진전형
【주제】 그리스도의 제자가 되려면 그리스도를 인정하고 믿음으로 행동해야 하고 자신의 동기를 깊이 분석하고 주님의 초청에 순종하여 전도하며 봉사하는 자가 되어야 한다.
【FCF】 많은 신앙인이 주님을 따르는 진정한 동기를 살피지 못하고 있음.

【서론】 제자= 교훈을 받는 자. 믿는 자는 그리스도의 제자가 되어야 한다. 주님은 제자의 삶에 헌신한 사람들에게 관심을 집중시키신다. 본문은 안드레가 예수님을 알게 되고 예수께서 메시아이심을 발견하게 되는 스토리이다.
【우산질문】 본문을 통하여 그리스도의 제자가 되는 단계를 살펴보자.

【1대지】 세례요한의 분명한 증거. 요한의 두 제자는 요한에 의해 그리스도에 대해 배웠다. 그리스도= 하나님의 어린 양. 이것을 알아야. 그의 제자가 되려는 자는 그를 위해 무엇이든지 버릴 각오가 필요하다. 눅 14:25~26.
【2대지】 그들은 요한의 증거를 듣고 이를 믿었다. 당시 정황으로 보아 요한을 떠나 딴 사람에게 가는 것이 쉽지 않았을 것이다. 믿는 것과 이것을 행동으로 옮기는 것은 별개의 문제이다. 롬 10:17, "믿음은 들음에서, 들음은 그리스도의 말씀으로 말미암음이니라."
【3대지】 예수님은 지금도 자기를 따르려고 하는 자들에게 마음속 동기를 물으신다. "너희가 무엇을 구하느냐?" 세상적인 명예나 권세? 물질적인 부요함? 제자가 되려는 사람은 마땅히 이 질문에 진솔하게 답해야 한다. 마 16:24.
【4대지】 주님의 초청은 즉시 주어졌다. 그들은 주님의 초청을 받아들였다. 주님의 제자가 되려면 먼저 주님의 초청을 받아 순종하고 그를 따라야 한다.
【5대지】 두 사람 중 안드레는 형제 베드로를 찾아 그를 예수께로 즉시 인도하였다. 안드레는 가까운 사람에게 예수님의 사랑, 기쁨, 평강을 전하는 사역에 최선을 다하였다. 그리스도의 참제자는 이처럼 열매 맺는 증인의 삶을 사는 자이다.
【결론】 우리가 그리스도의 제자라면 우리는 그를 구주로 따라야 하며 그를 전폭적으로 신뢰해야 한다. 그리스도의 제자는 마땅히 주님을 자신의 삶의 표준으로 삼고 모든 면에서 그를 닮아가려고 힘써야 한다.

- 절기, 용도, 장르, 특징:
- Key Word: 제자.
- Remarks:

본문 : **요 1:35~42; 6:8~9**
제목 : **안드레의 믿음과 사역**

35.또 이튿날 요한이 자기 제자 중 두 사람과 함께 섰다가 **36.**예수께서 거니심을 보고 말하되 보라
하나님의 어린 양이로다 **37.**두 제자가 그의 말을 듣고 예수를 따르거늘 **38.**예수께서 돌이켜 그 따
르는 것을 보시고 물어 이르시되 무엇을 구하느냐 이르되 랍비여 어디 계시오니이까 하니 (랍비는 번
역하면 선생이라) **39.**예수께서 이르시되 와서 보라 그러므로 그들이 가서 계신 데를 보고 그 날 함
께 거하니 때가 열 시쯤 되었더라 **40.**요한의 말을 듣고 예수를 따르는 두 사람 중의 하나는 시몬 베
드로의 형제 안드레라 **41.**그가 먼저 자기의 형제 시몬을 찾아 말하되 우리가 메시야를 만났다 하고
(메시야는 번역하면 그리스도라) **42.**데리고 예수께로 오니 예수께서 보시고 이르시되 네가 요한의
아들 시몬이니 장차 게바라 하리라 하시니라 (게바는 번역하면 베드로라) …… **6:8.**제자 중 하나 곧
시몬 베드로의 형제 안드레가 예수께 여짜오되 **9.**여기 한 아이가 있어 보리떡 다섯 개와 물고기 두
마리를 가지고 있나이다 그러나 그것이 이 많은 사람에게 얼마나 되겠사옵나이까

1. 안드레는 예수님의 부르심에 곧바로 응답하였음 (= 즉각적인 순종)

39절= "예수께서 이르시되 와서 보라 그러므로 그들이 가서 계신 데를 보고 그 날 함께 거하니 때가 열 시쯤 되었더라"

2. 안드레는 형제를 예수께로 인도하였음 (= 안드레 전도법 창시자)

41절= "그가 먼저 자기의 형제 시몬을 찾아 말하되 우리가 메시야를 만났다 하고…"

3. 안드레는 주님을 위한 일을 찾아 행하였음 (= 최소한의 믿음의 행동, 후일 큰 믿음으로 성장)

6:9= "여기 한 아이가 있어 보리떡 다섯 개와 물고기 두 마리를 가지고 있나이다…"

◈◈◈

【대지 유형】 주제 설명형 - 본문 수집형 - 대지 진전형
【주제】 안드레는 예수님을 만나 즉시 형제를 전도하였고 행동하는 믿음을 키워 갔다.
【FCF】 많은 신앙인이 가족 전도에 미온적이고 행동하는 믿음이 부족함.

【서론】 안드레= 예수님을 처음 따랐고, 처음 함께 거주. 편협한 민족주의를

버리고 이방인들을 예수께로 인도한 열린 의식의 소유자.
【우산질문】 본문을 통해 안드레의 진면목을 살펴보자.

【1대지】 안드레의 출생지는 나사렛 동쪽 40km 벳세다. 완악한 도시(마 11:21) 속에서도 하나님의 말씀을 가슴에 품은 사람. 세례요한의 폭발적인 설교에 반응하여 그의 제자가 되었다. 요한의 안내로 예수님을 알게 되고, 예수님의 "와 보라"는 초대에 즉각 응하였음. 진정한 용기이다.
【2대지】 예수님을 만난 안드레, 영혼의 갈증을 해소 받음. 곧장 형제 베드로를 찾아가 "우리가 메시아를 만났다"고 말했다. 베드로를 소개한 사람!
【3대지】 요 6장의 오병이어의 기적. 예수님의 시험과 빌립의 믿음 없는 대답. 여기 안드레가 등장, "여기 한 아이가 있어 보리떡 다섯 개와 물고기 두 마리를 가지고 있나이다." 예수님의 능력에 대한 확고한 믿음이 없었지만, 위대한 일을 행하기 위한 준비 과정이었을 뿐.
【결론】 중요한 것은 주의 일을 준비하는 자세이다. 믿음은 부족하더라도 식사를 고민하고 주의 마음을 읽으려는 그 마음과 그 자세를 배우자. 우리 모두 돕는 자, 수고하는 자가 되자.

- 절기, 용도, 장르, 특징:
- Key Word: 안드레, 안드레 전도.
- Remarks:

본문 : **요 1:43~46**
제목 : **복음 전도의 아름다운 모습들**

43.이튿날 예수께서 갈릴리로 나가려 하시다가 빌립을 만나 이르시되 나를 따르라 하시니 **44.**빌립은 안드레와 베드로와 한 동네 벳새다 사람이라 **45.**빌립이 나다나엘을 찾아 이르되 모세가 율법에 기록하였고 여러 선지자가 기록한 그이를 우리가 만났으니 요셉의 아들 나사렛 예수니라 **46.**나다나엘이 이르되 나사렛에서 무슨 선한 것이 날 수 있느냐 빌립이 이르되 와서 보라 하니라

1. 예수께서 빌립에게 '나를 따르라' 하심 (= 예수 그리스도의 초청)
43절= "이튿날 예수께서 갈릴리로 나가려 하시다가 빌립을 만나 이르시되 나를 따르라 하시니"

2. 빌립이 나다나엘에게 '우리가 메시아를 만났다'고 함 (= 예수 그리스도를 증거)
45절= "빌립이 나다나엘을 찾아 이르되 모세가 율법에 기록하였고 여러 선지자가 기록한 그이를 우리가 만났으니 요셉의 아들 나사렛 예수니라"

3. 의심하는 나다나엘에게 '와서 보라'고 함 (= 예수 그리스도와의 만남을 주선)
46절= "나다나엘이 이르되 나사렛에서 무슨 선한 것이 날 수 있느냐 빌립이 이르되 와서 보라 하니라"

◈◈◈

【대지 유형】 주제 적용형 - 본문 묶음형 - 대지 연결형
【주제】 예수님이 빌립에게, 빌립이 나다나엘에게 천국 복음을 소개하는 모습은 참 아름답다.
【FCF】 많은 신앙인이 복음 전도의 짜릿한 맛을 알지 못하고 있음.

【서론】 전도란 예수를 아는 사람이 예수를 모르는 사람에게 예수를 전해주는 것. D.T.Niles 박사의 전도의 정의= 한 거지가 다른 거지에게 어디 가면 밥을 얻어먹을 수 있는가를 말해주는 것. 요한복음은 증언이 중심 주제. 1장에만 해도 세례요한의 증거+안드레의 증거. 저자 요한은 50년 전 사건의 시간까지

기억하고 있다.
【우산질문】 본문에서 복음전도의 장에서 활약하는 영웅들의 모습을 살펴보자.

【1대지】 빌립을 전도하신 예수님의 모습을 살펴보자. 예수님은 전도를 위해 먼 길도 마다치 않으심. 어떤 큰 죄인라도, 어떤 숨겨진 곳이라도, 어떤 희망 없는 조건이라도, 어떤 부끄러운 사람일지라도 전도의 대상에서 제외되지 않음. 이것은 모든 전도자의 귀감이 된다. 사실 빌립은 대단한 사람이 아닌 평범한 사람인데도 주님은 친히 찾아 초청해주셨다. "나를 따르라" - 교회 나오는 정도가 아니라 제자로, 헌신자로 주님의 사역 감당하도록!
【2대지】 나다나엘을 전도한 빌립의 모습을 살펴보자. 빌립의 첫 관심은 나다나엘에게 있었음. 그는 전도하기 매우 어려운 상대. 빌립의 전도는 오이코스 전도(전체의 85%)의 좋은 예이다. 나다나엘은 편견과 왜곡된 메시아관을 가진 사람이었다. 인습적 통념의 사람. 오늘날에도 제법 윤리적·지적·철학적인 사람들은 전도하기 어렵다. 이런 사람이라도 주님을 만나기만 하면 구원의 문은 활짝 열린다. 본문= 주님이 찾아오시고, 초청하시고, 초청받은 제자들이 즉시 나가 초청해 왔다.
【3대지】 "와 보라"라는 말은 주님과의 전인격적인 만남을 주선하는 말. 실제로 주님을 만나고 체험하는 것이 무엇보다 중요함. 논리 전개나 지식만으로는 부족하다. 어떻게 주님을 만나게 할 수 있나? 구역 공동체로, 교회 예배와 모임으로. 경건훈련, 말씀 생활을 통해. 그러므로 교회를 아름답고 평화로운 영적 용광로로 만들어가는 것이 너무 중요하다.
【결론】 주님을 본받자. 초기 제자들의 모습을 본받자. "와 보라"고 초청하자. 우리 모두 증거자의 삶, 초청자의 삶을 살아야 한다.

- 절기, 용도, 장르, 특징: 전도격려집회.
- Key Word: 전도, 와 보라.
- Remarks:

본문 : **요 1:43~51**

제목 : **참 이스라엘 사람 나다나엘**

43.이튿날 예수께서 갈릴리로 나가려 하시다가 빌립을 만나 이르시되 나를 따르라 하시니 **44.**빌립
은 안드레와 베드로와 한 동네 벳새다 사람이라 **45.**빌립이 나다나엘을 찾아 이르되 모세가 율법에
기록하였고 여러 선지자가 기록한 그이를 우리가 만났으니 요셉의 아들 나사렛 예수니라 **46.**나다나
엘이 이르되 나사렛에서 무슨 선한 것이 날 수 있느냐 빌립이 이르되 와서 보라 하니라 **47.**예수께서
나다나엘이 자기에게 오는 것을 보시고 그를 가리켜 이르시되 보라 이는 참으로 이스라엘 사람이라
그 속에 간사한 것이 없도다 **48.**나다나엘이 이르되 어떻게 나를 아시나이까 예수께서 대답하여 이
르시되 빌립이 너를 부르기 전에 네가 무화과나무 아래에 있을 때에 보았노라 **49.**나다나엘이 대답
하되 랍비여 당신은 하나님의 아들이시요 당신은 이스라엘의 임금이로소이다 **50.**예수께서 대답하
여 이르시되 내가 너를 무화과나무 아래에서 보았다 하므로 믿느냐 이보다 더 큰 일을 보리라 **51.**또
이르시되 진실로 진실로 너희에게 이르노니 하늘이 열리고 하나님의 사자들이 인자 위에 오르락 내
리락 하는 것을 보리라 하시니라

1. 중심에 간사한 것이 없음 (= 마음이 깨끗한 사람)

47절= "예수께서 나다나엘이 자기에게 오는 것을 보시고 그를 가리켜 이르시되 보라 이는 참으로 이스라엘 사람이라 그 속에 간사한 것이 없도다"

2. 무화과나무 아래서 묵상하고 있었음 (= 은밀하게 기도하는 사람)

48절= "나다나엘이 이르되 어떻게 나를 아시나이까 예수께서 대답하여 이르시되 빌립이 너를 부르기 전에 네가 무화과나무 아래에 있을 때에 보았노라"

3. 예수님을 하나님의 아들, 이스라엘의 임금이라고 고백함 (= 올바른 신앙고백이 있는 사람)

49절= "나다나엘이 대답하되 랍비여 당신은 하나님의 아들이시요 당신은 이스라엘의 임금이로소이다"

◈◈◈

【대지 유형】 주제 증명형 - 본문 분석형 - 대지 병렬형

【주제】 나다나엘이 참 이스라엘 사람인 것은 그가 마음이 깨끗하고 은밀하게 기도하며 예수님을 알고 나서 올바른 신앙고백을 한 것을 보아 증명된다.

【FCF】 신앙인들 중에도 중심이 깨끗한 사람을 만나기가 쉽지 않음.

【서론】 참 이스라엘 사람= 참 그리스도인. 세상에서 가장 귀한 것= 참된 것. 귀한 것일수록 가짜가 많은 세상이다. 본문에서 예수님은 나다나엘을 가리켜 참 이스라엘이라 부르셨다. 우린 참 이스라엘, 참 아브라함의 씨가 되어야 한다.
【우산질문】 나다나엘은 어떤 면에서 참 이스라엘이라 불렸나?

【1대지】 간사한 마음은 왜 생겨나나? 욕심 때문에. 약 1:15. 사람은 겉도 중요하나 그보다 속이 더 중요하다. 중심이 깨끗해야. 거짓의 아비는 사탄(요 8:44). 거짓된 사람은 마귀의 사람이다. 그러나 거듭난 사람은 거짓이 없다. 참 이스라엘 사람은 순수하다. 은혜받은 사람은 어린아이처럼 순진하다.
【2대지】 무화과나무 아래= 기도하기 위해. 바리새인들은 외식하는 기도를 좋아했으나 나다나엘은 은밀하게 기도하는 사람이었다. 참으로 하나님 만난 사람은 은밀하게 기도하는 사람이다.
【3대지】 그의 고백을 보면 나다나엘은 진정으로 예수님을 만났다. 하나님과 우리의 관계는 약속과 고백으로 성립된다. 진실된 고백은 참된 신앙을 낳는다. 신자의 표시는 고백으로 나타난다.
【결론】 교회들이 세상으로부터 손가락질받는 시대이다. 참 교회가 절실히 요구된다. 참 기독교가 이 세상을 바꿀 수 있는 유일한 소망이다.

- 절기, 용도, 장르, 특징:
- Key Word: 참 이스라엘 사람.
- Remarks:

본문 : **요 1:45~51**

제목 : **나다나엘에게 임한 은혜 (You Shall See Greater Things)**

45.빌립이 나다나엘을 찾아 이르되 모세가 율법에 기록하였고 여러 선지자가 기록한 그이를 우리가
만났으니 요셉의 아들 나사렛 예수니라 **46.**나다나엘이 이르되 나사렛에서 무슨 선한 것이 날 수 있
느냐 빌립이 이르되 와서 보라 하니라 **47.**예수께서 나다나엘이 자기에게 오는 것을 보시고 그를 가
리켜 이르시되 보라 이는 참으로 이스라엘 사람이라 그 속에 간사한 것이 없도다 **48.**나다나엘이 이
르되 어떻게 나를 아시나이까 예수께서 대답하여 이르시되 빌립이 너를 부르기 전에 네가 무화과나
무 아래에 있을 때에 보았노라 **49.**나다나엘이 대답하되 랍비여 당신은 하나님의 아들이시요 당신은
이스라엘의 임금이로소이다 **50.**예수께서 대답하여 이르시되 내가 너를 무화과나무 아래에서 보았
다 하므로 믿느냐 이보다 더 큰 일을 보리라 **51.**또 이르시되 진실로 진실로 너희에게 이르노니 하늘
이 열리고 하나님의 사자들이 인자 위에 오르락 내리락 하는 것을 보리라 하시니라

1. '참 이스라엘, 간사한 것이 없는 사람'이라고 인정해 주심 (= 주님의 인정과 격려)

47절= "예수께서 나다나엘이 자기에게 오는 것을 보시고 그를 가리켜 가라사대 보라 이는 참 이스라엘 사람이라 그 속에 간사한 것이 없도다"

2. 예수님이 메시아임을 깨닫게 해주심 (= 하나님과의 만남)

48절= "나다나엘이 가로되 어떻게 나를 아시나이까 예수께서 대답하여 가라사대 빌립이 너를 부르기 전에 네가 무화과나무 아래 있을 때에 보았노라"

49절= "나다나엘이 대답하되 랍비여 당신은 하나님의 아들이시요 당신은 이스라엘의 임금이로소이다"

3. "이보다 더 큰 일을 보리라"고 하심 (= 사명과의 만남)

50절= "예수께서 대답하여 가라사대 내가 너를 무화과나무 아래서 보았다 하므로 믿느냐 이보다 더 큰 일을 보리라"

◈◈◈

【대지 유형】 주제 설명형 - 본문 분석형 - 대지 심화형

【주제】 주님의 은혜로 나다나엘은 예수님의 인정과 격려를 받았고, 예수님이 메시아이심을 깨닫게 되었고 사명을 받게 되었다.

【FCF】 많은 신앙인이 자신의 사명에 대해 명확한 인식을 하지 못하고 있음.

【서론】 나다나엘이 누구인가? 그는 율법에 충실한 경건한 이스라엘인. 평소에 말씀을 묵상하며 이스라엘의 왕 메시아가 도래할 것을 기다리고 있던 사람. 그의 상식으로는 '나사렛' 같은 곳에서 메시아가 나올 수 없었다. 그는 아직 하나님께서 장소나 혈연과 관계없이 은혜를 베푸시는 분이심을 몰랐다. 이런 나다나엘에게 주님은 한량없는 은혜를 부어 주셨다. 친히 그를 찾아와 주셨고, 그의 닫힌 마음을 열어 주셨고, 마침내 그를 제자로 삼아 주셨다.
【우산질문】 우리 예수님은 나다나엘에게 어떤 은혜를 베풀어 주셨나?

【1대지】 나다나엘에게 임한 은혜는 무엇보다 주님께서 알아주시고 격려해 주심을 통하여 나타났다.
【2대지】 나다나엘에게 임한 은혜는 그가 예수님을 뵙고 그 안에서 하나님의 신성을 발견한 것으로 나타났다. 그는 예수께서 온 이스라엘이 그토록 기다려 왔던 대망의 메시아이신 것을 깨닫게 되었다.
【3대지】 "이보다 더 큰 일"이라 함은 앞으로 예수님을 통해 보게 될 위대한 일을 가리킨다. 요한복음 2장에서 12장까지의 일곱 표적을 통하여 주님의 신성(神性)에 대한 큰 증거들을 보게 될 것을 의미한다. "이 사실을 네가 보게 될 것이다" - 이 놀라운 그리스도의 중보자적 역할을 네가 알게 될 것이고, 나아가 네가 이 사실을 다른 사람들에게 전하게 될 것이라는 말씀이다.
【결론】 주님의 은혜는 실로 넓고도 깊다. 우리를 찾아오셔서 죄악 가운데서 건져 내신 것도 감사한데, 우리를 인정해 주시고 충성되이 여겨, 우리에게 직분을 맡겨 주신 주님이다. 우리에게 성령을 보내셔서 우리로 예수 그리스도를 '주님'이라 부르게 하신다. 우리에게 사명을 알게 하시고, 살아야 할 이유를 주신 주님이시다.

- 절기, 용도, 장르, 특징:
- Key Word: 은혜.
- Remarks:

본문 : **요 2:13~22**

제목 : **성전을 청결케 하시는 예수님 (Jesus Clears the Temple)**

13.유대인의 유월절이 가까운지라 예수께서 예루살렘으로 올라가셨더니 **14.**성전 안에서 소와 양과
비둘기 파는 사람들과 돈 바꾸는 사람들이 앉아 있는 것을 보시고 **15.**노끈으로 채찍을 만드사 양이
나 소를 다 성전에서 내쫓으시고 돈 바꾸는 사람들의 돈을 쏟으시며 상을 엎으시고 **16.**비둘기 파는
사람들에게 이르시되 이것을 여기서 가져가라 내 아버지의 집으로 장사하는 집을 만들지 말라 하시
니 **17.**제자들이 성경 말씀에 주의 전을 사모하는 열심이 나를 삼키리라 한 것을 기억하더라 **18.**이
에 유대인들이 대답하여 예수께 말하기를 네가 이런 일을 행하니 무슨 표적을 우리에게 보이겠느냐
19.예수께서 대답하여 이르시되 너희가 이 성전을 헐라 내가 사흘 동안에 일으키리라 **20.**유대인들
이 이르되 이 성전은 사십육 년 동안에 지었거늘 네가 삼 일 동안에 일으키겠느냐 하더라 **21.**그러나
예수는 성전된 자기 육체를 가리켜 말씀하신 것이라 **22.**죽은 자 가운데서 살아나신 후에야 제자들
이 이 말씀하신 것을 기억하고 성경과 예수께서 하신 말씀을 믿었더라

1. 성전 안의 모습을 살펴보심 (= 교회에 대한 주님의 기대)

13절= "유대인의 유월절이 가까운지라 예수께서 예루살렘으로 올라가셨더니"

14절= "성전 안에서 소와 양과 비둘기 파는 사람들과 돈 바꾸는 사람들이 앉아 있는 것을 보시고"

2. 성전 안을 청결케 하심 (= 교회의 거룩을 위한 주님의 열정)

15절= "노끈으로 채찍을 만드사 양이나 소를 다 성전에서 내쫓으시고 돈 바꾸는 사람들의 돈을 쏟으시며 상을 엎으시고"

16절= "비둘기 파는 사람들에게 이르시되 이것을 여기서 가져가라 내 아버지의 집으로 장사하는 집을 만들지 말라 하시니"

3. "성전을 헐라 사흘 동안에 일으키리라" 하심 (= 교회에 대한 주님의 희생, 십자가 죽음과 부활 예언)

19절= "예수께서 대답하여 이르시되 너희가 이 성전을 헐라 내가 사흘 동안에 일으키리라"

◈◈◈

【대지 유형】 주제 설명형 - 본문 묶음형 - 대지 심화형

【주제】 (적용) 성전을 청결케 하신 예수님은 교회의 거룩을 위해 자신을 온전히 희생하셨다.

【FCF】 교회 안의 거룩과 자신 속의 거룩에 큰 관심을 갖지 않는 성도들의 행태.

【서론】 구약 성경이 장차 이루어질 하나님 나라의 비전과 약속의 책이라면, 신약 성경은 예수 그리스도 오심으로 시작된 하나님 나라의 확장과 완성에 관한 책이다. 가나 혼인잔치에서 예수님은 초대받은 손님이었지만 예루살렘 성전 숙정 사건에서는, 비록 성전이 주님의 아버지의 집이었으나, 그는 환영받지 못한 불청객이었다. 혼인 잔치에서는 은혜의 이적을 베푸셨으나 성전에서는 심판의 표적을 나타내셨다. 갈릴리 가나에서는 사람들의 부족한 부분을 채워주셨으나 예루살렘에서는 사람들에게 하나님의 공의를 세우셨다.
【우산질문】 예수님의 성전 사랑은 오염된 성전을 깨끗게 하시는 주님의 모습에서 확연히 드러나고 있다. 말씀을 통하여 주님의 성전된 우리 교회와 우리의 몸을 거룩게 하고자 하시는 주님의 열심을 살펴보자.

【1대지】 우리는 성전을 사랑하시는 주님께서 성전에 대한 큰 기대를 갖고 계심을 잊지 말아야겠다. 성전을 더럽힌 자들은 당시 성전을 사랑한다고 말하면서도 실제로는 자신의 이익만을 채우려는 자들이었다.
【2대지】 15절의 세 동사 '내쫓으시고… 쏟으시며… 엎으시고'들은 매우 격렬한 행위를 나타낸다. 예수님은 짐승들을 단호하게 밖으로 몰아내셨고(throw out), 환전상들의 돈을 바닥에 부어버리셨고(scatter), 돈 바꾸는 상(table)을 뒤집어 부숴버리셨다. 성전에 대한 예수님의 사랑은 성전을 정화하려는 주님의 열정을 통하여 잘 표현되고 있다. 우리 모두 우리 교회 안에 혹 있을지 모르는 '장사꾼들의 모습'을 정화시키기 위해 최선을 다하자. 주님의 보혈로 깨끗이 씻어야 한다.
【3대지】 "너희가 이 성전을 헐라"= '너희가 성전 된 내 몸을 파괴해 보라. 내가 사흘만에 다시 살아나리라.' 교회를 사랑하시고 성도들을 사랑하시는 주님은 자원하여 희생제물이 되셨고, 그리하여 율법의 모든 요구를 이루셨고, 사흘 만에 다시 부활하심으로 사탄의 모든 권세를 깨뜨리시고 우리를 구원해 내셨다.
【결론】 주님은 자신의 교회가 거룩하게 되기를 그리도 원하신다. 예루살렘 성전을 정화하기 위해 눈에 불을 뿜으시며 격렬히 행하셨던 예수님은 지금도 자신의 몸 된 교회를 거룩하게 하기 위하여 성령을 파송하고 계신다.

- 절기, 용도, 장르, 특징:
- Key Word: 성전 청결.
- Remarks:

본문 : **요 3:16**
제목 : **요한복음 삼장 십육절**

16.하나님이 세상을 이처럼 사랑하사 독생자를 주셨으니 이는 그를 믿는 자마다 멸망하지 않고 영생을 얻게 하려 하심이라

1. 만일 하나님이 세상을 사랑하지 않았다면?
16절= "하나님이 세상을 이처럼 사랑하사…"

2. 만일 하나님이 독생자를 주시지 않았다면?
16절= "하나님이 세상을 이처럼 사랑하사 독생자를 주셨으니…"

3. 만일 하나님의 구원이 "그를 믿는 자마다"에게 주어지지 않는다면?
16절= "…이는 그를 믿는 자마다 멸망하지 않고 영생을 얻게 하려 하심이라"

◈◈◈

【대지 유형】 주제 증명형 - 본문 분석형 - 대지 진전형
【주제】 만일 하나님이 세상을 사랑하셔서 독생자를 주시지 않았다면 우리에게 구원도 없고 영생 얻는 믿음도 없을 뻔했다.
【FCF】 많은 신앙인이 요한복음 3장 16절의 내용을 피상적으로만 알고 있음.

【서론】 요 3:16은 전체 성경 중 가장 많이 알려진 구절이다. Luther는 "the Little Bible"이라 했다. 많은 사람이 암송한다. 죽어가는 사람에게도 자주 인용되는 구절이다. 본문의 배경= 밤에 찾아온 니고데모, 그에게 구원에 대해 설명하시는 예수님. 후일 니고데모는 예수님 시신을 장사할 때 위험을 무릅쓰고 발 벗고 나섰다.
【우산질문】 만일 이 위대한 구절이 진리가 아니라면?

【1대지】 하나님의 사랑이 없다면 이 땅에 희망이라고는 찾아볼 수 없을 것이다. 지구는 우주 공간을 아무 소망 없이 질주하고 있을 위성에 지나지 않았을 것이다. 삶의 의미, 존재의 목적을 상실했을 것이다. 그러나 하나님은 세상을

이처럼 사랑하신다. 세상 모든 것이 하나님의 사랑을 노래한다. 풀 한 포기, 우물에 솟는 물 한 방울, 어린아이의 천진난만한 얼굴 하나까지 하나님의 사랑을 외치고 있다. 이 하나님의 사랑을 가장 완벽하게 나타내신 사건은 '십자가 사건'이다.

【2대지】 독생자를 주셨다. 진정한 사랑은 언제나 주는 것이다. 모든 것을 희생하고 온전히 내어준다는 말. 자식을 사랑하는 부모는 하나님의 사랑을 어렴풋이나마 알 수 있다. 하나님은 자신의 독자를 주셨다. 이 방법 외에는 우리에게 구원이 없다. 롬 5:8, "우리가 아직 죄인 되었을 때에 그리스도께서 우리를 위하여 죽으심으로 하나님께서 우리에게 대한 자기의 사랑을 확증하셨느니라" 이를 위해 하나님은 구약시대부터 자기 종들을 계속하여 파송하셨다. '때가 차매' 마침내 여자의 몸에서 주님이 나셨다. 주님의 일생은 세상 사람을 위하여 모든 것을 주시는 삶이었다. 그분이 우리 대신 당하신 고난, 갈보리 십자가의 엄청난 모욕과 고통은 우리를 구원코자 하시는 하나님의 사랑의 표현이었다.

【3대지】 모든 사람을 포용하는 말씀. 동시에 각 사람을 향한 초청의 말씀이다. 예) 호세아와 고멜. 하나님은 이런 인생들을 끝까지 포기하지 않으시고 사랑의 음성으로 부르시고 사랑의 팔을 벌리고 계신다. 무엇보다 믿음이 중요하다. 역사적 믿음, 일시적 믿음, 이적적 믿음보다 가장 중요한 것은 구원적 믿음! 성경 말씀에 의한 개인적 확신으로 진리를 받아들이는 구원적 믿음이 필요하다. 믿음 아닌 다른 것에 매달리지 말라.

【결론】 그러나 요 3:16은 사실이며 진리이다. 행 4:12, "다른 이로서는 구원을 얻을 수 없나니, 천하 인간에 구원을 얻을 만한 다른 이름을 우리에게 주신 일이 없음이니라"

- 절기, 용도, 장르, 특징:
- Key Word: 하나님의 사랑, 구원, 독생자.
- Remarks:

본문 : **요 3:16~17**
제목 : **자유와 생명의 대헌장**
(大憲章, Magna Carta of Freedom and Life)

16.하나님이 세상을 이처럼 사랑하사 독생자를 주셨으니 이는 그를 믿는 자마다 멸망하지 않고 영생을 얻게 하려 하심이라 **17.**하나님이 그 아들을 세상에 보내신 것은 세상을 심판하려 하심이 아니요 그로 말미암아 세상이 구원을 받게 하려 하심이라

1. 하나님이 세상을 이처럼 사랑하셨음 (= 하나님의 엄청난 인류 사랑)
16절= "하나님이 세상을 이처럼 사랑하사…"

2. 하나님이 세상에 독생자를 주셨음 (= 가장 귀한 선물 주심, 그리스도의 낮아지심과 높아지심)
16절= "…세상을 이처럼 사랑하사 독생자를 주셨으니…"

3. 독생자를 믿는 자마다 영생 얻게 하심 (= 영적 무력자 구원, 이신칭의)
16절= "…이는 그를 믿는 자마다 멸망하지 않고 영생을 얻게 하려 하심이라"

◈◈◈

【대지 유형】 주제 설명형 - 본문 분석형 - 대지 심화형
【주제】 세상을 사랑하신 하나님은 독생자를 보내어 희생시키심으로 믿는 자를 구원하신다.
【FCF】 영적 무력자임을 철저히 인식하지 못하고 있는 현대인들의 오만함.

【서론】 본문은 성경 전체 메시지의 핵심을 담고 있는 대표 구절이다. 16절은 독생자를 보내신 하나님의 지극한 사랑을 가장 잘 드러내므로 사람들은 이를 '작은 복음' 혹은 '복음서 안에 있는 복음' 등으로 부른다.
【우산질문】 말씀을 통하여 하나님께서 주시는 사랑의 음성을 듣자. 죄 가운데 빠진 인류를 구원하여 자유를 주시는 주님의 사랑의 손길을 느껴보자. 독생자를 영접한 자에게 주시는 영원한 생명을 더욱 굳게 붙들자.

【1대지】 '세상'으로 번역된 '코스몬'은 일차적으로 인류를 가리켜 쓰였으나 특히 예수 믿어 구원 얻게 될 성도들에게 집중되어 있다. 하나님의 사랑이 어떻게 나타나나? 구원 얻은 성도들에 대하여는 성도와의 친밀한 교제를 통해서, 그렇지 못한 이들에 대하여는 그들에게 구원의 기회를 부여하신 것으로 나타난다.

【2대지】 '독생자'라는 단어는 오직 한 분만이 사용할 수 있는 독특한 말이다. 독생자('모노게네스')는 독자(獨子)라는 의미이다. '주셨다'는 것은 무슨 의미인가? 독생자께서는 육신을 입고 우리에게 오셔서 하나님 나라의 비밀을 가르쳐 주셨고, 우리로 하여금 그 나라에 들어가게 하기 위하여 친히 번제물이 되어 피를 흘리셨다. 주님은 사탄의 권세에 매여 있던 우리를 풀어 자유케 하셨고, 우리에게 생명의 길을 열어놓으셨다.

【3대지】 구원에 관한 한 우리는 철저히 무력(無力)한 자이다. 우리 힘으로 할 수 있는 것은 아무것도 없다. 중요한 것은 우리가 스스로 영적 무력자임을 인정하는 것이다.

【결론】 예수님이 십자가에 달리신 목적이 여기 있다. 주님은 무력한 인간들을 자유케 하기 위하여 친히 나무에 높이 매달리지 않을 수 없었다. 저와 여러분들의 허물과 죄를 담당하시기 위하여, 그리고 우리의 영혼과 육신의 구원을 위해 주님은 갈보리 언덕에 높이 달리셨다. 우리의 자유와 영생을 위하여 주님은 피를 흘리셨다.

- 절기, 용도, 장르, 특징: 총동원주일.
- Key Word: 자유와 생명.
- Remarks:

본문 : **요 4:5~10**

제목 : **피곤하여 우물곁에 앉으신 예수님**

5.사마리아에 있는 수가라 하는 동네에 이르시니 야곱이 그 아들 요셉에게 준 땅이 가깝고 **6.**거기
또 야곱의 우물이 있더라 예수께서 길 가시다가 피곤하여 우물 곁에 그대로 앉으시니 때가 여섯 시쯤
되었더라 **7.**사마리아 여자 한 사람이 물을 길으러 왔으매 예수께서 물을 좀 달라 하시니 **8.**이는 제
자들이 먹을 것을 사러 그 동네에 들어갔음이러라 **9.**사마리아 여자가 이르되 당신은 유대인으로서
어찌하여 사마리아 여자인 나에게 물을 달라 하나이까 하니 이는 유대인이 사마리아인과 상종하지
아니함이러라 **10.**예수께서 대답하여 이르시되 네가 만일 하나님의 선물과 또 네게 물 좀 달라 하는
이가 누구인 줄 알았더라면 네가 그에게 구하였을 것이요 그가 생수를 네게 주었으리라

1. 예수께서 길 가시다가 피곤하여 우물 곁에 앉으심 (= 육체적 피곤, 세상의 죄악 된 모습에 지치신 예수님)

6절= "…예수께서 길 가시다가 피곤하여 우물 곁에 그대로 앉으시니…"

2. 우물곁에 앉아 기다리심 (= 주님의 구원의 선물은 모든 사람에게 열려 있음)

6절= "…우물 곁에 그대로 앉으시니 때가 여섯 시쯤 되었더라"

3. 구하는 자에게 생수를 주었으리라고 하심 (= 기다리시는 주님을 만난 사람은 영생의 은혜를 공급받게 됨)

10절= "예수께서 대답하여 이르시되 네가 만일 하나님의 선물과 또 네게 물 좀 달라 하는 이가 누구인 줄 알았더라면 네가 그에게 구하였을 것이요 그가 생수를 네게 주었으리라"

◈◈◈

【대지 유형】 주제 설명형 - 본문 묶음형 - 대지 진전형
【주제】 예수님은 참사람으로 오셔서 구하는 자에게 구원의 선물을 주신다.
【FCF】 많은 사람이 영생을 주시는 주님에 대해 무관심함.

【서론】 예수님= 참 하나님이요 참 사람= 풀 수 없는 신비의 영역. 본문은 예수님의 인성이 자연스레 드러남. 피곤하여 우물가에 앉으신 예수님= 자신의 초능력을 사용치 않으시는 모습.

【우산질문】 본문에서 피곤한 육체로도 영혼 구원을 위해 기회를 놓치지 않으시는 주님의 모습을 살펴보자.

【1대지】 본문의 예수님 일행= 갈릴리로 가시는 도중. 수가성에 도착= 한낮 뙤약볕 행로에 피곤하심. 지치신 주님의 신령한 모습. 요한복음은 예수님의 신성을 강조한다. 동시에 인성을 강조. 공생애 내내 바쁘게 일하심= 육신뿐 아니라 정신적으로도 지치실 수 있는 분. 주님은 우리의 죄에 피곤해 하시고, 형식적인 예배와 불신앙적인 행위 등에 지치심.
【2대지】 "때가 제 육시쯤 되었더라" 확실한 역사적 사건임을 암시하는 말. 찾아온 사마리아 여인에게 기다렸다는 듯이 말을 건넴. 사마리아 지방의 추수는 회개하는 한 영혼으로 시작하려고 기다리심. 바로 이 주님이 오랫동안 여러분을 기다려 오셨다.
【3대지】 본문의 사마리아 여인의 자리에 우리를 대치해보자. 생수= 흐르거나 솟아오르는 물. 여러분이 느끼는 목마름의 정도는 어떠한가? 주님 주시는 생수는 영원히 솟아나는 샘물. 주님은 이것을 주시고자 기다리신다. 오직 주님 주시는 생수만이 인생의 근본적인 갈증을 해결해 준다.
【결론】 주님은 지금도 우리의 외식과 율법주의와 세속주의에 피곤해 하신다. 생수를 주시려고 기다리시는 주님. 이미 생수를 맛본 성도라도 계속하여 주님과의 깊은 교제를 즐겨야겠다.

- 절기, 용도, 장르, 특징:
- Key Word: 생수.
- Remarks:

본문 : **요 4:5~14**

제목 : **성령의 생수 (Living Water of the Holy Spirit)**

5.사마리아에 있는 수가라 하는 동네에 이르시니 야곱이 그 아들 요셉에게 준 땅이 가깝고 **6.**거기
또 야곱의 우물이 있더라 예수께서 길 가시다가 피곤하여 우물 곁에 그대로 앉으시니 때가 여섯 시쯤
되었더라 **7.**사마리아 여자 한 사람이 물을 길으러 왔으매 예수께서 물을 좀 달라 하시니 **8.**이는 제
자들이 먹을 것을 사러 그 동네에 들어갔음이러라 **9.**사마리아 여자가 이르되 당신은 유대인으로서
어찌하여 사마리아 여자인 나에게 물을 달라 하나이까 하니 이는 유대인이 사마리아인과 상종하지
아니함이러라 **10.**예수께서 대답하여 이르시되 네가 만일 하나님의 선물과 또 네게 물 좀 달라 하는
이가 누구인 줄 알았더라면 네가 그에게 구하였을 것이요 그가 생수를 네게 주었으리라 **11.**여자가
이르되 주여 물 길을 그릇도 없고 이 우물은 깊은데 어디서 당신이 그 생수를 얻겠사옵나이까 **12.**우
리 조상 야곱이 이 우물을 우리에게 주셨고 또 여기서 자기와 자기 아들들과 짐승이 다 마셨는데 당
신이 야곱보다 더 크니이까 **13.**예수께서 대답하여 이르시되 이 물을 마시는 자마다 다시 목마르려
니와 **14.**내가 주는 물을 마시는 자는 영원히 목마르지 아니하리니 내가 주는 물은 그 속에서 영생하
도록 솟아나는 샘물이 되리라

1. 예수께서 직접 주시는 물임 (= 주님이 직접 주시는 성령의 은혜)

10절= "…그가 생수를 네게 주었으리라"

14절= "내가 주는 물을 먹는 자는 영원히 목마르지 아니하리니…"

2. 우리 안에 저장되어 있는 물임 (= 마음속에 저장된 성령의 은혜)

14절= "…나의 주는 물은 그 속에서 영생하도록 솟아나는 샘물이 되리라"

3. 영생하도록 솟아나는 샘물이 됨 (= 영원히 솟아나는 성령의 은혜)

14절= "내가 주는 물을 먹는 자는 영원히 목마르지 아니하리니 나의 주는 물은 그 속에서 영생하도록 솟아나는 샘물이 되리라"

◆◆◆

【대지 유형】 주제 설명형 - 본문 분석형 - 대지 심화형

【주제】 예수님이 직접 주시는 성령의 생수는 우리 마음속에서 끊임없이 솟아나는 성령의 은혜이다.

【FCF】 많은 신앙인이 마음속에서 솟아나는 성령의 생수를 아직 잘 모르고 있음.

【서론】 본문은 성령에 관한 가르침을 물 이야기로 제시한다. 생수(生水, 휘도르 존)라는 말은 살아 있는 물, 샘솟는 물을 가리킨다. 신선하고 흐르는 물, 생명을 창조하고 유지시키는 물이다. 성령의 역사 없는 영적 삶은 상상할 수가 없다. 만일 성령의 역사가 없어진다면 마치 육체가 탈수병에 걸려 죽는 것처럼 그 사람의 신앙도 말라 죽게 되는 것이다.
【우산질문】 예수님께서 말씀하신 성령의 생수는 어떤 물인가? 성령의 생수는 어떤 특징을 갖고 있나?

【1대지】 "내가 주는"이란 표현에서 1인칭 단수 '내가'가 매우 강조되고 있다. 세상이 주는 물과는 차원이 다른 물을 주님께서 직접 주시겠다는 말씀이다. 이것은 예수님의 속죄 사역과 관련되는 말씀이다.
【2대지】 안에 있는 물은 저장된 물이고, 이것은 성령의 은혜가 속에서부터 끊임없이 흘러나오는 모습이다. 어떤 인생의 갈증을 만나더라도 능히 해갈(解渴)할 수 있는 성령의 은혜를 저장 받는 성도가 되자.
【3대지】 예수님은 그를 믿는 자마다 영생을 가졌다고 선포하셨는데(요 5:24), 그 영생을 위해 솟아나는 물의 샘은 어떤 의미인가? 그것은 바로 계속적인 성령의 도우심을 의미한다. 부활하신 예수께서 승천하셔서 하늘 보좌로부터 보내시는 보혜사 성령의 은혜는 이처럼 신약시대의 성도들의 삶을 송두리째 바꾸어놓았다.
【결론】 우리의 초장에 무엇보다 필요한 것은 물이다. 주님 주시는 물을 공급받을 때 우리의 초장은 언제나 푸를 수 있다. 이 물은 영원히 마르지 않는 그리스도의 물이고, 나의 마음속에서 영원히 솟아나는 성령의 은혜이다.

- 절기, 용도, 장르, 특징:
- Key Word: 성령, 생수, 은혜.
- Remarks:

본문 : **요 4:5~14**
제목 : **예수님이 주시는 생수 (The Living Water)**

5.사마리아에 있는 수가라 하는 동네에 이르시니 야곱이 그 아들 요셉에게 준 땅이 가깝고 **6.**거기
또 야곱의 우물이 있더라 예수께서 길 가시다가 피곤하여 우물 곁에 그대로 앉으시니 때가 여섯 시쯤
되었더라 **7.**사마리아 여자 한 사람이 물을 길으러 왔으매 예수께서 물을 좀 달라 하시니 **8.**이는 제
자들이 먹을 것을 사러 그 동네에 들어갔음이러라 **9.**사마리아 여자가 이르되 당신은 유대인으로서
어찌하여 사마리아 여자인 나에게 물을 달라 하나이까 하니 이는 유대인이 사마리아인과 상종하지
아니함이러라 **10.**예수께서 대답하여 이르시되 네가 만일 하나님의 선물과 또 네게 물 좀 달라 하는
이가 누구인 줄 알았더라면 네가 그에게 구하였을 것이요 그가 생수를 네게 주었으리라 **11.**여자가
이르되 주여 물 길을 그릇도 없고 이 우물은 깊은데 어디서 당신이 그 생수를 얻겠사옵나이까 **12.**우
리 조상 야곱이 이 우물을 우리에게 주셨고 또 여기서 자기와 자기 아들들과 짐승이 다 마셨는데 당
신이 야곱보다 더 크니이까 **13.**예수께서 대답하여 이르시되 이 물을 마시는 자마다 다시 목마르려
니와 **14.**내가 주는 물을 마시는 자는 영원히 목마르지 아니하리니 내가 주는 물은 그 속에서 영생하
도록 솟아나는 샘물이 되리라

1. 예수님은 구하는 자에게 생수를 주심 (= 생수의 원천, 생수의 근원이신 예수님)

10절= "예수께서 대답하여 이르시되 네가 만일 하나님의 선물과 또 네게 물 좀 달라 하는 이가 누구인 줄 알았더라면 네가 그에게 구하였을 것이요 그가 생수를 네게 주었으리라"

2. 주님 주시는 생수는 영생하도록 솟아나는 샘물이 됨 (= 생수의 효험, 인간의 모든 갈증을 영원히 풀어줌)

14절= "내가 주는 물을 마시는 자는 영원히 목마르지 아니하리니 내가 주는 물은 그 속에서 영생하도록 솟아나는 샘물이 되리라"

3. 생수를 얻기 위해 예수님께 구해야 함 (= 생수를 소유하는 조건)

10절= "…네가 그에게 구하였을 것이요 그가 생수를 네게 주었으리라"

◈◈◈

【대지 유형】 주제 설명형 - 본문 수집형 - 대지 연결형

【주제】 주님 주시는 생수는 마시는 자의 속에서 영생하도록 솟아나는 샘물이 된다.

【FCF】 많은 신앙인이 생수를 마신 경험이 부족함.

【서론】 본문에서 '갈증'과 '생수'를 발견한다. 죄가 세상에 들어온 이후 모든 사람은 영혼의 갈증을 가짐. 예수님의 의미심장한 말씀= "이 물을 마시는 자마다 다시 목마르려니와 내가 주는 물을 마시는 자는 영원히 목마르지 아니하리니 내가 주는 물은 그 속에서 영생하도록 솟아나는 샘물이 되리라"(13절).

【우산질문】 예수님이 말씀하신 생수가 무엇인지, 그 효력은 어떠한지, 그리고 이 생수를 얻으려면 어떻게 해야 하는지 살펴보자.

【1대지】 예수님이 말씀하시는 생수는 생명을 공급하는 물이다. 생수의 근원은 예수 그리스도이시다(10절). 생수란 '살아 있는 물(living water)'. 이 은혜와 진리의 생수는 하나님 아들에 의해 우리에게 주어진다.

【2대지】 이 생수는 갈증을 풀어준다. 인간들이 목말라하는 것들이 얼마나 많은가. 삶의 목적과 의미, 만족과 성취감, 불안이나 스트레스로부터의 자유… 주님이 주시는 생수는 우리 속에서 솟아나는 샘물이 된다. 중생한 사람이 받는 유혹은 샘 속에 떨어뜨린 독약과 같다. 거듭난 사람 속에는 영생하도록 솟아나는 샘물이 있어 그 모든 독을 정화시키는 능력을 발휘한다.

【3대지】 먼저 우리는 그리스도의 능력을 알고 그를 인정해야 한다. 그리고 그에게 구해야 한다. 생수를 마시려면 바위를 깨뜨려야 한다.

【결론】 주님은 우리에게 생수가 필요하다는 사실을 잘 아신다. 이 생수는 거저 주시는 주님의 은혜이다. 지금도 주님은 성령으로 교회들에게 말씀하신다. 요 7:37

- 절기, 용도, 장르, 특징:
- Key Word: 생수.
- Remarks:

본문 : **요 5:1~9**

제목 : **베데스다의 은혜가 임한 사람 (The Grace of Bethesda)**

1.그 후에 유대인의 명절이 되어 예수께서 예루살렘에 올라가시니라 **2.**예루살렘에 있는 양문 곁에
히브리 말로 베데스다라 하는 못이 있는데 거기 행각 다섯이 있고 **3.**그 안에 많은 병자, 맹인, 다리
저는 사람, 혈기 마른 사람들이 누워 [물의 움직임을 기다리니 **4.**이는 천사가 가끔 못에 내려와 물을
움직이게 하는데 움직인 후에 먼저 들어가는 자는 어떤 병에 걸렸든지 낫게 됨이러라] **5.**거기 서른
여덟 해 된 병자가 있더라 **6.**예수께서 그 누운 것을 보시고 병이 벌써 오래된 줄 아시고 이르시되 네
가 낫고자 하느냐 **7.**병자가 대답하되 주여 물이 움직일 때에 나를 못에 넣어 주는 사람이 없어 내가
가는 동안에 다른 사람이 먼저 내려가나이다 **8.**예수께서 이르시되 일어나 네 자리를 들고 걸어가라
하시니 **9.**그 사람이 곧 나아서 자리를 들고 걸어가니라 이 날은 안식일이니

1. 예수님의 눈에 발견되었음 (= 선택된 자)

6절= "예수께서 그 누운 것을 보시고… "

2. 병이 오래된 환자였음 (= 주님의 도움 가장 필요한 자)

5절, "거기 삼십 팔년 된 병자가 있더라"

6절= "…예수께서… 병이 벌써 오랜 줄 아시고…"

3. 낫고자 하는 열망을 가진 자였음 (= 꿈을 간직한 자)

6절= "예수께서… 이르시되, 네가 낫고자 하느냐?"

◈◈◈

【대지 유형】 주제 설명형 - 본문 분석형 - 대지 연결형

【주제】 베데스다에서 치유의 은혜를 입은 사람은 주님에 의해 직접 선택되었고, 가장 도움이 필요한 형편에 있었고, 낫고자 하는 꿈을 가진 사람이었다.

【FCF】 주님의 도움이 필요하면서도 간구할 줄 모르고 다른 곳에서 해결책을 찾아 헤매는 모습.

【서론】 베데스다의 은혜는 초자연적 은혜였고, 많은 병자 중 오직 한 사람 38년 된 병자에게만 임한 은혜였다.

【우산질문】 베데스다의 은혜가 임한 사람은 어떤 사람이었나?

【1대지】 이 사람이 예수님을 찾아낸 것이 아니라 예수께서 이 환자를 발견하신 것이다. 이것은 주님의 은혜가 선택된 자 위에 임한다는 의미이다. 하나님의 은혜는 '선택된 자' 위에 임한다. 우리에게 일어나는 모든 것에는 우연이 결코 있을 수 없다. 하나님은 이 은혜를 위해 독생자를 십자가에 못 박히게 하셨고, 그리하여 독생자께서는 믿는 자를 위한 '자비의 집(=베데스다)'이 되셨다.

【2대지】 38년이나 고통받아 온 병자였다. 얼마나 한(恨)이 맺힌 삶이었겠는가? 자신의 힘으로 무엇인가를 할 수 있다고 생각하는 사람에게는 주님께서 역사하지 않으신다. 주님은 가장 불쌍한 병자가 어디에 있는가를 찾으셨다.

【3대지】 '4M 전략'= 인생의 '주인(Master)'을 만나고, 생애 전체를 쏟아 부어도 후회가 없는 '사명(Mission)'을 발견해야 하며, 훌륭한 신앙의 '멘토(Mento)'와 죽음의 순간에도 함께할 수 있는 '동역자(Mate)'를 만나는 것이다. 꿈이 있는 사람에게 기회가 주어진다. 꿈을 가진 자가 주인공이 될 수 있다.

【결론】 베데스다의 은혜는 가장 오래되고 힘든 병자 위에 임했다. 이 사람은 주님께서 선택하셨고 주님께서 찾아와 주신 병자이다. 주님은 이 사람에게 사람의 관점으로는 불가능한 것을 시도하도록 명령하셨다. "일어나 네 자리를 들고 걸어가라." 이 명령은 거역할 수 없는 힘으로 이 병자의 삶 속에 들어왔다.

- 절기, 용도, 장르, 특징:
- Key Word: 은혜.
- Remarks:

본문 : **요 5:1~10**

제목 : **베데스다 표적의 의미 (The Healing at Bethesda Pool)**

1.그 후에 유대인의 명절이 되어 예수께서 예루살렘에 올라가시니라 **2.**예루살렘에 있는 양문 곁에 히브리 말로 베데스다라 하는 못이 있는데 거기 행각 다섯이 있고 **3.**그 안에 많은 병자, 맹인, 다리 저는 사람, 혈기 마른 사람들이 누워 물의 움직임을 기다리니 **4.**이는 천사가 가끔 못에 내려와 물을 움직이게 하는데 움직인 후에 먼저 들어가는 자는 어떤 병에 걸렸든지 낫게 됨이러라] **5.**거기 서른 여덟 해 된 병자가 있더라 **6.**예수께서 그 누운 것을 보시고 병이 벌써 오래된 줄 아시고 이르시되 네가 낫고자 하느냐 **7.**병자가 대답하되 주여 물이 움직일 때에 나를 못에 넣어 주는 사람이 없어 내가 가는 동안에 다른 사람이 먼저 내려가나이다 **8.**예수께서 이르시되 일어나 네 자리를 들고 걸어가라 하시니 **9.**그 사람이 곧 나아서 자리를 들고 걸어가니라 이 날은 안식일이니 **10.**유대인들이 병 나은 사람에게 이르되 안식일인데 네가 자리를 들고 가는 것이 옳지 아니하니라

1. 예수께서 고통으로 가득 찬 베데스다에 오심 (= 성육신의 숭고한 사랑)

2절= "예루살렘에 있는 양문 곁에 히브리 말로 베데스다라 하는 못이 있는데 거기 행각 다섯이 있고"

3절= "그 안에 많은 병자, 맹인, 다리 저는 사람, 혈기 마른 사람들이 누워 물의 움직임을 기다리니…"

2. 병자들은 민간 신앙이나마 붙들고자 함 (= 길을 모르면 어리석게 행함)

3, 4절= "…사람들이 누워 [물의 움직임을 기다리니 이는 천사가 가끔 못에 내려와 물을 움직이게 하는데 움직인 후에 먼저 들어가는 자는 어떤 병에 걸렸든지 낫게 됨이러라]"

3. 예수께서 38년된 병자를 고쳐주심 (= 예수 복음으로만 살 수 있음을 의미)

5절= "거기 서른여덟 해 된 병자가 있더라"

6절= "예수께서 그 누운 것을 보시고 병이 벌써 오래된 줄 아시고 이르시되, 네가 낫고자 하느냐"

◈◈◈

【대지 유형】 주제 설명형 - 본문 묶음형 - 대지 연결형

【주제】 (적용) 성육신하신 예수님은 어리석은 인류에게 예수 복음으로만 살 수 있음을 가르치신다.

【FCF】 교회 안에서도 만연한 민간 신앙에 매달리는 현상.

【서론】 본문은 요한복음의 일곱 표적 가운데 세 번째 표적(the Third Sign)인 '38년 된 병자를 고치신 사건'을 중심으로 전개되고 있다.
【우산질문】 베데스다 못에 우글거리던 병자들, 그곳에 찾아오신 예수님, 그리고 38년이나 누워 있던 절망적인 병자를 단숨에 완쾌시키신 예수님의 모습 등을 통하여 우리에게 주시는 하나님의 음성을 듣자.

【1대지】 '베데스다'(베트=집, 헤세드=자비)는 '자비의 집'. 자비의 주님이신 예수님이 방문하신 그곳은 그러나 역설적으로 자비나 긍휼을 찾아보기 어려운 곳이었다.
【2대지】 진리를 알지 못하면 비진리에 사로잡힐 수밖에 없는 것이 어리석은 인간들이다. 사람을 견디기 힘들게 만드는 것은 문제의 해답이 보이지 않을 때이다. 이때 많은 사람은 어리석은 선택을 하게 된다. 옳은 길을 알지 못해 방황하는 자들에게 길이신 예수님을 가르쳐 주어야 한다.
【3대지】 예수님이 그 병자에게 원하신 것은 그가 회복되고자 하는 강한 의지와 더불어, 무엇보다 예수를 의지하는 강한 믿음이었다. 예수님의 명령이 떨어진다. 첫째는 일어나라는 것. 둘째는 네 자리를 들라는 것. 셋째는 걸어가라는 것.
【결론】 우리가 예수님을 만나 지금 누리고 있는 참 평안과 참 자유에 대하여 아무것도 알지 못하고 고통 가운데 신음하고 있는 '베데스다의 병자들'에게 소리 높여 증거하자.

- 절기, 용도, 장르, 특징:
- Key Word: 표적, 은혜, 치유.
- Remarks:

본문 : **요 5:21~29**

제목 : **구원에 이르는 단계**

21.아버지께서 죽은 자들을 일으켜 살리심 같이 아들도 자기가 원하는 자들을 살리느니라 **22.**아버
지께서 아무도 심판하지 아니하시고 심판을 다 아들에게 맡기셨으니 **23.**이는 모든 사람으로 아버지
를 공경하는 것 같이 아들을 공경하게 하려 하심이라 아들을 공경하지 아니하는 자는 그를 보내신 아
버지도 공경하지 아니하느니라 **24.**내가 진실로 진실로 너희에게 이르노니 내 말을 듣고 또 나 보내
신 이를 믿는 자는 영생을 얻었고 심판에 이르지 아니하나니 사망에서 생명으로 옮겼느니라 **25.**진
실로 진실로 너희에게 이르노니 죽은 자들이 하나님의 아들의 음성을 들을 때가 오나니 곧 이 때라
듣는 자는 살아나리라 **26.**아버지께서 자기 속에 생명이 있음 같이 아들에게도 생명을 주어 그 속에
있게 하셨고 **27.**또 인자됨으로 말미암아 심판하는 권한을 주셨느니라 **28.**이를 놀랍게 여기지 말라
무덤 속에 있는 자가 다 그의 음성을 들을 때가 오나니 **29.**선한 일을 행한 자는 생명의 부활로, 악한
일을 행한 자는 심판의 부활로 나오리라

1. 예수님의 말씀을 듣는 단계 (= 듣기, Hearing)

24절= "내가 진실로 진실로 너희에게 이르노니 내 말을 듣고 또 나 보내신 이를 믿는 자는 영생을 얻었고 심판에 이르지 아니하나니 사망에서 생명으로 옮겼느니라"

2. 하나님을 믿는 단계 (= 믿기, Believing)

24절= "…또 나 보내신 이를 믿는 자는 영생을 얻었고 심판에 이르지 아니하나니…"

3. 사망에서 생명으로 옮겨지는 단계 (= 경험하기, Experiencing)

24절= "…심판에 이르지 아니하나니 사망에서 생명으로 옮겼느니라"

◈◈◈

【대지 유형】 주제 설명형 - 본문 분석형 - 대지 진전형

【주제】 주님이 주시는 구원은 하나님 말씀을 듣고 믿고 주님을 영접하여 생명을 경험하는 단계를 거친다.

【FCF】 많은 신앙인이 죽음에서 생명으로 옮긴 경험의 단계에 대한 인식이 부족함.

【서론】 기독교의 가장 중요한 주제는 '구원'이다. 세상 모든 학문 사상 중 구

원 문제만큼 심각한 것은 없다. 구원의 문제는 인간의 지혜로 해결할 수 없다. 구원은 하나님 아들로부터 온다. 21절. 구원은 어떤 의식이나 법 체계로부터 오는 것이 아니다. 본문 24절이 중요하다.

【우산질문】 본문을 통하여 우리가 하나님의 아들을 어떻게 영접해서 영생에 들어가게 되는지 살펴보자.

【1대지】 신약성경의 어떤 경우에도 말씀을 듣지 않고 구원받은 사람은 없다. '말씀을 듣는다'= 잃은 영혼을 향하여 하나님으로부터 주어진 메시지로 인식한다는 뜻. 말씀 들을 때 죄에 대한 깨달음이 일어나게 된다. 바울의 증언을 들어보라, 롬 10:14, 17.

【2대지】 구원은 오직 믿음으로 말미암는다. 인간의 선행, 종교, 철학, 노력 등은 구원의 길이 아니다. 바울은 주님의 가르침을 더욱 강조한다(롬 10:8~15). 예수님이 니고데모에게 하신 말씀 중 믿음을 강조하신다(요 3:14~18). 구원은 믿음으로 하나님 아들을 영접하는 자에게 주어진다(요 1:11~12). 영접하는 믿음은 순종하는 믿음이다(요 3:36).

【3대지】 구원은 새로운 생명이 믿는 자의 영혼 속으로 들어오는 것을 의미한다. 이것은 설명되어질 수 있는 것이 아니라 경험되어져야 하는 것이다. '사망에서 생명으로 옮겼다'= 죽음의 상태에서 생명의 상태로, 정죄의 상태에서 칭의(稱義)의 상태로 옮겨짐을 의미.

【결론】 주님의 말씀은 이처럼 명확하다. 당신은 개인적으로 하나님의 아들 예수님을 영접했는가? 개인적으로 성령께서 주시는 새생명을 받았는가?

- 절기, 용도, 장르, 특징:
- Key Word: 구원.
- Remarks:

본문 : **요 6:1~15**

제목 : **세 가지 타입의 믿음 (The Provision for Human Need)**

1.그 후에 예수께서 디베랴의 갈릴리 바다 건너편으로 가시매 **2.**큰 무리가 따르니 이는 병자들에게
행하시는 표적을 보았음이러라 **3.**예수께서 산에 오르사 제자들과 함께 거기 앉으시니 **4.**마침 유대
인의 명절인 유월절이 가까운지라 **5.**예수께서 눈을 들어 큰 무리가 자기에게로 오는 것을 보시고
빌립에게 이르시되 우리가 어디서 떡을 사서 이 사람들을 먹이겠느냐 하시니 **6.**이렇게 말씀하심은
친히 어떻게 하실지를 아시고 빌립을 시험하고자 하심이라 **7.**빌립이 대답하되 각 사람으로 조금씩
받게 할지라도 이백 데나리온의 떡이 부족하리이다 **8.**제자 중 하나 곧 시몬 베드로의 형제 안드레
가 예수께 여짜오되 **9.**여기 한 아이가 있어 보리떡 다섯 개와 물고기 두 마리를 가지고 있나이다 그
러나 그것이 이 많은 사람에게 얼마나 되겠사옵나이까 **10.**예수께서 이르시되 이 사람들로 앉게 하
라 하시니 그 곳에 잔디가 많은지라 사람들이 앉으니 수가 오천 명쯤 되더라 **11.**예수께서 떡을 가져
축사하신 후에 앉아 있는 자들에게 나눠 주시고 물고기도 그렇게 그들의 원대로 주시니라 **12.**그들
이 배부른 후에 예수께서 제자들에게 이르시되 남은 조각을 거두고 버리는 것이 없게 하라 하시므로
13.이에 거두니 보리떡 다섯 개로 먹고 남은 조각이 열두 바구니에 찼더라 **14.**그 사람들이 예수께서
행하신 이 표적을 보고 말하되 이는 참으로 세상에 오실 그 선지자라 하더라 **15.**그러므로 예수께서
그들이 와서 자기를 억지로 붙들어 임금으로 삼으려는 줄 아시고 다시 혼자 산으로 떠나 가시니라

1. 빌립형 믿음: 비관적 믿음

7절= "빌립이 대답하되 각 사람으로 조금씩 받게 할지라도 이백 데나리온의 떡이 부족하리이다"

2. 안드레형 믿음: 낙관적이면서도 회의적 믿음

9절= "여기 한 아이가 있어 보리떡 다섯 개와 물고기 두 마리를 가지고 있나이다 그러나 그것이 이 많은 사람에게 얼마나 되겠사옵나이까"

3. 그리스도형 믿음: 적극적이고 확고한 믿음

11절= "예수께서 떡을 가져 축사하신 후에 앉아 있는 자들에게 나눠 주시고 물고기도 그렇게 그들의 원대로 주시니라"

◈◈◈

【대지 유형】 주제 함축형 - 본문 묶음형 - 대지 진전형

【주제】 믿음의 여러 형태 중 예수님처럼 적극적이며 확고한 믿음을 가져야 한다.

【FCF】 비관적, 회의적인 생각들이 지배하는 현대 교회의 병든 모습.

【서론】 예수님= 우리의 필요를 채워주시는 주님. 오병이어 표적 사건 앞에 드러난 믿음의 형태들을 보자. 만일 우리가 주님 외에 다른 것을 의존한다면 반드시 실패할 것. 본문에 나타난 주님의 관심은 무리의 필요를 채워주는 데 있다. 주님은 제자들의 믿음을 키워주시고자 하신다.

【우산질문】 본문에 나타난 빌립과 안드레 그리고 예수님의 믿음의 모습은 어떤 것인가?

【1대지】 5~6절= 빌립을 테스트하시는 주님의 의도를 알았어야. 빌립은 비관적 관점을 가짐. 불가능 쪽을 강조하는 경향. 하나님의 능력을 보지 못함. 보통 때는 하나님 신앙을 고백하지만, 어려움이 올 때 오직 어려움에 시선을 집중하는 경향이 농후함. 이런 믿음으로는 하나님의 사랑과 돌보심을 보지 못하게 된다.

【2대지】 8~9절= 주님을 사랑하고 헌신적임. 그러나 문제 앞에서 결국 불평과 걱정에 싸임. 마르다의 예: 눅 10:40~41. 사실 안드레는 헌신적이었고, 형제 베드로를 전도했고, 항상 2인자에 만족한 사람이었지만, 아직 더 성숙해야 했다.

【3대지】 이것은 우리 믿음의 이상형. 축사하시고-나눠주시고-제자들로 하여금 자신을 돕도록 하신 주님.

【결론】 우리의 필요를 채워주시는 주님을 믿고 의지해야. 우리 주님은 누구나 어떤 경우에든지 우리를 도와주실 수 있다. 요일 2:15~17, 세속으로부터 구분된 삶.

- 절기, 용도, 장르, 특징:
- Key Word: 믿음의 유형~ 오병이어.
- Remarks:

본문 : **요 6:3~15**

제목 : **오병이어 현장에서의 예수님**
(Jesus Feeds The Five Thousand)

3.예수께서 산에 오르사 제자들과 함께 거기 앉으시니 **4.**마침 유대인의 명절인 유월절이 가까운지
라 **5.**예수께서 눈을 들어 큰 무리가 자기에게로 오는 것을 보시고 빌립에게 이르시되 우리가 어디서
떡을 사서 이 사람들을 먹이겠느냐 하시니 **6.**이렇게 말씀하심은 친히 어떻게 하실지를 아시고 빌립
을 시험하고자 하심이라 **7.**빌립이 대답하되 각 사람으로 조금씩 받게 할지라도 이백 데나리온의 떡
이 부족하리이다 **8.**제자 중 하나 곧 시몬 베드로의 형제 안드레가 예수께 여짜오되 **9.**여기 한 아이
가 있어 보리떡 다섯 개와 물고기 두 마리를 가지고 있나이다 그러나 그것이 이 많은 사람에게 얼마
나 되겠사옵나이까 **10.**예수께서 이르시되 이 사람들로 앉게 하라 하시니 그 곳에 잔디가 많은지라
사람들이 앉으니 수가 오천 명쯤 되더라 **11.**예수께서 떡을 가져 축사하신 후에 앉아 있는 자들에게
나눠 주시고 물고기도 그렇게 그들의 원대로 주시니라 **12.**그들이 배부른 후에 예수께서 제자들에게
이르시되 남은 조각을 거두고 버리는 것이 없게 하라 하시므로 **13.**이에 거두니 보리떡 다섯 개로 먹
고 남은 조각이 열두 바구니에 찼더라 **14.**그 사람들이 예수께서 행하신 이 표적을 보고 말하되 이는
참으로 세상에 오실 그 선지자라 하더라 **15.**그러므로 예수께서 그들이 와서 자기를 억지로 붙들어
임금으로 삼으려는 줄 아시고 다시 혼자 산으로 떠나 가시니라

1. 모여든 무리의 배고픔에 관심을 표하심 (= 무리 향한 연민의 정)

5절= "예수께서 눈을 들어 큰 무리가 자기에게로 오는 것을 보시고 빌립에게 이르시되 우리가 어디서 떡을 사서 이 사람들로 먹게 하겠느냐 하시니"

2. 한 아이의 오병이어 도시락을 받으셨음 (= 작은 헌신을 받으심)

9절= "여기 한 아이가 있어 보리떡 다섯 개와 물고기 두 마리를 가졌나이다. 그러나 그것이 이 많은 사람에게 얼마나 되겠삽나이까?"

3. 무리를 모두 배불리 먹이심 (= 차고 넘치게 하심)

11절= "예수께서 떡을 가져 축사하신 후에 앉아 있는 자들에게 나눠 주시고 물고기도 그렇게 그들의 원대로 주시니라"

◈◈◈

【대지 유형】 주제 설명형 - 본문 묶음형 - 대지 심화형

【주제】 오병이어의 현장에서 예수님은 연민의 정을 가지시고 오병이어로 무리를 모두 배불리 먹이셨다.

【FCF】 많은 신앙인이 헌신의 작은 양으로도 크게 일하시는 주님에 대한 믿

음을 갖지 못함.

【서론】 본문의 오병이어 이적 사건은 예수님의 갈릴리 사역의 정점을 이루고 있다. 주님은 유대와 예루살렘에서는 배척을 받으셨지만, 갈릴리 지역에서는 비교적 많은 무리의 환영과 추종을 받으셨다. 본문에서는 예수님의 기적을 체험한 무리가 예수님을 왕으로 옹립하려고 할 정도였다. 요한복음 6장이 우리에게 던져주는 교훈은 명백하다. 곧 물질적 욕구를 충족시키려는 동기를 가지고 예수께 나아와서는 안 된다는 것이다.
【우산질문】 본문을 통하여 예수님께서 오병이어의 현장에서 어떤 마음으로 어떻게 무리를 복 주셨는가를 살펴보자.

【1대지】 예수님은 '눈을 들어' 큰 무리가 자기에게로 오는 것을 보셨다. 주님은 무리에게 말할 수 없는 연민의 정을 가지셨다. 우리도 주님이 보여주신 관용의 마음을 품어 우리의 이웃을 향해 정죄하지 아니하고 사랑으로 감싸주자.
【2대지】 기적은 우리 주님께서 이 작은 헌신(한 아이의 도시락)을 기쁘게 받으심으로 시작되었다.
【3대지】 나눠줄 때마다 불어나는 역사가 일어났다. 모여든 모든 사람, 아마도 2만 명은 족히 되었을 엄청난 군중들이 배불리 먹게 될 정도로 흡족히 불어났다.
【결론】 오병이어의 현장에서 보여주신 예수님의 모습은 우리의 주님 되시기에 조금도 부족함이 없는 아름다운 모습이다.

- 절기, 용도, 장르, 특징:
- Key Word: 오병이어.
- Remarks:

본문 : **요 6:47~58**

제목 : **참된 양식 참된 음료 (Real Food Real Drink)**

47.진실로 진실로 너희에게 이르노니 믿는 자는 영생을 가졌나니 **48.**내가 곧 생명의 떡이니라
49.너희 조상들은 광야에서 만나를 먹었어도 죽었거니와 **50.**이는 하늘에서 내려오는 떡이니 사람으
로 하여금 먹고 죽지 아니하게 하는 것이니라 **51.**나는 하늘에서 내려온 살아 있는 떡이니 사람이 이
떡을 먹으면 영생하리라 내가 줄 떡은 곧 세상의 생명을 위한 내 살이니라 하시니라 **52.**그러므로 유
대인들이 서로 다투어 이르되 이 사람이 어찌 능히 자기 살을 우리에게 주어 먹게 하겠느냐 **53.**예수
께서 이르시되 내가 진실로 진실로 너희에게 이르노니 인자의 살을 먹지 아니하고 인자의 피를 마시
지 아니하면 너희 속에 생명이 없느니라 **54.**내 살을 먹고 내 피를 마시는 자는 영생을 가졌고 마지막
날에 내가 그를 다시 살리리니 **55.**내 살은 참된 양식이요 내 피는 참된 음료로다 **56.**내 살을 먹고
내 피를 마시는 자는 내 안에 거하고 나도 그의 안에 거하나니 **57.**살아 계신 아버지께서 나를 보내시
매 내가 아버지로 말미암아 사는 것 같이 나를 먹는 그 사람도 나로 말미암아 살리라 **58.**이것은 하늘
에서 내려온 떡이니 조상들이 먹고도 죽은 그것과 같지 아니하여 이 떡을 먹는 자는 영원히 살리라

1. "내가 줄 떡은 세상의 생명을 위한 내 살이라" 하심 (= 예수님은 우리의 생명을 위해 몸을 주심)

51절= "나는 하늘에서 내려온 살아 있는 떡이니 사람이 이 떡을 먹으면 영생하리라 내가 줄 떡은 곧 세상의 생명을 위한 내 살이니라"

2. 예수님의 살과 피를 먹고 마시는 것이 교제의 근본임 (= 그리스도를 영접해야만 영생 얻음)

56절= "내 살을 먹고 내 피를 마시는 자는 내 안에 거하고 나도 그의 안에 거하나니"

3. "이 떡을 먹는 자는 영원히 산다" 하심 (= 믿는 자에게 주시는 영생의 재확인)

58절= "이것은 하늘에서 내려온 떡이니 조상들이 먹고도 죽은 그것과 같지 아니하여 이 떡을 먹는 자는 영원히 살리라"

◈◈◈

【대지 유형】 주제 설명형 - 본문 묶음형 - 대지 연결형
【주제】 (적용) 주님이 만나의 사건으로부터 끌어내신 진리는 주님의 십자가 대속 사역을 믿어야만 영생을 얻을 수 있다는 것이다.
【FCF】 많은 신앙인이 믿는다고 하면서 실생활에서 먹고 마시듯 믿지는 못하고 있음.

【서론】 먹는다, 혹은 마신다는 것은 확실한 경험을 나타내는 말이다. 체험적인 행위를 수반하는 말이다. 무리는 영적인 일에 매우 무지하였고 어리석었

다. 그들에게는 이스라엘 조상들이 광야생활 가운데서 겪었던 '만나'의 체험이 가장 큰 표적이었다. 주님은 이 '만나'의 이야기로부터 놀라운 진리를 끌어내셨다.

【우산질문】 주님이 '만나'의 이야기로부터 끌어내신 놀라운 진리에 대해 살펴보자.

【1대지】 세상은 이제 온통 죄악으로 가득 차게 되었고, 오직 죽음의 세력만이 인류를 지배하게 되었다. 그러므로 우리가 세상을 살아가는 힘은 양식이나 돈에 있는 것이 아니고 오직 하늘의 하나님으로부터 공급된다. 예수께서 육신을 입고 오신 것은 자신의 살과 피를 우리에게 내어주시기 위함이다. 주님은 살과 피를 내어주심으로 우리의 죄를 위한 희생제물이 되셨다.

【2대지】 '먹는다', '마신다'는 것은 온전히 받아들여 자신의 일부로 삼는다는 의미이다. 이는 신학적 용어로는 '그리스도와의 연합'이며, 그리스도를 자신의 생명의 주로 영접한다는 의미이다. 믿되 떡을 먹듯이, 잔을 마시듯이 믿어야 한다. 믿음만이 우리를 그리스도와 연합시킬 수 있다. ① 먼저 영혼의 주림과 목마름이 있어야 한다. ② 예수님에 대하여 배우는 정도가 아니라 그분을 실제로 나의 개인의 구주요 주님으로 인정하고 영접하고 고백하라는 것이다. ③ 본문의 '먹고 마신다'는 동사는 모두 현재시제로 되어 있어 동작의 계속을 가리킨다.

【3대지】 만나는 하늘에서 내린 떡이라도 사람들에게 영원한 생명을 주지 못했다. 그러나 하늘에서 내려온 산 떡이신 예수님은 성육신하여 죄 없는 온전한 인간이 되셨고, 전 인류를 위한 대속의 희생을 치루셨다. 그리하여 그 이름을 믿는 모든 사람에게 영원한 생명을 주신다. 실로 예수님은 인류의 2천 년 역사가 보증하는, 유효 기간이 다함이 없는 영원한 생명 양식이다.

【결론】 주님의 살과 피를 믿음으로 먹고 마시는 자는 그리스도와 연합되고, 그리스도로 인해 살게 된다. 그에게는 분명한 삶의 목적과 의미가 주어지고, 이 땅에서도 가장 부요한 삶이 약속되어 진다. 그러므로 우리 모두 그리스도의 십자가로 나아가자. 주님 때문에 내가 산다는 사실을 경험적으로 믿어야 한다. 주님의 십자가를 믿음으로 부여잡고, 나의 죄와 허물을 토해 내어야 한다.

- 절기, 용도, 장르, 특징:
- Key Word: 만나, 생명 양식.
- Remarks:

본문 : **요 7:37~39**

제목 : **목마른 자를 위한 복음 (The Good News for the Thirsty)**

37.명절 끝날 곧 큰 날에 예수께서 서서 외쳐 이르시되 누구든지 목마르거든 내게로 와서 마시라
38.나를 믿는 자는 성경에 이름과 같이 그 배에서 생수의 강이 흘러나오리라 하시니 **39.**이는 그를
믿는 자들이 받을 성령을 가리켜 말씀하신 것이라 (예수께서 아직 영광을 받지 않으셨으므로 성령이
아직 그들에게 계시지 아니하시더라)

1. 명절 끝날 생수(生水)에 관해 메시지를 선포하심 (= 생수의 근원 예수)
37절= "명절 끝날 곧 큰 날에 예수께서 서서 외쳐 이르시되 누구든지 목마르거든 내게로 와서 마시라"

2. "목마르거든 내게로 와서 마시라" 하심 (= 갈증의 해결자 예수)
37절= "누구든지 목마르거든 내게로 와서 마시라"

3. 믿는 자에게서 생수의 강이 흘러나옴 (= 갈증의 해결 방법, 성령)
38절= "나를 믿는 자는 성경에 이름과 같이 그 배에서 생수의 강이 흘러나오리라 하시니"

◈◈◈

【대지 유형】 주제 설명형 - 본문 분석형 - 대지 심화형
【주제】 예수님은 목마른 자를 불러 성령을 부어주심으로 갈증을 해결해 주신다.
【FCF】 많은 신앙인이 생수의 강을 체험하지 못하고 있음.

【서론】 본문은 예수께서 영적으로 갈급해 하는 자들에게 '내게로 와서 마시라'라고 공개적으로 선포하시는 모습을 그리고 있다. 이날은 '명절 끝 날 곧 큰 날'이었다. 이날은 7일간의 초막절기가 끝나고 제8일째 성회로 모이는 날을 가리킨다(레 23:36). 이 명절 기간 7일 동안 제사장들은 실로암 못에서 물을 길어 성전까지 행진하여 제단에 붓는 의식을 거행하였다. 이는 비를 내려주시고 풍성한 것을 공급하여 주시는 하나님의 선하심을 기억하며 감사하는 상징적 행위로 행하여졌다. 절기의 끝 날은 '큰 날'이었다. 오늘 본문은 이와 같은 축제의 날에 예수께서 외치신 말씀이다.
【우산질문】 예수께서 목마른 자에게 주시는 복음의 말씀은 구체적으로 무엇인가?

【1대지】 예수님은 "목마르거든 내게로 와서 마시라"고 말씀하십니다. 이 말은 예수님 자신이 생명의 물이심을 의미한다. 주님은 초막절 절기 동안 매일

실로암 못에서 물을 길어 제단 서편에 붓는 행사를 즐기던 군중들을 향해 '내가 바로 생수의 근원이다'라고 말씀하신 것이다. 우리 예수님은 생수의 근원 되신다. 주님은 목마른 자들을 향하여 당신 자신이 생수의 근원임을 자신 있게 외치고 계신다. 우리의 삶에서 물의 중요성은 아무리 강조해도 지나치지 않다. 지구를 보더라도 온 지구 표면이 물로 가득 차 있다. 몸속의 물은 혈액순환, 소화활동 등 몸의 모든 활동에 절대적인 영향을 미친다. 그러므로 물은 곧 생명이다. 예수님은 생명의 떡으로서 우리에게 생명의 양식을 주시고, 생명의 물로서 우리의 영혼을 갈하지 않게 하신다. 죄악으로 가득찬 이 땅에서 사는 우리는 목마를 수밖에 없는 존재들이다. 이런 우리에게 생수의 근원이신 예수님이 계신다는 사실은 그 무엇보다 반가운 소식이 아닐 수 없다.

【2대지】 생수의 근원되신 예수님은 친히 목마른 자들을 초청하신다. 예수님은 우리의 목마름을 해결해주시는 '갈증의 해결자'이시다. 예루살렘으로 모여든 수많은 군중을 향해 이 말씀을 외치신 것은 그들의 내면에 있는 영적인 목마름을 보셨기 때문이다. 주님은 그들이 자신들의 내면의 목마름을 제대로 인식하게 되기를 원하셨다. 누가 현대인들의 영적 갈증을 풀어줄 수 있나? 예수님밖에 없다. 주님은 목마른 자들을 향하여 담대히 초청하신다. 그런데, 교회의 예배와 행사들이 예수님 중심이 되기보다 어느덧 사람 중심이 되어가고 있다. 영혼의 목마름으로 고민하고 있나? 갈증의 해결자이신 예수님께 나아가자.

【3대지】 목말라하는 자에게 반드시 들려주어야 할 좋은 소식은 '믿는 자에게 생수의 강이 흘러나온다'는 약속의 말씀이다. 39절을 보면 이 생수의 강은 예수 믿는 자가 받을 성령을 의미한다. "이는 그를 믿는 자들이 받을 성령을 가리켜 말씀하신 것이라." 그렇다. 예수 믿는 자가 영적인 목마름을 해결할 수 있는 것은 곧 성령께서 그 사람의 속에 내주(內住)하시기 때문이다. 보혜사 성령께서 믿는 자 속에 거처를 정하셨다니, 이 얼마나 놀라운 일인가? 성령님은 우리 안에 가만히 계신 것이 아니라 우리 안에서 생수의 강이 되셔서 우리를 목마르지 않도록 하신다. 끝없이 솟아나는 샘물처럼, 끝없이 흐르는 강물처럼 우리 마음속에 하나님의 은혜가 끝없이 흐르게 하신다.

【결론】 여러분은 목마른 자인가? 주님의 은혜에 목말라하고 있나? 마음 깊은 곳에서부터 생수의 강이 넘쳐 나오는 '축복의 삶'을 얼마나 사모하고 있는가?

- 절기, 용도, 장르, 특징: 성령강림주일.
- Key Word: 성령, 생수.
- Remarks:

본문 : **요 7:37~44; 고전 12:25~27**
제목 : **쟁론의 원인이신 예수님**

요 7:37.명절 끝날 곧 큰 날에 예수께서 서서 외쳐 이르시되 누구든지 목마르거든 내게로 와서 마시라 **38.**나를 믿는 자는 성경에 이름과 같이 그 배에서 생수의 강이 흘러나오리라 하시니 **39.**이는 그를 믿는 자들이 받을 성령을 가리켜 말씀하신 것이라 (예수께서 아직 영광을 받지 않으셨으므로 성령이 아직 그들에게 계시지 아니하시더라) **40.**이 말씀을 들은 무리 중에서 어떤 사람은 이 사람이 참으로 그 선지자라 하며 **41.**어떤 사람은 그리스도라 하며 어떤 이들은 그리스도가 어찌 갈릴리에서 나오겠느냐 **42.**성경에 이르기를 그리스도는 다윗의 씨로 또 다윗이 살던 마을 베들레헴에서 나오리라 하지 아니하였느냐 하며 **43.**예수로 말미암아 무리 중에서 쟁론이 되니 **44.**그 중에는 그를 잡고자 하는 자들도 있으나 손을 대는 자가 없었더라 …… **고전 12:25.**몸 가운데서 분쟁이 없고 오직 여러 지체가 서로 같이 돌보게 하셨느니라 **26.**만일 한 지체가 고통을 받으면 모든 지체가 함께 고통을 받고 한 지체가 영광을 얻으면 모든 지체가 함께 즐거워하느니라 **27.**너희는 그리스도의 몸이요 지체의 각 부분이라

1. 쟁론의 시작: 예수님에 대해 여러 가지 견해들이 생겨났음

40절= "이 말씀을 들은 무리 중에서 어떤 사람은 이 사람이 참으로 그 선지자라 하며"

41절= "어떤 사람은 그리스도라 하며 어떤 이들은 그리스도가 어찌 갈릴리에서 나오겠느냐 "

2. 쟁론의 상황: 견해 차이와 믿음의 수준 차이에서 분쟁이 발생함

43절= "예수로 말미암아 무리 중에서 쟁론이 되니"

3. 쟁론의 해결: 신앙이 올 때 연합이 오게 됨

25절= "몸 가운데서 분쟁이 없고 오직 여러 지체가 서로 같이 돌보게 하셨느니라"

◈◈◈

【대지 유형】 주제 함축형 - 본문 수집형 - 대지 진전형

【주제】 예수님에 대한 다양한 견해 차이는 쟁론을 불러오나 믿음이 올 때 연합된다.

【FCF】 많은 교회가 쟁론이 일어날 때 성숙한 신앙으로 해결하는 면에서 너무 미숙함.

【서론】 예수님의 가르침은 무리 중에서 쟁론을 불러왔다. 현대의 가장 큰 이슈도 "그리스도에 관한 것". 지난 2000년의 역사에서 가장 큰 쟁론은 예수 그리스도와 관계된 것임. "예수로 말미암아 무리 중에서 쟁론이 되니"
【우산질문】 예수님에 대한 견해 차이에서 온 쟁론이 진행되는 과정을 자세히 살펴보자.

【1대지】 그리스도에 대해 다양한 견해들이 있다. ① 주님의 주장을 인정하지 않는다(무신론자들, 유물론자들, 타종교인들). ② 일부는 인정하고 나머지는 부인함(자유주의, 갖가지 이단들). ③ 인정은 하나 본격적으로 따르지는 않는다(세속적, 출세나 체면을 중시하는 자들). ④ 소수의 진실한 추종자들, 어디까지나 함께 간다.
【2대지】 믿음 수준에 따라 분쟁이 발생한다. 견해 차이, 믿음 차이. 복음이 들어가는 곳마다 분쟁이 시작된다. 능력 있는 전도자는 '천하를 소요케 하는 자'라는 말을 듣는다. 이런 분열은 가장 친한 사람들 사이에서도 일어나게 된다. 우리 안에 예수님의 마음을 품어야 한다(빌 2:5).
【3대지】 신앙이 들어올 때 민족 사이의 담도 허물어진다(유대인과 이방인 사이의 담). 신앙이 들어올 때 인격의 독특성에 의한 분열도 해결된다. 그리스도 안에서 한 지체되는 힘은 크다. 그리스도의 발 아래서 모든 야망이 분쇄되고 정복되어 진다. 그리스도만큼 인간들의 마음을 그렇게 깊숙이 움직인 사람은 없다. 그리스도는 세계 역사의 진로를 바꾸어 놓으셨다. AD와 BC로. 하지만 많은 자가 불신과 증오로 그리스도에게 반기를 들어왔다.
【결론】 양자 사이의 싸움은 필연적이다. 나는 어느 편인가? 나는 어려운 싸움을 신앙으로 극복하는 자인가? 내가 어느 편에 서든 결국 그리스도는 승리한다.

- 절기, 용도, 장르, 특징:
- Key Word: 쟁론, 분쟁.
- Remarks:

본문 : **요 8:1~11**

제목 : **음행 중 잡힌 여자 이야기**

1.예수는 감람 산으로 가시니라 **2.**아침에 다시 성전으로 들어오시니 백성이 다 나아오는지라 앉으사 그들을 가르치시더니 **3.**서기관들과 바리새인들이 음행중에 잡힌 여자를 끌고 와서 가운데 세우고 **4.**예수께 말하되 선생이여 이 여자가 간음하다가 현장에서 잡혔나이다 **5.**모세는 율법에 이러한 여자를 돌로 치라 명하였거니와 선생은 어떻게 말하겠나이까 **6.**그들이 이렇게 말함은 고발할 조건을 얻고자 하여 예수를 시험함이러라 예수께서 몸을 굽히사 손가락으로 땅에 쓰시니 **7.**그들이 묻기를 마지 아니하는지라 이에 일어나 이르시되 너희 중에 죄 없는 자가 먼저 돌로 치라 하시고 **8.**다시 몸을 굽혀 손가락으로 땅에 쓰시니 **9.**그들이 이 말씀을 듣고 양심에 가책을 느껴 어른으로 시작하여 젊은이까지 하나씩 하나씩 나가고 오직 예수와 그 가운데 섰는 여자만 남았더라 **10.**예수께서 일어나사 여자 외에 아무도 없는 것을 보시고 이르시되 여자여 너를 고발하던 그들이 어디 있느냐 너를 정죄한 자가 없느냐 **11.**대답하되 주여 없나이다 예수께서 이르시되 나도 너를 정죄하지 아니하노니 가서 다시는 죄를 범하지 말라 하시니라

1. 음행 중에 잡힌 여자를 예수께 끌고 왔음 (= 원수들은 예수님을 고발할 조건을 찾음)

3절= "서기관들과 바리새인들이 음행 중에 잡힌 여자를 끌고 와서 가운데 세우고"

2. "죄 없는 자가 먼저 돌로 치라" 하심 (= 양심의 정죄를 받게 하심)

7절= "…너희 중에 죄 없는 자가 먼저 돌로 치라 하시고"

3. "나도 너를 정죄하지 아니하노라" 하심 (= 용서와 새로운 삶 주심)

11절= "나도 너를 정죄하지 아니하노니 가서 다시는 죄를 범하지 말라 하시니라"

◈◈◈

【대지 유형】 주제 설명형 - 본문 묶음형 - 대지 혼재형(1+2)

【주제】 세상은 우리를 정죄하나 주님은 긍휼과 은혜로 용서와 새로운 기회를 주신다.

【FCF】 많은 신앙인이 타인의 정죄거리를 찾고 있음.

【서론】 간음죄= 제7계명. 돌에 맞아 죽어야 하는 죄. 지금은 영적으로 죽게

된다. 즉 신앙에서 타락하게 된다. 가장 성스러운 기간인 명절 중에 부끄러운 죄를 범한 여인. 그것도 예루살렘 성안에서 이런 사건이 일어났다. 잡혀서 많은 사람 앞에 서게 된 여인. 죄는 이처럼 부끄러움을 준다.
【우산질문】 '음행 중 잡힌 여자 이야기'에 나오는 예수님의 은혜로운 모습을 살펴보자.

【1대지】 그들이 여자를 끌고 온 목적은? 율법을 세우기 위함도, 죄를 미워했기 때문도 아님. 바리새인들은 예수님을 미워했기 때문이고 예수님을 고발할 조건을 얻고자 함(6절). 예수님의 원수들의 모습= 그 동기나 행동에서 위선적인 모습을 쉽게 볼 수 있음. 현대 사회의 원수들= 사탄의 사주를 받는 세력들. 우리는 이들의 악한 모습에서 교훈을 받아야 하고, 이들과는 거리를 멀리해야 한다.
【2대지】 위대한 말씀이다. 죄에 대한 형벌은 받아야 하지만, 제삼자는 이런 생각을 하면 안 된다. 우리는 심판의 대상은 될 수 있어도 심판장은 될 수 없다. 예수님은 무리를 스스로의 양심에 정죄받게 하셨다. 무리 중에 죄 없는 자는 없었다. 이 여자의 모습은 하나님 앞에 선 우리의 모습이다. 우리는 어떤 경우에도 자신을 먼저 돌아보아야 한다. 정죄자가 되지 않도록 조심하자.
【3대지】 이제 예수님과 여자만 남았다. 심판장과 죄인이 남았다. 돌을 던질 수 있는 분과 돌에 맞아도 할 말이 없는 여인만 남았다. "너를 고소하던 자들이 어디 있느냐?" 예수님 있는 곳에 정죄는 사라진다. 예수님 있는 곳에 사탄은 도망갈 수밖에 없다. 예수님은 그 여인을 용서해 주셨고, 새로운 삶을 주셨다. 주님은 우리를 구원하기 위해 자신이 십자가에 대신 저주와 형벌을 받으셨다. 돌을 던지는 대신 막아주는 희생과 사랑만이 죄를 이길 수 있게 한다. "다시는 죄를 범하지 말라." 죄에 빠지지 말아야 한다. 죄 있는 곳에 돌이 쌓인다. 죄가 있을 때에 돌 든 사람들이 모여들 것이다.
【결론】 당신은 죄지은 여자를 끌고 온 적 없나? 이 여인의 모습은 하나님 앞에 선 우리의 모습이다. 죄 있는 곳에 돌이 쌓이게 되고, 죄가 있을 때 돌을 든 사람들이 모여들 것이다. 다시는 죄짓지 않도록 성령님의 도우심을 구하자.

- 절기, 용도, 장르, 특징:
- Key Word: 간음한 여인.
- Remarks:

본문 : **요 8:3~11**

제목 : **음행 중에 잡힌 여자 사건의 교훈**

3.서기관들과 바리새인들이 음행중에 잡힌 여자를 끌고 와서 가운데 세우고 **4.**예수께 말하되 선생
이여 이 여자가 간음하다가 현장에서 잡혔나이다 **5.**모세는 율법에 이러한 여자를 돌로 치라 명하였
거니와 선생은 어떻게 말하겠나이까 **6.**그들이 이렇게 말함은 고발할 조건을 얻고자 하여 예수를 시
험함이러라 예수께서 몸을 굽히사 손가락으로 땅에 쓰시니 **7.**그들이 묻기를 마지 아니하는지라 이
에 일어나 이르시되 너희 중에 죄 없는 자가 먼저 돌로 치라 하시고 **8.**다시 몸을 굽혀 손가락으로 땅
에 쓰시니 **9.**그들이 이 말씀을 듣고 양심에 가책을 느껴 어른으로 시작하여 젊은이까지 하나씩 하나
씩 나가고 오직 예수와 그 가운데 섰는 여자만 남았더라 **10.**예수께서 일어나사 여자 외에 아무도 없
는 것을 보시고 이르시되 여자여 너를 고발하던 그들이 어디 있느냐 너를 정죄한 자가 없느냐 **11.**대
답하되 주여 없나이다 예수께서 이르시되 나도 너를 정죄하지 아니하노니 가서 다시는 죄를 범하지
말라 하시니라]

1. "너희 중에 죄 없는 자가 먼저 돌로 치라" 하심 (= 위선자들에 대한 주님의 진노)

7절= "…너희 중에 죄 없는 자가 먼저 돌로 치라 하시고…"

2. 무리가 양심의 가책을 느껴 나갔음 (= 양심의 가책, 하나님의 또 다른 심판)

9절= "그들이 이 말씀을 듣고 양심에 가책을 느껴 어른으로 시작하여 젊은이까지 하나씩 하나씩 나가고 오직 예수와 그 가운데 섰는 여자만 남았더라"

3. "나도 너를 정죄하지 아니하노니 가서 다시는 죄를 범하지 말라" 하심 (= 죄인을 용서하시는 주님의 은혜)

10~11절= "…여자여 너를 고발하던 그들이 어디 있느냐 너를 정죄한 자가 없느냐 대답하되 주여 없나이다 예수께서 이르시되 나도 너를 정죄하지 아니하노니 가서 다시는 죄를 범하지 말라 하시니라"

◈◈◈

【대지 유형】 주제 설명형 - 본문 묶음형 - 대지 반전형

【주제】 위선자들에게 진노하시는 주님은 연약한 죄인에게 한없는 은혜를 베푸신다.

【FCF】 많은 신앙인이 마음속에 위선자의 모습을 갖고 있음.

【서론】 본문은 일반 사회에서도 많이 인용되는 구절이다. "선생은 어떻게 말하겠나이까?" "죄 없는 자 먼저 돌로 치라." 그러나 잘못된 방향의 해석도 많다. 본문의 배경을 살펴보자. 등장인물= 예수님은 아침 성전에서 백성을 가르치심. 율법주의자들은 사랑 없이 정죄에 관심. 그들은 오히려 예수님을 시험하려 했음. 그들은 예수님의 사랑을 알았고, 그 사랑 때문에 율법 어기기를 기대하며 고소할 조건을 얻고자 했다. 악랄한 자들이다. 오늘날도 교회를 음해하는 세력이 많다. 그리스도나 그의 진리에 관심 없다. 예수님 앞에 잡혀 와서 벌벌 떨고만 있는 여인. 그들의 관심은 여인보다 예수님의 반응에 있었다.
【우산질문】 간음하다 잡혀 온 여자를 대하시는 예수님의 모습을 살펴보자.

【1대지】 예수님은 위선자들에 대해 거룩한 분노를 나타내셨다. "돌로 치라." 그러나 죄 없는 자만이 돌을 들 자격이 있다. 저들의 위선적 행위 배후에 숨어 있는 죄는 간음한 여인의 죄에 비해 작지 않았다. 이 말씀을 하실 때의 예수님 모습은 아마 웃는 얼굴은 아니었을 것이다.
【2대지】 주님은 저들 스스로 자신의 죄를 깨닫게 하심. 흥분한 군중들을 물러가게 하신 것은 하나님의 심판이다. 우리의 생활 속에 이런 하나님의 심판은 자주 일어난다. 이것은 마지막 심판의 예고이다. 예수님 재림의 날에 양과 염소가 갈라질 것이다.
【3대지】 정죄받은 죄인을 용서하시고 회복시키시는 하나님의 은혜. 오늘 하나님의 은혜를 필요로 하지 않을 사람은 누구인가? 만신창이가 된 나의 영혼에 대한 하나님의 음성, "나도 너를 정죄하지 아니하노라."
【결론】 이제 주님의 음성을 듣자. 하나님의 진노와 심판을 극복하고 통과하여 하나님의 은혜에 동참하자. 우린 하나님의 은혜에 동참해야 한다.

- 절기, 용도, 장르, 특징:
- Key Word: 정죄, 용서.
- Remarks:

본문 : **요 8:31~36**
제목 : **우리를 자유케 하는 진리**

31.그러므로 예수께서 자기를 믿은 유대인들에게 이르시되 너희가 내 말에 거하면 참으로 내 제자가
되고 **32.**진리를 알지니 진리가 너희를 자유롭게 하리라 **33.**그들이 대답하되 우리가 아브라함의 자
손이라 남의 종이 된 적이 없거늘 어찌하여 우리가 자유롭게 되리라 하느냐 **34.**예수께서 대답하시
되 진실로 진실로 너희에게 이르노니 죄를 범하는 자마다 죄의 종이라 **35.**종은 영원히 집에 거하지
못하되 아들은 영원히 거하나니 **36.**그러므로 아들이 너희를 자유롭게 하면 너희가 참으로 자유로우
리라

1. 죄의 저주로부터 자유케 하심 (= 대속의 진리. 구원)

34, 36절= "…죄를 범하는 자마다 죄의 종이라… 아들이 너희를 자유롭게 하면 너희가 참으로 자유로우리라"

2. 질병의 저주로부터 자유케 하심 (= 육체적 영적 질병 담당)

벧전 2:24= "친히 나무에 달려 그 몸으로 우리 죄를 담당하셨으니 이는 우리로 죄에 대하여 죽고 의에 대하여 살게 하려 하심이라 그가 채찍에 맞음으로 너희는 나음을 얻었나니"

3. 율법의 저주로부터 자유케 하심 (= 환경의 저주 담당)

갈 3:13= "그리스도께서 우리를 위하여 저주를 받은 바 되사 율법의 저주에서 우리를 속량하셨으니 기록된 바 나무에 달린 자마다 저주 아래에 있는 자라 하였음이라"

◈◈◈

【대지 유형】 주제 설명형 - 본문 수집형, 묵상형 - 대지 병렬형
【주제】 예수 그리스도는 우리를 죄의 저주, 질병의 저주, 환경의 저주로부터 자유케 하신다.
【FCF】 많은 신앙인이 성경이 약속하는 자유함을 누리지 못하고 있음.

【서론】 올바른 신앙이란 진리를 아는 것. 진리에 기초하지 않는 믿음은 오래 못 간다. 가장 중요한 진리= 하나님에 대한 해답은 예수 그리스도의 십자가 대속을 통한 믿음에서만 얻는다. 유대인은 하나님에 대한 열심히 있었지만

율법에만 의존함으로 실패했다. 예수 그리스도를 믿는다는 것은= 예수 안에서 내가 어떤 사람이 되었는가를 아는 것. "진리를 알지니 진리가 너희를 자유롭게 하리라." 예수께서 우리 개개인을 위해 무슨 일을? 우리는 예수 안에서 어떤 사람이 되었나?

【우산질문】 우리를 자유케 하는 진리의 핵심을 요약해 보자.

【1대지】 모든 사람은 죄인(롬 3:10)이다. 모든 인류는 죄의 노예, 사탄의 노예가 되었다. 종국엔 죽음에 이른다. 예수님은 우리의 허물과 죄를 담당하시려고 십자가 형벌을 자원하셨고, 우리를 죄로부터 해방시키셨다. "다 이루었다." 오직 예수께서 구원의 주가 되신다(행 4:12). 예수님 자신이 진리이시다.

【2대지】 롬 5:12, 한 사람으로 말미암아 죄가 세상에… 사망이 들어왔다. 질병은 육체적 사망의 시작이다. 병의 근원이 죄 때문에= 병의 치료도 그리스도의 구속 안에 포함된다. 사 53:4~5. 예수 그리스도의 복음은 치료의 메시지. 주님은 모든 병과 모든 약한 것을 고치는 권능을 가지셨고, 이것을 제자들에게 주신다(마 10:1).

【3대지】 유대의 가장 큰 저주는 십자가에 못 박히는 것. 신 28장의 율법의 저주는 생활의 가난, 질병, 낭패와 실망 등. 주님은 값비싼 대가를 지불하셔서 우리를 환경의 저주에서 해방시키셨다.

【결론】 우린 그리스도 안에서 자유케 되었다. 이 자유를 누리려면 그리스도를 믿음으로 받아들여야 하고, 하나님의 교회로 모여 성도의 친밀한 교제 안에 들어와야 한다. 많은 그리스도인이 이 풍성한 자유를 누리지 못하고 있다. 하나님의 뜻은 양으로 생명을 얻게 하고 더 풍성히 얻게 하려는 것이다.

- 절기, 용도, 장르, 특징:
- Key Word: 자유, 진리.
- Remarks:

본문 : **요 8:31~38**
제목 : **주의 말씀이 있어야 할 곳 (Room for His Word)**

31.그러므로 예수께서 자기를 믿은 유대인들에게 이르시되 너희가 내 말에 거하면 참으로 내 제자가
되고 **32.**진리를 알지니 진리가 너희를 자유롭게 하리라 **33.**그들이 대답하되 우리가 아브라함의 자
손이라 남의 종이 된 적이 없거늘 어찌하여 우리가 자유롭게 되리라 하느냐 **34.**예수께서 대답하시
되 진실로 진실로 너희에게 이르노니 죄를 범하는 자마다 죄의 종이라 **35.**종은 영원히 집에 거하지
못하되 아들은 영원히 거하나니 **36.**그러므로 아들이 너희를 자유롭게 하면 너희가 참으로 자유로
우리라 **37.**나도 너희가 아브라함의 자손인 줄 아노라 그러나 내 말이 너희 안에 있을 곳이 없으므로
나를 죽이려 하는도다 **38.**나는 내 아버지에게서 본 것을 말하고 너희는 너희 아비에게서 들은 것을
행하느니라

1. 주의 말씀은 성도의 마음속에 자리하고 있어야 함 (= 각자 마음속에 말씀을 모시는 자리가 필요함)
37절= "나도 너희가 아브라함의 자손인 줄 아노라 그러나 내 말이 너희 안에 있을 곳이 없으므로 나를 죽이려 하는도다"

2. 주위 사람들에게 "내 말이 너희 안에 있을 곳이 없다"고 하심 (= 각자 여러 이유로 말씀을 수용하지 않음)
37절= "…내 말이 너희 안에 있을 곳이 없으므로…"

3. "내 말이 너희 안에 있을 곳이 없으므로 나를 죽이려 하는도다"라고 하심 (= 말씀을 거부하는 자들의 결과는 비참함)
37절= "…내 말이 너희 안에 있을 곳이 없으므로 나를 죽이려 하는도다"

◈◈◈

【대지 유형】 주제 설명형 - 본문 분석형 - 대지 반전형
【주제】 (적용) 주님의 말씀은 성도의 마음속에 깊이 뿌리내리고 자리를 차지해야 한다.
【FCF】 성도라고 하면서 여러 가지 이유로 그 마음속에 말씀이 자리하지 못하는 사람들이 많음.

【서론】 예수님의 관심: 우리 속에 주의 말씀이 자리하고 있는지의 여부. 이것

은 너무나 중요한 주제임. 여러분은 어느 쪽인가?
【우산질문】 주의 말씀이 자리해야 할 곳에 대한 주님의 관심과 가르침을 살펴보자.

【1대지】 주의 말씀이 있을 곳은 내 마음 깊은 곳(골 3:16), 가장 존귀한 자리. 주의 말씀은 내 마음속 사랑의 자리에 있어야 함. 주의 말씀은 너무 귀한 주님의 선물이다. 렘 15:16, "내가 주의 말씀을 얻어먹었사오니 주의 말씀은 내게 기쁨과 내 마음의 즐거움이오나." 말씀을 경외하는 마음, 신뢰와 순종하는 마음으로 받아들임. 우리는 주의 말씀을 최고로 사랑하고 아껴야 한다. 주의 말씀은 우리 마음속에 들어와 가장 적합한 곳에 자리 잡아야 한다.
【2대지】 본문의 예수님은 다소 과격한 표현을 쓰고 계심. 예수님의 말씀이 들어갈 작은 틈새조차 없다. 철저히 배타적이라는 말씀. 유대인은 영적 무지와 종교적 편견 때문에 말씀을 배척함. 저들이 기다리던 메시아는 실제 예수님의 종의 모습과는 거리가 멀었음. 저들은 예수님의 존재 자체를 거부했다. 오늘 많은 사람이 너무 똑똑해서, 너무 교육을 많이 받아서, 너무 세련되어서 말씀을 거절한다. 교인 중 설교를 골라 먹는 데 이골이 난 사람들도 있다. 여러분은 어떤가?
【3대지】 하나님 말씀이 있을 곳이 없으면 그 결과는? 주의 말씀을 지속적으로 거부하면 엄청난 결과를 초래한다. 너무나 비참하게 된다. 거부된 말씀이 더 이상 여러분에게 있을 곳을 요구하지 않을 것임= 마음이 닫혀 말씀을 받을 수 없게 됨.
【결론】 여러분 속에 지금 일생을 걸만한 주의 말씀이 거할 자리가 준비되어 있는가?
너무 바쁘거나, 너무 세련되거나, 너무 세상에 빠져 있는 것은 아닌가? 시 119:131= "내가 주의 계명을 사모하므로 입을 열고 헐떡였나이다."

- 절기, 용도, 장르, 특징: 주의 교훈.
- Key Word: 주의 말씀, 마음속.
- Remarks:

본문 : **요 9:1~16**

제목 : **날 때부터 맹인 된 사람을 보는 시각**

1.예수께서 길을 가실 때에 날 때부터 맹인 된 사람을 보신지라 **2.**제자들이 물어 이르되 랍비여 이 사람이 맹인으로 난 것이 누구의 죄로 인함이니이까 자기니이까 그의 부모니이까 **3.**예수께서 대답하시되 이 사람이나 그 부모의 죄로 인한 것이 아니라 그에게서 하나님이 하시는 일을 나타내고자 하심이라 **4.**때가 아직 낮이매 나를 보내신 이의 일을 우리가 하여야 하리라 밤이 오리니 그 때는 아무도 일할 수 없느니라 **5.**내가 세상에 있는 동안에는 세상의 빛이로라 **6.**이 말씀을 하시고 땅에 침을 뱉어 진흙을 이겨 그의 눈에 바르시고 **7.**이르시되 실로암 못에 가서 씻으라 하시니 (실로암은 번역하면 보냄을 받았다는 뜻이라) 이에 가서 씻고 밝은 눈으로 왔더라 **8.**이웃 사람들과 전에 그가 걸인인 것을 보았던 사람들이 이르되 이는 앉아서 구걸하던 자가 아니냐 **9.**어떤 사람은 그 사람이라 하며 어떤 사람은 아니라 그와 비슷하다 하거늘 자기 말은 내가 그라 하니 **10.**그들이 묻되 그러면 네 눈이 어떻게 떠졌느냐 **11.**대답하되 예수라 하는 그 사람이 진흙을 이겨 내 눈에 바르고 나더러 실로암에 가서 씻으라 하기에 가서 씻었더니 보게 되었노라 **12.**그들이 이르되 그가 어디 있느냐 이르되 알지 못하노라 하니라 **13.**그들이 전에 맹인이었던 사람을 데리고 바리새인들에게 갔더라 **14.**예수께서 진흙을 이겨 눈을 뜨게 하신 날은 안식일이라 **15.**그러므로 바리새인들도 그가 어떻게 보게 되었는지를 물으니 이르되 그 사람이 진흙을 내 눈에 바르매 내가 씻고 보나이다 하니 **16.**바리새인 중에 어떤 사람은 말하되 이 사람이 안식일을 지키지 아니하니 하나님께로부터 온 자가 아니라 하며 어떤 사람은 말하되 죄인으로서 어떻게 이러한 표적을 행하겠느냐 하여 그들 중에 분쟁이 있었더니

1. 제자들의 시각: 맹인으로 난 것의 원인이 무엇인가를 물었음 (= 신학적 접근)

2절= "제자들이 물어 이르되 랍비여 이 사람이 맹인으로 난 것이 누구의 죄로 인함이니이까 자기니이까 그의 부모니이까"

2. 바리새인들의 시각: 안식일에 고침받은 것에 관심을 집중했음 (= 율법적 접근)

14~15절= "예수께서 진흙을 이겨 눈을 뜨게 하신 날은 안식일이라 그러므로 바리새인들도 그가 어떻게 보게 되었는지를 물으니…"

3. 예수님의 모범: 맹인이 눈을 뜨도록 도와주셨음 (= 선교와 봉사의 차원)

3~4절= "이 사람이나 그 부모의 죄로 인한 것이 아니라 그에게서 하나님이 하시는 일을 나타내고자 하심이라"

6~7절= "이 말씀을 하시고 땅에 침을 뱉어 진흙을 이겨 그의 눈에 바르시고 이르시되 실로암 못에 가서 씻으라 하시니…"

◈◈◈

【대지 유형】 주제 함축형 - 본문 수집형 - 대지 반전형
【주제】 (적용) 날 때부터 맹인된 사람을 보는 시각은 신학적이거나 율법적인 것이 아니라 예수님처럼 선교적 봉사적 접근법이어야 한다.
【FCF】 많은 신앙인이 어려운 이웃에 대한 직접적인 봉사의 영이 부족함.

【서론】 본문은 날 때부터 맹인된 사람이 예수님으로부터 눈을 뜨게 되는 사건이다. 불행한 맹인을 어떤 눈으로 봐야 하는가? 종교와 철학이 생긴 이유이기도 하다. 죄를 지으면 형벌이 온다? 우리는 이 맹인을 어떻게 보고 있나? 예수님은 이 맹인을 어떻게 보고 계시나?
【우산질문】 맹인을 바라보는 세 가지 시각을 살펴보자.

【1대지】 도와줄 생각보다 신학 지식의 대상으로 삼았음. 사실 이 문제는 중요한 신학적인 문제가 될 수 있다. 하지만 예수님은 3절에 "이 사람이나 그 부모가 죄를 범한 것이 아니라" - 신학자의 눈으로 맹인을 바라보아서는 안 될 것을 말씀하신다.
【2대지】 15, 16절. 안식일 논쟁. 한 생명의 감격과 기쁨을 이해하지 못하고 율법적으로 생각함. 율법의 사람은 선을 행할 수 없다. 누가 이 맹인에게 안식일을 지켜 눈을 뜨지 말라고 할 수 있겠는가! 안식일에 선을 행하는 것은 잘못이 아니다!
【3대지】 하나님의 영광을 위해. 말씀만 하신 것이 아니라 진흙을 이겨 눈을 뜨게 하심. 예수님은 기적을 베푸셨지만, 우리는 기적이 아니라도 봉사의 차원만으로도 좋다. 맹인은 신학 연구의 대상이기 전에 봉사의 대상이다. 그에게 줄 수 있는 가장 큰 선물은 예수 그리스도(길, 진리, 생명이신)이시다.
【결론】 정욕의 눈, 마귀의 눈이 아니라 오직 예수님 한 분밖에 볼 수 없는 눈을 가지는 것이 중요하다. 예수가 없는 사람은 눈을 떴어도 소경이다. 육의 소경이 비참하다면, 영적 소경은 훨씬 더 참혹하다. 신령한 눈을 뜨자.

- 절기, 용도, 장르, 특징:
- Key Word: 빛, 맹인.
- Remarks:

본문 : **요 10:1~10**

제목 : **목장의 소박한 하루 (The Shepherd and His Sheep)**

1.내가 진실로 진실로 너희에게 이르노니 문을 통하여 양의 우리에 들어가지 아니하고 다른 데로 넘어가는 자는 절도며 강도요 **2.**문으로 들어가는 이는 양의 목자라 **3.**문지기는 그를 위하여 문을 열고 양은 그의 음성을 듣나니 그가 자기 양의 이름을 각각 불러 인도하여 내느니라 **4.**자기 양을 다 내놓은 후에 앞서 가면 양들이 그의 음성을 아는 고로 따라오되 **5.**타인의 음성은 알지 못하는 고로 타인을 따르지 아니하고 도리어 도망하느니라 **6.**예수께서 이 비유로 그들에게 말씀하셨으나 그들은 그가 하신 말씀이 무엇인지 알지 못하니라 **7.**그러므로 예수께서 다시 이르시되 내가 진실로 진실로 너희에게 말하노니 나는 양의 문이라 **8.**나보다 먼저 온 자는 다 절도요 강도니 양들이 듣지 아니하였느니라 **9.**내가 문이니 누구든지 나로 말미암아 들어가면 구원을 받고 또는 들어가며 나오며 꼴을 얻으리라 **10.**도둑이 오는 것은 도둑질하고 죽이고 멸망시키려는 것뿐이요 내가 온 것은 양으로 생명을 얻게 하고 더 풍성히 얻게 하려는 것이라

1. 목자가 양들의 이름을 불러냄 (= 나를 알고 부르신 주님)

3절= "…그가 자기 양의 이름을 각각 불러 인도하여 내느니라"

2. 양들은 목자의 음성을 알아냄 (= 주님을 알고 믿게 된 나)

4절= "자기 양을 다 내어 놓은 후에 앞서가면 양들이 그의 음성을 아는 고로 따라 오되"

3. 양들은 목자를 따라감 (= 오직 주님만 따르는 나)

4, 5절= "…양들이 그의 음성을 아는 고로 따라 오되 타인의 음성은 알지 못하는 고로 타인을 따르지 아니하고 도리어 도망하느니라"

◈◈◈

【대지 유형】 주제 설명형 - 본문 분석형 - 대지 연결형
【주제】 (적용) 목장의 양과 목자처럼 주님이 우리를 부르시고 우리는 오직 주님만 믿고 따라가야 한다.
【FCF】 많은 신앙인이 믿는다고 하면서 주님 따르는 면에서는 미온적임.

【서론】 본문에 나오는 목자와 양의 비유는 문자적으로 표현할 수 없는 많은 내용을 우리에게 보여준다. 본문은 팔레스타인의 목가적(牧歌的) 풍경을 눈에 선하게 떠오르도록 정감있게 표현하고 있다. 목장의 단순하고 소박한 하루의 생활이 그림처럼 묘사되고 있다. 여기 목자는 예수님, 양은 성도, 양의 우리는 교회를 의미한다. 양이 우리 속에서 안전한 것처럼 우리 신앙인들의 안전지대가 바로 교회인 것을 본문이 가리키고 있다. 그리스도의 양인 성도는 오직 은혜로

주님의 보호 아래 참된 자유와 풍성한 삶을 마음껏 누릴 수 있다.

【우산질문】 본문을 따라가며 목장 생활의 중요한 요소가 무엇인지 살펴보자. 목장의 하루는 어떻게 진행되는지, 그리고 우리에게 주는 의미는 무엇인지 생각해보자.

【1대지】 목장 생활의 출발은 목자가 자기 양들의 이름을 각각 불러내는 것으로 시작된다. 목자는 양의 이름을 모두 알고 있고, 불러낼 때도 일일이 각각의 이름을 불러준다는 점이 강조되고 있다. 이것은 성도 개개인을 잘 아시는 주님께서 우리를 각각 불러내셨다는 것을 의미한다. 주님은 수많은 세상 사람들 가운데서 한사람 한사람을 잘 아시고, 우리 각자의 이름을 불러 주님의 교회의 일원이 되게 하셨다.

【2대지】 목자의 부름에 응하는 양들의 모습은 무엇보다 양들이 자기 목자의 음성을 안다는 점. 이것은 예수 그리스도를 알고 마음에 그분을 나의 주님으로 믿게 된 것을 의미한다. 내가 복음을 받고 주님을 믿게 된 것은 내가 주님의 양이라는 사실을 나타낸다. 우리는 오직 은혜로 주님의 양이 되었고, 오직 은혜로 주님의 음성을 식별하게 되었다. 예수님께서 우리를 아시고 불러주시는 것처럼 우리도 주님을 안다. 물론 여기에는 차이가 있다. 우리는 주님처럼 완전히 알 수는 없다. 그러나 구원에 필요한 것은 알 수 있고, 꼭 알아야 할 것은 알고 있다.

【3대지】 목장의 소박한 하루의 일과는 먼저 목자의 동작에서 출발했다. "양들의 이름을 각각 불러 내느니라." 둘째는 양의 동작. "양들이 그의 음성을 아는고로." 그리고 셋째는 목자와 양이 한 공동체가 되어 하루종일 넓은 들판에서 같이 행동을 하게 된다. 이 과정에서 주의할 것은 양은 자기 목자만을 따른다는 점. 이것은 성도가 오직 예수 그리스도와 그분의 말씀만을 순종하여 따른다는 것을 의미한다. 양은 목자를 따라간다. 광야를 가든, 산으로 가든, 양은 무조건 목자의 뒤를 따라간다. 때로는 그 길이 고난의 길이 될지언정 주님 따르는 길에 주저함이 있을 수 없다.

【결론】 양들이 목자의 뒤를 따라 푸른 초장 쉴만한 물가로 인도받듯이, 성도들은 오직 주님만을 바라보고 더 높고 더 깊은 단계로 따라가는 주님의 양이 되어야겠다. 주님은 이런 양들에게 풍성한 삶을 약속하셨다.

- 절기, 용도, 장르, 특징:
- Key Word: 목자, 양.
- Remarks:

본문 : **요 10:11~15**
제목 : **선한목자 예수님 (Jesus A Good Sheperd)**

11.나는 선한 목자라 선한 목자는 양들을 위하여 목숨을 버리거니와 **12.**삯꾼은 목자가 아니요 양도 제 양이 아니라 이리가 오는 것을 보면 양을 버리고 달아나나니 이리가 양을 물어 가고 또 헤치느니라 **13.**달아나는 것은 그가 삯꾼인 까닭에 양을 돌보지 아니함이나 **14.**나는 선한 목자라 나는 내 양을 알고 양도 나를 아는 것이 **15.**아버지께서 나를 아시고 내가 아버지를 아는 것 같으니 나는 양을 위하여 목숨을 버리노라

1. "나는 내 양을 안다"라고 하심 (= 자기 백성의 모든 것을 알고 계심)
14~15절= "나는 선한 목자라 나는 내 양을 알고 양도 나를 아는 것이 아버지께서 나를 아시고 내가 아버지를 아는 것 같으니"

2. "나는 양들을 위하여 목숨을 버린다" 하심 (= 자기 백성을 위해 피흘려 죽으심)
11절= "나는 선한 목자라 선한 목자는 양들을 위하여 목숨을 버리거니와"
15절= "…나는 양을 위하여 목숨을 버리노라"

3. "나는 선한 목자라" 하심 (= 오직 예수님만이 선한 목자이심)
11절= "나는 선한 목자라…"

◈◈◈

【대지 유형】 주제 설명형 - 본문 분석형 - 대지 심화형
【주제】 선한 목자인 예수님은 자기 백성을 잘 아실 뿐 아니라 자기 백성을 위해 피흘려 죽으셨다.
【FCF】 많은 신앙인이 주님이 자신을 완전히 알고 계신다는 사실을 망각하고 살고 있음.

【서론】 목자와 양의 관계로 표현되는 것은 이미 구약성경에서 하나님과 이스라엘 백성 간의 관계를 나타낼 때 사용되었다. 구약에는 모세와 다윗 같은 지도자들을 목자로 묘사하기도 했는데, 이것은 메시아를 예표하는 것이었다(시 78:70~72; 사 63:11; 겔 37:24). 예수님은 자신을 목자라고 하심으로 목자에 대

한 구약적 의미를 자신에게 적용시켜 신적인 메시아 상(像)을 부각시키셨다.
【우산질문】 본문을 통하여 예수님의 선한 목자 되심을 더욱 깊이 상고하고 우리의 믿음을 키우는 시간이 되기 바란다. 선한 목자는 어떤 분인가?

【1대지】 예수님은 자기 양들을 모두 아신다. 양의 이름을 아시고, 음성도 아시고 양의 형편을 모두 아신다. 주님은 양들이 이리나 도적이나 삯꾼 앞에 허약한 존재라는 것도 아신다(12절). 목자를 치면 양떼가 흩어진다는 것도 아신다. 주님은 '내 양', 곧 자기 양을 아신다. 예수께서 아시는 사람만이 진정한 그리스도인이며 이 사람들만이 예수님을 안다고 말할 자격이 있다.
【2대지】 팔레스타인의 유목민들에게 있어 목자와 양의 관계는 실로 생명적 결탁의 관계였다. 양들이 위험에 빠졌을 때 목자는 자신의 위험이나 고통 따위는 아랑곳하지 않는다. 그의 의식에는 오직 아픈 양, 병든 양, 잃어버린 양만이 있을 뿐이다.
【3대지】 누가 감히 "인자가 온 것은 섬김을 받으려 함이 아니라 도리어 섬기려 하고 자기 목숨을 많은 사람의 대속물로 주려 함이니라"(막 10:45)고 말할 수 있나? 그리고 이렇게 행동한 사람은 도대체 누구인가? 오직 예수님밖에 없지 않은가? 그러므로 우리는 믿음으로 선언해야 한다. "천하 인간에 선한 목자는 오직 예수님밖에 없다!"
【결론】 주님은 우리를 위하여 모든 것을 내어주셨다. 그리고 자신의 모든 것을 동원하여 우리를 사랑해주신다. 그러므로 주님의 양 된 우리도 사랑만 받는 자리에서 일어나 주님을 위해 무언가를 드리는 양이 되어야 한다. 은혜만 요구하는 성도는 아직 어린 성도이다.

- 절기, 용도, 장르, 특징:
- Key Word: 목자, 양, 선한목자.
- Remarks:

본문 : **요 11:1~7, 11~14, 38~44**

제목 : **하나님의 영광을 볼 자**

1.어떤 병자가 있으니 이는 마리아와 그 자매 마르다의 마을 베다니에 사는 나사로라 **2.**이 마리아
는 향유를 주께 붓고 머리털로 주의 발을 닦던 자요 병든 나사로는 그의 오라버니더라 **3.**이에 그 누
이들이 예수께 사람을 보내어 이르되 주여 보시옵소서 사랑하시는 자가 병들었나이다 하니 **4.**예수
께서 들으시고 이르시되 이 병은 죽을 병이 아니라 하나님의 영광을 위함이요 하나님의 아들이 이로
말미암아 영광을 받게 하려 함이라 하시더라 **5.**예수께서 본래 마르다와 그 동생과 나사로를 사랑하
시더니 **6.**나사로가 병들었다 함을 들으시고 그 계시던 곳에 이틀을 더 유하시고 **7.**그 후에 제자들
에게 이르시되 유대로 다시 가자 하시니 …… **11.**이 말씀을 하신 후에 또 이르시되 우리 친구 나사로
가 잠들었도다 그러나 내가 깨우러 가노라 **12.**제자들이 이르되 주여 잠들었으면 낫겠나이다 하더라
13.예수는 그의 죽음을 가리켜 말씀하신 것이나 그들은 잠들어 쉬는 것을 가리켜 말씀하심인 줄 생
각하는지라 **14.**이에 예수께서 밝히 이르시되 나사로가 죽었느니라 …… **38.**이에 예수께서 다시 속
으로 비통히 여기시며 무덤에 가시니 무덤이 굴이라 돌로 막았거늘 **39.**예수께서 이르시되 돌을 옮
겨 놓으라 하시니 그 죽은 자의 누이 마르다가 이르되 주여 죽은 지가 나흘이 되었으매 벌써 냄새가
나나이다 **40.**예수께서 이르시되 내 말이 네가 믿으면 하나님의 영광을 보리라 하지 아니하였느냐
하시니 **41.**돌을 옮겨 놓으니 예수께서 눈을 들어 우러러 보시고 이르시되 아버지여 내 말을 들으신
것을 감사하나이다 **42.**항상 내 말을 들으시는 줄을 내가 알았나이다 그러나 이 말씀 하옵는 것은 둘
러선 무리를 위함이니 곧 아버지께서 나를 보내신 것을 그들로 믿게 하려 함이니이다 **43.**이 말씀을
하시고 큰 소리로 나사로야 나오라 부르시니 **44.**죽은 자가 수족을 베로 동인 채로 나오는데 그 얼굴
은 수건에 싸였더라 예수께서 이르시되 풀어 놓아 다니게 하라 하시니라

1. 나사로의 병은 하나님의 영광을 위함이라 하심 (= 믿음으로 기다릴 줄 아는 자)

4절= "예수께서 들으시고 이르시되 이 병은 죽을 병이 아니라 하나님의 영광을 위함이요 하나님의 아들이 이로 말미암아 영광을 받게 하려 함이라"

2. 나사로 가족은 주님의 사랑을 받는 자들이었음 (= 주님의 사랑받는 자)

3절= "이에 그 누이들이 예수께 사람을 보내어 이르되 주여 보시옵소서 사랑하시는 자가 병들었나이다 하니"

3. 말씀을 믿고 순종하면 영광을 보리라 하심 (= 현재적인 믿음을 가진 자)

39~40절= "예수께서 이르시되 돌을 옮겨 놓으라 하시니 그 죽은 자의 누이 마르다가 이르되 주여 죽은 지가 나흘이 되었으매 벌써 냄새가 나나이다 예수께서 이르시되 내 말이 네가 믿으면 하나님의 영광을 보리라 하지 아니하였느냐"

◆◆◆

【대지 유형】 주제 설명형 – 본문 수집형 – 대지 병렬형
【주제】 하나님의 영광은 주님 사랑으로 참고 기다리며 말씀 순종하는 자에게 보인다.
【FCF】 많은 신앙인이 여러 이유로 하나님의 영광을 보지 못하고 있음.

【서론】 본문은 죽은 나사로가 부활하는 장면. 예수님은 나사로가 병들어 갑자기 죽을 줄 알면서도 이틀간 더 유하심. 예수님, "너희들이 내 말을 믿으면 하나님의 영광을 보리라." 하나님의 영광을 본다는 것= 나사로가 다시 살아나는 기적을 본다는 것. 기적을 가져올 수밖에 없는 그 요인을 통해 하나님의 영광이 드러난다.
【우산질문】 하나님은 어떤 사람을 통해 영광을 받으시는가? 우리가 하나님의 영광을 볼 수 있으려면 어떤 사람이 되어야 할까?

【1대지】 나사로의 가족들은 초조히 기다렸다. 나사로 본인이나 가족들이 주님의 능력을 믿고 조용히 기다리면 하나님의 영광을 보게 될 것. 6절, "이틀을 더 유하시고." 위급한 상황에서 여유 있는 예수님. 죽어가는 사람의 입장= 고통스럽다. 더 큰 영광을 나타내시기 위한 하나님의 기다리심! 우리도 인내하며 기다리면 주님의 영광을 보게 된다.
【2대지】 36절, "보라 그를 어떻게 사랑하였는가." 마리아는 향유를 붓고 머리털로 주의 발을 씻기던 자. 기적은 아무에게나 일어나는 것이 아니다. 8장의 나병환자 중 감사하는 자에게, 왕하 4장의 선지생도의 유족들에게 기적이 일어났다. 주님을 사랑하는 자에게 하나님의 영광이 나타난다.
【3대지】 믿고 행하는 자에게 하나님의 영광이 나타난다. 순종하는 믿음, 실천하는 믿음을 가지자.
【결론】 44절, "풀어놓아 다니게 하라." 하나님의 영광은 다시 살아난 나사로 때문에 크게 나타났다. 우리가 거듭나 새사람이 될 때 하나님의 영광이 드러난다. 육이 죽어야 한다. 내 속에 예수님이 살아 있어야 하나님의 영광을 볼 수 있다.

- 절기, 용도, 장르, 특징:
- Key Word: 하나님의 영광.
- Remarks:

본문 : **요 11:38~44**
제목 : **나사로 부활 사건의 교훈**

38.이에 예수께서 다시 속으로 비통히 여기시며 무덤에 가시니 무덤이 굴이라 돌로 막았거늘 **39.**예
수께서 이르시되 돌을 옮겨 놓으라 하시니 그 죽은 자의 누이 마르다가 이르되 주여 죽은 지가 나흘
이 되었으매 벌써 냄새가 나나이다 **40.**예수께서 이르시되 내 말이 네가 믿으면 하나님의 영광을 보
리라 하지 아니하였느냐 하시니 **41.**돌을 옮겨 놓으니 예수께서 눈을 들어 우러러 보시고 이르시되
아버지여 내 말을 들으신 것을 감사하나이다 **42.**항상 내 말을 들으시는 줄을 내가 알았나이다 그러
나 이 말씀 하옵는 것은 둘러선 무리를 위함이니 곧 아버지께서 나를 보내신 것을 그들로 믿게 하려
함이니이다 **43.**이 말씀을 하시고 큰 소리로 나사로야 나오라 부르시니 **44.**죽은 자가 수족을 베로
동인 채로 나오는데 그 얼굴은 수건에 싸였더라 예수께서 이르시되 풀어 놓아 다니게 하라 하시니라

1. 예수께서 나사로의 무덤 앞에 이르렀음 (= 죄악 세상에 찾아오심)
38절= "예수께서 다시 속으로 비통히 여기시며 무덤에 가시니 무덤이 굴이라 돌로 막았거늘"

2. 큰 소리로 "나사로야 나오라"고 부르셨음 (= 죄인들을 생명으로 옮겨주심)
43절= "큰 소리로 나사로야 나오라 부르시니 죽은 자가 수족을 베로 동인 채로 나오는데 그 얼굴은 수건에 싸였더라"

3. 묶여 있는 나사로를 풀어 자유케 하셨음 (= 부활의 능력으로 사탄의 세력에서 자유케 하심)
44절= "…예수께서 이르시되 풀어 놓아 다니게 하라 하시니라"

◈◈◈

【대지 유형】 주제 설명형 - 본문 묶음형 - 대지 진전형
【주제】 나사로의 부활사건은 예수께서 죄인들을 찾아 구원해내시고 자유케 하심을 보여준다.
【FCF】 많은 교인이 묶인 자를 풀어 자유케 하는 일에 열심 내지 못하고 있음.

【서론】 요한복음은 주의 깊게 조직되어 있다. 주님의 이적 7가지, 그 이적과 관계되는 주님의 교훈의 말씀이 조화롭게 배치되었다. 점점 클라이맥스를 향

하여 나아감. 나사로의 부활사건은 십자가 사건을 제외한 최고의 사건. 본문의 나사로 가족은 예수님과 매우 가까운 관계. 친구 나사로가 병들었다는 소식을 듣고도 이틀을 더 유하신 예수님. 이해하기 어렵다. 이제 나사로의 무덤에까지 도착하신 예수님. 여기에 주님의 깊은 의도가 있었다.
【우산질문】 나사로의 무덤 앞에서 일어난 사건이 보여주는 의미를 살펴보자.

【1대지】 베다니에 사는 친구 나사로의 두 여동생의 울음. 나사로의 죽은 시체는 냄새가 난다. 비록 형제간이라도 시체에는 접근하기 어렵다. 아담 타락 후 모든 인류는 죄로 냄새난다. 하나님 섬길 줄 모르고 하나님으로부터 단절됨. 세상은 시체 썩는 냄새로 가득하다. 이곳에 거룩하신 분 그리스도께서 육신을 입고 찾아오셨다. 요 3:16.
【2대지】 바로 그분이 무덤 속 나사로를 향해 나오라고 외치신다. 놀라운 장면이다. 그분은 큰 소리로 부를 자격이 있다. 그의 고난, 피, 부활에 의해 자격 있음이 보장된다. 죄 가운데 빠져 있던 인간이 빛 가운데로, 생명으로 옮겨지는 순간이다. 세상의 그 어떤 것(철학, 도덕, 학문, 교육)도 해내지 못하는 기적을 예수님의 부르심은 단번에 이룬다.
【3대지】 그런데 나사로의 몸과 얼굴은 아직 묶여 있었다. 비록 생명을 받았지만 억압되어 행동에 부자유. "풀어놓아 다니게 하라!" 세상 사람들은 자신의 성격에 매여 있고, 세상의 좋은 것들에, 자기의 지식에, 세상의 풍습에 매여 있다. 자기 스스로는 풀 수가 없다. 풀어주어야 한다. "진리를 알지니 진리가 너희를 자유케 하리라." 눅 10:19.
【결론】 주님의 소원은 우리 죄인들이 온전한 승리에 이르는 것. 마침내 주님 재림의 날에 큰 소리 앞에 무덤들이 열리고 우리는 생명의 부활로 일어날 것이다.

- 절기, 용도, 장르, 특징:
- Key Word: 나사로, 부활.
- Remarks:

본문 : **요 12:1~8**

제목 : **예수님이 기뻐 받으시는 헌신**
(Jesus Anointed at Bethany)

1.유월절 엿새 전에 예수께서 베다니에 이르시니 이 곳은 예수께서 죽은 자 가운데서 살리신 나사로
가 있는 곳이라 **2.**거기서 예수를 위하여 잔치할새 마르다는 일을 하고 나사로는 예수와 함께 앉은
자 중에 있더라 **3.**마리아는 지극히 비싼 향유 곧 순전한 나드 한 근을 가져다가 예수의 발에 붓고 자
기 머리털로 그의 발을 닦으니 향유 냄새가 집에 가득하더라 **4.**제자 중 하나로서 예수를 잡아 줄 가
룟 유다가 말하되 **5.**이 향유를 어찌하여 삼백 데나리온에 팔아 가난한 자들에게 주지 아니하였느냐
하니 **6.**이렇게 말함은 가난한 자들을 생각함이 아니요 그는 도둑이라 돈궤를 맡고 거기 넣는 것을
훔쳐 감이러라 **7.**예수께서 이르시되 그를 가만 두어 나의 장례할 날을 위하여 그것을 간직하게 하라
8.가난한 자들은 항상 너희와 함께 있거니와 나는 항상 있지 아니하리라 하시니라

1. 나사로를 살려주신 예수님을 위해 잔치를 베풀었음 (= 은혜를 감사함으로 드리는 헌신)

2절= "거기서 예수를 위하여 잔치할새…"

2. 지극히 비싼 향유를 예수님의 발에 부었음 (= 힘에 지나도록 드리는 헌신)

3절= "마리아는 지극히 비싼 향유 곧 순전한 나드 한 근을 가져다가 예수의 발에 붓고…"

3. 자기 머리털로 예수님의 발을 닦았음 (= 겸손함으로 드리는 헌신)

3절= "…예수의 발에 붓고 자기 머리털로 그의 발을 닦으니 향유 냄새가 집에 가득하더라"

◈◈◈

【대지 유형】 주제 설명형 - 본문 분석형 - 대지 심화형

【주제】 예수님은 베풀어주신 은혜를 감사하며 최선을 다하여 겸손한 마음으로 드리는 헌신을 기뻐 받으신다.

【FCF】 많은 신앙인이 겸손한 헌신, 최선을 다하는 헌신에 대하여 낯설어 한다.

【서론】 본문은 예수님의 예루살렘 입성 하루 전 발생한 '마리아의 도유(塗油)

사건'. 마리아= 나사로의 동생. 3절을 중심으로 마리아와 그녀의 행동에 초점을 맞춰 생각해보자. 그녀의 주님께 대한 회개의 심정이 확연하다, 주님께 드리는 정성과 헌신의 자세가 분명하다, 예수께서 그리스도이심을 확신하는 믿음에서 우러나오는 사랑 등이 본문에서 진하게 배어나온다.

【우산질문】 마리아의 헌신은 어떤 헌신이었나? 과연 주님이 기뻐 받으시는 헌신은 어떤 것인가?

【1대지】 베다니의 잔치는= 예수님께 대한 진정한 감사의 표현. 이곳은 나병환자 시몬의 집(마 26:6). 마리아의 마음은 주님에 대한 감사로 가득차 있었다. 세상에는 은혜 입고도 쉽게 잊어버리는 사람들이 많다. 그런데 마리아의 헌신은 은혜를 잊지 않은 데서 나오는 헌신이다. 우리는 주님의 구원의 은혜를 잊어서는 안 된다. 나를 선택해 주심, 거듭나게 해 주심, 믿음 주심, 성령 주심, 능력 주심의 모든 은혜에 전심으로 감사하는 성도가 되자.

【2대지】 막 14:3, "매우 값진 향유 곧 순전한 나드 한 옥합." 나드 향유는 인도가 원산지. 300 데나리온= 노동자 한 명의 일 년치 봉급. 마리아는 자신의 힘에 지나도록 헌신하였음. 그러나 가룟 유다와 같이 주님을 사랑하지 않는 사람에게 이 여인의 헌신은 한낱 불평거리가 될 뿐이다(4, 5절). 당신의 눈에 비치는 타인의 헌신, 그 헌신을 평가하는 당신의 마음을 생각해보라.

【3대지】 마리아는 자신을 드러내지 않고 가장 겸손한 자세로 헌신했다. '자기 머리털로 주님의 발을 씻으니'. '씻으니'= 닦아내거나 문지르는 것. 이러한 행위는 무례하다고 평가절하 할 수 있는 것이 아니다. 오늘 우리는 어떠한 마음으로 어떤 자세로 주님을 섬기고 있나? '내가 이만큼 했노라'고 교만하며 자신을 드러내고 있지는 않은가?

【결론】 우리가 받은 사랑과 은혜는 베다니의 3남매가 받은 것에 결코 모자라지 않는다. 그들은 나사로를 살리는 은혜를 받았지만 우리는 주님의 생명을 선물로 받았다.

- 절기, 용도, 장르, 특징:
- Key Word: 헌신.
- Remarks:

본문 : **요 12:1~8**
제목 : **헌신의 세 가지 관점**

1.유월절 엿새 전에 예수께서 베다니에 이르시니 이 곳은 예수께서 죽은 자 가운데서 살리신 나사로가 있는 곳이라 **2.**거기서 예수를 위하여 잔치할새 마르다는 일을 하고 나사로는 예수와 함께 앉은 자 중에 있더라 **3.**마리아는 지극히 비싼 향유 곧 순전한 나드 한 근을 가져다가 예수의 발에 붓고 자기 머리털로 그의 발을 닦으니 향유 냄새가 집에 가득하더라 **4.**제자 중 하나로서 예수를 잡아 줄 가룟 유다가 말하되 **5.**이 향유를 어찌하여 삼백 데나리온에 팔아 가난한 자들에게 주지 아니하였느냐 하니 **6.**이렇게 말함은 가난한 자들을 생각함이 아니요 그는 도둑이라 돈궤를 맡고 거기 넣는 것을 훔쳐 감이러라 **7.**예수께서 이르시되 그를 가만 두어 나의 장례할 날을 위하여 그것을 간직하게 하라 **8.**가난한 자들은 항상 너희와 함께 있거니와 나는 항상 있지 아니하리라 하시니라

1. 마리아의 관점: 물질, 마음, 몸의 헌신

3절= "마리아는 지극히 비싼 향유 곧 순전한 나드 한 근을 가져다가 예수의 발에 붓고 자기 머리털로 그의 발을 닦으니 향유 냄새가 집에 가득하더라"

2. 가룟 유다의 관점: 욕심, 계산적 시각

5~6절= "이 향유를 어찌하여 삼백 데나리온에 팔아 가난한 자들에게 주지 아니하였느냐 하니 이렇게 말함은 가난한 자들을 생각함이 아니요 그는 도둑이라 돈궤를 맡고 거기 넣는 것을 훔쳐 감이러라"

3. 예수님의 관점: 참 헌신자의 편에 서심

7~8절= "예수께서 이르시되 그를 가만 두어 나의 장례할 날을 위하여 그것을 간직하게 하라 가난한 자들은 항상 너희와 함께 있거니와 나는 항상 있지 아니하리라 하시니라"

◈◈◈

【대지 유형】 주제 함축형 - 본문 묶음형 - 대지 연결형
【주제】 예수님은 마리아가 보인 것 같은 참 헌신을 받으시고 칭찬하신다.
【FCF】 많은 신앙인 중 마리아가 보인 것 같은 참 헌신을 하는 자가 많지 않음.

【서론】 유월절 엿새 전 베다니의 나사로 집에서 일어난 사건. 마리아와 마르다와 예수님의 모습을 살펴보자. 누구도 예상 못 한 충격적인 사건이 발생. 마

리아가 예수님의 몸에 매우 값진 향유를 부은 사건이다. 특히 가룟 유다의 탐욕적인 모습을 기록. 헌신에 관한 여러 가지 관점을 보여주는 사건이다.
【우산질문】 마리아가 300 데나리온 이상의 가치가 있는 향유를 부은 사건은 성도들의 헌신에 있어서 세 가지 관점이 있음을 보인다. 이를 살펴보자.

【1대지】 마리아는 가장 귀하고 좋은 것을 바쳤다. 300 데나리온(일 년 연봉) 이상의 향유. 그는 향유를 한꺼번에 부었다. 그의 머리털로 예수님의 발을 씻겼다. 돈, 물질, 마음, 그리고 몸의 헌신. 주님은 성도들로부터 이런 헌신을 받기에 합당하신 분이다. 우리도 쓰고 남은 것을 드리지 말고 가장 귀한 것을 구별하여 드리자.
【2대지】 가룟 유다의 불평과 원망조 책망: '왜 이렇게 낭비하는가?' 그러나 이것은 가난한 자들을 위한 진정한 마음에서 우러나온 말이 아님. 자기 욕심을 채우지 못한 아쉬움에서 나온 말이다. 가룟 유다는 상당히 계산적인 인물. 이런 사람은 헌신할 줄 모른다. 아나니아와 삽비라 부부의 사건과 유사하다.
【3대지】 먼저 예수님은 마리아 편에 서셨다. 예수님이 잘했다고 해야 잘 한 것이고 손을 들어주어야 승리한 것이다. 주님은 세상을 심판하시고 여러분을 심판하실 분이다. 예수님은 마리아가 향유를 부은 사건에 의미를 더해 주셨다. "내 장사를 위해 향유를 부은 것." 헌신의 기회를 귀하게 여기고 그 기회를 붙들자.
【결론】 우리도 마리아처럼 예수님에 의해 인정받는 참 헌신의 사람이 되자.

- 절기, 용도, 장르, 특징: 전도회 헌신예배.
- Key Word: 헌신.
- Remarks:

본문 : **요 12:1~11**
제목 : **예수님을 증거한 나사로 가족 (Lazarus and His Sisters)**

1.유월절 엿새 전에 예수께서 베다니에 이르시니 이 곳은 예수께서 죽은 자 가운데서 살리신 나사로가 있는 곳이라 **2.**거기서 예수를 위하여 잔치할새 마르다는 일을 하고 나사로는 예수와 함께 앉은 자 중에 있더라 **3.**마리아는 지극히 비싼 향유 곧 순전한 나드 한 근을 가져다가 예수의 발에 붓고 자기 머리털로 그의 발을 닦으니 향유 냄새가 집에 가득하더라 **4.**제자 중 하나로서 예수를 잡아 줄 가룟 유다가 말하되 **5.**이 향유를 어찌하여 삼백 데나리온에 팔아 가난한 자들에게 주지 아니하였느냐 하니 **6.**이렇게 말함은 가난한 자들을 생각함이 아니요 그는 도둑이라 돈궤를 맡고 거기 넣는 것을 훔쳐 감이러라 **7.**예수께서 이르시되 그를 가만 두어 나의 장례할 날을 위하여 그것을 간직하게 하라
8.가난한 자들은 항상 너희와 함께 있거니와 나는 항상 있지 아니하리라 하시니라 **9.**유대인의 큰 무리가 예수께서 여기 계신 줄을 알고 오니 이는 예수만 보기 위함이 아니요 죽은 자 가운데서 살리신 나사로도 보려 함이러라 **10.**대제사장들이 나사로까지 죽이려고 모의하니 **11.**나사로 때문에 많은 유대인이 가서 예수를 믿음이러라

1. 나사로: 부활 사건의 주역으로 예수님을 증거함

1절= "…예수께서 베다니에 이르시니 이 곳은 예수께서 죽은 자 가운데서 살리신 나사로가 있는 곳이라"

2. 마르다: 진정한 봉사자로 예수님을 증거함

2절= "거기서 예수를 위하여 잔치할새 마르다는 일을 하고…"

3. 마리아: 헌신적인 예배자로 예수님을 증거함

3절= "마리아는 지극히 비싼 향유 곧 순전한 나드 한 근을 가져다가 예수의 발에 붓고 자기 머리털로 그의 발을 닦으니 향유 냄새가 집에 가득하더라"

◈◈◈

【대지 유형】 주제 함축형 - 본문 분석형 - 대지 연결형
【주제】 (석의) 나사로 가족들은 부활 사건과 봉사, 그리고 헌신으로 예수님을 증거했다.
【FCF】 내게 맡겨진 사역으로 예수님을 증거한다는 의식이 박약한 현대 교인들의 모습.

【서론】 나사로와 그의 두 자매가 예수님을 증거하게 된 배경과 동기가 무엇

인가? 마르다와 마리아와 나사로는 예수님을 친절하게 정성껏 대접했다. 그들은 예수님의 사랑을 듬뿍 받았다. 그 사랑으로 그들은 많은 사람을 옳은 데로 인도하는 사람들이 되었고 오고 오는 세대에 믿음의 본보기가 되었다.

【우산질문】 본문을 통하여 예수님을 증거한 나사로와 두 자매의 역할을 좀 더 구체적으로 살펴보자.

【1대지】 나사로는 병들었다가 죽었고, 나흘 만에 예수님에 의해 다시 살아난 사람이다. 그가 한 일은 죽었다가 살아난 일이다. 그런데 죽었다가 살아난 나사로 때문에 많은 사람이 예수님을 믿었다고 했다. 예수님의 사랑과 은혜를 받으면서 살다가 죽으면 그것이 바로 주님을 증거하는 것이다.

【2대지】 예수님과 주님의 종들을 대접하는 일은 참으로 귀한 일이다. 성경은 봉사의 사람들을 높이 평가한다. 마르다는 기도의 사람이었고, 그의 봉사는 기도로 단련된 믿음의 결실이었다. 우리 교회에 마르다와 같은 가슴이 뜨거운 봉사의 사람, 기도의 사람들이 많이 일어나야겠다.

【3대지】 마리아는 예수님의 발에 값비싼 나드 향유를 부었다. 마리아가 자신의 머리털로 예수님의 두 발을 닦은 행위는 지고(至高)한 헌신과 존경을 나타내는 예배의 태도였다. 마리아는 마음과 정성을 온전히 드렸고, 이는 곧 그가 참된 예배를 드리는 진정한 예배자임을 의미한다.

【결론】 "나사로 때문에 많은 유대인이 가서 예수를 믿음이러라." '나사로'라는 이름 자리에 여러분의 이름을 대입해 보라. "000 때문에 많은 유대인이 가서 예수를 믿음이러라."

- 절기, 용도, 장르, 특징:
- Key Word: 나사로, 예수 증거.
- Remarks:

본문 : **요 12:3~6; 13:10~11, 25~30**
제목 : **사탄이 들어간 자의 마음**

12:3.마리아는 지극히 비싼 향유 곧 순전한 나드 한 근을 가져다가 예수의 발에 붓고 자기 머리털로
그의 발을 닦으니 향유 냄새가 집에 가득하더라 **4.**제자 중 하나로서 예수를 잡아 줄 가룟 유다가 말
하되 **5.**이 향유를 어찌하여 삼백 데나리온에 팔아 가난한 자들에게 주지 아니하였느냐 하니 **6.**이렇
게 말함은 가난한 자들을 생각함이 아니요 그는 도둑이라 돈궤를 맡고 거기 넣는 것을 훔쳐 감이러라
…… **13:10.**예수께서 이르시되 이미 목욕한 자는 발밖에 씻을 필요가 없느니라 온 몸이 깨끗하니라
너희가 깨끗하나 다는 아니니라 하시니 **11.**이는 자기를 팔 자가 누구인지 아심이라 그러므로 다는
깨끗하지 아니하다 하시니라 …… **13:25.**그가 예수의 가슴에 그대로 의지하여 말하되 주여 누구니
이까 **26.**예수께서 대답하시되 내가 떡 한 조각을 적셔다 주는 자가 그니라 하시고 곧 한 조각을 적
셔서 가룟 시몬의 아들 유다에게 주시니 **27.**조각을 받은 후 곧 사탄이 그 속에 들어간지라 이에 예
수께서 유다에게 이르시되 네가 하는 일을 속히 하라 하시니 **28.**이 말씀을 무슨 뜻으로 하셨는지 그
앉은 자 중에 아는 자가 없고 **29.**어떤 이들은 유다가 돈궤를 맡았으므로 명절에 우리가 쓸 물건을
사라 하시는지 혹은 가난한 자들에게 무엇을 주라 하시는 줄로 생각하더라 **30.**유다가 그 조각을 받
고 곧 나가니 밤이러라

1. 예수께서 가룟 유다를 깨끗하지 아니하다 하심 (= 거듭나지 못한 마음)

10~11절= "…너희가 깨끗하나 다는 아니니라 하시니 이는 자기를 팔 자가 누구인지 아심이라 그러므로 다는 깨끗하지 아니하다 하시니라"

2. 유다는 돈궤를 맡아 헌금을 훔쳤음 (= 헌신하지 못한 마음)

6절= "이렇게 말함은 가난한 자들을 생각함이 아니요 그는 도둑이라 돈궤를 맡고 거기 넣는 것을 훔쳐 감이러라"

3. 예수께서 사탄이 들어간 유다에게 "네가 하는 일을 속히 하라" 하심 (= 사명이 없는 자의 마음)

27절= "조각을 받은 후 곧 사탄이 그 속에 들어간지라 이에 예수께서 유다에게 이르시되 네가 하는 일을 속히 하라 하시니"

◈◈◈

【대지 유형】 주제 설명형 - 본문 수집형 - 대지 심화형

【주제】 중생하지 못하고 헌신과 사명감이 없는 마음은 사탄의 침입을 용이케 한다.

【FCF】 많은 신앙인의 마음이 가룟 유다와 별반 다름 없는 마음임.

요한복음

【서론】 "조각을 받은 후 곧 사탄이 그 속에 들어간지라." 사탄을 허용하는 마음. 가룟 유다의 마음속이 어떠했길래 사탄이 그 속에 들어갔는가? 그가 예수님을 배반하게 된 원인은 무엇인가? 결정적인 사건은 마리아가 향유를 부은 사건이다. 그 사건 이후 유다는 예수님을 당국자들에게 넘겨줄 기회를 찾기 시작했다. 유다의 책임은 그가 사탄이 들어오도록 마음을 열어놓은 데 있다.
【우산질문】 마귀가 들어온 유다의 마음은 어떠했나?

【1대지】 사탄은 거듭나지 못한 육신의 사람 속에 침입한다. 유다는 예수님과 3년이나 함께했지만, 여전히 중생하지 못했음. 변화 없는 마음= 점점 더 은밀하게 악해져 갔고, 불신의 장벽은 두터워졌다. 육의 사람은 예수님 따라다녀도 변하지 않는다. 중생한 사람의 눈으로 볼 때만이 하나님의 아들을 바로 볼 수 있다.
【2대지】 유다는 12제자로 선택되었으나 감사가 없었음. 예수님을 주인으로 섬기지 못한 자의 마음이다. 유다는 예수님의 가르침이나 기적을 좋아했지만 주님으로는 섬기기 원치 않았음. 향유 붓는 사건 - 그는 여인의 아름다운 헌신을 오히려 허비하느냐고 책망함. 다른 제자들은 예수님 위해 순교까지 했으나 그는 자살로 마감했다. 여러분은 예수님을 주인으로 모시고 있나? 이 고백이 없는 자는 언젠가 마귀의 침입을 받고, 예수님을 팔아먹게 된다.
【3대지】 유다에게는 부르심에 대한 소명이 없었다. 유다는 부름 받아 사명자가 된 것이 아니다. 그는 오히려 예수님을 감시하는 사람이었다고 할 수 있다. 요 6:70, "...너희 중에 한 사람은 마귀니라." 사명감 없고 사랑 없는 신자는 마귀의 밥이 되기 십상이다.
【결론】 유다는 예수님을 사랑해서가 아니라 오히려 허점을 찾아 따라다닌 자. 사명 없이 따라다니지 말라. 죽을 각오, 망할 각오, 인생 포기할 각오가 아니면 앉아야 할 자리에 앉지 말라.

- 절기, 용도, 장르, 특징:
- Key Word: 가룟 유다.
- Remarks:

본문 : **요 12:4~6; 13:1~11, 26~30**
제목 : **사탄이 들어간 자의 마음**

4.제자 중 하나로서 예수를 잡아 줄 가룟 유다가 말하되 **5.**이 향유를 어찌하여 삼백 데나리온에 팔아 가난한 자들에게 주지 아니하였느냐 하니 **6.**이렇게 말함은 가난한 자들을 생각함이 아니요 그는 도둑이라 돈궤를 맡고 거기 넣는 것을 훔쳐 감이러라 …… **13:1.**유월절 전에 예수께서 자기가 세상을 떠나 아버지께로 돌아가실 때가 이른 줄 아시고 세상에 있는 자기 사람들을 사랑하시되 끝까지 사랑하시니라 **2.**마귀가 벌써 시몬의 아들 가룟 유다의 마음에 예수를 팔려는 생각을 넣었더라 **3.**저녁 먹는 중 예수는 아버지께서 모든 것을 자기 손에 맡기신 것과 또 자기가 하나님께로부터 오셨다가 하나님께로 돌아가실 것을 아시고 **4.**저녁 잡수시던 자리에서 일어나 겉옷을 벗고 수건을 가져다가 허리에 두르시고 **5.**이에 대야에 물을 떠서 제자들의 발을 씻으시고 그 두르신 수건으로 닦기를 시작하여 **6.**시몬 베드로에게 이르시니 베드로가 이르되 주여 주께서 내 발을 씻으시나이까 **7.**예수께서 대답하여 이르시되 내가 하는 것을 네가 지금은 알지 못하나 이 후에는 알리라 **8.**베드로가 이르되 내 발을 절대로 씻지 못하시리이다 예수께서 대답하시되 내가 너를 씻어 주지 아니하면 네가 나와 상관이 없느니라 **9.**시몬 베드로가 이르되 주여 내 발뿐 아니라 손과 머리도 씻어 주옵소서 **10.**예수께서 이르시되 이미 목욕한 자는 발밖에 씻을 필요가 없느니라 온 몸이 깨끗하니라 너희가 깨끗하나 다는 아니니라 하시니 **11.**이는 자기를 팔 자가 누구인지 아심이라 그러므로 다는 깨끗하지 아니하다 하시니라 …… **26.**예수께서 대답하시되 내가 떡 한 조각을 적셔다 주는 자가 그니라 하시고 곧 한 조각을 적셔서 가룟 시몬의 아들 유다에게 주시니 **27.**조각을 받은 후 곧 사탄이 그 속에 들어간지라 이에 예수께서 유다에게 이르시되 네가 하는 일을 속히 하라 하시니 **28.**이 말씀을 무슨 뜻으로 하셨는지 그 앉은 자 중에 아는 자가 없고 **29.**어떤 이들은 유다가 돈궤를 맡았으므로 명절에 우리가 쓸 물건을 사라 하시는지 혹은 가난한 자들에게 무엇을 주라 하시는 줄로 생각하더라 **30.**유다가 그 조각을 받고 곧 나가니 밤이러라

1. 예수께서 그는 깨끗하지 않다고 하심 (= 중생하지 못한 자의 마음)

10~11절= "…너희가 깨끗하나 다는 아니니라 하시니 이는 자기를 팔 자가 누구인지 아심이라"

2. 마리아의 헌신을 오히려 시기하고 비난했음 (= 헌신하지 못한 자의 마음)

12:5~6= "이 향유를 어찌하여 삼백 데나리온에 팔아 가난한 자들에게 주지 아니하였느냐 하니 이렇게 말함은 가난한 자들을 생각함이 아니요 그는 도둑이라 돈궤를 맡고 거기 넣는 것을 훔쳐 감이러라"

3. 마귀가 주는 생각을 거부하지 않았음 (= 예수님을 주인으로 섬기지 못한 자의 마음)

2절= "마귀가 벌써 시몬의 아들 가룟 유다의 마음에 예수를 팔려는 생각을 넣었더라"

◈◈◈

【대지 유형】 주제 설명형 - 본문 수집형 - 대지 연결형
【주제】 가룟 유다는 중생하지 못한 자로서 물질에 눈이 멀어 마귀가 주는 반역의 생각을 거부하지 못하고 멸망의 길로 갔다.
【FCF】 많은 교인이 물질의 유혹을 끊지 못해 죄악의 길로 가고 있음.

【서론】 가룟 유다는 어떤 사람이었기에 마귀가 되었는가? 사탄은 어떻게 하여 유다 속에 들어갔는가? 마리아의 향유 사건에서 보인 그의 모습, 당국자들에게 돈을 받고 예수를 팔려는 생각을 품고 있던 모습…. 유다가 져야 할 책임은 마귀가 들어오도록 마음의 문을 열어놓은 것에 있다.
【우산질문】 유다의 마음은 어떤 마음이기에 사탄이 들어갈 수 있었는가?

【1대지】 유다는 예수님과 3년 이상 같이 있으면서도 거듭나지 못했다. 처음과 나중이 변함이 없었다. 처음에도 육의 사람이었고, 끝까지 육의 사람이었다. 자기 부정이 없었고, 자기의 욕망을 채우기를 원했다. 육적 목사, 육적 장로, 육적 집사들이 곧 가룟 유다의 마음을 가진 자들이다.
【2대지】 마귀는 헌신하지 못한 자의 마음속에 침입한다. 헌신 없음= 감사 없음= 사랑 없음. 요 12장 향유사건. 마리아의 헌신을 보면서도 감동받지 못하고 오히려 시기하고 비난했다. 오랜 신앙생활을 하면서도 헌신하지 못한 자가 많다. 유다는 헌금은 하지 않고 오히려 훔친 자. 다른 제자들이 순교한 반면 유다는 자살로 생을 마감했다.
【3대지】 마귀는 자기가 자기에게 주인이 되어 있는 자에게 침입한다. 유다는 예수님을 주님(퀴리오스)이라 부른 적이 없다. 유다의 주인은 자기 자신이었고 돈이었고 세상 것이었다. 하나님은 "나 외에 다른 신을 두지 말라"고 하시는데, 마귀는 "나 외에는 아무것도 없다"고 말한다. 여러분은 예수님이 주인이 되어 있는가?
【결론】 사명감 없이 예수님을 따를 수 없다. 죽을 각오, 망할 각오, 인생을 포기할 각오 없이 직분자의 자리에 앉지 말라. 예수님 사랑하는 마음 없이 따라 다닌 가룟 유다-마귀는 그의 마음속에 쉽게 들어갈 수 있었다는 것을 잊지 말라.

- 절기, 용도, 장르, 특징:
- Key Word: 사탄이 들어간 마음.
- Remarks:

본문 : **요 12:20~26**

제목 : **열매 맺는 삶의 원리**

(A Kernel of Wheat Producing Many Seeds)

20.명절에 예배하러 올라온 사람 중에 헬라인 몇이 있는데 **21.**그들이 갈릴리 벳새다 사람 빌립에게
가서 청하여 이르되 선생이여 우리가 예수를 뵈옵고자 하나이다 하니 **22.**빌립이 안드레에게 가서
말하고 안드레와 빌립이 예수께 가서 여쭈니 **23.**예수께서 대답하여 이르시되 인자가 영광을 얻을
때가 왔도다 **24.**내가 진실로 진실로 너희에게 이르노니 한 알의 밀이 땅에 떨어져 죽지 아니하면 한
알 그대로 있고 죽으면 많은 열매를 맺느니라 **25.**자기의 생명을 사랑하는 자는 잃어버릴 것이요 이
세상에서 자기의 생명을 미워하는 자는 영생하도록 보전하리라 **26.**사람이 나를 섬기려면 나를 따르
라 나 있는 곳에 나를 섬기는 자도 거기 있으리니 사람이 나를 섬기면 내 아버지께서 그를 귀히 여기
시리라

1. 자연계에 나타나 있는 원리 (= 밀알이 땅에 떨어져 죽어야 열매 맺음, 희생의 원리)

24절= "내가 진실로 진실로 너희에게 이르노니 한 알의 밀이 땅에 떨어져 죽지 아니하면 한 알 그대로 있고 죽으면 많은 열매를 맺느니라"

2. 예수님의 생애에 나타나 있는 원리 (= 한 알의 밀알 정신, 십자가의 원리)

24절= "내가 진실로 진실로 너희에게 이르노니 한 알의 밀이 땅에 떨어져 죽지 아니하면 한 알 그대로 있고 죽으면 많은 열매를 맺느니라"

3. 성도의 생애에 나타나야 할 원리 (적용적 해석: 땅에 떨어져 죽는 밀알 정신)

24절= "내가 진실로 진실로 너희에게 이르노니 한 알의 밀이 땅에 떨어져 죽지 아니하면 한 알 그대로 있고 죽으면 많은 열매를 맺느니라"

◈◈◈

【대지 유형】 주제 함축형 - 본문 분석형 - 대지 심화형

【주제】 열매 맺는 삶의 원리는 자연계의 희생의 원리, 더 나아가 십자가의 원리에서 찾을 수 있고, 따라서 성도는 그 길을 따라가야 한다.

【FCF】 많은 신앙인이 그들의 삶에서 한 알의 밀알 정신을 나타내지 못하고 있음.

【서론】 예수님은 자신을 만나러 온 헬라 사람들을 통해서 두 가지를 미리 내다보셨다. 첫째는 앞으로 자신에게 몰려올 수많은 이방 사람들을 미리 내다보셨다. 둘째로, 예수님은 수많은 사람이 앞으로 자신의 품 안에 들어오기 위해서는 먼저 자신이 마셔야 할 쓴 잔, 십자가가 있다는 것을 아셨다. 자신이 땅에 떨어져 죽는 한 알의 밀이 되어야 하는 것을 아셨다.
【우산질문】 본문에서 예수님은 열매 맺는 삶의 원리를 '밀알 비유'를 통하여 가르쳐 주고 계신다. 말씀을 통하여 열매 맺는 원리를 자신의 삶에 적용하자.

【1대지】 '맺느니라(페레이)'는 3인칭 단수 현재 시제로서, 이것은 땅에 떨어져 죽은 씨앗에서 열매가 맺히는 것은 변치 않는 진리라는 사실을 나타낸다. 우리 모두 희생의 원리를 자연으로부터 배우자. 생명 있는 씨가 자신을 희생했을 때에만 많은 열매가 맺힌다는 변함없는 자연의 진리를 배우자.
【2대지】 예수께서 십자가에서 죽으신 것은 한 알의 밀이 땅에 떨어져 죽은 것을 의미한다. 주님은 친히 한 알의 밀알이 되셨다. 그리하여 많은 열매를 맺히게 되었다. 십자가 없이는 면류관도 없다. 희생 없이는 열매를 기대할 수 없다. 우리는 십자가의 원리를 몸소 보이신 예수님을 따르는 주님의 제자이다.
【3대지】 예수께서 어디로 가시고 무엇을 하시든지 묵묵히 따르는 사람이라야 진정 그분을 섬기는 제자가 된다. 자기의 모든 것을 바쳐 주님을 묵묵히 따르는 자는 하늘나라에 예수님과 함께 영원히 거하는 축복을 받게 될 것이다.
【결론】 어떻게 해야 열매를 맺을 수 있는가? 오직 한 가지 길이 있을 뿐. 땅에 떨어지는 한 알의 밀알과 같이 살기로 굳게 결심하는 것.

- 절기, 용도, 장르, 특징: 추석명절.
- Key Word: 밀알, 한 알의 밀알.
- Remarks:

본문 : **요 12:44~50**

제목 : **육신을 입고 오신 예수님**

44.예수께서 외쳐 이르시되 나를 믿는 자는 나를 믿는 것이 아니요 나를 보내신 이를 믿는 것이며
45.나를 보는 자는 나를 보내신 이를 보는 것이니라 **46.**나는 빛으로 세상에 왔나니 무릇 나를 믿는
자로 어둠에 거하지 않게 하려 함이로라 **47.**사람이 내 말을 듣고 지키지 아니할지라도 내가 그를 심
판하지 아니하노라 내가 온 것은 세상을 심판하려 함이 아니요 세상을 구원하려 함이로라 **48.**나를
저버리고 내 말을 받지 아니하는 자를 심판할 이가 있으니 곧 내가 한 그 말이 마지막 날에 그를 심판
하리라 **49.**내가 내 자의로 말한 것이 아니요 나를 보내신 아버지께서 내가 말할 것과 이를 것을 친
히 명령하여 주셨으니 **50.**나는 그의 명령이 영생인 줄 아노라 그러므로 내가 이르는 것은 내 아버지
께서 내게 말씀하신 그대로니라 하시니라

1. 주님은 세상에 보내심을 받았음 (= 파송받으신 예수님)

44절= "예수께서 외쳐 이르시되 나를 믿는 자는 나를 믿는 것이 아니요 나를 보내신 이를 믿는 것이며"

45절= "나를 보는 자는 나를 보내신 이를 보는 것이니라"

2. 주님은 빛으로 세상에 오셨음 (= 신적 침공자 예수님)

46절= "나는 빛으로 세상에 왔나니 무릇 나를 믿는 자로 어둠에 거하지 않게 하려 함이로라"

3. 주님은 세상을 구원하러 오셨음 (= 구원자 예수님)

47절= "…내가 온 것은 세상을 심판하려 함이 아니요 세상을 구원하려 함이로라"

◈◈◈

【대지 유형】 주제 설명형 - 본문 묶음형 - 대지 진전형

【주제】 보내심을 받은 예수님은 자신이 세상의 빛이요 구원자임을 힘주어 선언하신다.

【FCF】 어둠 속에 잠겨 있는 세상은 빛으로 오신 주님을 알아보지 못함.

【서론】 성탄절이다. 본문에서 예수님은 자신이 이 땅에 오신 목적을 담대하게 선언하신다. 44절, 45절, "나를 믿는 자는 나를 믿는 것이 아니요 나를 보내

신 이를 믿는 것이며 나를 보는 자는 나를 보내신 이를 보는 것이니라." 본문은 예수께서 잡히시기 닷새 전 예루살렘 입성. 당시 하나님의 도시 예루살렘의 신앙상태는 비참한 지경에 이르렀음. 이를 본 예수님은 마음이 강퍅한 무리에게 외치신다. 감동받지 못하는 자들, 말씀에 은혜받지 못하는 자들에게 간절한 마음으로 외치셨다.
【우산질문】 예수님께서 자신이 이 땅에 오신 것에 대해 스스로 밝히신 내용을 살펴보자.

【1대지】 예수님의 의식 가운데 깊이 뿌리 내린 사상은 '나를 보내신 이'에 대한 것임. 예) 나사로의 무덤 앞에서, "아버지여!"라고 기도하심. 예수님은 영원 전부터 아버지와 함께하셨음. 요 1:1, "태초에 말씀이 계시니라 이 말씀이 하나님과 함께 계셨고 이 말씀이 곧 하나님이시니라." 수천 년 동안 자기 종들을 통해 '여호와 샴마'이심을 증거하시던 그분이 이제 직접 우리 가운데 임마누엘로 오셨다!
【2대지】 주님이 직접 언명하셨다. 어둠으로 충만한 세상, 모든 인류가 흑암 속에서 신음하고 방황하고 있음. 그 세상의 주관자는 사탄. 요일 3:8, "하나님의 아들이 나타나신 것은 마귀의 일을 멸하려 하심이니라." 신적 침공자 예수님. 주님은 이 사실을 외치지 않을 수 없었다. 우리를 자유케 하시기 위하여 주님은 빛으로 오셨다.
【3대지】 not 심판하러 but 구원하시려 오셨다. 48절(예수님의 말씀이 심판). 불신자들이 멸망하는 것은 그 말을 믿지 않기 때문이다. 눅 10:16, "너희 말을 듣는 것은 곧 내 말을 듣는 것이요…" 그 말은 지금 우리가 믿는 성경 말씀이다. 만일 예수님이 직접 심판하신다면 혹 관용이 있을 수 있으나, '그 말'에 의해 심판받는다. 이미 기록되었고, 선포되었기 때문에 불변이다.
【결론】 임마누엘 예수, '나를 보내신 이'의 의식을 우리도 가져야겠다! 주님은 이제 '영광의 주'로 오신다!

- 절기, 용도, 장르, 특징: 성탄절, 예수님의 자기선언.
- Key Word: 빛, 육신.
- Remarks:

본문 : **요 13:30~35**

제목 : **우리의 새로운 계명**

30.유다가 그 조각을 받고 곧 나가니 밤이러라 **31.**그가 나간 후에 예수께서 이르시되 지금 인자가
영광을 받았고 하나님도 인자로 말미암아 영광을 받으셨도다 **32.**만일 하나님이 그로 말미암아 영광
을 받으셨으면 하나님도 자기로 말미암아 그에게 영광을 주시리니 곧 주시리라 **33.**작은 자들아 내
가 아직 잠시 너희와 함께 있겠노라 너희가 나를 찾을 것이나 일찍이 내가 유대인들에게 너희는 내가
가는 곳에 올 수 없다고 말한 것과 같이 지금 너희에게도 이르노라 **34.**새 계명을 너희에게 주노니
서로 사랑하라 내가 너희를 사랑한 것 같이 너희도 서로 사랑하라 **35.**너희가 서로 사랑하면 이로써
모든 사람이 너희가 내 제자인 줄 알리라

1. 예수께서 제자들에게 "새 계명"을 준다 하심 (= 영적 가족에게 주시는 사랑 계명. 교회를 향한 계명)

34절= "새 계명을 너희에게 주노니 서로 사랑하라…"

2. "내가 너희를 사랑한 것 같이 너희도 서로 사랑하라" 하심 (= 헌신적으로 서로 사랑해야 함)

34절= "…내가 너희를 사랑한 것 같이 너희도 서로 사랑하라"

3. 서로 사랑하면 세상이 예수님의 제자로 인정한다 하심 (= 예수님의 제자임을 세상에 보여야 함)

35절= "너희가 서로 사랑하면 이로써 모든 사람이 너희가 내 제자인 줄 알리라"

◈◈◈

【대지 유형】 주제 설명형 - 본문 분석형 - 대지 심화형

【주제】 (적용) 예수님은 새 언약의 공동체에 서로 사랑하라는 새 계명을 주신다.

【FCF】 교회 공동체 안에서 분쟁의 소리가 터져 나옴.

【서론】 유다가 떠난 후 제자들만의 모임에서 새 계명 주심. 신실한 사람들에게만 주시는 계명이다. 가장 깊고 깊은 진리. 자기 제자들을 특별 케어 하시는 주님의 방법: 1) 성령 파송, 2) 서로 단결, 결속, 사랑. 이리떼와 같은 부도덕과

비진리는 가장자리에 있는 양들부터 공격한다.

【우산질문】 거짓 제자 유다가 떠난 후 신실한 제자들에게만 주신 주님의 새 계명은 무엇인가?

【1대지】 새 계명과 옛 계명(레 19:17~18)과의 차이는? 이웃이라 함은 누구인가? 옛 계명에서는 선한 사마리아인의 비유에서처럼 모든 사람이 이웃이 된다. 본문은 유다가 나간 후 주신 계명이다. 그러나 11명의 전혀 다른 개성의 사람들, 영적 가족에게 주시는 명령= 이것은 오늘의 교회를 향해 주시는 계명이다.

【2대지】 예수님처럼 사랑하라. 참으로 높은 수준을 요구하심. 주님은 우리에게 능력을 주시지 않고는 요구하지 않으신다. 롬 5:5= "…우리에게 주신 성령으로 말미암아 하나님의 사랑이 부은 바 됨이니…" 이 명령은 우리의 느낌에 의존하지 않고, 우리의 의지에 따라, 즉 순종이 필요한 것. 교회 사랑도 마찬가지이다. "내가 너희를 사랑한 것 같이 너희도 서로 사랑하라"= 끝까지(13:1) 섬기는 모습(13:3~5). 친밀하게, 조건 없이, 책임 있게 사랑하는 것.

【3대지】 이기심 없는 봉사를 강조하는 말씀. 순결한 마음으로, 희생을 마다하지 않는, 멋있는 공동체를 만들자. 그때 세상이 우리를 예수님의 제자로 인정한다.

【결론】 오늘날 그리스도인들의 가장 큰 죄는 서로 사랑하지 않는 것. 우리는 세상에 '하나님의 가족들 안에 있는 진정한 사랑'을 보여주어야 한다. 거기 성령의 강력한 부으심이 있다.

- 절기, 용도, 장르, 특징:
- Key Word: 새 계명, 사랑.
- Remarks:

본문 : **요 14:15~24**

제목 : **자신을 나타내시는 주님**

15.너희가 나를 사랑하면 나의 계명을 지키리라 **16.**내가 아버지께 구하겠으니 그가 또 다른 보혜사
를 너희에게 주사 영원토록 너희와 함께 있게 하리니 **17.**그는 진리의 영이라 세상은 능히 그를 받지
못하나니 이는 그를 보지도 못하고 알지도 못함이라 그러나 너희는 그를 아나니 그는 너희와 함께 거
하심이요 또 너희 속에 계시겠음이라 **18.**내가 너희를 고아와 같이 버려두지 아니하고 너희에게로
오리라 **19.**조금 있으면 세상은 다시 나를 보지 못할 것이로되 너희는 나를 보리니 이는 내가 살아
있고 너희도 살아 있겠음이라 **20.**그 날에는 내가 아버지 안에, 너희가 내 안에, 내가 너희 안에 있는
것을 너희가 알리라 **21.**나의 계명을 지키는 자라야 나를 사랑하는 자니 나를 사랑하는 자는 내 아버
지께 사랑을 받을 것이요 나도 그를 사랑하여 그에게 나를 나타내리라 **22.**가룟인 아닌 유다가 이르
되 주여 어찌하여 자기를 우리에게는 나타내시고 세상에는 아니하려 하시나이까 **23.**예수께서 대답
하여 이르시되 사람이 나를 사랑하면 내 말을 지키리니 내 아버지께서 그를 사랑하실 것이요 우리가
그에게 가서 거처를 그와 함께 하리라 **24.**나를 사랑하지 아니하는 자는 내 말을 지키지 아니하나니
너희가 듣는 말은 내 말이 아니요 나를 보내신 아버지의 말씀이니라

1. 예수님은 주님을 사랑하는 자에게 자신을 나타내심 (= 주님의 현현(顯現) 약속)

21절= "나의 계명을 지키는 자라야 나를 사랑하는 자니 나를 사랑하는 자는 내 아버지께 사랑을 받을 것이요 나도 그를 사랑하여 그에게 나를 나타내리라"

2. 또 다른 보혜사를 우리에게 보내심 (= 보혜사 성령님이 예수님 대신 오심)

16절= "내가 아버지께 구하겠으니 그가 또 다른 보혜사를 너희에게 주사 영원토록 너희와 함께 있게 하리니"

3. "우리가 그에게 가서 거처를 그와 함께 하리라"고 하심 (= 성령님의 내주)

23절= "…사람이 나를 사랑하면 내 말을 지키리니 내 아버지께서 그를 사랑하실 것이요 우리가 그에게 가서 거처를 그와 함께 하리라"

◆◆◆

【대지 유형】 주제 설명형 - 본문 수집형 - 대지 진전형

【주제】 주님은 사랑하는 자에게 보혜사 성령으로 자신을 나타내신다.

【FCF】 보혜사 성령에 대해 무지하거나 무관심한 현대 교인들의 모습.

【서론】 예수님은 사랑하시는 자들에게 자신을 나타내신다. 육체로 계실 때 제자들과 무리에게, 부활 후 제자들에게 은밀히 보이심. 십자가 죽음을 직접 목격한 제자들에게= 부활하신 예수님은 직접 나타나셨다. 그러므로 기독교는 부활의 종교!
【우산질문】 예수님은 자신을 나타내시는 것에 대해 어떻게 말씀하시는가?

【1대지】 누구에게 나타내시는가? 남녀노소의 구별이 없다. 예수님을 사랑하는 자에게 보이심. 세상과 우리가 선명하게 대조됨. 주님 승천 후 '현현'의 방법이 달라짐. 22절의 유다의 잘못된 질문, "왜 세상에는 아니 하려 하나이까?"= 잘못된 메시아관에서 나온 질문= 하나님의 주권, 주님의 뜻은 '오직 사랑하는 자에게만'.
【2대지】 주님 승천 후 '현현'의 방법이 달라져. 예) 다메섹 도상의 사울에게, 오순절에 3,000명 회개. 또 다른 보혜사. 보혜사는 주님을 사랑하는 모든 자에게 나타나심. 세상은 능히 받지 못한다.
【3대지】 왜 보혜사 성령으로? 육체로는 답답함이 있다. 성령께서 충만히 임하심으로 동시에 한꺼번에…. 이를 위해 예수께서 십자가에 달려 죽으셨다. 그분은 진리의 영= 진리를 보여주는 영, 진리이신 그리스도를 밝혀주는 영.
【결론】 당신은 주님을 사랑하는 자인가? 보혜사 성령에게 전폭적으로 순종하자. 새로운 감동, 새로운 깨달음, 새로운 인도의 손길이 온다.

- 절기, 용도, 장르, 특징:
- Key Word: 보혜사 성령.
- Remarks:

본문 : **요 14:16~17, 25~26; 16:7~13**
제목 : **성령께서 하시는 일 (What the Holy Spirit Does)**

14:16.내가 아버지께 구하겠으니 그가 또 다른 보혜사를 너희에게 주사 영원토록 너희와 함께 있게
하리니 **17.**그는 진리의 영이라 세상은 능히 그를 받지 못하나니 이는 그를 보지도 못하고 알지도 못
함이라 그러나 너희는 그를 아나니 그는 너희와 함께 거하심이요 또 너희 속에 계시겠음이라 ……
25.내가 아직 너희와 함께 있어서 이 말을 너희에게 하였거니와 **26.**보혜사 곧 아버지께서 내 이름
으로 보내실 성령 그가 너희에게 모든 것을 가르치고 내가 너희에게 말한 모든 것을 생각나게 하리라
…… **16:7.**그러나 내가 너희에게 실상을 말하노니 내가 떠나가는 것이 너희에게 유익이라 내가 떠
나가지 아니하면 보혜사가 너희에게로 오시지 아니할 것이요 가면 내가 그를 너희에게로 보내리니
8.그가 와서 죄에 대하여, 의에 대하여, 심판에 대하여 세상을 책망하시리라 **9.**죄에 대하여라 함은
그들이 나를 믿지 아니함이요 **10.**의에 대하여라 함은 내가 아버지께로 가니 너희가 다시 나를 보지
못함이요 **11.**심판에 대하여라 함은 이 세상 임금이 심판을 받았음이라 **12.**내가 아직도 너희에게 이
를 것이 많으나 지금은 너희가 감당하지 못하리라 **13.**그러나 진리의 성령이 오시면 그가 너희를 모
든 진리 가운데로 인도하시리니 그가 스스로 말하지 않고 오직 들은 것을 말하며 장래 일을 너희에게
알리시리라

1. 성령님을 또 다른 보혜사라 하심 (= 도움과 위로를 주심)

16절= "내가 아버지께 구하겠으니 그가 또 다른 보혜사를 너희에게 주사 영원토록 너희와 함께 있게 하리니"

2. 성령님은 우리에게 모든 것을 가르치심 (= 카운슬러의 역할)

26절= "보혜사 곧 아버지께서 내 이름으로 보내실 성령 그가 너희에게 모든 것을 가르치고…"

3. 성령님은 죄와 의와 심판에 대하여 세상을 책망하심 (= 꾸짖고 깨닫게 하심)

8절= "그가 와서 죄에 대하여, 의에 대하여, 심판에 대하여 세상을 책망하시리라"

◈◈◈

【대지 유형】 주제 설명형 - 본문 수집형 - 대지 연결형
【주제】 성령님은 우리에게 위로를 주시고 우리를 가르치시며 깨닫게 하신다.
【FCF】 많은 신앙인이 보혜사 성령님의 사역에 대해 무지함.

【서론】 요즈음 성령님에 대한 관심이 식어진 것이 안타까움. 성령님은 인격

(person)이심. 지·정·의를 가지신 분.
【우산질문】 성령께서 하시는 일은 무엇인가?

【1대지】 성령님은 파라클레토스(=보혜사)라고 불린다. 곁에 서신 분, 돕는 자, 위로자. 보혜사의 위로와 도우심은 일생생활 속에서 끊임없이 체험하게 된다. 본문에는 주님의 제자들은 이별의 순간이 올 때 위로가 필요했다. 성령님은 한없는 위로의 영으로 다가오신다.
【2대지】 우리 모두는 이 문제 많은 세상에서 우리를 인도해 주시는 카운슬러가 필요하다. 이제 주님은 성령을 보내어 제자들에게 교사(a tutor)가 되신다. 무엇을 가르치시는가? 성경 말씀에 관한 것, 삶에 관한 모든 것, 예수님에 관한 모든 것.
【3대지】 책망하다= 밝히 드러내다. 1) 죄에 대해 세상을 책망?= 죄인의 양심을 자극, 죄책감을 느끼게 책망한다. 죄에 대한 찔림이 있어야 한다. 죄로부터의 돌이킴이 있어야 한다. 2) 의에 대해 세상을 책망?= 오직 그리스도만이 이 땅에서 완전한 의의 삶을 구현해 보이셨다. 성령님은 의로운 삶을 살지 못하는 자들을 꾸짖으시며 그리스도의 의를 힘입을 것을 가르치신다. 성령님은 죄인으로 하여금 자신의 불의에 절망하게 하시고 완전한 의를 베풀어주시는 예수 그리스도를 간절히 사모하게 하신다. 심판에 대해 책망?= 심판은 피할 수 없는 하나님의 작정이다. 하나님은 십자가 사건과 부활을 통해 마귀를 정죄하고 심판하셨다. 성령의 깨닫게 하시는 사역으로 우리는 세상을 향해 주님의 심판의 메시지를 힘 있게 전하게 된다.
【결론】 당신은 하나님의 말씀을 어느 정도 감당하고 있나? 그리스도의 희생과 피 뿌림을 어느 정도까지 감당할 수 있나? 제자도의 교훈을 어디까지 따를 수 있나? 성령님의 책망하시는 음성, 위로와 지도하심을 믿음으로 받고 감사하자.

- 절기, 용도, 장르, 특징:
- Key Word: 성령, 보혜사, 성령의 사역.
- Remarks:

본문 : **요 14:25~31**

제목 : **일어나라 여기를 떠나자**

25.내가 아직 너희와 함께 있어서 이 말을 너희에게 하였거니와 **26.**보혜사 곧 아버지께서 내 이름
으로 보내실 성령 그가 너희에게 모든 것을 가르치고 내가 너희에게 말한 모든 것을 생각나게 하리라
27.평안을 너희에게 끼치노니 곧 나의 평안을 너희에게 주노라 내가 너희에게 주는 것은 세상이 주
는 것과 같지 아니하니라 너희는 마음에 근심하지도 말고 두려워하지도 말라 **28.**내가 갔다가 너희
에게로 온다 하는 말을 너희가 들었나니 나를 사랑하였더라면 내가 아버지께로 감을 기뻐하였으리
라 아버지는 나보다 크심이라 **29.**이제 일이 일어나기 전에 너희에게 말한 것은 일이 일어날 때에 너
희로 믿게 하려 함이라 **30.**이 후에는 내가 너희와 말을 많이 하지 아니하리니 이 세상의 임금이 오
겠음이라 그러나 그는 내게 관계할 것이 없으니 **31.**오직 내가 아버지를 사랑하는 것과 아버지께서
명하신 대로 행하는 것을 세상이 알게 하려 함이로라 일어나라 여기를 떠나자 하시니라

1. 이 말씀은 우리 예수님의 표어임 (= 구속의 대업을 이루시려는 결심)

31절= "오직 내가 아버지를 사랑하는 것과 아버지께서 명하신 대로 행하는 것을 세상이 알게 하려 함이로라 일어나라 여기를 떠나자 하시니라"

2. 그러므로 이 말씀은 우리의 표어가 되어야 함 (= 주님의 뒤를 따르려는 결단)

31절= "...일어나라 여기를 떠나자..."

1) 더러운 곳에서 빨리 나오라는 것.
2) 자신을 즐겁게 하는 모든 것에서 떠나 나오라는 것.
3) 현재의 수준에서 더 나아가는 것.

◈◈◈

【대지 유형】 주제 설명형 - 본문 묵상형 - 대지 대조형

【주제】 십자가 고난의 현장을 향하여 담담히 가시던 주님처럼 우리도 굳은 결단으로 주님의 뒤를 따라야 한다.

【FCF】 많은 그리스도인이 주님을 따르려는 결단을 보이지 못하고 있음.

【서론】 당시 예수님은 행진의 명령을 받고 있었다. 하늘 아버지께로 갈 시간이 임박. 그러므로 계속 가셔야 했다. 비록 가시는 길에 핏빛 죽음이 도사리고 있을지라도 계속 전진만이 있어야 했다. 그리스도인은 정체되어 있는 자가 아니다. 우리는 주님의 모든 면을 본받아야 한다. 특히 계속 전진하는 그분의 모습을 본받아야 한다. 유월절 만찬 다락방을 떠나시면서, 31절에 "일어나

라 여기를 떠나자." 너무나 감동적인 말씀이다.
【우산질문】 말씀의 제목("일어나라 여기를 떠나자")에 대해 좀 더 깊이 생각해보자.

【1대지】 이 말씀 속에 아버지께 순종하려는 열심이 배어 있다. 이제 곧 닥칠 고난에도 주저하지 않으셨다. 주님은 사탄을 맞이할 채비를 암시한다. "일어나라 여기를 떠나자"= 주님의 표어가 되기에 적절하다. 자신의 실제적인 활동성을 보여준다. 12~14장 전체는 쉬임 없이 일하시는 주님의 모습을 보여준다. 주님은 거룩한 의식이나 행사보다 일하는 것을 좋아하신다.
【2대지】 "일어나라 여기를 떠나자." 만일 우리가 주님을 본받는 자라면, 우리가 생동하는 그리스도인이라면, 이 말은 우리의 표어이어야 한다. 은혜의 부르심을 받았을 때 이 표어는 더러운 곳에서 빨리 나오라는 것. 자신을 즐겁게 하는 좋지 않은 습관들에서 나오라는 것. 은혜 속에서 성장할 때는 현재의 수준에서 더 나아가야 한다. 주님은 말로만이 아니라 보혜사를 파송하신다. 믿고 구하는 자에게 능력을 주신다. 보다 적극적으로는 주님께서 위에서 부르실 때 죽음의 길도 가야 한다. 지금은 우리 모두 그리스도를 위한 순교자이어야 한다. 순교적인 생활= 증인의 생활.
【결론】 "일어나라 여기를 떠나자." 주님은 2000년 전이나 지금이나 여전히 "일어나라 여기를 떠나자"라고 하신다. 머뭇거리거나 주저하지 말고 전진하라! 주님은 자신의 모범을 통하여 가르치셨다. 우리 모두의 평생의 표어가 되어야겠다.

- 절기, 용도, 장르, 특징:
- Key Word: 행진, 일어나라 여기를 떠나자.
- Remarks:

본문 : **요 15:1~8**

제목 : **열매를 많이 맺는 제자 (Fruitful Life of a Disciple)**

1.나는 참포도나무요 내 아버지는 농부라 **2.**무릇 내게 붙어 있어 열매를 맺지 아니하는 가지는 아버지께서 그것을 제거해 버리시고 무릇 열매를 맺는 가지는 더 열매를 맺게 하려 하여 그것을 깨끗하게 하시느니라 **3.**너희는 내가 일러준 말로 이미 깨끗하여졌으니 **4.**내 안에 거하라 나도 너희 안에 거하리라 가지가 포도나무에 붙어 있지 아니하면 스스로 열매를 맺을 수 없음 같이 너희도 내 안에 있지 아니하면 그러하리라 **5.**나는 포도나무요 너희는 가지라 그가 내 안에, 내가 그 안에 거하면 사람이 열매를 많이 맺나니 나를 떠나서는 너희가 아무 것도 할 수 없음이라 **6.**사람이 내 안에 거하지 아니하면 가지처럼 밖에 버려져 마르나니 사람들이 그것을 모아다가 불에 던져 사르느니라 **7.**너희가 내 안에 거하고 내 말이 너희 안에 거하면 무엇이든지 원하는 대로 구하라 그리하면 이루리라 **8.**너희가 열매를 많이 맺으면 내 아버지께서 영광을 받으실 것이요 너희는 내 제자가 되리라

1. 포도나무에 붙어 있어야 함 (= 그리스도와의 연합)

4절= "내 안에 거하라 나도 너희 안에 거하리라 가지가 포도나무에 붙어 있지 아니하면 스스로 열매를 맺을 수 없음 같이 너희도 내 안에 있지 아니하면 그러하리라"

2. 하나님께서 가지를 깨끗하게 해 주심 (= 깨끗해진 영혼)

2절= "…무릇 열매를 맺는 가지는 더 열매를 맺게 하려 하여 그것을 깨끗하게 하시느니라"

3. 하나님께서 영광을 받으심 (= 하나님께 영광됨)

8절= "너희가 열매를 많이 맺으면 내 아버지께서 영광을 받으실 것이요 너희는 내 제자가 되리라"

◈◈◈

【대지 유형】 주제 설명형 - 본문 수집형 - 대지 심화형

【주제】 우리가 그리스도와 연합해 있으면 하나님은 우리의 영혼을 깨끗게 해 주시며 많은 열매를 맺게 되고 하나님께 영광이 된다.

【FCF】 많은 신앙인이 그리스도와의 연합에 문제가 있고 따라서 영혼의 청결에 문제가 많음.

【서론】 본문의 '포도나무 비유'는 '열매 맺는 것'을 강조하고 있다. "나는 참포

도나무요 내 아버지는 농부라"(1절). 이 말씀 속에 내포된 당시 이스라엘의 실상은 무엇인가? 그들은 가짜 포도나무이거나 최소한 불완전한 포도나무라는 것. 본문은 하나님께서 성도들이 열매 맺기를 기대하시고(2절), 더 열매 맺기를 원하시며(2절), 많은 열매를 기다리고 계신다고 증거한다.
【우산질문】 열매를 많이 맺는 제자가 되려면 어떤 가지여야 하나?

【1대지】 아무리 실한 포도나무 가지라도 줄기에서 잘리면 더 이상 열매를 내게 되지 못하듯이, 예수님과의 관계가 단절되거나 사귐이 끊어진 성도들 역시 하나님 아버지께서 요구하시는 열매를 내지 못한다. 성도의 능력의 근원은 예수 그리스도에게 있다는 말씀이다. 예수님과의 교제의 단절은 우리의 삶을 황폐하게 만들며 삶의 실패자가 되게 한다.
【2대지】 '깨끗하게 하시느니라(카다이레이)'는 물리적 의미뿐만 아니라 도덕적·종교적으로 '깨끗하게 하다'는 의미를 전달한다. 이는 가지로 하여금 더 많은 열매를 맺게 하시려고 하나님께서 취하시는 조치를 가리킨다. 영혼이 깨끗해지려면 어떻게 해야 하나? 하나님은 우리의 영혼을 정결케 하기 위하여 말씀과 기도를 주셨다.
【3대지】 하나님께서 영광을 받으시게 하는 것이야말로 제자들의 최상의 목표이다. WM 소요리문답 제1문에 보면 사람의 제일 되는 목적은 하나님을 영화롭게 하며 영원토록 그를 즐거워하는 것. 누가 하나님께 영광을 돌릴 수 있나? 열매를 많이 맺는 제자이다.
【결론】 한 해의 마지막 주일이다. 그동안 여러분이 맺은 열매는 얼마나 되나? 주님이 여러분을 보실 때 어떻게 평가하실까? 여러분은 열매 맺는 가지인가, 아니면 더 많이 맺는 가지인가?

- 절기, 용도, 장르, 특징: 송년주일.
- Key Word: 열매.
- Remarks:

본문 : **요 16:5~15**

제목 : **보혜사 성령님의 사역**

5.지금 내가 나를 보내신 이에게로 가는데 너희 중에서 나더러 어디로 가는지 묻는 자가 없고 **6.**도
리어 내가 이 말을 하므로 너희 마음에 근심이 가득하였도다 **7.**그러나 내가 너희에게 실상을 말하노
니 내가 떠나가는 것이 너희에게 유익이라 내가 떠나가지 아니하면 보혜사가 너희에게로 오시지 아
니할 것이요 가면 내가 그를 너희에게로 보내리니 **8.**그가 와서 죄에 대하여, 의에 대하여, 심판에 대
하여 세상을 책망하시리라 **9.**죄에 대하여라 함은 그들이 나를 믿지 아니함이요 **10.**의에 대하여라
함은 내가 아버지께로 가니 너희가 다시 나를 보지 못함이요 **11.**심판에 대하여라 함은 이 세상 임금
이 심판을 받았음이라 **12.**내가 아직도 너희에게 이를 것이 많으나 지금은 너희가 감당하지 못하리
라 **13.**그러나 진리의 성령이 오시면 그가 너희를 모든 진리 가운데로 인도하시리니 그가 스스로 말
하지 않고 오직 들은 것을 말하며 장래 일을 너희에게 알리시리라 **14.**그가 내 영광을 나타내리니 내
것을 가지고 너희에게 알리시겠음이라 **15.**무릇 아버지께 있는 것은 다 내 것이라 그러므로 내가 말
하기를 그가 내 것을 가지고 너희에게 알리시리라 하였노라

1. 예수님이 승천하신 후 보혜사 성령님이 오심 (= 예수님의 사역을 대신하심)

7절= "내가 너희에게 실상을 말하노니 내가 떠나가는 것이 너희에게 유익이라 내가 떠나가지 아니하면 보혜사가 너희에게로 오시지 아니할 것이요 가면 내가 그를 너희에게로 보내리니"

2. 성령님은 우리를 모든 진리 가운데로 인도하심 (= 진리를 깨닫게 하심)

8절= "그가 와서 죄에 대하여, 의에 대하여, 심판에 대하여 세상을 책망하시리라"

13절= "진리의 성령이 오시면 그가 너희를 모든 진리 가운데로 인도하시리니 그가 스스로 말하지 않고 오직 들은 것을 말하며 장래 일을 너희에게 알리시리라"

3. 성령님은 순종하는 자를 진리 가운데로 계속 인도하심 (= 진리로 성도를 성장시키심)

13절= "진리의 성령이 오시면 그가 너희를 모든 진리 가운데로 인도하시리니"

◈◈◈

【대지 유형】 주제 설명형 - 본문 수집형 - 대지 진전형

【주제】 보혜사 성령님은 그리스도의 사역을 계승하여 성도들을 진리로 인도하며 성장케 하신다.

【FCF】 많은 신앙인이 성령님의 실제적인 사역에 대해 알지 못하고 너무 추상적으로 생각하고 있음.

【서론】 본문의 문맥= 최후의 만찬 후 제자들을 준비시키는 모습. 15:12, "내가 아직도 너희에게 이를 것이 많으나 지금은 너희가 감당치 못하리라." 성령님에 의해 진리 가운데로 인도받아야 한다.
【우산질문】 보혜사에 대한 주님의 가르침을 좀 더 깊이 살펴보자.

【1대지】 주님의 공생애 사역, 십자가 고난, 부활= 이제 성령님이 이어받아 이 땅에 하나님 나라를 구체적으로 이루어 가신다. 무엇보다 하나님에 대해 알아가는 일. 이를 위해 오순절 성령 강림이 있었다. 성령님이 누구신가? 많은 오해가 있다. 어떤 이들의 오해: 성령님을 단순히 어떤 힘이나 정신력 또는 심리적인 현상 등으로 오해함. 그러나 요 14:18, "내가 너희를 고아와 같이 버려두지 아니하고 너희에게로 오리라" 성령님= 제3위 하나님. 우리 가운데 계속 일하시는 분, 그리스도 안에 계신 하나님. 예수님은 성령님의 인격 속에서 우리에게 오신다.
【2대지】 성령님의 사역은 먼저 우리 마음속에 그리스도의 사역을 행하시는 것. 하나님 나라 지식을 공급하고, 하나님 나라 능력을 체험케 하며, 구약과 신약 성경을 더욱 명료하게 이해하도록 도와주시고, 죄에 대하여 의에 대하여 심판에 대하여 세상을 책망하신다.
【3대지】 ① 먼저 성령의 인도하심에 철저히 순종하는 것이 중요하다. 세상을 책망하시는 성령, 우리 속에 작은 깨달음을 주시는 성령, 때론 인내케, 때론 엎드리게, 때론 통곡케 하신다. ② 성경을 많이 읽는 일. 말씀을 듣고 공부하고 묵상하는 일. 말씀 자체에 운동력이 있다. 말씀은 성령의 검이다.
【결론】 여러분은 하나님 말씀을 어느 정도 감당하고 있나? 당신은 그리스도의 피 뿌림과 희생을 어느 정도 감당할 수 있나? 진리의 성령이 오시면… 우리 모두 성령님의 지배를 받자.

- 절기, 용도, 장르, 특징: 성령강림주일.
- Key Word: 성령.
- Remarks:

본문 : **요 16:20~24, 33**

제목 : **성도에게 넘치는 기쁨 (Your Grief Turn to Joy)**

20.내가 진실로 진실로 너희에게 이르노니 너희는 곡하고 애통하겠으나 세상은 기뻐하리라 너희는
근심하겠으나 너희 근심이 도리어 기쁨이 되리라 **21.**여자가 해산하게 되면 그 때가 이르렀으므로
근심하나 아기를 낳으면 세상에 사람 난 기쁨으로 말미암아 그 고통을 다시 기억하지 아니하느니라
22.지금은 너희가 근심하나 내가 다시 너희를 보리니 너희 마음이 기쁠 것이요 너희 기쁨을 빼앗을
자가 없으리라 **23.**그 날에는 너희가 아무 것도 내게 묻지 아니하리라 내가 진실로 진실로 너희에게
이르노니 너희가 무엇이든지 아버지께 구하는 것을 내 이름으로 주시리라 **24.**지금까지는 너희가 내
이름으로 아무 것도 구하지 아니하였으나 구하라 그리하면 받으리니 너희 기쁨이 충만하리라 ……
33.이것을 너희에게 이르는 것은 너희로 내 안에서 평안을 누리게 하려 함이라 세상에서는 너희가
환난을 당하나 담대하라 내가 세상을 이기었노라

1. 아기를 해산한 기쁨은 해산의 고통을 잊게 함 (= 구원의 기쁨)

21절= "여자가 해산하게 되면 그 때가 이르렀으므로 근심하나 아이를 낳으면 세상에 사람 난 기쁨을 인하여 그 고통을 다시 기억지 아니하느니라."

2. "구하여 받으면 기쁨이 충만하리라" 하심 (= 기도 응답의 기쁨)

24절= "지금까지는 너희가 내 이름으로 아무 것도 구하지 아니하였으나 구하라 그리하면 받으리니 너희 기쁨이 충만하리라."

3. "담대하라 내가 세상을 이겼노라"고 하심 (= 세상을 이기는 기쁨)

33절= "세상에서는 너희가 환난을 당하나 담대하라 내가 세상을 이기었노라 하시니라"

◆◆◆

【대지 유형】 주제 설명형 – 본문 수집형 – 대지 병렬형

【주제】 성도에게 주시는 기쁨에는 구원의 기쁨, 기도 응답의 기쁨, 세상을 이기는 기쁨이 있다.

【FCF】 성도가 누릴 수 있는 기쁨 중 수준 높은 것(환난과 핍박을 이기는 기쁨)을 체험하는 성도가 많지 않음.

【서론】 성도는 슬픔과 고통 가운데 살고 있는 대부분의 세상 사람들과는 달리 기뻐해야 할 이유를 가지고 있는 사람들이다. 성경은 우리 그리스도인들

에게 기뻐하라고 명하고 있다. 절망 가운데서 슬퍼하며 살아갈 것이 아니라 오히려 항상 기뻐하고 감사하면서 살아가라고 명령한다. 이것이 하나님의 뜻이며(살전 5:18), 영감 받은 사도의 권면이다(빌 4:4). 본문에서 예수님은 제자들에게 세상이 알지 못하는 기쁨에 관하여 말씀하고 계신다. 이것은 성도라면 당연히 누리게 되는 기쁨이고, 주님의 제자라면 그 삶 속에서 날마다 체험하게 되는 기쁨이다.

【우산질문】 본문을 통하여 성도가 세상에서 누리는 기쁨에 대해 알아보자.

【1대지】 이 말씀은 주님의 십자가 사건에 대한 비유다. 여자가 아이를 낳고 나면 그때까지 걱정 근심했던 것은 물론이고 아이 낳을 때의 극심한 고통까지도 모두 잊어버린다. 주체할 수 없는 극심한 슬픔과 불안으로 깊이 가라앉았던 제자들의 내면에 기쁨과 환희로의 일대 국면 전환을 가져다 준 사건은 그리스도의 부활사건과 오순절 성령 강림 사건이었다. 우리가 누리는 구원의 기쁨은 그 근원이 그리스도에게 있기 때문에, 잠시 있다가 없어지는 세상의 기쁨과는 달리, 영원한 것이다. 이 기쁨은 과거의 모든 두려움과 근심, 고통을 깨끗이 잊어버리게 할 만큼 큰 것이다.

【2대지】 본문 23절에서 주님은 기도 응답의 원리를 명확히 가르쳐 주신다. "그 날에는 너희가 아무 것도 내게 묻지 아니하리라 내가 진실로 진실로 너희에게 이르노니 너희가 무엇이든지 아버지께 구하는 것을 내 이름으로 주시리라." 이제 우리는 무엇이든지 아버지께 직접 구할 수 있게 되었고, 구하는 이마다 응답받음으로 기쁨이 충만한 삶을 살 것이 확실하게 보장되었다.

【3대지】 우리가 담대할 수 있는 것은 예수께서 이미 세상을 이기셨기 때문이다. 주님은 십자가 죽음과 부활을 통하여 어두움의 권세에 대해 명백한 승리를 거두셨다. 주님을 따르는 성도들은 세상에 속하지 않았다는 사실 때문에 환난을 당하게 되지만 결코 절망하지 말아야 할 것은, 이미 승리를 거두신 예수님을 의지하기 때문이요, 그로 인해 진정한 평안을 누릴 수 있기 때문이다.

【결론】 더 이상 성도를 절망에 빠뜨리는 슬픔은 없다. 왜냐하면 성도는 죄와 사망에서 구원받은 자이며, 그의 속에서 구원받은 기쁨이 샘솟듯 넘치기 때문이다. "주 안에서 항상 기뻐하라. 내가 다시 말하노니 기뻐하라"(빌 4:4).

- 절기, 용도, 장르, 특징:
- Key Word: 기쁨, 평안.
- Remarks:

본문 : **요 16:23~24**

제목 : **예수님의 이름으로 하는 기도**

23.그 날에는 너희가 아무 것도 내게 묻지 아니하리라 내가 진실로 진실로 너희에게 이르노니 너희가 무엇이든지 아버지께 구하는 것을 내 이름으로 주시리라 **24.**지금까지는 너희가 내 이름으로 아무 것도 구하지 아니하였으나 구하라 그리하면 받으리니 너희 기쁨이 충만하리라

1. "그 날에는 너희가 아무 것도 내게 묻지 아니하리라" 하심 (= 예수님을 믿는 확신으로 드리는 기도)

23절= "그 날에는 너희가 아무 것도 내게 묻지 아니하리라 내가 진실로 진실로 너희에게 이르노니 너희가 무엇이든지 아버지께 구하는 것을 내 이름으로 주시리라"

2. "너희가 무엇이든지 아버지께 구하는 것을 내 이름으로 주시리라" 하심 (= 예수님만이 기도의 중재자이심을 고백하는 기도)

23절= "…내가 진실로 진실로 너희에게 이르노니 너희가 무엇이든지 아버지께 구하는 것을 내 이름으로 주시리라"

3. "내 이름으로 구하면 응답받고 기쁨이 충만하리라" 하심 (= 예수님의 생각을 따라 드리는 기도)

24절= "지금까지는 너희가 내 이름으로 아무 것도 구하지 아니하였으나 구하라 그리하면 받으리니 너희 기쁨이 충만하리라"

◈◈◈

【대지 유형】 주제 설명형 - 본문 분석형, 묵상형 - 대지 심화형

【주제】 예수님의 이름으로 기도한다는 것은 예수님을 믿고 그분이 유일한 중재자이심을 믿으며 그분의 생각을 따라 드리는 기도를 의미한다.

【FCF】 많은 신앙인이 예수님의 이름으로 기도한다 하면서 공허하게 기도하고 있음.

【서론】 예수님의 이름으로 기도한다는 것은 무엇을 의미하는가? 믿음 없이 고백 없이 공식으로만 기도한다면 아무리 예수님 이름으로 기도해도 응답은

없다. 행 8장의 시몬의 기도, 스게와의 일곱 아들의 경우를 보라.

【우산질문】 본문의 가르침에서 예수님의 이름으로 기도한다는 것의 의미를 살펴보자.

【1대지】 예수님을 믿는다는 것은 성경이 증거하는 예수님의 생애와 말씀과 이적을 믿는다는 것. 예수님이 하나님 아들이시고 죽었다가 부활 승천하셨으며, 이제 속히 다시 오실 것을 믿는다는 것. 모든 신앙생활의 기반은 예수님을 향한 믿음과 고백이다. "예수님의 이름으로 기도합니다"= "나는 예수께서 하나님의 아들이시며 예수님으로 말미암아 구원받았음을 믿습니다", "하나님은 예수님의 이름으로 간구하는 성도들의 기도에 응답하실 것을 믿습니다."

【2대지】 "내 이름으로 주시리라." "주님의 대속의 희생과 구원의 중재가 없이는 우리의 기도가 아무런 가치나 효력이 없다는 것을 인식하고 기도하는 것." "또한 그것은 그리스도의 피가 기도의 삶을 위한 원동력임을 알고 거기에 호소하는 것." 바울(행 16:18)의 명령기도= 즉각적인 응답 = 귀신을 향해 예수님의 이름으로 명한 바울의 말을 예수님이 시행하신 것= 하나님 앞에서 중재자가 되신 것.

【3대지】 "구하라 그리하면 받으리니"= 요 15:17= 응답을 이루는 조건은 '너희가 내 안에 거하고 내 말이 너희 안에 거하는 것.' 포도나무의 비유. 예수님의 이름으로 기도한다는 것은 포도나무에 붙어 있는 가지처럼 된다는 말. 예수님과 같은 생각을 품고 예수님과 함께 행동하지 않는다면 진정한 기도자가 될 수 없다.

【결론】 출 40장과 민 9장의 구름기둥. 구약적으로 표현하면 하나님의 명을 좇아 사는 삶이고 신약적으로 표현하면 예수님과 연합한 삶이다.

- 절기, 용도, 장르, 특징:
- Key Word: 예수님의 이름으로 하는 기도, 응답받는 기도.
- Remarks:

본문 : **요 17:13~26**

제목 : **그리스도의 대제사장적 기도**

13.지금 내가 아버지께로 가오니 내가 세상에서 이 말을 하옵는 것은 그들로 내 기쁨을 그들 안에 충
만히 가지게 하려 함이니이다 **14.**내가 아버지의 말씀을 그들에게 주었사오매 세상이 그들을 미워
하였사오니 이는 내가 세상에 속하지 아니함 같이 그들도 세상에 속하지 아니함으로 인함이니이다
15.내가 비옵는 것은 그들을 세상에서 데려가시기를 위함이 아니요 다만 악에 빠지지 않게 보전하
시기를 위함이니이다 **16.**내가 세상에 속하지 아니함 같이 그들도 세상에 속하지 아니하였사옵나이
다 **17.**그들을 진리로 거룩하게 하옵소서 아버지의 말씀은 진리니이다 **18.**아버지께서 나를 세상에
보내신 것 같이 나도 그들을 세상에 보내었고 **19.**또 그들을 위하여 내가 나를 거룩하게 하오니 이는
그들도 진리로 거룩함을 얻게 하려 함이니이다 **20.**내가 비옵는 것은 이 사람들만 위함이 아니요 또
그들의 말로 말미암아 나를 믿는 사람들도 위함이니 **21.**아버지여, 아버지께서 내 안에, 내가 아버지
안에 있는 것 같이 그들도 다 하나가 되어 우리 안에 있게 하사 세상으로 아버지께서 나를 보내신 것
을 믿게 하옵소서 **22.**내게 주신 영광을 내가 그들에게 주었사오니 이는 우리가 하나가 된 것 같이
그들도 하나가 되게 하려 함이니이다 **23.**곧 내가 그들 안에 있고 아버지께서 내 안에 계시어 그들로
온전함을 이루어 하나가 되게 하려 함은 아버지께서 나를 보내신 것과 또 나를 사랑하심 같이 그들도
사랑하신 것을 세상으로 알게 하려 함이로소이다 **24.**아버지여 내게 주신 자도 나 있는 곳에 나와 함
께 있어 아버지께서 창세 전부터 나를 사랑하시므로 내게 주신 나의 영광을 그들로 보게 하시기를 원
하옵나이다 **25.**의로우신 아버지여 세상이 아버지를 알지 못하여도 나는 아버지를 알았사옵고 그들
도 아버지께서 나를 보내신 줄 알았사옵나이다 **26.**내가 아버지의 이름을 그들에게 알게 하였고 또
알게 하리니 이는 나를 사랑하신 사랑이 그들 안에 있고 나도 그들 안에 있게 하려 함이니이다

1. 예수님은 자신의 제자들을 위해 기도하심 (= 기도의 대상, 제자들을 위한 기도)

15절= "내가 비옵는 것은 그들을 세상에서 데려가시기를 위함이 아니요 다만 악에 빠지지 않게 보전하시기를 위함이니이다"

2. 제자들을 진리로 거룩하게 해 달라고 기도하심 (= 기도의 내용, 제자들의 성화를 위한 기도)

17절= "그들을 진리로 거룩하게 하옵소서 아버지의 말씀은 진리니이다"

3. 제자들이 하나가 되게 해 달라고 기도하심 (= 기도의 목표, 교회의 통일을 위한 기도)

21절= "아버지께서 내 안에, 내가 아버지 안에 있는 것 같이 그들도 다 하나가 되어 우리 안에 있게 하사 세상으로 아버지께서 나를 보내신 것을 믿게 하옵소서"

◈◈◈

【대지 유형】 주제 함축형 – 본문 묶음형 – 대지 연결형
【주제】 예수님은 제자들이 거룩하게 되고 서로 하나가 되도록 중보기도하신다.
【FCF】 많은 신앙인이 예수님의 중보기도를 확신하지 못해 현재의 신앙생활에 확신을 갖지 못함.

【서론】 예수님은 자기 백성을 위해 중보기도하시는 대제사장이시다. 그의 기도는 언제나 응답된다. 요 17장은 공생애 말기에 제자들을 위해 그리고 모든 믿는 자들을 위해 하나님께 드린 중보기도. 하나님을 '아버지여!'라고.
【우산질문】 본문을 통해 예수님의 대제사장적인 기도에 대해 살펴보자.

【1대지】 공생애 마지막 단계. 주위엔 사랑하는 제자들. "세상 중에서 내게 주신 자들"(6절), 세상과 제자들을 구분하시는 예수님. 우린 주님의 이 모습을 결코 잊을 수 없다. 소속감 중요(14, 16절). 세상이란 하나님에게 적대적인 사람들이나 사회 조직. 세상은 제자들이 일할 곳. 그러므로 주님은 저들을 위해 중보기도 하신다.
【2대지】 죄로부터 말씀(진리)으로 깨끗하게 되어 하나님께 헌신하도록. 성결과 진리는 함께 간다. 거룩은 너무나 중요하다. 주님의 최고의 관심사는 제자들의 거룩. 그때나 지금이나. 주님의 보혈이 우리를 거룩하게 한다.
【3대지】 주님은 모든 믿는 자들이 하나 되기 원하신다. 이렇게 될 때 세상이 예수님의 사역을 인정한다. unity of the church. 이미 응답되었다(유대인과 이방인의 장벽, 종과 자유자의 구분, 남녀의 구분이 해소됨). 그동안 기독교가 가는 곳마다 하나님의 영광을 드러냈다. 문제는 부족한 인간들로 인해 분열이 일어나는 데 있다.
【결론】 주님의 기도의 내용이나 강조점은 변하지 않는다. 주님의 소원을 이루어드리는 교회가 되자.

- 절기, 용도, 장르, 특징:
- Key Word: 중보기도.
- Remarks:

본문 : **요 18:1~11**

제목 : **십자가를 향한 발걸음 (Crossing the Kidron Valley)**

1.예수께서 이 말씀을 하시고 제자들과 함께 기드론 시내 건너편으로 나가시니 그 곳에 동산이 있는
데 제자들과 함께 들어가시니라 **2.**그 곳은 가끔 예수께서 제자들과 모이시는 곳이므로 예수를 파는
유다도 그 곳을 알더라 **3.**유다가 군대와 대제사장들과 바리새인들에게서 얻은 아랫사람들을 데리고
등과 횃불과 무기를 가지고 그리로 오는지라 **4.**예수께서 그 당할 일을 다 아시고 나아가 이르시되
너희가 누구를 찾느냐 **5.**대답하되 나사렛 예수라 하거늘 이르시되 내가 그니라 하시니라 그를 파는
유다도 그들과 함께 섰더라 **6.**예수께서 그들에게 내가 그니라 하실 때에 그들이 물러가서 땅에 엎드
러지는지라 **7.**이에 다시 누구를 찾느냐고 물으신대 그들이 말하되 나사렛 예수라 하거늘 **8.**예수께
서 대답하시되 너희에게 내가 그니라 하였으니 나를 찾거든 이 사람들이 가는 것은 용납하라 하시니
9.이는 아버지께서 내게 주신 자 중에서 하나도 잃지 아니하였사옵나이다 하신 말씀을 응하게 하려
함이러라 **10.**이에 시몬 베드로가 칼을 가졌는데 그것을 빼어 대제사장의 종을 쳐서 오른편 귀를 베
어버리니 그 종의 이름은 말고라 **11.**예수께서 베드로더러 이르시되 칼을 칼집에 꽂으라 아버지께서
주신 잔을 내가 마시지 아니하겠느냐 하시니라

1. 기드론 시내 저편으로 나가심 (= 대적들을 향한 발걸음)

1절= "예수께서 이 말씀을 하시고 제자들과 함께 기드론 시내 저편으로 나가시니…"

2. 찾는 자에게 '내로라' 하심 (= 고난을 향한 자발적 발걸음)

4절= "예수께서 그 당할 일을 다 아시고 나아가 가라사대, 너희가 누구를 찾느냐?"

5절= "대답하되, 나사렛 예수라 하거늘 가라사대, 내로라 하시니라…"

3. 아버지께서 주신 잔을 달게 마심 (= 순종의 발걸음)

11절= "예수께서 베드로더러 이르시되 검을 집에 꽂으라 아버지께서 주신 잔을 내가 마시지 아니하겠느냐 하시니라"

◈◈◈

【대지 유형】 주제 증명형 - 본문 묶음형 - 대지 진전형

【주제】 십자가를 향해 가시던 예수님의 발걸음은 기드론 시내를 넘어 고난을 향해 자발적으로 나아가는 순종의 발걸음이었다.

【FCF】 많은 신앙인에게 하나님의 계명을 지키는 일에 자원하여 순종하는 마

음이 부족함.

【서론】 오늘은 본문을 통하여 예수께서 고난의 현장으로 직접 나서시는 모습을 함께 생각해보자. 이제 다락방 강화(요 13~16장)와 대제사장의 기도문(요 17장)을 다 끝내시고 드디어 고난의 현장으로 가시기 위해 기드론 시내를 건너 겟세마네 동산으로 가신 사건이 나온다.

【우산질문】 본문을 통하여 십자가 고난을 향하여 자발적으로 발걸음을 내디디시던 예수님의 발걸음을 생각해보며, 우리에게 주시는 교훈이 무엇인지 살펴보자.

【1대지】 대적들이 누구인가? 적어도 세 부류의 사람들이다. 먼저는 로마 군인들. 또 다른 대적자로서 바리새인들. 셋째는 가룟 유다이다. 주님은 이미 승리하셨다. 그리고 이제 승리할 수 있는 믿음의 힘을 구하는 성도에게 주신다.

【2대지】 우리 모두 주님의 모습을 가슴 깊이 새겨야겠다. 예수님은 고난의 쓴 잔을 마시기 위하여 담담히 앞으로 나아가셨다. 우리의 발걸음도 이런 복된 발걸음이 되어야겠다. 내 몫에 태인 십자가를 지기 위하여 망설이지 않고 앞으로 나서는 성도가 되자.

【3대지】 십자가를 향하여 나아가시던 예수님의 발걸음은 순종의 발걸음이었다. 신앙에 따르는 고난은 영광이라는 동전의 다른 면이다. 이것은 하나님께서 약속하신 영광에 들어가는 통로이기도 하다. 하나님의 거룩한 경륜 앞에서 나의 보잘 것 없는 칼을 휘둘러서는 안 된다. 말고의 귀 하나 벤다고 달라질 것은 아무것도 없다. 오직 아버지의 잔을 자원하여 마시는 순종의 발걸음이 있을 뿐이다.

【결론】 No Cross, No Crown! 십자가 없이는 면류관도 없다!

- 절기, 용도, 장르, 특징:
- Key Word: 순종, 고난의 잔, 발걸음.
- Remarks:

본문 : **요 19:17~27**
제목 : **거기 너 있었는가? (Were You There?)**

17.그들이 예수를 맡으매 예수께서 자기의 십자가를 지시고 해골 (히브리 말로 골고다) 이라 하는
곳에 나가시니 **18.**그들이 거기서 예수를 십자가에 못 박을새 다른 두 사람도 그와 함께 좌우편에 못
박으니 예수는 가운데 있더라 **19.**빌라도가 패를 써서 십자가 위에 붙이니 나사렛 예수 유대인의 왕
이라 기록되었더라 **20.**예수께서 못 박히신 곳이 성에서 가까운 고로 많은 유대인이 이 패를 읽는데
히브리와 로마와 헬라 말로 기록되었더라 **21.**유대인의 대제사장들이 빌라도에게 이르되 유대인의
왕이라 쓰지 말고 자칭 유대인의 왕이라 쓰라 하니 **22.**빌라도가 대답하되 내가 쓸 것을 썼다 하니라
23.군인들이 예수를 십자가에 못 박고 그의 옷을 취하여 네 깃에 나눠 각각 한 깃씩 얻고 속옷도 취
하니 이 속옷은 호지 아니하고 위에서부터 통으로 짠 것이라 **24.**군인들이 서로 말하되 이것을 찢지
말고 누가 얻나 제비 뽑자 하니 이는 성경에 그들이 내 옷을 나누고 내 옷을 제비 뽑나이다 한 것을
응하게 하려 함이러라 군인들은 이런 일을 하고 **25.**예수의 십자가 곁에는 그 어머니와 이모와 글로
바의 아내 마리아와 막달라 마리아가 섰는지라 **26.**예수께서 자기의 어머니와 사랑하시는 제자가 곁
에 서 있는 것을 보시고 자기 어머니께 말씀하시되 여자여 보소서 아들이니이다 하시고 **27.**또 그 제
자에게 이르시되 보라 네 어머니라 하신대 그 때부터 그 제자가 자기 집에 모시니라

1. 유대 지도자들은 예수 존재 자체를 증오하였음 (= 적극적 반대자들)

21절= "유대인의 대제사장들이 빌라도에게 이르되 유대인의 왕이라 쓰지 말고 자칭 유대인의 왕이라 쓰라 하니"

2. 빌라도와 군병들은 무심하게 십자가 처형에 동참했음 (= 소극적 반대자들)

22~23절= "빌라도가 대답하되 내가 쓸 것을 썼다 하니라 군인들이 예수를 십자가에 못 박고 그의 옷을 취하여 네 깃에 나눠 각각 한 깃씩 얻고 속옷도 취하니…"

3. 소수의 사람만 안타까이 십자가 주위에 있었음 (= 예수님을 사랑하는 자들)

25~26절= "예수의 십자가 곁에는 그 어머니와 이모와 글로바의 아내 마리아와 막달라 마리아가 섰는지라 예수께서 자기의 어머니와 사랑하시는 제자가 곁에 서 있는 것을 보시고 자기 어머니께 말씀하시되 여자여 보소서 아들이니이다 하시고"

◆◆◆

【대지 유형】 주제 설명형 – 본문 묶음형 – 대지 반전형

【주제】 십자가 주위에 있던 사람들은 예수님께 적대적인 자들, 무관심한 자

들, 그리고 사랑하는 자들이었다. 당신은 어느 쪽인가?
【FCF】 십자가를 의도적으로 회피하려는 현대 교회의 이기적인 모습.

【서론】 수난주간에 주님의 고난의 현장을 묵상하자. 제목의 의미가 무섭게 다가온다. "거기 너 있었는가?" 찬송가 136장, Were you there? 심금을 울리는 찬송이다. 당시 목격자였던 백부장의 떨리는 고백, "이는 실로 하나님의 아들이었도다." 불신자였던 이방 군인을 변하게 만든 것. 겟세마네로부터 갈보리까지 이어지는 고난의 행진. 제자들의 배반. 드디어 갈보리 언덕 위에 달린 예수님.
【우산질문】 십자가 주위에 있던 사람들의 모습을 살펴보자.

【1대지】 대제사장, 바리새인들, 사두개인들, 그들에게 선동당한 백성들. 그들은 자신들의 기득권을 지키기 위해서는 진리를 어기는 것이나 사람의 생명을 해치는 것조차 개의치 않는 악한 사람들이었다. 지금 우리 주위에 이와 유사한 사람들은 없는가?
【2대지】 로마군인들. 식민지 정책 수행자들. 정의보다는 통치 차원. 민란 방지가 주목적. 진리에 관심 없고, 자신들의 세계에서 자신들이 가진 권세를 마음대로 휘두르는 사람들.
【3대지】 모친 마리아, 이모, 사랑하는 제자, 막달라 마리아. 주님을 사랑하여 자신의 삶을 헌신한 자들. 후일 성령 받은 제자들이 이 대열에 합세한다. 초대교회를 부흥시킨 사람들. 척박한 환경을 극복하며 전 세계로 복음의 전령자들이 된 사람들.
【결론】 Were you there? 여러분은 대답할 준비가 되어 있는가? ① 수직 관계에서: 내 생활 현장에서 끊임없이 주님과 교제하며 주님으로 인해 고난도 감수하고 있는가? ② 수평관계에서: 나는 내 주위 고통 가운데 있는 형제 자매와 함께 하고 있는가? 고난의 깊은 골짜기를 지나 마침내 대망의 부활의 아침을 맞는다.

- 절기, 용도, 장르, 특징: 수난주간.
- Key Word: 십자가.
- Remarks:

본문 : **요 19:25~27**
제목 : **사랑과 순종의 합주곡**

25.예수의 십자가 곁에는 그 어머니와 이모와 글로바의 아내 마리아와 막달라 마리아가 섰는지라
26.예수께서 자기의 어머니와 사랑하시는 제자가 곁에 서 있는 것을 보시고 자기 어머니께 말씀하시
되 여자여 보소서 아들이니이다 하시고 **27.**또 그 제자에게 이르시되 보라 네 어머니라 하신대 그 때
부터 그 제자가 자기 집에 모시니라

1. 애제자는 십자가 현장을 지켰음 (= 헌신된 제자를 특별히 사랑하심)
26절= "예수께서 자기의 어머니와 사랑하시는 제자가 곁에 서 있는 것을 보시고"

2. 예수님은 모친을 애제자에게 부탁하심 (= 예수님의 지극한 효성)
27= "또 그 제자에게 이르시되 보라 네 어머니라 하신대…"

3. 애제자는 예수님의 부탁대로 모친을 자기 집에 모심 (= 애제자의 순종이 돋보임)
27절= "그 때부터 그 제자가 자기 집에 모시니라"

◈◈◈

【대지 유형】 주제 설명형 - 본문 분석형 - 대지 진전형
【주제】 사랑하는 제자에게 모친을 부탁하시는 주님의 효심과 이를 성실히 순종하는 제자의 모습은 우리에게 아름다운 합주곡으로 들려온다.
【FCF】 효성이 땅에 떨어진 사회. 순종하는 사람을 보기 어려운 시대 풍조.

【서론】 어버이 주일= 자녀 된 자들이 부모와 스승, 어르신들을 공경하는 자세를 가다듬는 날. 지금은 인륜 상실 시대. 사랑과 효를 잃어버린 시대. 노인인구 급증, 가정 파괴, 정신적 피폐가 심하다. 본문에서 예수님은 최후의 순간에도 노모의 슬픈 삶을 애제자에게 부탁하시는 모습을 보여주심. 장소는 갈보리 언덕. 십자가 곁의 여인들의 눈물과 헌신과 안타까움. 이에 대조되는 군병들의 모습, 무심하고 잔인한 모습. 제비뽑기….
【우산질문】 본문이 보여주는 사랑의 모습과 순종의 모범을 살펴보자.

【1대지】 25절, 죄 없으신 분, 대속의 피를 흘리시며 최후의 삶을 펼치시는 장면이다. 십자가 곁의 여인들과 군병들의 모습이 극명히 대조된다. 26절, 모친과 사랑하시는 제자. 예수님은 모친을 부탁할 사람으로 애제자를 선택하심. 여기 애제자는 예수님의 품에 있었고 예수님의 사랑을 크게 받았던 요한. 예수님에 의해 인정받은 사람은 단순히 혈연 형제들이나 베드로가 아니라 오직 애제자였다. 1세기 말 당시 초대교회에 요한의 지도자적 모습이 강조됨.

【2대지】 "여자여 보소서 아들이니이다." "보라 네 어머니라." 본문은 마치 대위임명령(마 28:18~20)과 분위기가 유사하다. 모친 마리아의 사랑이 강조되고 있음. 기쁠 때나 슬플 때나 한결같이, 아들의 순교적 죽음에 용기를 주는 어머니, 아들의 고통을 나누려고 거기 서 있다. 로마 가톨릭은 이 구절을 성모 마리아 숭배 근거 구절로 사용함. 매우 무리한 해석이다. 요한복음의 저자는 어머니의 지극한 사랑을 강조함(2장의 가나 혼인잔치, 본문의 가장 고통스러운 자리에서도 동참).

【3대지】 본문에서 간과하기 쉬운 것= 애제자의 순종. 27절, 예수님의 부탁이 명백하게 수행되고 있다. 주님의 많은 명령이 여러분의 삶에서 오늘날 지켜지고 있는가? "나를 따르라." "네게 있는 것을 다 팔아 가난한 자에게 주라." "내가 너희에게 분부한 모든 것을 가르쳐 지키게 하라." "내가 너희를 사랑한 것같이 서로 사랑하라."

【결론】 주님의 모범을 따르자. 주님의 가르침을 따르자. 그리고 이 패역하고 사랑과 효가 상실된 세상을 향해 새 공동체의 존재를 알리고 새 공동체의 삶을 확장하자.

- 절기, 용도, 장르, 특징: 어버이주일.
- Key Word: 효도, 순종.
- Remarks:

본문 : **요 19:28~30**

제목 : **"내가 목마르다"고 하신 이유**

28.그 후에 예수께서 모든 일이 이미 이루어진 줄 아시고 성경을 응하게 하려 하사 이르시되 내가 목마르다 하시니 **29.**거기 신 포도주가 가득히 담긴 그릇이 있는지라 사람들이 신 포도주를 적신 해면을 우슬초에 매어 예수의 입에 대니 **30.**예수께서 신 포도주를 받으신 후에 이르시되 다 이루었다 하시고 머리를 숙이니 영혼이 떠나가시니라

1. 예수께서 참사람으로 죽으셨기 때문 (= 그리스도의 인성 강조)

28절= "그 후에 예수께서 모든 일이 이미 이루어진 줄 아시고 성경을 응하게 하려 하사 이르시되 내가 목마르다 하시니"

2. 그가 지옥의 목마름을 경험하셨기 때문 (= 지옥의 고통 체험하심)

28절= "…이르시되 내가 목마르다 하시니"

3. 성경의 예언을 이루시기 위함 (= 성경을 이루고자 하신 주님의 열심)

28절= "…성경을 응하게 하려 하사 이르시되 내가 목마르다 하시니"

◆◆◆

【대지 유형】 이유 제시형 - 본문 묵상형 - 대지 심화형

【주제】 예수님이 십자가에서 "내가 목마르다"고 외치신 것은 참사람이신 주님이 지옥의 고통을 체험하는 중에도 성경의 예언을 이루려는 열심이 특심하신 것을 나타낸다.

【FCF】 많은 신앙인이 주님의 목마름을 피상적으로만 알고 있음.

【서론】 고난 주간의 질문 하나: 십자가의 메시지는 현대인에게 무슨 의미가 있는가? 2000년 전 십자가 사건이 우주시대를 사는 우리에게 어떤 메시지를 주는가? 정오에 태양이 빛을 잃었다는 것이 달 표면을 걷는 시대의 인간에게 과연 문제거리라도 될 수 있다는 것인가? 그러나 본문의 "내가 목마르다"= 이 두 마디 말 속에 시대를 초월한 의미심장한 메시지가 있다.

【우산질문】 십자가에 달려 "내가 목마르다"고 부르짖으시던 이유를 살펴보자.

【1대지】 요한복음은 예수님의 신성(deity)을 강조하지만, 여기 이 말('내가 목마르다')은 예수님의 인성(humanity)을 강조하고 있음. 예수님은 인간의 성장 과정을 모두 거치셨다. 주님은 우리가 느끼는 것을 느끼셨고, 우리의 필요를 친히 경험하셨다. 피곤하심, 배고픔, 주무심, 눈물을 흘리심…. 그는 참사람으로 오셨다. 이 모든 것은 그가 우리의 죄를 감당하시려고 참사람으로 오셨기 때문이다. 육신의 갈증은 큰 고통을 준다. 그보다 더 극심한 것은 영적 목마름. 영원한 생수 되신 예수님을 통해서 영적 기갈을 해소하자.

【2대지】 현대인은 지옥을 우화처럼 여기지만, 지옥은 그리 쉽게 웃고 넘길 문제가 아니다. 지옥의 특징 중 하나는= 목이 타는 곳(눅 16:24). 십자가 위의 여러 시간= 인류가 당할 영원한 고통을 압축시켜 놓은 것. 주님의 외침= "엘리 엘리 라마 사박다니." 이것은 육체적인 목마름을 넘어 영혼의 목마름으로 이어지는 말씀이다. 주님은 시대를 초월하여 죄로 인해 영혼의 목마름으로 몸부림치는 인류의 고통을 대신 지고 친히 낮은 자리로 내려가셨다.

【3대지】 성경을 이루고자 하신 주님의 열심은 대단한 것이었다. 주님의 성경관: 성경은 일점일획이라도 변개될 수 없고 예언된 말씀은 100% 이루어진다. 구약에서 예수님에 관한 예언이 333회 이상, 이 중 240곳 이상 주님의 승천시까지 성취되었다. 하나님의 말씀은 주님에게 너무 중요해서 주님은 말씀 한 마디라도 허투로 하지 않으시고 성경을 이루시는 데 필요한 말씀을 하셨다.

【결론】 만일 나의 마음에 주님의 사랑에 대한 확신이 부족하다면, 이 시간 목마른 자들을 부르시는 주님의 부르심에 응답하여 믿음으로 나아가자. "누구든지 목마르거든 내게로 와서 마시라. 그리하면 그 배에서 생수의 강이 흘러나리라!"

- 절기, 용도, 장르, 특징: 고난주간.
- Key Word: 십자가.
- Remarks:

본문 : **요 20:1~2; 막 16:3**

제목 : **부활하신 주님을 찾아 나선 마리아**
(Resurrection Before Dawn)

1.안식 후 첫날 일찍이 아직 어두울 때에 막달라 마리아가 무덤에 와서 돌이 무덤에서 옮겨진 것을 보고 **2.**시몬 베드로와 예수께서 사랑하시던 그 다른 제자에게 달려가서 말하되 사람들이 주님을 무덤에서 가져다가 어디 두었는지 우리가 알지 못하겠다 하니
막16:3.누가 우리를 위하여 무덤 문에서 돌을 굴려 주리요 하더니.

1. '일찍이' 나왔음 (= 지체하지 않는 신앙)

1절= "안식 후 첫날 일찍이 아직 어두울 때에 막달라 마리아가 무덤에 와서…"

2. '아직 어두울 때에' 주님께 나왔음 (= 어둠 속에 있는 자 만나 주심)

1절= "…아직 어두울 때에 막달라 마리아가 무덤에 와서 돌이 무덤에서 옮겨진 것을 보고"

3. 무덤 입구의 돌문을 걱정하면서도 나왔음 (= 장애 극복 신앙)

막 16:3= "…누가 우리를 위하여 무덤 문에서 돌을 굴려 주리요 하더니"

◈◈◈

【대지 유형】 주제 설명형 - 본문 수집형 - 대지 병렬형

【주제】 막달라 마리아처럼 지체하지 않고 장애를 이기며 주께 나오는 자는 주님을 만나게 된다.

【FCF】 은혜받는 자리에 적극적으로 임하지 못하는 신앙인들의 모습.

【서론】 요한복음은 지상 최대의 사건인 예수님의 부활 기사를 보도함에 있어 매우 조심스럽게 접근하고 있다. 20장의 첫 부분은 막달라 마리아와 두 제자가 예수님의 빈 무덤을 확인하는 장면으로 시작하는데, 이는 본서의 독자들로 하여금 맨 처음에 예수님의 빈 무덤에 대한 기사를 접하면서부터 서서히 예수 부활을 확인하는 데까지 나아가게 하기 위함이다. 본문을 통하여 막달라 마리아가 부활하신 예수님을 만나게 된 경위를 살펴보자. 본문에 나타

난 단어들은 매우 무겁다. '어두울 때', '무덤', 시신이 없어진 사건, 슬픔에 잠긴 여인 등등, 예수님께서 사탄의 사망 권세를 이기시고 부활하신 날의 정황과는 거리가 먼 광경들이다.
【우산질문】 지금도 살아계셔서 우리를 맞아주시는 예수님, 그 예수님을 마리아는 어떻게 만났나?

【1대지】 그녀의 마음은 예수님의 십자가 처형 사건으로 인해 깨어질 대로 깨어졌고, 그녀의 두 손과 두 발은 무덤에 뉘인 예수님의 시신에 향유를 바르기 위해(막 16:1, 2) 더 이상 침상에 누워 있을 수 없었다. 예수님께 나오는 데 지체해야 할 이유는 어느 곳에도 없다.
【2대지】 요한복음의 저자가 '어두울 때'를 강조하고 있는 것은 마리아의 과거가 너무나 어둡고 캄캄했기 때문일 것이다. 주님의 복음은 우리를 어둠으로부터 빛으로 전환시켜 준다. 그러므로 누구든지 아직 어둠에 있을 때에 주님께로 나와야 한다. 안식 후 첫날 아침 일찍이 마리아가 '아직 어두울 때에' 주님의 무덤을 찾아 나온 것처럼, 우리의 믿지 않는 친구들이 '아직 어둠 속에 있을 때에' 주님을 찾아 나오도록 인도해야 한다.
【3대지】 무덤을 막고 있는 돌은 일반 성인의 키보다 더 큰 바위였다. 무덤 입구의 바닥에는 홈이 파여 있어 여인들의 힘으로는 도저히 돌문을 옮길 수 없었다. 그럼에도 불구하고 마리아는 무덤을 향하여 달려가고 있다. 부활하신 주님을 만나는 은혜는 장애 극복 신앙을 가진 자에게 주어진다. 마리아가 무덤에 도착했을 때는 이미 육중한 돌문이 무덤에서 옮겨져 있었고, 로마 경비병들은 찾아볼 수 없었다. 하나님께서 이미 모든 장애물을 제거해놓으셨던 것이다.
【결론】 예수님은 온갖 장애물을 이기고 끝까지 주님을 찾아 나선 마리아를 사랑하셨다. 주님은 이른 아침 어둠을 헤치고 달려온 막달라 마리아를 극적으로 만나주셨다. 마리아의 연약한 신앙을 굳게 세워주셨다. 우리는 마리아가 되어야겠다. 새벽 일찍이 어둠을 헤치고 주님께로 나와야 하겠다. 온갖 장애물을 이기고 나아와 부활하신 주님을 기어이 만나야 하겠다. "마리아야!"라고 부르시는 주님의 따뜻한 음성을 들어보아야 하겠다.

- 절기, 용도, 장르, 특징:
- Key Word: 부활, 막달라 마리아.
- Remarks:

본문 : **요 20:1~10**

제목 : **빈 무덤 앞의 제자들**

1.안식 후 첫날 일찍이 아직 어두울 때에 막달라 마리아가 무덤에 와서 돌이 무덤에서 옮겨진 것을 보고 **2.**시몬 베드로와 예수께서 사랑하시던 그 다른 제자에게 달려가서 말하되 사람들이 주님을 무덤에서 가져다가 어디 두었는지 우리가 알지 못하겠다 하니 **3.**베드로와 그 다른 제자가 나가서 무덤으로 갈새 **4.**둘이 같이 달음질하더니 그 다른 제자가 베드로보다 더 빨리 달려가서 먼저 무덤에 이르러 **5.**구부려 세마포 놓인 것을 보았으나 들어가지는 아니하였더니 **6.**시몬 베드로는 따라와서 무덤에 들어가 보니 세마포가 놓였고 **7.**또 머리를 쌌던 수건은 세마포와 함께 놓이지 않고 딴 곳에 쌌던 대로 놓여 있더라 **8.**그 때에야 무덤에 먼저 갔던 그 다른 제자도 들어가 보고 믿더라 **9.**(그들은 성경에 그가 죽은 자 가운데서 다시 살아나야 하리라 하신 말씀을 아직 알지 못하더라) **10.**이에 두 제자가 자기들의 집으로 돌아가니라

1. 빈 무덤을 발견한 마리아는 상황을 이해하지 못하였음 (= 부활 신앙을 갖는데 사랑만으로는 부족함)

1~2절= "안식 후 첫날 일찍이 아직 어두울 때에 막달라 마리아가 무덤에 와서 돌이 무덤에서 옮겨진 것을 보고 시몬 베드로와 예수께서 사랑하시던 그 다른 제자에게 달려가서 말하되 사람들이 주님을 무덤에서 가져다가 어디 두었는지 우리가 알지 못하겠다 하니"

2. 베드로와 요한도 무덤으로 달려갔으나 부활을 확신하지 못했음 (= 관심과 열심만으로는 부족함)

6~7절= "시몬 베드로는 따라와서 무덤에 들어가 보니 세마포가 놓였고 또 머리를 쌌던 수건은 세마포와 함께 놓이지 않고 딴 곳에 쌌던 대로 놓여 있더라"

3. 요한이 무덤 속 헝클어지지 않은 수의를 보고 믿더라고 함 (= 예수님의 말씀 기억해낸 순간 믿음이 생겨남)

6~8절= "…무덤에 들어가 보니 세마포가 놓였고 또 머리를 쌌던 수건은 세마포와 함께 놓이지 않고 딴 곳에 쌌던 대로 놓여 있더라 그 때에야 무덤에 먼저 갔던 그 다른 제자도 들어가 보고 믿더라"

◈◈◈

【대지 유형】 주제 설명형 - 본문 묶음형 - 대지 혼재형(2+1)

【주제】 (석의) 요한복음의 저자는 빈 무덤 앞의 연약한 제자들의 모습을 통해 예수 부활의 초월성을 보여준다.

【FCF】 많은 신앙인이 실제적인 육체의 부활을 믿는 일에 소극적임.

【서론】 그리스도의 부활은 우리의 부활과 직결된다. 부활 축제는 연중행사가 아니라 끊임없이 기억, 고백, 선포해야 하는 우리의 영원한 주제이다. 주님이 부활의 첫 열매 되셨고 우리의 육체는 다시 일어난다! 부활은 2,000년 전에도 믿을 수 없는 기적이었다. 제자들이 처음 의심했다가 차츰 부활을 확신해 가는 과정을 그리고 있는 요한복음.
【우산질문】 빈 무덤 앞에서도 부활을 확신하지 못하던 제자들의 모습을 살펴보자.

【1대지】 "안식 후 첫날 이른 아침"= 주일 새벽에 주님은 죽은 채 누워 계심. 예수님이 율법에 대해 죽으셨던 것같이 우리도 율법에 대해 죽었다. 마리아의 사랑= 이른 아침에 무덤을 찾아옴. 돌이 옮겨간 것을 보고도 상황을 알지 못함. 옮겨진 돌= 부활자를 위한 것이 아니라 부활의 증거자를 위한 것. 마리아는 십자가 밑에도, 무덤 앞에도 있었지만, 그러나 아직 부활 사건을 이해하지 못했다.
【2대지】 마리아는 베드로와 요한에게 달려갔다. 베드로는 아직 리더로서 인정되고 있었다(그의 회개, 꿋꿋함, 그의 용기). 제자들의 열심. "일어나(getting up), 달려갔다(going forth)." 그러나 그것만으로는 부족했다.
【3대지】 요한은 부활의 현장에서 하나님 섭리에 대해 세밀하게 관찰함. 요한의 강조점은 "헝클어지지 않은 수의." 부활 현장을 상상해보라: 장례 때 시신에 아마포 띠를 두르고 사이사이에 향료를 많이 넣었음. 머리는 별도 천으로 십자형으로 감쌌음. 무덤 안 돌판 위에 놓여 있던 시신. 갑자기 시체가 없어지는 것을 목도했다고 상상해 보라. "놓여져 있는 그대로" 머리 수건은 수의와 떨어져 개켜 있었음. 8절, "그때에야 믿더라."
【결론】 제자들은 부활의 주님을 만난 후 부활 신앙을 확고히 했다. 이 신앙으로 베드로의 공포가 용기로, 야고보의 의심이 믿음으로, 핍박자 사울이 전도자로, 토요일 안식일이 주일로 변화되었다. 주님 부활하셨다! He is alive! 목이 터져라 외치고 또 외치자. 초대교회 성도들은 부활의 복음을 전파하는 일에 목숨을 걸었다.

- 절기, 용도, 장르, 특징:
- Key Word: 빈 무덤.
- Remarks:

본문 : **요 20:1~18**
제목 : **빈 무덤 앞의 세 제자**

1.안식 후 첫날 일찍이 아직 어두울 때에 막달라 마리아가 무덤에 와서 돌이 무덤에서 옮겨진 것을
보고 **2.**시몬 베드로와 예수께서 사랑하시던 그 다른 제자에게 달려가서 말하되 사람들이 주님을 무
덤에서 가져다가 어디 두었는지 우리가 알지 못하겠다 하니 **3.**베드로와 그 다른 제자가 나가서 무덤
으로 갈새 **4.**둘이 같이 달음질하더니 그 다른 제자가 베드로보다 더 빨리 달려가서 먼저 무덤에 이
르러 **5.**구부려 세마포 놓인 것을 보았으나 들어가지는 아니하였더니 **6.**시몬 베드로는 따라와서 무
덤에 들어가 보니 세마포가 놓였고 **7.**또 머리를 쌌던 수건은 세마포와 함께 놓이지 않고 딴 곳에 쌌
던 대로 놓여 있더라 **8.**그 때에야 무덤에 먼저 갔던 그 다른 제자도 들어가 보고 믿더라 **9.**(그들은
성경에 그가 죽은 자 가운데서 다시 살아나야 하리라 하신 말씀을 아직 알지 못하더라) **10.**이에 두
제자가 자기들의 집으로 돌아가니라 **11.**마리아는 무덤 밖에 서서 울고 있더니 울면서 구부려 무덤
안을 들여다보니 **12.**흰 옷 입은 두 천사가 예수의 시체 뉘었던 곳에 하나는 머리 편에, 하나는 발 편
에 앉았더라 **13.**천사들이 이르되 여자여 어찌하여 우느냐 이르되 사람들이 내 주님을 옮겨다가 어
디 두었는지 내가 알지 못함이니이다 **14.**이 말을 하고 뒤로 돌이켜 예수께서 서 계신 것을 보았으나
예수이신 줄은 알지 못하더라 **15.**예수께서 이르시되 여자여 어찌하여 울며 누구를 찾느냐 하시니
마리아는 그가 동산지기인 줄 알고 이르되 주여 당신이 옮겼거든 어디 두었는지 내게 이르소서 그리
하면 내가 가져가리이다 **16.**예수께서 마리아야 하시거늘 마리아가 돌이켜 히브리 말로 랍오니 하니
(이는 선생님이라는 말이라) **17.**예수께서 이르시되 나를 붙들지 말라 내가 아직 아버지께로 올라가
지 아니하였노라 너는 내 형제들에게 가서 이르되 내가 내 아버지 곧 너희 아버지, 내 하나님 곧 너희
하나님께로 올라간다 하라 하시니 **18.**막달라 마리아가 가서 제자들에게 내가 주를 보았다 하고 또
주께서 자기에게 이렇게 말씀하셨다 이르니

1. 사도 요한: 빈 무덤을 보고 믿었지만 빈 무덤을 떠남 (= 믿음 있으나 행동하지 못함)

4~5절= "…그 다른 제자가 베드로보다 더 빨리 달려가서 먼저 무덤에 이르러 구부려 세마포 놓인 것을 보았으나 들어가지는 아니하였더니"
8절= "그 때에야 무덤에 먼저 갔던 그 다른 제자도 들어가 보고 믿더라"

2. 사도 베드로: 주님 보고 싶은 마음만 가지고 빈 무덤을 떠남 (= 의심을 뿌리치지 못함)

6절= "시몬 베드로는 따라와서 무덤에 들어가 보니…"
10절= "이에 두 제자가 자기들의 집으로 돌아가니라"

3. 막달라 마리아: 울면서 빈 무덤을 떠나지 못함 (= 상한 심령으로 진리를 찾음)

11절= "마리아는 무덤 밖에 서서 울고 있더니 울면서 구부려 무덤 안을 들여다보니"

◈◈◈

【대지 유형】 주제 함축형 - 본문 수집형 - 대지 심화형
【주제】 빈 무덤 앞의 세 제자의 모습은 우리의 부활 신앙을 비춰준다.
【FCF】 부활 신앙이 희미해져 가는 현대 교회의 안타까운 모습.

【서론】 예수께서 다시 사신 날. 인류의 역사가 바뀐 날. 부활의 아침 예수님의 무덤을 찾은 세 사람: 요한, 베드로, 막달라 마리아. 그들은 무덤 앞에서 각기 다르게 반응함.
【우산질문】 빈 무덤 앞의 세 제자는 예수님의 부활 사건 앞에서 어떤 모습이었는가?

【1대지】 요한의 평소 모습처럼: 예수님 사랑, 충성스러움. 무덤을 향해 달려갔지만, 다소 주저주저하는 요한. 관찰력 있으나 행동 없음. 베드로 뒤를 따라 무덤 안으로 들어가 "보고 믿더라."
【2대지】 복잡한 마음의 베드로. 주님 뵙길 원하나 동시에 주님의 깨끗한 눈길을 감당할 자신이 없음. 의심 많음. 중요한 사건 앞에서 아무 결론도 내리지 않고 "돌아가니라?" 잠시만 무덤에 있었더라면 마리아처럼 엄청난 경험을 했을 텐데. 오늘도 많은 사람이 시간이 아까워 말씀 읽기와 기도, 교제 생활에 시간을 할애하는 데 인색함.
【3대지】 그녀는 아직 빈 무덤의 의미를 모르나 떠나지 못함. 상한 심령. 마리아에게 있어 예수님은 너무나 귀한 분. 마리아는 울 수밖에 없음. 그녀를 무덤에서 떨어지게 할 수 있었던 유일한 것은 안식일 계명뿐. 이런 마리아에게 주님이 자신을 나타내셨다.
【결론】 당신은 "마리아야"라는 주님의 음성을 듣고 있나? 빈 무덤을 떠나지 말고 좀 더 살펴보라!

- 절기, 용도, 장르, 특징: 부활절.
- Key Word: 빈 무덤, 부활.
- Remarks:

본문 : **요 20:11~18**

제목 : **부활 동산의 예수님과 마리아**

11.마리아는 무덤 밖에 서서 울고 있더니 울면서 구부려 무덤 안을 들여다보니 **12.**흰 옷 입은 두 천
사가 예수의 시체 뉘었던 곳에 하나는 머리 편에, 하나는 발 편에 앉았더라 **13.**천사들이 이르되 여
자여 어찌하여 우느냐 이르되 사람들이 내 주님을 옮겨다가 어디 두었는지 내가 알지 못함이니이다
14.이 말을 하고 뒤로 돌이켜 예수께서 서 계신 것을 보았으나 예수이신 줄은 알지 못하더라 **15.**예
수께서 이르시되 여자여 어찌하여 울며 누구를 찾느냐 하시니 마리아는 그가 동산지기인 줄 알고 이
르되 주여 당신이 옮겼거든 어디 두었는지 내게 이르소서 그리하면 내가 가져가리이다 **16.**예수께
서 마리아야 하시거늘 마리아가 돌이켜 히브리 말로 랍오니 하니 (이는 선생님이라는 말이라) **17.**예
수께서 이르시되 나를 붙들지 말라 내가 아직 아버지께로 올라가지 아니하였노라 너는 내 형제들에
게 가서 이르되 내가 내 아버지 곧 너희 아버지, 내 하나님 곧 너희 하나님께로 올라간다 하라 하시니
18.막달라 마리아가 가서 제자들에게 내가 주를 보았다 하고 또 주께서 자기에게 이렇게 말씀하셨다
이르니라

1. 예수께서 "마리아야"라고 부르심 (= 사랑의 음성)

16절= "예수께서 마리아야 하시거늘 마리아가 돌이켜 히브리 말로 랍오니 하니 (이는 선생님이라는 말이라)"

2. "나를 붙들지 말라"고 하심 (= 표적적인 신앙 경계)

17절= "예수께서 이르시되 나를 붙들지 말라 내가 아직 아버지께로 올라가지 아니하였노라…"

3. "내 형제들에게 가서 전하라" 하심 (= 하나님의 가족 공동체 세우기)

17절= "…너는 내 형제들에게 가서 이르되 내가 내 아버지 곧 너희 아버지, 내 하나님 곧 너희 하나님께로 올라간다 하라"

◈◈◈

【대지 유형】 주제 설명형 - 본문 분석형 - 대지 진전형

【주제】 (석의) 부활 동산에서 예수님은 마리아를 격려하시며 사명을 주셨다.

【FCF】 표적 의존 경향이 짙은 교인들의 모습. 교회 안의 사람들을 형제로 부르지 못하는 사람들의 모습.

【서론】 구속사의 주인공 예수님. 육신을 입고 오심 - 고난 받으심 - 십자가에

죽으심 - 부활 - 승천 - 하늘 보좌 좌정 - 성령 파송 - 교회를 이루심 - 하나님 나라 완성을 위해 재림, 심판…. 예수님은 바쁘게 일하시고 계셨다. 본문은 죽으시고 부활하신 예수님의 첫날, 첫 만남의 사건. 본문의 두 관점: 주님의 명령을 받는 막달라 마리아와 이 말씀을 주시는 예수님.

【우산질문】 부활동산에서 예수님이 마리아에게 주신 명령에 대하여 살펴보자.

【1대지】 예수님을 사랑하는 마리아. 그녀는 두 제자가 떠나간 뒤에도 무서움도 잊고 무덤을 떠나지 못했다. 주님은 각 사람의 중심의 무게를 달아보신다. 렘 17:10, "나 여호와는 심장을 살피며 폐부를 시험하고 각각 그 행위와 그 행실대로 보응하나니." 마리아는 나타난 천사에게도 크게 관심이 없었다. 오직 예수님의 시신을 찾고자 했다. 부활하신 주님은 마리아에게 특별한 관심을 표하셨다. 간절히 사모하는 자가 주님을 만난다. "마리아야!" 양은 목자의 음성을 안다. 주님은 지금 구속사를 완성하시려 바삐 움직이신다. 주님은 지금 증인을 찾고 계신다. 주님을 뜨겁게 사랑하는 자를 찾으신다!

【2대지】 이미 엎드려 예수님의 발을 붙들고 있는 마리아. 감정 충만. 하지만 부활하신 주님은 마리아의 표적적인 신앙을 경계하셨다. "나를 붙들지 말라."

【3대지】 주님이 마리아에게 부활의 소식을 전하라고 하신 '내 형제들!' 그들은 누구인가? 사실 비겁하고 불신, 배반의 사람들이었는데…. 주님 주시는 거대한 사명! 이 일이 너무 중요하기 때문에 우리끼리 소아병적으로 다툴 시간이 없다. 마리아의 부족이나 제자들의 모자람은 주님의 은혜와 자비 앞에는 문제가 되지 않는다.

【결론】 주님의 속 심정은 구속사의 완성을 향하여…. 이를 위해 자신이 먼저 희생하시고 이제 자기 형제들을 부르신다. 무엇을 위하여? 주님의 소식을 세상에 전하기 위해.

- 절기, 용도, 장르, 특징: 부활절.
- Key Word: 주님의 명령.
- Remarks:

본문 : **요 20:11~18**
제목 : **부활의 만남 그 이전과 이후 (Do Not Hold on to Me)**

11.마리아는 무덤 밖에 서서 울고 있더니 울면서 구부려 무덤 안을 들여다보니 **12.**흰 옷 입은 두 천
사가 예수의 시체 뉘었던 곳에 하나는 머리 편에, 하나는 발 편에 앉았더라 **13.**천사들이 이르되 여
자여 어찌하여 우느냐 이르되 사람들이 내 주님을 옮겨다가 어디 두었는지 내가 알지 못함이니이다
14.이 말을 하고 뒤로 돌이켜 예수께서 서 계신 것을 보았으나 예수이신 줄은 알지 못하더라 **15.**예
수께서 이르시되 여자여 어찌하여 울며 누구를 찾느냐 하시니 마리아는 그가 동산지기인 줄 알고 이
르되 주여 당신이 옮겼거든 어디 두었는지 내게 이르소서 그리하면 내가 가져가리이다 **16.**예수께
서 마리아야 하시거늘 마리아가 돌이켜 히브리 말로 랍오니 하니 (이는 선생님이라는 말이라) **17.**예
수께서 이르시되 나를 붙들지 말라 내가 아직 아버지께로 올라가지 아니하였노라 너는 내 형제들에
게 가서 이르되 내가 내 아버지 곧 너희 아버지, 내 하나님 곧 너희 하나님께로 올라간다 하라 하시니
18.막달라 마리아가 가서 제자들에게 내가 주를 보았다 하고 또 주께서 자기에게 이렇게 말씀하셨다
이르니라

1. 마리아는 부활하신 주님을 만나기 전에는 울고 있었음 (= 실망 중 강한 책임감)

11절= "마리아는 무덤 밖에 서서 울고 있더니..."
15절= "…당신이 옮겨 갔거든 어디 두었는지 내게 이르소서 그리하면 내가 가져가리이다"

2. 만나는 순간 마리아는 주님을 붙잡았음 (= 거룩한 감격, 주님과 일치)

16절= "예수께서 마리아야 하시거늘 마리아가 돌이켜 히브리 말로 랍오니여 하니 (이는 선생님이라)"
17절= "예수께서 이르시되 나를 만지지 말라 내가 아직 아버지께로 올라가지 못하였노라…"

3. 만난 이후 마리아는 제자들에게 주님의 부활을 증거했음 (= 부활의 증인 됨)

18절= "막달라 마리아가 가서 제자들에게 내가 주를 보았다 하고 또 주께서 자기에게 이렇게 말씀하셨다 이르니라"

◈◈◈

【대지 유형】 주제 설명형 - 본문 묶음형 - 대지 진전형
【주제】 울고 있던 마리아는 부활하신 주님을 뵙고 부활의 증인이 되었다.

【FCF】 많은 신앙인이 부활의 주님을 만난 거룩한 은혜의 순간을 가져보지 못함.

【서론】 본문에는 예수께서 막달라 마리아를 만나시는 장면이 매우 정감 있게 기록되어 있다. 이날은 부활하신 아침이었고, 막달라 마리아가 홀로 무덤을 찾아 동산에 올라갔을 때의 일이다. 마리아는 예수님의 시체를 찾아 나섰는데, 결과적으로는 살아나신 예수님을 만나 부활의 첫 목격자가 되었고, 부활의 첫 증언자가 되었다.
【우산질문】 본문을 통하여 부활의 만남 그 이전과 만나는 순간의 모습, 그리고 그 이후의 모습을 살펴보자.

【1대지】 부활하신 예수님을 만나기 전의 마리아는 비록 주님의 부활을 확신하지 못하여 실망 가운데 있었으나 끝까지 책임을 놓지 않았다. 왜 하필 막달라 마리아인가? 예수님께 가까운 사람들이 많지 않은가? 베드로도 있고, 요한도 있고, 예수님의 친동생들도 있지 않은가? 한마디로 마리아에게는 예수님을 사랑하는 마음과 시신에 대한 강한 책임감이 있었다.
【2대지】 주님께서 "나를 만지지 말라"고 하신 것은 마리아의 격한 감정을 억제시킨 말씀이다. 마리아는 주체할 수 없는 뜨거운 마음으로 예수님의 부활체를 꽉 붙잡고 있었다. "나에게 매달리는 것을 멈추라!" 주님의 사랑의 음성. 주님의 말씀을 붙잡고, 진한 감격의 눈물을 흘리면서 '내 평생 이러이러한 삶을 살리라'고 주님 앞에서 수없이 고백하던 때가 언제인가?
【3대지】 마리아는 주님의 위대한 부활의 복음을 전하는 의미 있는 전달자로 보냄을 받았고, 그 사명을 온전히 감당하였다. 주님의 관심은 우리가 부활의 증인 되는 데에 있다.
【결론】 부활은 우리가 고백하는 사도신경이나 12신조에만 남아 있는 사문화(死文化) 된 교리가 아니다. 실제로 부활은 우리가 매일 만나는 현실이요 거룩한 체험과 감격이어야 한다. 부활을 만나기 이전의 사람들은 실망과 두려움에 살고 있다. 그러나 부활을 만난 감격을 체험한 사람들은 이제 그리스도의 부활과 성도의 부활 소망을 전하는 증인으로 나서는 일에 주저하지 않는다.

- 절기, 용도, 장르, 특징: 부활절.
- Key Word: 부활.
- Remarks:

본문 : **요 20:11~18**
제목 : **슬픔의 눈물을 기쁨의 눈물로 (Tears on Easter Morning)**

11.마리아는 무덤 밖에 서서 울고 있더니 울면서 구부려 무덤 안을 들여다보니 **12.**흰 옷 입은 두 천
사가 예수의 시체 뉘었던 곳에 하나는 머리 편에, 하나는 발 편에 앉았더라 **13.**천사들이 이르되 여
자여 어찌하여 우느냐 이르되 사람들이 내 주님을 옮겨다가 어디 두었는지 내가 알지 못함이니이다
14.이 말을 하고 뒤로 돌이켜 예수께서 서 계신 것을 보았으나 예수이신 줄은 알지 못하더라 **15.**예
수께서 이르시되 여자여 어찌하여 울며 누구를 찾느냐 하시니 마리아는 그가 동산지기인 줄 알고 이
르되 주여 당신이 옮겼거든 어디 두었는지 내게 이르소서 그리하면 내가 가져가리이다 **16.**예수께
서 마리아야 하시거늘 마리아가 돌이켜 히브리 말로 랍오니 하니 (이는 선생님이라는 말이라) **17.**예
수께서 이르시되 나를 붙들지 말라 내가 아직 아버지께로 올라가지 아니하였노라 너는 내 형제들에
게 가서 이르되 내가 내 아버지 곧 너희 아버지, 내 하나님 곧 너희 하나님께로 올라간다 하라 하시니
18.막달라 마리아가 가서 제자들에게 내가 주를 보았다 하고 또 주께서 자기에게 이렇게 말씀하셨다
이르니라

1. 마리아는 빈 무덤 밖에서 울고 있었음 (= 믿음 없는 슬픔의 눈물)
11절= "마리아는 무덤 밖에 서서 울고 있더니…"

2. 마리아는 예수님의 시신을 애타게 찾았음 (= 마리아의 예수님 사랑)
15절= "…주여 당신이 옮겼거든 어디 두었는지 내게 이르소서 그리하면 내가 가져가리이다"

3. 마리아는 가서 전하라는 지시를 받았음 (= 마리아의 증인 사명)
17절= "…너는 내 형제들에게 가서 이르되 내가 내 아버지 곧 너희 아버지, 내 하나님 곧 너희 하나님께로 올라간다 하라"

◈◈◈

【대지 유형】 주제 설명형 – 본문 묶음형 – 대지 심화형
【주제】 (석의) 예수님을 지극히 사랑한 마리아는 슬픔의 눈물이 바뀌어 기쁨의 눈물로, 그리고 그 힘으로 증인의 사명을 감당하였다.
【FCF】 현대교회에서 주님을 정말 사랑하는 성도를 찾기 쉽지 않음.

【서론】 부활절은 이처럼 기쁨과 희망의 날이지만, 첫 번 부활절 아침에 막달라 마리아는 울고 있었다. 왜 마리아는 인류 최고의 승리의 날에 이처럼 눈물

을 흘리고 있나? 본문에서 우리는 마리아의 눈물과 그녀의 예수님 사랑을 진하게 느껴보자.

【우산질문】 부활하신 예수께서 마리아의 슬픔의 눈물을 기쁨의 눈물로 바꾸어주시는 현장으로 함께 가보자.

【1대지】 마리아는 믿음 없이 공허한 마음으로 슬픔의 눈물을 흘리고 있을 뿐이었다. 마리아의 눈물은 사실 필요 없는 눈물이었다. 예수님의 시신을 찾아 헤매며 슬픔의 눈물을 흘리는 것은 쓸모없는 일이었다. 왜냐하면 예수 그리스도는 살아나셨기 때문이다.

【2대지】 막달라 마리아는 예수님의 장례만 지켜본 것이 아니라 시체에 바를 향품까지 준비했다. 무덤에 묻히신 예수님의 몸은 채찍과 가시관과 못과 창에 의해 상할 대로 상해 있었다. 연약한 여자의 몸으로서 예수님의 상하고 찢긴 시체에 향품을 바른다는 것은 주님께 대한 사랑이 없이는 절대 할 수 없는 일이다. 우리가 부활의 증인이 되려면 마리아처럼 주님께 대한 지극한 사랑이 있어야 한다. 주님께 대한 사랑이 없으면 주님을 따를 수도 없고 주님을 증거하기도 어렵다. "주님의 시신이 어디에 있습니까? 내가 가져가리이다." 이 말은 다른 말로 하면, "교회가 무엇 때문에 죽었습니까? 교회의 어려움이 무엇입니까? 내게 맡겨주십시오. 내가 책임지고 해보겠습니다."라는 말이다.

【3대지】 "마리아야!" 마리아의 감겨 있던 영적 눈을 뜨게 하는 음성이었다. 주님을 만나는 자는 평생 잊을 수 없는 놀라운 감동과 감격의 순간을 가지게 된다. 부활하신 예수님을 직접 만나 감격스러운 기쁨을 맛본 사람은 부활의 증인 되는 데에 주저함이 있을 수 없다.

【결론】 여러분에게는 이런 경험이 언제 있었나? 주님의 말씀을 붙잡고, 진한 감격의 눈물을 흘리면서 '내 평생 이러이러한 삶을 살리라'고 주님 앞에서 수없이 고백하던 때가 언제인가?

- 절기, 용도, 장르, 특징: 부활절.
- Key Word: 부활, 마리아.
- Remarks:

본문 : **요 20:19~23**

제목 : **부활하신 예수님의 소원**

(What Resurrected Christ Wants Disciples to Do)

19.이 날 곧 안식 후 첫날 저녁 때에 제자들이 유대인들을 두려워하여 모인 곳의 문들을 닫았더니 예
수께서 오사 가운데 서서 이르시되 너희에게 평강이 있을지어다 **20.**이 말씀을 하시고 손과 옆구리
를 보이시니 제자들이 주를 보고 기뻐하더라 **21.**예수께서 또 이르시되 너희에게 평강이 있을지어다
아버지께서 나를 보내신 것 같이 나도 너희를 보내노라 **22.**이 말씀을 하시고 그들을 향하사 숨을 내
쉬며 이르시되 성령을 받으라 **23.**너희가 누구의 죄든지 사하면 사하여질 것이요 누구의 죄든지 그
대로 두면 그대로 있으리라 하시니라

1. 예수님은 제자들에게 부활하신 모습을 보여주심 (= 제자들이 부활 신앙으로 무장하기를 원하심)

19절= "이날 곧 안식 후 첫날 저녁 때에 제자들이 유대인들을 두려워하여 모인 곳에 문들을 닫았더니 예수께서 오사 가운데 서서 가라사대 너희에게 평강이 있을지어다"

2. 예수님은 제자들에게 "성령을 받으라"고 하심 (= 제자들이 성령 받기를 원하심)

22절= "저희를 향하사 숨을 내쉬며 가라사대, 성령을 받으라"

3. 예수님은 "나도 너희를 보내노라"고 하심 (= 제자들이 부활의 증인 되기를 원하심)

21절 하= "아버지께서 나를 보내신 것같이 나도 너희를 보내노라"

◈◈◈

【대지 유형】 주제 설명형 - 본문 수집형 - 대지 심화형

【주제】 (석의, 적용) 부활하신 예수님은 제자들이 부활 신앙을 가지고 성령 충만하여 부활의 증인 되기를 원하신다.

【FCF】 많은 신앙인이 성령받아 부활의 증인되라는 주님의 말씀을 무겁게 여기시 않고 있음.

【서론】 기독교는 부활의 종교이다. 「반 뷰렌」이 '부활 이전에 그리스도인은 없

었다'고 말한 것은 기독교의 핵심을 찌른 말이다. 본문은 부활하신 예수님께서 제자들의 모임에 첫 번 나타나신 장면이다. 당시 제자들은 예수님의 십자가 처형당함을 목격하고 실의에 빠져 있었다. 아무런 의욕도, 계획도 없이 그저 한군데 모여 문들을 꼭꼭 걸어 잠그고 두려움에 떨고 있었다. 본문에는 부활의 영광을 가지신 주님께서 아직 육신적으로 연약한 제자들에게 무엇을 원하고 계신지 잘 나타나 있다.
【우산질문】 말씀을 통하여 부활하신 예수님께서 우리에게 원하시는 것이 무엇인지 살펴보자.

【1대지】 당시 제자들의 마음 상태는 예수께서 사망을 이기고 다시 살아나셨다는 사실을 받아들일 준비가 되지 못했다. 부활의 아침에 여인들의 소식을 듣고도 제자들은 믿지 못했다. 예수님은 이런 제자들에게 부활 신앙을 갖게 하시기 위하여 친히 나타나셨고, 저들의 믿음 없음을 책망하셨고, 믿음을 갖도록 하기 위하여 친히 행동하셨다.
【2대지】 '성령(프뉴마 하기온)'에 관사가 없는 것은 성령의 인격적 측면보다 성령의 은사를 강조하기 때문이다. 이것은 사도들이 복음 전하는 일에 있어서 필요한 능력을 받는 부분을 강조하는 말씀이다. 지금도 보좌 우편에서 우리에게 성령을 파송하고 계시는 우리 주님은 저와 여러분이 성령으로 충만하여 능력 있는 삶을 살기를 원하신다.
【3대지】 '보냄 받은 자'라는 투철한 사명 의식으로 말미암아 제자들은 복음을 위해 자신의 목숨을 버리면서까지 헌신하는 자로 변모할 수 있었다. 그리스도께로부터 보내심을 받는 우리 성도들은 오직 그리스도의 권위로 세상으로 파송되고 있다. 그리고 우리의 전할 복음은 오직 주님의 십자가 죽으심과 부활의 소식이다.
【결론】 이 믿음 없는 불신의 시대에 부활의 주님을 믿고 전하자. 부활의 능력으로 무장하자. 주님은 가슴 뜨거운 부활의 증인들을 기다리고 계신다. 우리는 용광로처럼 주변의 오이코스들의 차가운 마음을 녹여내는 주님의 군사가 되어져야겠다.

- 절기, 용도, 장르, 특징: 부활절.
- Key Word: 부활, 예수님의 소원.
- Remarks:

본문 : **요 20:19~29**
제목 : **밀실에 오신 예수님 (Jesus Comes in a Secret Room)**

19.이 날 곧 안식 후 첫날 저녁 때에 제자들이 유대인들을 두려워하여 모인 곳의 문들을 닫았더니 예
수께서 오사 가운데 서서 이르시되 너희에게 평강이 있을지어다 **20.**이 말씀을 하시고 손과 옆구리
를 보이시니 제자들이 주를 보고 기뻐하더라 **21.**예수께서 또 이르시되 너희에게 평강이 있을지어다
아버지께서 나를 보내신 것 같이 나도 너희를 보내노라 **22.**이 말씀을 하시고 그들을 향하사 숨을 내
쉬며 이르시되 성령을 받으라 **23.**너희가 누구의 죄든지 사하면 사하여질 것이요 누구의 죄든지 그
대로 두면 그대로 있으리라 하시니라 **24.**열두 제자 중의 하나로서 디두모라 불리는 도마는 예수께
서 오셨을 때에 함께 있지 아니한지라 **25.**다른 제자들이 그에게 이르되 우리가 주를 보았노라 하니
도마가 이르되 내가 그의 손의 못 자국을 보며 내 손가락을 그 못 자국에 넣으며 내 손을 그 옆구리에
넣어 보지 않고는 믿지 아니하겠노라 하니라 **26.**여드레를 지나서 제자들이 다시 집 안에 있을 때에
도마도 함께 있고 문들이 닫혔는데 예수께서 오사 가운데 서서 이르시되 너희에게 평강이 있을지어
다 하시고 **27.**도마에게 이르시되 네 손가락을 이리 내밀어 내 손을 보고 네 손을 내밀어 내 옆구리
에 넣어 보라 그리하여 믿음 없는 자가 되지 말고 믿는 자가 되라 **28.**도마가 대답하여 이르되 나의
주님이시요 나의 하나님이시니이다 **29.**예수께서 이르시되 너는 나를 본 고로 믿느냐 보지 못하고
믿는 자들은 복되도다 하시니라

1. 밀실의 형편: 두려움에 휩싸인 제자들 (= 허물 많은 인간들이 모인 교회)

26절= "여드레를 지나서 제자들이 다시 집 안에 있을 때에 도마도 함께 있고 문들이 닫혔는데 예수께서 오사 가운데 서서 이르시되 너희에게 평강이 있을지어다 하시고"

2. 밀실의 체험: 부활하신 예수님을 만나 뵘 (= 주님 말씀을 듣는 교회)

20절= "이 말씀을 하시고 손과 옆구리를 보이시니 제자들이 주를 보고 기뻐하더라"

3. 밀실의 축복: 평강의 복과 성령 세례를 선언하심 (= 성령 충만의 약속을 받은 교회)

19절= "예수께서 오사 가운데 서서 이르시되 너희에게 평강이 있을지어다"
21절= "예수께서 또 이르시되 너희에게 평강이 있을지어다"
26절= "여드레를 지나서 제자들이 다시 집 안에 있을 때에 도마도 함께 있고 문들이 닫혔는데 예수께서 오사 가운데 서서 이르시되 너희에게 평강이 있을지어다 하시고"

◈◈◈

【대지 유형】 주제 함축형 - 본문 수집형 - 대지 연결형
【주제】 부활하신 예수님이 나타나신 밀실은 하나님의 비밀이 있고 주님의 말

씀을 체험하며 성령 충만의 약속을 받은 교회이다.
【FCF】 체험적인 신앙이 부족한 현대 교회의 모습.

【서론】 제자들이 닫은 것이 '문'이 아닌 '문들'이라는 점은 자신들이 모여 있던 집의 모든 문을 남김없이 모두 닫아버렸다는 의미이다. 제자들이 자신들의 신변에 대해 얼마나 염려했는가를 잘 보여준다. 이 밀실에 홀연히 부활하신 예수께서 나타나 그들 가운데 서셨다. 그리고 놀라는 제자들을 향하여 "너희에게 평강이 있을지어다"라고 말씀하셨다. 제자들이 밀실에서 체험했던 것들은 오늘 교회에서 경험되어야 하는 귀한 체험들이다. 주님은 제자들이 밀실에서 받은 축복을 우리 시대의 교회 성도들도 충만히 받아 누리기를 원하신다.
【우산질문】 이 밀실의 형편, 밀실에서의 체험, 밀실에서 주님 주신 축복은 어떤 것인가?

【1대지】 일주일 후 예수께서 다시 나타나셨을 때에도 제자들의 두려움은 여전했다. 이번에는 지난번에 없었던 도마도 합세하여 문들을 닫고 밀실에서 걱정만 하고 있었다. 밀실의 형편은 참으로 한심한 지경이었다. 하지만 그 밀실에는 세상이 알지 못하는 비밀이 있었다. 그것은 예수 그리스도께서 신령한 몸으로 부활하셨다는 사실이다.
【2대지】 영안(靈眼)을 떠야겠다. 이제는 주님께서 성령으로 밀실에 오신다. 우리는 성경 말씀을 통하여 주님을 눈으로 볼 수 있다. 우리는 밀실에서 들려지는 말씀을 가볍게 받지 말고, 엄하고 무거운 말씀으로 받아야 한다. 교회 예배의 설교 말씀을 들을 때에 '사람의 말로 받지 아니하고 하나님의 말씀'으로 받아야 한다.
【3대지】 이 평강은 세상의 평안과는 달리 오직 예수님만이 주실 수 있는 평안이다. 진정한 평안은 예수님의 십자가 수난 사건과 부활 이후 이어지는 승천 사건으로 말미암아 완성되는 것. 그리고 '성령을 받으라'는 말씀은 '성령을 받아들이라' 또는 '성령을 거하게 하라'는 의미이다.
【결론】 예수님은 교회를 필요로 하시고 교회는 예수님을 필요로 한다. 밀실을 찾아오신 예수님은 "아버지께서 나를 보내신 것 같이 나도 너희를 보내노라"라고 말씀하신다.

- 절기, 용도, 장르, 특징: 부활절.
- Key Word: 부활, 밀실.
- Remarks:

본문 : **요 20:24~29**
제목 : **단골 질문자 도마 이야기**
(The Patron Saint of Questioners)

24.열두 제자 중의 하나로서 디두모라 불리는 도마는 예수께서 오셨을 때에 함께 있지 아니한지라
25.다른 제자들이 그에게 이르되 우리가 주를 보았노라 하니 도마가 이르되 내가 그의 손의 못 자국
을 보며 내 손가락을 그 못 자국에 넣으며 내 손을 그 옆구리에 넣어 보지 않고는 믿지 아니하겠노라
하니라 **26.**여드레를 지나서 제자들이 다시 집 안에 있을 때에 도마도 함께 있고 문들이 닫혔는데 예
수께서 오사 가운데 서서 이르시되 너희에게 평강이 있을지어다 하시고 **27.**도마에게 이르시되 네
손가락을 이리 내밀어 내 손을 보고 네 손을 내밀어 내 옆구리에 넣어 보라 그리하여 믿음 없는 자
가 되지 말고 믿는 자가 되라 **28.**도마가 대답하여 이르되 나의 주님이시요 나의 하나님이시니이다
29.예수께서 이르시되 너는 나를 본 고로 믿느냐 보지 못하고 믿는 자들은 복되도다 하시니라

1. 도마는 "내가 직접 체험하기 전에는 믿지 않겠다" 함 (= 의심 많은 도마, 단골질문자)

25절= "도마가 이르되 내가 그의 손의 못 자국을 보며 내 손가락을 그 못 자국에 넣으며 내 손을 그 옆구리에 넣어 보지 않고는 믿지 아니하겠노라 하니라"

2. 주님은 도마에게 직접 체험할 기회를 주심 (= 믿음 갖게 하심)

27절= "도마에게 이르시되 네 손가락을 이리 내밀어 내 손을 보고 네 손을 내밀어 내 옆구리에 넣어 보라 그리하여 믿음 없는 자가 되지 말고 믿는 자가 되라"

3. 도마가 "나의 주님, 나의 하나님"이라고 고백함 (= 확실한 믿음에 도달)

28절= "도마가 대답하여 이르되 나의 주님이시요 나의 하나님이시니이다"

◈◈◈

【대지 유형】 주제 설명형 – 본문 묶음형 – 대지 심화형

【주제】 주님은 단골 질문자 도마에게 체험할 기회를 주셨고, 마침내 도마는 확실한 신앙고백을 하게 되었다.

【FCF】 많은 교인이 확실한 믿음이 없으면서 노력하지도 않음.

【서론】 본문에 나타난 도마는 반드시 의심 많은 문제아가 아니라, 자신의 생각을 정직하게 그리고 적극적으로 표현한 사람으로 묘사되고 있다. 도마는 단골 질문자였다. 요한복음은 사도 도마의 신앙의 성장 과정을 그리는 데 역점을 두고 있는데, 본서 저자 요한은 도마에 대해 특별한 관심을 보이고 있다.
【우산질문】 본문을 통하여 의심 많은 도마(Thomas the Doubter)에서 확실한 믿음에 도달하게 된 도마(Thomas the Faithful)의 모습을 살펴보자.

【1대지】 도마는 자신이 직접 체험하지 않고는 절대 믿을 수 없다고 공언했다. 엄밀히 따진다면 이것은 주님을 향한 요구였다. 이것은 부활의 주님을 만나고자 하는 간절한 바램을 그는 이런 식으로 표현하고 있는 것. 성경은 믿음과 질문을 대립 관계로 보지 않는다. 진리의 문제를 취급하는 면에서만큼은 '단골 질문자' 되는 것을 두려워하지 말라.
【2대지】 주님은 도마에게 '믿음 없는 자(아피스토스)'와 '믿는 자(피스토스)' 중에 하나를 선택할 것을 요구하셨다. 이것은 신앙과 불신앙 사이에 중간 지대가 없다는 것을 분명히 드러내 준다. 우리의 영원한 생명을 좌우하는 문제에 대해서 잘 알지도 못하면서 대충 넘어가려 하지 말고, 어떻게 해서라도 진리를 알고야 말겠다는 '진리 탐구'의 자세가 필요하다.
【3대지】 본문에서 강조되어야 할 점은 도마가 이전에 자신이 함께했던 주님과 부활하신 주님을 동일시했다는 것. 도마가 부활의 진리에 도달하게 되는 과정을 주목하자. 그는 주님을 진심으로 따랐던 제자. 그는 마음에 의심이 떠오를 때 그것을 숨기지 않고 용감하게 털어놓았다. 그는 단골 질문자였다. 그리하여 마침내 아름다운 신앙 고백을 우리에게 선물하는 선구자가 되었다.
【결론】 주님은 성경의 어떤 인물도 당시까지는 다다르지 못한 수준 높은 신앙을 오늘 우리에게 요구하신다. "나의 주님이시요 나의 하나님이시니이다." 위대한 신앙 고백이다.

- 절기, 용도, 장르, 특징: 부활절.
- Key Word: 도마, 부활.
- Remarks:

본문 : **요 21:1~6, 15~22**

제목 : **오순절을 준비하는 세 질문**
(Preparing Peter for Pentecost)

1.그 후에 예수께서 디베랴 호수에서 또 제자들에게 자기를 나타내셨으니 나타내신 일은 이러하니라
2.시몬 베드로와 디두모라 하는 도마와 갈릴리 가나 사람 나다나엘과 세베대의 아들들과 또 다른 제
자 둘이 함께 있더니 **3.**시몬 베드로가 나는 물고기 잡으러 가노라 하니 그들이 우리도 함께 가겠다
하고 나가서 배에 올랐으나 그 날 밤에 아무 것도 잡지 못하였더니 **4.**날이 새어갈 때에 예수께서 바
닷가에 서셨으나 제자들이 예수이신 줄 알지 못하는지라 **5.**예수께서 이르시되 얘들아 너희에게 고
기가 있느냐 대답하되 없나이다 **6.**이르시되 그물을 배 오른편에 던지라 그리하면 잡으리라 하시니
이에 던졌더니 물고기가 많아 그물을 들 수 없더라 …… **15.**그들이 조반 먹은 후에 예수께서 시몬 베
드로에게 이르시되 요한의 아들 시몬아 네가 이 사람들보다 나를 더 사랑하느냐 하시니 이르되 주님
그러하나이다 내가 주님을 사랑하는 줄 주님께서 아시나이다 이르시되 내 어린 양을 먹이라 하시고
16.또 두 번째 이르시되 요한의 아들 시몬아 네가 나를 사랑하느냐 하시니 이르되 주님 그러하나이
다 내가 주님을 사랑하는 줄 주님께서 아시나이다 이르시되 내 양을 치라 하시고 **17.**세 번째 이르시
되 요한의 아들 시몬아 네가 나를 사랑하느냐 하시니 주께서 세 번째 네가 나를 사랑하느냐 하시므로
베드로가 근심하여 이르되 주님 모든 것을 아시오매 내가 주님을 사랑하는 줄을 주님께서 아시나이
다 예수께서 이르시되 내 양을 먹이라 **18.**내가 진실로 진실로 네게 이르노니 네가 젊어서는 스스로
띠 띠고 원하는 곳으로 다녔거니와 늙어서는 네 팔을 벌리리니 남이 네게 띠 띠우고 원하지 아니하는
곳으로 데려가리라 **19.**이 말씀을 하심은 베드로가 어떠한 죽음으로 하나님께 영광을 돌릴 것을 가
리키심이러라 이 말씀을 하시고 베드로에게 이르시되 나를 따르라 하시니 **20.**베드로가 돌이켜 예수
께서 사랑하시는 그 제자가 따르는 것을 보니 그는 만찬석에서 예수의 품에 의지하여 주님 주님을 파
는 자가 누구오니이까 묻던 자더라 **21.**이에 베드로가 그를 보고 예수께 여짜오되 주님 이 사람은 어
떻게 되겠사옵나이까 **22.**예수께서 이르시되 내가 올 때까지 그를 머물게 하고자 할지라도 네게 무
슨 상관이냐 너는 나를 따르라 하시더라

1. "얘들아 너희에게 고기가 있느냐" (= 사실을 묻는 단순한 질문)

5절= "예수께서 이르시되 얘들아 너희에게 고기가 있느냐 대답하되 없나이다"

2. "네가 이 사람들보다 나를 더 사랑하느냐" (= 첫 자리를 요구하시는 단호한 질문)

15절= "그들이 조반 먹은 후에 예수께서 시몬 베드로에게 이르시되 요한의 아들 시몬아 네가 이 사람들보다 나를 더 사랑하느냐 하시니 이르되 주님 그러하나이다 내가 주님을 사랑하는 줄 주님께서 아시나이다 이르시되 내 어린 양을 먹이라 하시고"

3. "내가 올 때까지 그를 머물게 하고자 할지라도 네게 무슨 상관이냐 너는 나를 따르라" (= 주님만을 따르도록 요구하시는 엄숙한 명령)

22절= "예수께서 이르시되 내가 올 때까지 그를 머물게 하고자 할지라도 네게 무슨 상관이냐 너는 나를 따르라 하시더라"

◈◈◈

【대지 유형】 주제 증명형 - 본문 함축형 - 대지 진전형
【주제】 부활하신 주님은 베드로로 하여금 오순절의 위대한 사역을 하도록 미리 준비시키셨다.
【FCF】 많은 신앙인이 주님만을 따르라는 엄숙한 명령을 진지하게 생각하지 않고 있음.

【서론】 베드로의 변화는 극적이었음. 세 번씩 주님을 부인했던 베드로—오순절에 불과 성령의 능력으로 복음을 선포함. 어떻게 그런 일이? 이를 위해 주님은 베드로를 어떻게 준비하셨나?
【우산질문】 본문에서 오순절의 그 영광스런 날을 위해 베드로를 준비하시는 주님, 세 가지 질문을 통하여 나타난다. 살펴보자.

【1대지】 당시 제자들= 부모 잃은 아이처럼 불쌍한 모습. 주님 찾아오셔서 질문하심= 저들의 삶을 송두리째 바꿔 놓을 말씀. 예수님이 그 대답을 몰라서 물으신 게 아니다.
【2대지】 조반 후 베드로에게 개인적으로 질문하심. 베드로의 옛 이름을 사용하심. 정감 어린 호칭. 주님이 베드로에게 원하신 것은 다른 어떤 것보다도 '주님을 향한 사랑'. 예수께 대한 사랑의 잣대는 충성과 헌신이다. "네가 이 사람들보다 더 내게 충성하고 헌신할 수 있겠느냐?"
【3대지】 주님의 요구= "내 양을 먹이라." 요한은 '목양에 중점을 둔' 선교 명령으로 본서를 마무리 짓고 있음. 주님은 베드로가 순교자로서 죽임을 당하게 될 것을 말씀하심. 본 절의 '나를 따르라'= 죽기까지 주님의 양을 목양하는 자로의 부르심이었음(이전의 부르심은 사람 낚는 어부로의 부르심).
【결론】 본문은 오순절을 준비하는 예수님의 모습을 보라. 여러분은 우리의 헌신을 요구하시는 주님의 질문에 어떻게 대답할 것인가?

- 절기, 용도, 장르, 특징:
- Key Word: 오순절.
- Remarks:

본문 : **요 21:1~6, 15~22**

제목 : **일꾼을 준비시키시는 예수님**
(Preparing Peter for Pentecost)

1.그 후에 예수께서 디베랴 호수에서 또 제자들에게 자기를 나타내셨으니 나타내신 일은 이러하니라
2.시몬 베드로와 디두모라 하는 도마와 갈릴리 가나 사람 나다나엘과 세베대의 아들들과 또 다른 제
자 둘이 함께 있더니 **3.**시몬 베드로가 나는 물고기 잡으러 가노라 하니 그들이 우리도 함께 가겠다
하고 나가서 배에 올랐으나 그 날 밤에 아무 것도 잡지 못하였더니 **4.**날이 새어갈 때에 예수께서 바
닷가에 서셨으나 제자들이 예수이신 줄 알지 못하는지라 **5.**예수께서 이르시되 얘들아 너희에게 고
기가 있느냐 대답하되 없나이다 **6.**이르시되 그물을 배 오른편에 던지라 그리하면 잡으리라 하시니
이에 던졌더니 물고기가 많아 그물을 들 수 없더라 …… **15.**그들이 조반 먹은 후에 예수께서 시몬 베
드로에게 이르시되 요한의 아들 시몬아 네가 이 사람들보다 나를 더 사랑하느냐 하시니 이르되 주님
그러하나이다 내가 주님을 사랑하는 줄 주님께서 아시나이다 이르시되 내 어린 양을 먹이라 하시고
16.또 두 번째 이르시되 요한의 아들 시몬아 네가 나를 사랑하느냐 하시니 이르되 주님 그러하나이
다 내가 주님을 사랑하는 줄 주님께서 아시나이다 이르시되 내 양을 치라 하시고 **17.**세 번째 이르시
되 요한의 아들 시몬아 네가 나를 사랑하느냐 하시니 주께서 세 번째 네가 나를 사랑하느냐 하시므로
베드로가 근심하여 이르되 주님 모든 것을 아시오매 내가 주님을 사랑하는 줄을 주님께서 아시나이
다 예수께서 이르시되 내 양을 먹이라 **18.**내가 진실로 진실로 네게 이르노니 네가 젊어서는 스스로
띠 띠고 원하는 곳으로 다녔거니와 늙어서는 네 팔을 벌리리니 남이 네게 띠 띠우고 원하지 아니하는
곳으로 데려가리라 **19.**이 말씀을 하심은 베드로가 어떠한 죽음으로 하나님께 영광을 돌릴 것을 가
리키심이러라 이 말씀을 하시고 베드로에게 이르시되 나를 따르라 하시니 **20.**베드로가 돌이켜 예수
께서 사랑하시는 그 제자가 따르는 것을 보니 그는 만찬석에서 예수의 품에 의지하여 주님 주님을 파
는 자가 누구오니이까 묻던 자더라 **21.**이에 베드로가 그를 보고 예수께 여짜오되 주님 이 사람은 어
떻게 되겠사옵나이까 **22.**예수께서 이르시되 내가 올 때까지 그를 머물게 하고자 할지라도 네게 무
슨 상관이냐 너는 나를 따르라 하시더라

1. 부활 후 좌절에 빠져 있는 제자를 찾아오심 (= 실의에 빠진 성도를 찾아오시는 예수님)

1절= "예수께서 디베랴 호수에서 또 제자들에게 자기를 나타내셨으니"

2. "네가 이 사람들보다 나를 더 사랑하느냐"고 물으심 (= 첫째 자리를 요구하는 예수님)

15절= "요한의 아들 시몬아, 네가 이 사람들보다 나를 더 사랑하느냐?"

3. "나를 따르라"고 하심 (= 주님만을 따르도록 요구하시는 예수님)

19절= "이 말씀을 하시고 베드로에게 이르시되, 나를 따르라 하시니"

◆◆◆

【대지 유형】 주제 설명형 - 본문 묶음형 - 대지 심화형
【주제】 예수님은 실의에 빠진 베드로를 찾아 사랑을 요구하시며 주님만을 따르라고 하셨다.
【FCF】 많은 신앙인이 예수님을 첫째 자리에 두지 못하고 있음.

【서론】 본문은 부활하신 예수께서 승천하시기 전에 제자들에게 나타나셔서 제자들을 하나님 나라의 일꾼으로 세워나가시는 모습을 그리고 있다. 베드로를 비롯한 제자들은 아직 구체적인 삶의 방향을 찾지 못하고 있었다. '나는 물고기 잡으러 가노라'(3절)라고 베드로가 제안한 것이나, 그 제안에 여러 제자가 동조한 것은 그들의 서글픈 현실을 반영하고 있다. 본문에는 이런 제자들을 찾아오셔서 격려하시는 주님의 모습이 한 폭의 그림처럼 아름답게 그려져 있다.
【우산질문】 주님은 오순절의 영광스런 날을 위하여 베드로를 준비하셨다. 말씀을 통하여 예수님께서 베드로를 일꾼으로 세우시는 모습을 살펴보자.

【1대지】 우리 중 많은 사람이 이런 상태에 있다. 이런 우리에게 주님은 오늘도 성령으로 찾아오신다. 예수님은 우리의 삶 속에 일어나는 일들을 모두 아신다. 그리고 우리가 주님께 아뢰기를 기다리고 계신다. 왜냐하면 주님은 실의에 빠진 제자들을 일으켜 세우기 원하시기 때문이다.
【2대지】 예수님이 베드로에게 원하신 것은 '주님을 향한 사랑'이었다. "네가 이 사람들보다 나를 더 사랑하느냐?" 주님은 오늘도 우리에게 첫째 자리를 요구하신다. 주님께 대한 사랑의 잣대는 충성과 헌신이다.
【3대지】 예수님은 베드로에게 "내 양을 먹이라", "내 양을 치라"는 동일한 명령을 세 번씩이나 하셨다. 처음의 부르심이 사람 낚는 어부로의 부르심이었다면, 지금의 부르심은 죽기까지 주님의 양을 목양하는 자로의 부르심이었다.
【결론】 주님은 우리의 삶의 우선순위에서 항상 첫 번째가 되시기를 단호히 요구하신다. 우리가 이 요구를 회피하고 싶을지는 모르나, 주님의 제자 된 자라면 이 요구를 무시하거나 거절할 수 없다.

- 절기, 용도, 장르, 특징:
- Key Word: 일꾼.
- Remarks:

본문 : **요 21:1~7**
제목 : **다시 갈릴리 호수에서 (Gone Fishing)**

1.그 후에 예수께서 디베랴 호수에서 또 제자들에게 자기를 나타내셨으니 나타내신 일은 이러하니라 **2.**시몬 베드로와 디두모라 하는 도마와 갈릴리 가나 사람 나다나엘과 세베대의 아들들과 또 다른 제자 둘이 함께 있더니 **3.**시몬 베드로가 나는 물고기 잡으러 가노라 하니 그들이 우리도 함께 가겠다 하고 나가서 배에 올랐으나 그 날 밤에 아무 것도 잡지 못하였더니 **4.**날이 새어갈 때에 예수께서 바닷가에 서셨으나 제자들이 예수이신 줄 알지 못하는지라 **5.**예수께서 이르시되 얘들아 너희에게 고기가 있느냐 대답하되 없나이다 **6.**이르시되 그물을 배 오른편에 던지라 그리하면 잡으리라 하시니 이에 던졌더니 물고기가 많아 그물을 들 수 없더라 **7.**예수께서 사랑하시는 그 제자가 베드로에게 이르되 주님이시라 하니 시몬 베드로가 벗고 있다가 주님이라 하는 말을 듣고 겉옷을 두른 후에 바다로 뛰어 내리더라

1. 제자들은 다시 갈릴리 호수로 물고기 잡으러 감 (= 불확실한 미래, 서글픈 현실)

3절= "…시몬 베드로가 나는 물고기 잡으러 가노라 하니 그들이 우리도 함께 가겠다 하고 나가서 배에 올랐으나…"

2. 그들은 그날 밤에 아무 것도 잡지 못함 (= 열매 없는 삶, 공허한 마음)

3절= "…나가서 배에 올랐으나 그 날 밤에 아무 것도 잡지 못하였더니"

3. 예수님의 지시대로 순종하여 그물 가득히 잡았음 (= 주님의 임재, 기적의 삶)

6절= "이르시되 그물을 배 오른편에 던지라 그리하면 잡으리라 하시니 이에 던졌더니 물고기가 많아 그물을 들 수 없더라"

◈◈◈

【대지 유형】 주제 설명형 - 본문 묶음형 - 대지 반전형
【주제】 실의에 빠져 있는 제자들이 예수님을 만나 기적의 삶을 다시 찾음.
【FCF】 많은 사람이 공허한 삶 속에서도 주님을 찾지 않고 있음.

【서론】 본문은 부활하신 예수님이 세 번째로 제자들을 만나시는 장면을 기록하고 있다. 장소는 갈릴리 호수, 등장인물은 베드로를 비롯한 일곱 명의 제자들. 본문의 분위기는 한 편의 풍경화를 보듯, 한 편의 서정시를 읽듯, 시골 내음과 인간의 내음이 물씬 풍긴다. 제자들은 3년 전부터 모든 것을 버리고 예

수님을 따랐던 사람들. 그들은 주님의 십자가의 고통을 보았고, 부활의 기쁨을 체험했던 사람들. 그들은 이제 주님의 말씀에 순종하여 갈릴리로 오기까지 했다. 예수님은 이 제자들과 함께 앞으로 엄청난 사역을 시작하실 예정이었다.

【우산질문】 본문 속으로 들어가서 제자들이 호숫가에서 주님과 함께 나누었던 경험들을 살펴보며, 장차 우리가 하나님의 나라에서 나누게 될 잔치를 소망하자.

【1대지】 이름을 명기(銘記)한 것은 이 사건의 역사성을 드러내려는 저자의 의도를 보여준다. 베드로가 말한다. "나는 물고기 잡으러 가노라." 그의 마음은 불확실한 미래로 인해 안정되지 못했고, 자신이 처한 현실이 서글프게 느껴졌을 것이다. 만일 여러분이 갈릴리 해변의 제자들처럼 실의에 빠져 있다면, 이제 곧 주님의 위로와 능력을 체험하게 될 것을 기대하라.

【2대지】 고기가 많이 잡히는 밤 시간에 베테랑 어부들이 한 마리도 잡지 못한 것 역시 예삿일이 아니다. 이것은 예수께서 의도적으로 그렇게 하셨기 때문. 인생을 달음질이라고 한다면 예수님 없는 달음질의 끝은 절망과 허무뿐이다. 그날 밤 제자들의 몰골을 한마디로 표현한다면 열매 없는 삶, 공허한 마음이라고 할 수 있겠다.

【3대지】 예수님은 '날이 새어 갈 때'에 찾아오셨다. 그분은 지금도 우리의 삶에 아침을 가져오신다. 말씀을 의지하고 실천하는 이들은 항상 의의 길로 다니게 된다. 이는 하나님의 말씀이 지닌 능력 때문이다.

【결론】 예수님의 명령에 순종했을 때 제자들이 그물을 던져 잡은 153마리나 되는 물고기는 앞으로 주님의 교회가 세계 선교를 통해 얻게 될 구원받을 자의 충만한 수를 상징한다.

- 절기, 용도, 장르, 특징:
- Key Word: 다시 갈릴리 호수에.
- Remarks:

본문 : **요 21:18~23**

제목 : **요한 속에 감춰진 재림신앙**
(Apostle John, the Character of MARANATHA)

18.내가 진실로 진실로 네게 이르노니 네가 젊어서는 스스로 띠 띠고 원하는 곳으로 다녔거니와 늙
어서는 네 팔을 벌리리니 남이 네게 띠 띠우고 원하지 아니하는 곳으로 데려가리라 **19.**이 말씀을 하
심은 베드로가 어떠한 죽음으로 하나님께 영광을 돌릴 것을 가리키심이러라 이 말씀을 하시고 베드
로에게 이르시되 나를 따르라 하시니 **20.**베드로가 돌이켜 예수께서 사랑하시는 그 제자가 따르는
것을 보니 그는 만찬석에서 예수의 품에 의지하여 주님 주님을 파는 자가 누구오니이까 묻던 자더라
21.이에 베드로가 그를 보고 예수께 여짜오되 주님 이 사람은 어떻게 되겠사옵나이까 **22.**예수께서
이르시되 내가 올 때까지 그를 머물게 하고자 할지라도 네게 무슨 상관이냐 너는 나를 따르라 하시더
라 **23.**이 말씀이 형제들에게 나가서 그 제자는 죽지 아니하겠다 하였으나 예수의 말씀은 그가 죽지
않겠다 하신 것이 아니라 내가 올 때까지 그를 머물게 하고자 할지라도 네게 무슨 상관이냐 하신 것
이러라

1. 요한을 머무르게 하심 (= 종말 계시 전달자, 계시록 기록자)

22절= "예수께서 가라사대 내가 올 때까지 그를 머물게 하고자 할지라도 네게 무슨 상관이냐…"

2. 초림적 사명의 베드로에 비해 요한은 재림적 사명을 받았음 (= '요한 신앙'과 '베드로 신앙'의 대비)

21절= "이에 베드로가 그를 보고 예수께 여짜오되 주여 이 사람은 어떻게 되겠삽나이까"

22절= "…내가 올 때까지 그를 머물게 하고자 할지라도 네게 무슨 상관이냐 너는 나를 따르라 하시더라"

3. 요한의 재림신앙은 아가페 사랑과 맥을 잇고 있음 (= 요한의 사랑과 재림신앙)

◈◈◈

【대지 유형】 주제 설명형 – 본문 수집형, 묵상형 – 대지 심화형

【주제】 요한은 재림적 사명을 받고 계시록을 기록했으며, 아가페 사랑을 강조했다.

【FCF】 재림에 대한 관심이 희박한 현대 교회의 모습.

【서론】 두 사람은 같은 점이 많다. 그러면서도 각기 받은 바 사명이 달랐다. 베드로는 예수님의 초림 사역의 특징을, 요한은 재림 사역의 특징을 담고 있다. 이 시대는 초림 신앙, 즉 베드로 신앙에 머무르고 있어서는 안 될 때다. 현세적이고 기복적인 신앙의 탁류로 인해 타락한 영적 폐허 위에 요한을 파헤쳐 재림신앙의 꽃을 피워야 할 시대이다.
【우산질문】 말씀을 통하여 요한 속에 숨겨진 재림신앙을 찾아 확인하고, 자신의 재림신앙을 더욱 굳게 다지자.

【1대지】 베드로에게는 순교할 것을 말씀하신 주님께서 요한은 오래 머물게 하고자 하셨다. 베드로에게는 십자가 초림의 맥을 따르도록 하신 주님은 요한에게는 이 땅에 머물러 종말에 될 마지막 계시를 받도록 의도하셨다. 이 시대의 최대 비극이 무엇인가? 예수 믿는 성도들이 베드로의 특징인 초림적인 십자가만 생각하고 요한 속에 감춰진 재림신앙을 보지 못하는 것이다.
【2대지】 '베드로 신앙'을 십자가 초림 신앙이라 한다면, '요한 신앙'은 재림 신앙이라 할 수 있다: 1) 부르신 현장에서의 차이, 2) 받은 계시의 내용의 차이. 눈을 떠야겠다. 영혼의 창문을 열고 요한의 계시 속에 감춰진 찬란한 재림 진리의 태양을 맞이하자.
【3대지】 요한의 별명은 '예수의 사랑하시는 제자'. 요한 속에 감춰진 사랑의 의미는 다른 사람을 위해 목숨을 버릴 수 있는 아가페적 사랑이다. 그리스도인으로 처음 출발할 때에는 베드로적인 신앙으로 출발할지라도 마지막은 요한적인 재림의 신앙, 아가페 사랑을 통하여 목숨을 줄 수 있는 신앙에까지 다다라야 어린양의 혼인잔치에 들어갈 수 있는 신앙이다. 우리가 달려가야 할 최종 목적지는 요한의 재림 신앙 속에 숨겨진 사랑의 실천이다.
【결론】 예수님은 요한을 머무르게 하셨다. 요한에게 종말의 계시를 보여 주셨고, 요한의 삶을 통하여 로마의 무서운 박해의 폭풍 속에 처해 있던 초대교회 성도들에게 재림 신앙의 진수를 보여주셨다. 요한 속에 감춰진 재림 신앙의 비밀을 벗기자. 요한의 재림 신앙 속에 펼쳐진 찬란한 사랑의 맥을 붙들자.

- 절기, 용도, 장르, 특징:
- Key Word: 재림 신앙, 사랑.
- Remarks:

본문 : **요 21:20~23**

제목 : **질문과 명령 (What is That to Thee?)**

20.베드로가 돌이켜 예수께서 사랑하시는 그 제자가 따르는 것을 보니 그는 만찬석에서 예수의 품에 의지하여 주님 주님을 파는 자가 누구오니이까 묻던 자더라 **21.**이에 베드로가 그를 보고 예수께 여짜오되 주님 이 사람은 어떻게 되겠사옵나이까 **22.**예수께서 이르시되 내가 올 때까지 그를 머물게 하고자 할지라도 네게 무슨 상관이냐 너는 나를 따르라 하시더라 **23.**이 말씀이 형제들에게 나가서 그 제자는 죽지 아니하겠다 하였으나 예수의 말씀은 그가 죽지 않겠다 하신 것이 아니라 내가 올 때까지 그를 머물게 하고자 할지라도 네게 무슨 상관이냐 하신 것이러라

1. 베드로의 비교성 질문: "이 사람은 어떻게 되겠습니까?"

21절= "이에 베드로가 그를 보고 예수께 여짜오되, 주여 이 사람은 어떻게 되겠삽나이까?"

2. 주님의 책망조 질문: "그것이 네게 무슨 상관이냐?"

22절= "…내가 올 때까지 그를 머물게 하고자 할지라도 네게 무슨 상관이냐?"

3. 주님의 사랑의 명령: "너는 나를 따르라"

22절= "…너는 나를 따르라 하시더라"

◈◈◈

【대지 유형】 주제 함축형 - 본문 분석형 - 대지 연결형

【주제】 예수님은 베드로에게 질문과 명령을 통하여 다른 사람과의 비교를 중지하고 주님을 따르라고 하셨다.

【FCF】 남과 자신을 비교하는 습관을 버리지 못하는 많은 신앙인의 모습.

【서론】 본문은 상당히 심리적인 면을 다루고 있다. 주님께 대한 베드로의 질문, 그리고 주님의 질문이 이어지고, 마침내 주님의 명령이 떨어진다.

【우산질문】 베드로에게 주신 주님의 질문과 명령이 내게 주시는 것이 아닌가 돌아보자.

【1대지】 베드로는 사랑하는 친구 요한의 앞날이 궁금하기도 하고, 염려되기

도 하고, 두렵기도 했을 것. 문제는 비교하는 데 있다. 베드로가 요한의 앞날을 자신의 것과 비교하는 것 자체는 주님께 바람직하지 못했다. 우리는 남과 자신을 비교하는 습관을 과감히 버려야 한다.

【2대지】 이것은 타인에게 영향받지 말라고 하는 말씀. 다른 사람의 미래는 오직 주님의 손에 달려 있는 것이므로 거기에 영향받지 말아야. 사명자는 오직 예수님과의 직접적 관계에만 신경 써야 한다. "내가 올 때까지 그를 머물게 할지라도"라는 말은 순교와는 정반대의 의미가 있다. 이것은 물론 가정법으로 되어 있지만 여기에는 예언적 의미가 있음을 부정할 수 없다.

【3대지】 이것은 예수님께서 사랑으로 하시는 명령이요 당부이다. 우리는 오직 제자의 길로 떠나야 한다는 말씀. 본문을 좀 더 분석해 보면, 순종과 주권의 주제가 반복됨.

【결론】 오직 주님만을 따르자. 십자가를 지고 갈보리로 올라가신 주님의 뒤를 따르자. 우리와 상관없는 것은 철저하게 상관없이 우리를 지키자. 종말의 시대에 더욱 필요한 주님의 "너는 나를 따르라"는 명령을 십자가를 지고 순종하는 성도 되자.

- 절기, 용도, 장르, 특징:
- Key Word: 질문, 명령.
- Remarks:

본문 : **행 1:1~8; 14:20~22**

제목 : **사도행전에 나타난 하나님 나라**
(The Kingdom of God in Acts)

1.데오빌로여 내가 먼저 쓴 글에는 무릇 예수께서 행하시며 가르치시기를 시작하심부터 **2.**그가 택
하신 사도들에게 성령으로 명하시고 승천하신 날까지의 일을 기록하였노라 **3.**그가 고난 받으신 후
에 또한 그들에게 확실한 많은 증거로 친히 살아 계심을 나타내사 사십 일 동안 그들에게 보이시며
하나님 나라의 일을 말씀하시니라 **4.**사도와 함께 모이사 그들에게 분부하여 이르시되 예루살렘을
떠나지 말고 내게서 들은 바 아버지께서 약속하신 것을 기다리라 **5.**요한은 물로 세례를 베풀었으나
너희는 몇 날이 못되어 성령으로 세례를 받으리라 하셨느니라 **6.**그들이 모였을 때에 예수께 여쭈어
이르되 주께서 이스라엘 나라를 회복하심이 이 때니이까 하니 **7.**이르시되 때와 시기는 아버지께서
자기의 권한에 두셨으니 너희가 알 바 아니요 **8.**오직 성령이 너희에게 임하시면 너희가 권능을 받고
예루살렘과 온 유대와 사마리아와 땅 끝까지 이르러 내 증인이 되리라 하시니라 …… **14:20.**제자들
이 둘러섰을 때에 바울이 일어나 그 성에 들어갔다가 이튿날 바나바와 함께 더베로 가서 **21.**복음을
그 성에서 전하여 많은 사람을 제자로 삼고 루스드라와 이고니온과 안디옥으로 돌아가서 **22.**제자
들의 마음을 굳게 하여 이 믿음에 머물러 있으라 권하고 또 우리가 하나님의 나라에 들어가려면 많은
환난을 겪어야 할 것이라 하고

1. 이 나라는 이스라엘의 벽을 넘는 나라임 (= 땅끝까지 확장됨)

8절= "오직 성령이 너희에게 임하시면 너희가 권능을 받고 예루살렘과 온 유대와 사마리아와 땅 끝까지 이르러 내 증인이 되리라 하시니라"

2. 이 나라에서 살려면 예수님의 명령에 순종해야 함 (= 군사적 순종 필요)

2절= "그가 택하신 사도들에게 성령으로 명하시고…"

3. 이 나라에 들어가려면 많은 환난을 겪어야 함 (= 영적 전투와 갈등을 피할 수 없음)

14:22= "…또 우리가 하나님의 나라에 들어가려면 많은 환난을 겪어야 할 것이라"

◈◈◈

【대지 유형】 주제 설명형 - 본문 수집형 - 대지 심화형

【주제】 사도행전이 보여주는 하나님 나라는 전 세계로 확장되는 나라요 영적 갈등이 계속되며 군사적 순종이 필요한 나라이다.

【FCF】 영적 전투의 현장에서 절대적 순종을 요구하시는 주님 앞에 목이 곧

은 백성들의 모습.

【서론】 하나님 나라는 어떤 나라인가? 예수께서 공생애 동안 보여주시고 가르치신 하나님 나라는 사복음서에 잘 기록되어 있다. 그 나라는 태초에 에덴에서 시작되었으나 아담의 범죄로 잃어버린 나라이다. 그 나라는 인간의 몸을 입고 오신 예수님에 의해 다시 시작되었고, 이제 완성을 향하여 막바지에 이르고 있다. 사도행전에서 그리고 있는 하나님 나라는 주님의 제자들이 세상에 나가서 주님께 배운 대로 행했던 사역들을 기록한 내용을 통하여 잘 나타나 있다. 제자들은 같은 종류의 하나님 나라를 계속하여 유지 확장하기 위하여 또 다른 제자들을 만들어야 했다. 초대교회 제자들은 예수님의 마음속의 불타는 이슈인 '하나님 나라'를 위해 목숨을 걸었다.
【우산질문】 사도행전이 강조하는 하나님 나라의 특징은 어떤 것인가?

【1대지】 제자들은 여전히 인종적 이스라엘인 자신들의 국가의 관점에서 '그 나라'를 보았다. 그러나 하나님 나라의 복음은 더 이상 유대인의 경계에서만 머무를 수 없었다. 하나님 나라는 흘러넘치는 강물처럼 벽을 넘어 이방 세계를 침공했다. 우리 모두 성령님을 통해 군대 명령처럼 우리에게 명령하시는 예수님께 "예, 알겠습니다"라는 군인의 태도로 달려나가자.
【2대지】 예수님은 하나님의 명령에 순종하셨을 뿐 아니라 제자들에게 수백 번 명령하셨다. 주님의 명령에는 오직 군사적 순종이 있을 뿐.
【3대지】 하나님 나라에 들어가려면 영적 전투와 갈등을 피할 수 없다. 다메섹의 청년 사울을 보라. 악한 세상은 과거 그가 교회에 적대적이었을 때는 같은 편이었지만, 그가 하나님 나라에 속하게 된 순간부터 무서운 원수가 되었다. 그는 가는 곳마다 박해 세력을 만났고, 가장 극심한 핍박은 동족 유대인들로부터 왔다.
【결론】 그 나라의 진정한 목적은, 먼저 영적 영역의 전투에서 승리를 거두고, 영적으로 더럽혀진 낮은 수준의 하늘에서 악한 영들을 쫓아내고, 그곳을 정결케 함으로써 이 세상을 강력하게 변화시키는 것이었다.

- 절기, 용도, 장르, 특징:
- Key Word: 하나님 나라.
- Remarks:

본문 : **행 1:3~8; 엡 3:16~19**
제목 : **성령님과 하나님 나라**
(The Holy Spirit in the Kingdom of God)

3.그가 고난 받으신 후에 또한 그들에게 확실한 많은 증거로 친히 살아 계심을 나타내사 사십 일 동안
그들에게 보이시며 하나님 나라의 일을 말씀하시니라 **4.**사도와 함께 모이사 그들에게 분부하여 이르
시되 예루살렘을 떠나지 말고 내게서 들은 바 아버지께서 약속하신 것을 기다리라 **5.**요한은 물로 세
례를 베풀었으나 너희는 몇 날이 못되어 성령으로 세례를 받으리라 하셨느니라 **6.**그들이 모였을 때
에 예수께 여쭈어 이르되 주께서 이스라엘 나라를 회복하심이 이 때니이까 하니 **7.**이르시되 때와 시
기는 아버지께서 자기의 권한에 두셨으니 너희가 알 바 아니요 **8.**오직 성령이 너희에게 임하시면 너
희가 권능을 받고 예루살렘과 온 유대와 사마리아와 땅 끝까지 이르러 내 증인이 되리라 하시니라
엡 3:16.그의 영광의 풍성함을 따라 그의 성령으로 말미암아 너희 속사람을 능력으로 강건하게 하시
오며 **17.**믿음으로 말미암아 그리스도께서 너희 마음에 계시게 하시옵고 너희가 사랑 가운데서 뿌리
가 박히고 터가 굳어져서 **18.**능히 모든 성도와 함께 지식에 넘치는 그리스도의 사랑을 알고 **19.**그
너비와 길이와 높이와 깊이가 어떠함을 깨달아 하나님의 모든 충만하신 것으로 너희에게 충만하게
하시기를 구하노라

1. 제자들에게 성령으로 세례를 받으리라 하심 (= 성령세례는 하나님 나라 일꾼을 위한 선물임)

5절= "요한은 물로 세례를 베풀었으나 너희는 몇 날이 못 되어 성령으로 세례를 받으리라…"

2. 성령이 임하시면 제자들이 권능을 받으리라 하심 (= 성령세례는 하나님 나라가 권능으로 임함을 의미함)

8절= "오직 성령이 너희에게 임하시면 너희가 권능을 받고 예루살렘과 온 유대와 사마리아와 땅 끝까지 이르러 내 증인이 되리라…"

3. 성령으로 말미암아 하나님의 충만하신 것으로 교회를 충만하게 하심 (= 성령님은 교회를 하나님의 모든 충만으로 충만하게 하심)

엡 3:19= "…하나님의 모든 충만하신 것으로 너희에게 충만하게 하시기를 구하노라"

◈◈◈

【대지 유형】 주제 설명형 - 본문 수집형 - 대지 심화형

【주제】 성령님은 하나님 나라 일꾼을 능력으로 강하게 하셔서 증인이 되게 하시고 교회를 하나님의 모든 충만으로 충만하게 하신다.

【FCF】 많은 교인이 성령세례를 부정하거나 무시하고 있음.

【서론】 우리는 이 약속을 너무나 잘 알고 있어서 이것의 엄청난 경이로움에 대한 시각을 잃어버릴 수 있다. 왜냐하면 이것은 우리가 생각한 것 중에 가장 불가능하고 가장 환상적인 기대에 관한 것이기 때문이다. 연약한 인간에게 이보다 더 놀라운 것을 생각할 수 없다. 예수님의 해결책은 성령님을 선물로 주시는 것이었지만, 교회는 이를 충분히 수용하지 못했다. 성령님은 하늘의 대행자요 기사와 표적을 주시는 분이시지만, 교회는 성령님을 여러 가지 모습으로 혹은 홀대해 왔고, 혹은 무관심하거나 배척해 왔다.
【우산질문】 본문을 통하여 좀 더 구체적으로 성령님의 사역과 하나님 나라의 관계를 살펴보자.

【1대지】 이제 새로운 시대, 즉 하나님의 나라가 시작되었고, 이 나라의 일꾼에게는 요한의 세례보다는 성령세례가 필요하다는 의미의 말씀이다. 성령세례는 구약의 선지자들 그 누구에게도, 심지어는 예수님을 직접 만나 물세례까지 베풀었던 세례요한에게도 주어지지 않았던, 전혀 새로운 것. 이것은 하나님 나라를 위해 파송되는 일꾼을 위해 주님께서 마련하신 선물이다.
【2대지】 하나님 나라를 온 세상에 확장시켜 땅을 복음으로 정복하는 일에는 엄청난 능력이 필요하다. 예루살렘에서 시작된 복음의 역사를 유대와 사마리아 지역, 그리고 땅 끝까지 확산시켜 나가는 것은 성령님의 능력 아니면 불가능한 일. 짧은 역사를 가진 한국교회가 일제 강점기와 공산치하의 어려운 시기에 수많은 신실한 주의 종들과 순교자들을 배출하게 된 것은 이처럼 하나님의 나라가 한국교회 위에 권능으로 임했기 때문에 가능한 것이었다.
【3대지】 주님께서 원하시는 교회의 모습은 지금 우리가 보는 대부분의 교회보다 훨씬 차원 높은 모습이 아닐 수 없다. 하나님의 성령으로 충만했던 초대교회는 세상이 결코 흉내 낼 수 없는 유무상통의 기적을 나타내었다.
【결론】 성령으로 충만하기를 소원하라. 성령 충만을 위해 기도하고 기대하며 기다리라. 성령님은 회개하는 자, 순종하는 자, 그리고 간절히 기도하는 자에게 임하신다.

- 절기, 용도, 장르, 특징:
- Key Word: 성령, 성령 세례, 성령 충만.
- Remarks:

본문 : **행 1:4~14**

제목 : **어찌하여 서서 하늘만 쳐다보느냐?**
(Why Stand Ye Gazing?)

4.사도와 함께 모이사 그들에게 분부하여 이르시되 예루살렘을 떠나지 말고 내게서 들은 바 아버지께
서 약속하신 것을 기다리라 **5.**요한은 물로 세례를 베풀었으나 너희는 몇 날이 못되어 성령으로 세례
를 받으리라 하셨느니라 **6.**그들이 모였을 때에 예수께 여쭈어 이르되 주께서 이스라엘 나라를 회복하
심이 이 때니이까 하니 **7.**이르시되 때와 시기는 아버지께서 자기의 권한에 두셨으니 너희가 알 바 아
니요 **8.**오직 성령이 너희에게 임하시면 너희가 권능을 받고 예루살렘과 온 유대와 사마리아와 땅 끝
까지 이르러 내 증인이 되리라 하시니라 **9.**이 말씀을 마치시고 그들이 보는데 올려져 가시니 구름이
그를 가리어 보이지 않게 하더라 **10.**올라가실 때에 제자들이 자세히 하늘을 쳐다보고 있는데 흰 옷
입은 두 사람이 그들 곁에 서서 **11.**이르되 갈릴리 사람들아 어찌하여 서서 하늘을 쳐다보느냐 너희 가
운데서 하늘로 올려지신 이 예수는 하늘로 가심을 본 그대로 오시리라 하였느니라 **12.**제자들이 감람
원이라 하는 산으로부터 예루살렘에 돌아오니 이 산은 예루살렘에서 가까워 안식일에 가기 알맞은 길
이라 **13.**들어가 그들이 유하는 다락방으로 올라가니 베드로, 요한, 야고보, 안드레와 빌립, 도마와 바
돌로매, 마태와 및 알패오의 아들 야고보, 셀롯인 시몬, 야고보의 아들 유다가 다 거기 있어 **14.**여자들
과 예수의 어머니 마리아와 예수의 아우들과 더불어 마음을 같이하여 오로지 기도에 힘쓰더라

1. 예루살렘을 떠나지 말고 성령세례를 기다려야 함 (= 성령세례 받도록 주님의 말씀 순종)

4절= "예루살렘을 떠나지 말고 내게서 들은 바 아버지께서 약속하신 것을 기다리라… 너희는 몇 날이 못되어 성령으로 세례를 받으리라"

2. 성령받도록 함께 기도해야 함 (= 성령세례 받도록 기도회 참여)

13~14절= "들어가 그들이 유하는 다락방으로 올라가니… 여자들과 예수의 어머니 마리아와 예수의 아우들과 더불어 마음을 같이하여 오로지 기도에 힘쓰더라"

3. 땅 끝까지 주님의 증인 되어야 함 (= 성령세례 받아 지상명령 수행)

8절= "오직 성령이 너희에게 임하시면 너희가 권능을 받고 예루살렘과 온 유대와 사마리아와 땅 끝까지 이르러 내 증인이 되리라"

4. 예수 재림의 빛 안에서 살아야 함 (= 재림 신앙)

11절= "어찌하여 서서 하늘을 쳐다보느냐 너희 가운데서 하늘로 올려지신 이 예수는 하늘로 가심을 본 그대로 오시리라"

◈◈◈

【대지 유형】 주제 적용형 - 본문 수집형 - 대지 진전형

【주제】 성도는 설령 세례받도록 기도하며 성령의 능력받아 재림까지 주님의

증인이 되어야 한다.
【FCF】 성령 세례, 성령 충만에 대해 무지하거나 무심한 현대교회 교인들의 모습.

【서론】 제자들은 아직 예수께서 주신 지상명령(至上命令)의 의미나 중요성을 잘 알지 못했다. 그들은 예수께서 서서히 하늘로 올리워가시는 모습을 넋을 잃고 바라보고 있었다. 이 말씀은 오늘 우리에게 '하늘 쳐다보기'를 멈추고 제자의 삶을 시작하라는 가르침을 주고 있다.
【우산질문】 "어찌하여 서서 하늘만 쳐다보느냐?" 무슨 말씀인가?

【1대지】 제자들은 예루살렘을 떠나려 했다. 그런데 부활하신 예수님은 승천하시기 직전에 제자들에게 예루살렘을 떠나지 말라고 하셨다: 예루살렘은 구원의 시발점, 교회의 시발점, 복음의 근원지. 여러분도 지금 '하늘만 쳐다보는' 자리에서 일어나 '예루살렘으로 돌아가 성령세례를 기다리라'고 하신 주님의 명령에 순종하라.
【2대지】 제자들은 예수님의 명령과 천사들의 권면을 받아 다락방에 모여 성령받기 위해 '마음을 같이 하여' 오로지 기도에 힘썼다.
【3대지】 본 절의 '오직(알라)'이 수식하는 것은 '성령이 너희에게 임하시면'이 아니라 '너희가 권능을 받고'이다. 성령을 충만히 받으면 이처럼 놀라운 능력을 받게 되어 복음의 증인이 될 수 있는데, 제자들은 어찌하여 하늘만 쳐다보고 있나? 이것이 어찌 당시의 제자들에게만 주시는 말씀인가? 바로 우리에게 주시는 말씀이 아니겠는가?
【4대지】 다시 오실 예수님은 유대 땅에서 잃어버린 영혼을 찾아 돌보시던 바로 그분이다. 그분이 다시 오실 때 우리는 그분 앞에 서야만 한다. 서서 하늘만 쳐다보고 있을 시간이 없다. 주님의 재림을 대비하며 준비하기에도 시간이 모자라다.
【결론】 지금 여러분은 서서 하늘을 쳐다보고만 있지 않나? 교회의 여러 사역을 바라보며 구경만 하고 있지는 않은가? 여러분은 구경꾼인가, 아니면 일꾼인가? 여러분은 하늘 쳐다보기를 멈추고, 첫 번째로 무엇을 할 것인가?

- 절기, 용도, 장르, 특징:
- Key Word: 재림, 재림 신앙.
- Remarks:

본문 : **행 1:8~11**

제목 : **예수 그리스도의 승천 (The Grand Farewell)**

8.오직 성령이 너희에게 임하시면 너희가 권능을 받고 예루살렘과 온 유대와 사마리아와 땅 끝까지 이르러 내 증인이 되리라 하시니라 **9.**이 말씀을 마치시고 그들이 보는데 올려져 가시니 구름이 그를 가리어 보이지 않게 하더라 **10.**올라가실 때에 제자들이 자세히 하늘을 쳐다보고 있는데 흰 옷 입은 두 사람이 그들 곁에 서서 **11.**이르되 갈릴리 사람들아 어찌하여 서서 하늘을 쳐다보느냐 너희 가운데서 하늘로 올려지신 이 예수는 하늘로 가심을 본 그대로 오시리라 하였느니라

1. 제자들이 보는 가운데 올려져 가심 (= 승천의 의미와 당위성, 그리스도의 높아지심)

9절= "이 말씀을 마치시고 그들이 보는데 올려져 가시니 구름이 그를 가리어 보이지 않게 하더라"

2. 제자들은 하늘만 보다가 책망받음 (= 승천은 또 다른 사역의 시작)

10~11절= "올라가실 때에 제자들이 자세히 하늘을 쳐다보고 있는데 흰 옷 입은 두 사람이 그들 곁에 서서 이르되 갈릴리 사람들아 어찌하여 서서 하늘을 쳐다보느냐…"

3. 예수님은 하늘로 가심을 본 그대로 오실 것임 (= 승천 영광 재림 영광)

11절= "…너희 가운데서 하늘로 올려지신 이 예수는 하늘로 가심을 본 그대로 오시리라 하였느니라"

◈◈◈

【대지 유형】 주제 설명형 - 본문 분석형 - 대지 진전형

【주제】 예수님의 승천은 역사적 사실이요 영광스런 재림의 증거이다.

【FCF】 '서서 하늘만 쳐다보는' 신앙인들이 적지 않음.

【서론】 그리스도께서 아기로 오신 것보다 대속의 사역을 마치고 작별하는 것이 더 엄숙한 사건(the grand farewell)이다. 승천은 현장에 있던 제자들에게는 잊을 수 없는 사건이나. 승천은 예수님의 구속의 드라마에서 꼭 필요한 단계로서, 부활과 성령강림 간의 중요한 고리가 된다.

【우산질문】 말씀을 통하여 예수님이 하늘로 올리우시는 장면을 마음에 그려

보면서 승천의 의미가 무엇인지, 왜 승천하셔야 했는지, 그리고 주님의 승천 사건을 접하면서 우리는 무엇을 해야 하는지를 함께 생각하자.

【1대지】 예수님은 많은 제자가 보는 가운데 올려져 가셨는데, 이것은 예수님의 승천이 꾸며 낸 일이 아니라 역사적 사실임을 보여준다. 승천은 보다 큰일을 이루기 위한 주님의 구속사의 중요한 단계이다. 주님의 속죄 사역이 승천으로 완결되었다. 승천의 숨은 뜻은 어디에 있나? 승천은 그리스도께서 하늘 왕국으로 가는 길을 여신 것.
【2대지】 하늘만 쳐다보고 있는 제자들을 향해 천사들이 굳이 "갈릴리 사람들아"라고 한 것은 그들이 예수님의 증인이 되는 사명을 수행하지 않으면 단순히 보잘것없는 동네 갈릴리 출신 사람들로밖에 머물 수 없음을 암시하기 위함이다. 승천하신 주님은 하나님의 영광의 통치에 가담하셨고, 왕으로서 자신의 권세와 능력을 교회에 주고 계신다.
【3대지】 주님이 영광 중에 승천하신 것처럼 영광 중에 재림하신다. '너희 가운데서' 하늘로 올리우신 것처럼 반드시 성도들 가운데로 재림하신다. 재림의 영광은 초림 때나 승천 때의 영광과는 비교도 할 수 없이 위대하다.
【결론】 예수님의 승천은 우리의 미래를 확정 지었다. 우리는 주님을 따라 반드시 하나님 나라에 들어간다! 승천하신 예수님은 지금도 우리의 예배와 기도를 계속하여 하나님께 상달시켜 주신다.

- 절기, 용도, 장르, 특징:
- Key Word: 승천.
- Remarks:

본문 : **행 2:1~13**

제목 : **성령의 세 가지 심볼 (Three Symbols of the Holy Spirit)**

1.오순절 날이 이미 이르매 그들이 다같이 한 곳에 모였더니 **2.**홀연히 하늘로부터 급하고 강한 바람 같은 소리가 있어 그들이 앉은 온 집에 가득하며 **3.**마치 불의 혀처럼 갈라지는 것들이 그들에게 보여 각 사람 위에 하나씩 임하여 있더니 **4.**그들이 다 성령의 충만함을 받고 성령이 말하게 하심을 따라 다른 언어들로 말하기를 시작하니라 **5.**그 때에 경건한 유대인들이 천하 각국으로부터 와서 예루살렘에 머물러 있더니 **6.**이 소리가 나매 큰 무리가 모여 각각 자기의 방언으로 제자들이 말하는 것을 듣고 소동하여 **7.**다 놀라 신기하게 여겨 이르되 보라 이 말하는 사람들이 다 갈릴리 사람이 아니냐 **8.**우리가 우리 각 사람이 난 곳 방언으로 듣게 되는 것이 어찌 됨이냐 **9.**우리는 바대인과 메대인과 엘람인과 또 메소보다미아, 유대와 갑바도기아, 본도와 아시아, **10.**브루기아와 밤빌리아, 애굽과 및 구레네에 가까운 리비야 여러 지방에 사는 사람들과 로마로부터 온 나그네 곧 유대인과 유대교에 들어온 사람들과 **11.**그레데인과 아라비아인들이라 우리가 다 우리의 각 언어로 하나님의 큰 일을 말함을 듣는도다 하고 **12.**다 놀라며 당황하여 서로 이르되 이 어찌 된 일이냐 하며 **13.**또 어떤 이들은 조롱하여 이르되 그들이 새 술에 취하였다 하더라

1. 급하고 강한 바람 같은 소리로 가득함 (= 강한 바람 같은 능력의 사람)

2절= "홀연히 하늘로부터 급하고 강한 바람 같은 소리가 있어 그들이 앉은 온 집에 가득하며"

2. 불의 혀처럼 갈라지는 것들이 각 사람 위에 임함 (= 불같이 뜨겁고 생명력 넘치는 사람)

3절= "마치 불의 혀처럼 갈라지는 것들이 그들에게 보여 각 사람 위에 하나씩 임하여 있더니"

3. 새 술에 취하였다고 조롱받음 (= 새 술에 취한 예수 마니아)

13절= "또 어떤 이들은 조롱하여 이르되 그들이 새 술에 취하였다 하더라"

◈◈◈

【대지 유형】 주제 설명형 – 본문 수집형 – 대지 병렬형

【주제】 성령님의 역사는 강한 바람 같고 불같이 뜨거워서, 성령 받은 사람은 새 술에 취한 사람같이 된다.

【FCF】 많은 신앙인이 성령의 능력과 뜨거움을 잘 모르고 있음.

【서론】 구약 시대에도 성령의 역사가 없었던 것은 아니다. 다만 특수한 경우에 특수한 사람에게 제한적으로 임하셨다. 이에 비하여 신약시대, 오순절 성령 강림의 특징은 모든 사람에게 어느 때 어느 장소에나 임하실 수 있다는 데

있다. 예수님 승천 후 제자들은 그리스도 공동체를 이루었고, 열흘 동안 기도 중이었다. 오순절의 사건. 본문에는 3가지 상징적인 용어(바람, 불, 그리고 술 취한 사람)가 나온다.
【우산질문】 이 용어들을 통하여 성령님의 속성, 그리고 성령 충만하게 된 성도의 모습이 어떠한가를 살펴보자.

사도행전

【1대지】 당시 제자들= 열흘째 함께 모여 열심히 기도 중. 강한 바람= 성령님의 큰 능력. 우린 예수님을 떠나서는 아무것도 할 수 없는 나약한 존재임을 인정해야. 그런데 이런 사람들이 오순절 이후 완전히 달라졌음. 성령 충만한 베드로의 담대한 모습을 보라, 초대교인들의 변모된 모습은 더욱 충격적이다. 그들은 하나님의 말씀을 받고 통곡하며 회개했고, 사도들의 가르침에 철저히 순종했다. 예배, 교제, 기도에 전혀 힘썼고, 재산을 팔아 나누어주었고, 날마다 성전에 모였다.
【2대지】 불의 혀= 불이 타는 모습을 상징적으로 표현한 것. 불의 특징은 뜨거움에 있음. 성령 충만하면 영적으로 뜨거워진다. 과거 광야의 이스라엘을 불기둥 구름기둥으로 인도 · 보호하셨다. 불의 따뜻함= 성령은 우리를 늘 위로해주시고 인도해 주심. 지금 세계의 교회는 크게 두 갈래로 나뉘어지고 있음: ① 하나는 형식적이고 의식적인 종교의 형태로 영적 무기력증으로 빠져들어가는 흐름= 이런 교회는 이제 점점 힘을 잃어가고 있고, 회중의 숫자도 줄고 있다. ② 또 하나는 예배와 기도, 사역이 뜨거워지는 흐름. 당신의 교회는 어디에 속하나?
【3대지】 성령 충만한 제자들= 주위 사람들에게는 술 취한 자처럼 보여짐. 새 술= 영적 기쁨에 도취 된 상태. 우리는 성령에 취해야 한다. 사도 바울도 예수에게 미친 사람이었다. 이 시대는 마니아 시대. 초대교회 성도들은 예수 십자가 복음의 마니아들이었다. 예수께 미친 사람은 행복한 사람이다.
【결론】 성령 충만 받자.

- 절기, 용도, 장르, 특징: 성령강림절.
- Key Word: 성령, 성령 충만.
- Remarks:

본문 : **행 2:22~36**

제목 : **부활 신앙의 에센스**

(The Essence of Christian Faith in Resurrection)

22.이스라엘 사람들아 이 말을 들으라 너희도 아는 바와 같이 하나님께서 나사렛 예수로 큰 권능과
기사와 표적을 너희 가운데서 베푸사 너희 앞에서 그를 증언하셨느니라 **23.**그가 하나님께서 정하신
뜻과 미리 아신 대로 내준 바 되었거늘 너희가 법 없는 자들의 손을 빌려 못 박아 죽였으나 **24.**하나
님께서 그를 사망의 고통에서 풀어 살리셨으니 이는 그가 사망에 매여 있을 수 없었음이라 **25.**다윗
이 그를 가리켜 이르되 내가 항상 내 앞에 계신 주를 뵈었음이여 나로 요동하지 않게 하기 위하여 그
가 내 우편에 계시도다 **26.**그러므로 내 마음이 기뻐하였고 내 혀도 즐거워하였으며 육체도 희망에
거하리니 **27.**이는 내 영혼을 음부에 버리지 아니하시며 주의 거룩한 자로 썩음을 당하지 않게 하실
것임이로다 **28.**주께서 생명의 길을 내게 보이셨으니 주 앞에서 내게 기쁨이 충만하게 하시리로다
하였으므로 **29.**형제들아 내가 조상 다윗에 대하여 담대히 말할 수 있노니 다윗이 죽어 장사되어 그
묘가 오늘까지 우리 중에 있도다 **30.**그는 선지자라 하나님이 이미 맹세하사 그 자손 중에서 한 사람
을 그 위에 앉게 하리라 하심을 알고 **31.**미리 본 고로 그리스도의 부활을 말하되 그가 음부에 버림
이 되지 않고 그의 육신이 썩음을 당하지 아니하시리라 하더니 **32.**이 예수를 하나님이 살리신지라
우리가 다 이 일에 증인이로다 **33.**하나님이 오른손으로 예수를 높이시매 그가 약속하신 성령을 아
버지께 받아서 너희가 보고 듣는 이것을 부어 주셨느니라 **34.**다윗은 하늘에 올라가지 못하였으나
친히 말하여 이르되 주께서 내 주에게 말씀하시기를 **35.**내가 네 원수로 네 발등상이 되게 하기까지
너는 내 우편에 앉아 있으라 하셨도다 하였으니 **36.**그런즉 이스라엘 온 집은 확실히 알지니 너희가
십자가에 못 박은 이 예수를 하나님이 주와 그리스도가 되게 하셨느니라 하니라

1. "이 예수를 하나님이 살리셨다"고 함 (= 부활의 주체이신 예수 그리스도)

32절= "이 예수를 하나님이 살리신지라 우리가 다 이 일에 증인이로다"

2. "이 예수를 하나님이 주와 그리스도가 되게 하셨다"고 함 (= 예수님이 주와 그리스도 되심)

36절= "…너희가 십자가에 못박은 이 예수를 하나님이 주와 그리스도가 되게 하셨느니라"

3. "우리가 다 예수 부활 사건의 증인이다"고 함 (= 성도는 부활신앙으로 사는 존재임)

32절= "이 예수를 하나님이 살리신지라 우리가 다 이 일에 증인이로다"

◈◈◈

【대지 유형】 주제 설명형 - 본문 수집형 - 대지 혼재형(2+1)

【주제】 부활 신앙의 에센스는 예수님이 부활의 주체이심과 주와 그리스도가 되심인데, 성도는 이 신앙으로 사는 존재이다.

【FCF】 많은 신앙인이 부활 사건의 증인으로서의 삶을 살지 못하고 있음.

【서론】 부활이 없었으면 기독교도 없고, 믿음도 없으며, 미래도 없고, 소망도 없을 뻔했다. 예수님의 부활은 초대교회 제자들에게 엄청난 소망이 되었고, 교회를 번성케 하는 원동력이 되었다. 베드로의 설교는 당시로써는 위험천만한 주제이다. 공개적인 장소에서 예수님을 주제로, 그것도 '십자가에 달려 죽으신 예수님이 살아나셨고 그분이 그리스도와 주가 되셨다'고 외치는 것은 죽을 각오를 하지 않고는 할 수 없는 행동이다. 부활 신앙은 그를 죽음도 두려워하지 않는 담대한 신앙인이 되게 했다.
【우산질문】 사도 베드로가 본문을 통해 강조하고 있는 부활 신앙의 에센스는 무엇인가?

【1대지】 예수님은 부활의 주님이시고 예수께서 바로 복음 그 자체이다. 사도 베드로의 신앙 고백이 묻어 있는 표현이다. "하나님께서 나사렛 예수를 죽음에서 살리셨다." 베드로가 본문을 통하여 강조하고 있는 부활 신앙의 에센스이다. 진정한 부활 신앙은 하나님께서 예수님을 부활시키신 것처럼, 우리도 장차 죽음에서 다시 산다는 것을 믿는 것. 진정한 부활신앙은 단순히 예수님께서 부활하셨다는 것에서 그치지 않고 나아가, 이 세상이 끝난 후에 또 다른 영원한 세계가 있다는 것을 믿는 것이며, 그 세상이 그리스도의 제자들을 위하여 준비되었다는 소망으로 사는 것.
【2대지】 유대인들은 예수님에게 신성 모독죄를 덮어씌워 죽였지만 하나님께서는 예수님을 다시 살리시고 승천하게 하셔서 보좌 우편에 앉게 하심으로써, 예수님이 하나님이시며 이스라엘이 대망하던 메시아이심을 실증하였다는 의미이다. 그들은 '가이사 외에는 우리에게 왕이 없다'고 하던 비겁했던 종교인들과는 달리, '예수님 외에는 우리에게 주가 없다'고 고백하면서 부활의 주님을 전파했다.
【3대지】 성도는 부활 신앙으로 사는 존재이다. 성도는 예수님이 부활의 첫 열매 되심을 굳게 믿는다.
【결론】 우리의 확신: '주님 재림하실 때 하나님께서 나도 부활시키시리라. 그리하여 새 하늘과 새 땅에서 영원히 주님과 함께 살게 되리라.'

- 절기, 용도, 장르, 특징: 부활절.
- Key Word: 부활, 부활 신앙.
- Remarks:

본문 : **행 1:4~5; 2:38~39; 4:31; 5:32; 8:15~17; 10:44~45; 13:2~3**

제목 : **언제 성령을 받는가? (When We Receive the Holy Spirit)**

1:4.사도와 함께 모이사 그들에게 분부하여 이르시되 예루살렘을 떠나지 말고 내게서 들은 바 아버지께서 약속하신 것을 기다리라 **5.**요한은 물로 세례를 베풀었으나 너희는 몇 날이 못되어 성령으로 세례를 받으리라 하셨느니라 …… **2:38.**베드로가 이르되 너희가 회개하여 각각 예수 그리스도의 이름으로 세례를 받고 죄 사함을 받으라 그리하면 성령의 선물을 받으리니 **39.**이 약속은 너희와 너희 자녀와 모든 먼 데 사람 곧 주 우리 하나님이 얼마든지 부르시는 자들에게 하신 것이라 하고 …… **4:31.**빌기를 다하매 모인 곳이 진동하더니 무리가 다 성령이 충만하여 담대히 하나님의 말씀을 전하니라 …… **5:32.**우리는 이 일에 증인이요 하나님이 자기에게 순종하는 사람들에게 주신 성령도 그러하니라 하더라 …… **8:15~17.**그들이 내려가서 그들을 위하여 성령 받기를 기도하니 이는 아직 한 사람에게도 성령 내리신 일이 없고 오직 주 예수의 이름으로 세례만 받을 뿐이더라 이에 두 사도가 그들에게 안수하매 성령을 받는지라 …… **10:44~45.**베드로가 이 말을 할 때에 성령이 말씀 듣는 모든 사람에게 내려오시니 베드로와 함께 온 할례 받은 신자들이 이방인들에게도 성령 부어 주심으로 말미암아 놀라니 …… **13:2~3.**주를 섬겨 금식할 때에 성령이 이르시되 내가 불러 시키는 일을 위하여 바나바와 사울을 따로 세우라 하시니 이에 금식하며 기도하고 두 사람에게 안수하여 보내니라

1. 제자들이 예루살렘을 떠나지 않고 함께 모여 기다릴 때 (= 교회 중심의 신앙생활)

1:4~5= "사도와 함께 모이사 그들에게 분부하여 이르시되 예루살렘을 떠나지 말고 내게서 들은 바 아버지께서 약속하신 것을 기다리라 요한은 물로 세례를 베풀었으나 너희는 몇 날이 못되어 성령으로 세례를 받으리라 하셨느니라"

2. 무리가 회개하여 세례를 받고 죄 사함을 받을 때 (= 진정한 회개와 헌신)

2:38= "베드로가 이르되 너희가 회개하여 각각 예수 그리스도의 이름으로 세례를 받고 죄 사함을 받으라 그리하면 성령의 선물을 받으리니

39절= "이 약속은 너희와 너희 자녀와 모든 먼 데 사람 곧 주 우리 하나님이 얼마든지 부르시는 자들에게 하신 것이라 하고"

3. 모여서 빌기를 다했을 때 (= 합심기도에 참여)

4:31= "빌기를 다하매 모인 곳이 진동하더니 무리가 다 성령이 충만하여 담대히 하나님의 말씀을 전하니라"

4. 하나님께 순종할 때 (= 자원하여 계명 순종)

5:32= "우리는 이 일에 증인이요 하나님이 자기에게 순종하는 사람들에게

주신 성령도 그러하니라 하더라"

5. 사마리아에서 두 사도가 안수할 때 (= 주의 종에게 안수받음)

8:15~17= "그들이 내려가서 그들을 위하여 성령 받기를 기도하니 이는 아직 한 사람에게도 성령 내리신 일이 없고 오직 주 예수의 이름으로 세례만 받을 뿐이더라 이에 두 사도가 그들에게 안수하매 성령을 받는지라"

6. 고넬료 집에서 베드로가 말씀 전할 때 (= 예배 설교 시간)

10:44~45= "베드로가 이 말을 할 때에 성령이 말씀 듣는 모든 사람에게 내려오시니 베드로와 함께 온 할례 받은 신자들이 이방인들에게도 성령 부어 주심으로 말미암아 놀라니"

7. 안디옥 교회에서 주를 섬겨 금식할 때 (= 주의 사역을 위한 금식)

13:2~3= "주를 섬겨 금식할 때에 성령이 이르시되 내가 불러 시키는 일을 위하여 바나바와 사울을 따로 세우라 하시니 이에 금식하며 기도하고 두 사람에게 안수하여 보내니라"

◈◈◈

【대지 유형】 주제 설명형 – 본문 수집형 – 대지 병렬형
【주제】 언제 성령 받을지는 아무도 알 수 없지만 사도행전의 여러 경우를 참조하자.
【FCF】 많은 신앙인이 성령 충만의 경험이 없이 신앙생활 하고 있음.

【서론】 오순절 성령강림은 구약의 칠칠절(= 오순절)의 성취이다. 하나님은 일찍이 모세를 통하여 이스라엘에게 칠칠절의 규례를 명백히 하셨다. 칠칠절은 초실절 이후부터 7주가 지난 후 50일째 되는 날에 소제를 드리기 위해 구속받은 백성들이 한곳에 모여 드리는 절기이다. 본문은 오순절 성령 강림의 날에 일어난 사건의 일부이다. 예수님의 약속대로 성령께서 강한 바람같이, 불같이 모인 무리 위에 임하셨고, 저들 모두가 성령으로 세례받아 성령 충만하게 되었다.
【우산질문】 '언제 성령을 받을 수 있는가?' 이 질문에 대하여는 아무도 정확한 답을 말할 수 없다. 그러나 '초대교회 성도들이 어느 때 성령을 받았는가?' 이 질문에 답하기 위하여 사도행전을 찾아보자.

【1대지】 예수께서 제자들에게 예루살렘을 떠나지 말라고 명령하신 것은 역으로 제자들이 예루살렘을 떠나려 했다는 것을 암시한다. 예루살렘은 구원의 시발점이며, 약속의 성령이 임할 장소이다. 교회의 시발점이며, 동시에 성령으로 말미암아 이곳으로부터 세계 각 곳으로 복음이 퍼져나가게 될 복음의 근원지라는 상징적 의미가 있다. 당시 사도들이 생명의 위험을 무릅쓰고 예루살렘을 떠나지 않고 모여 기도하며 기다린 것처럼, 오늘 우리도 모든 신앙생활의 중심을 교회에 두어야 한다. 우리가 교회를 귀하게 여기고 교회에 모여 함께 기도하며 기다릴 때 주님은 우리에게 성령으로 세례를 주신다는 약속이다.

【2대지】 큰 무리가 베드로의 설교를 듣고 마음에 찔렸다. 사도들에게 이제 자신들이 어찌해야 되는지 물었다: "형제들아 우리가 어찌할꼬?" '마음에 찔렸다'= 마음에 찔려 관통함을 받았다. 베드로의 분명한 대답= 회개-세례받음-죄 사함-그리고 성령의 선물. 성령의 부으심은 '모든 먼 데 사람' 곧 세계만방의 사람들에게로 확산되어져 왔다.

【3대지】 교회 성도들이 함께 모여 전심으로 기도함. 하나님은 그들의 모인 곳을 진동시키셨다. 그 결과 무리가 '다 성령으로 충만'해졌다. 우리는 먼저 자신을 돌아보며 말씀에 비추어 내 속의 허물과 죄악을 철저히 내어놓는 일에 힘쓰자. 성령 충만은 성도들이 한자리에 모여서 한마음으로 하나님의 영광을 위하여 합심기도할 때 비로소 이루어질 수 있다.

【4대지】 성령의 부으심은 하나님의 계명을 자원하여 순종할 때 일어난다. 5:32은 성령 충만한 사도들의 간증이다. 여기 '자기를 순종하는 사람들에게 주신 성령'이라는 표현은 사도들의 체험에서 우러나온 말이다. 제자들은 오순절 성령 강림 사건을 통하여 하나님을 순종하는 사람에게 주시는 성령을 받았으므로 그 어떤 위협 앞에서도 위축되지 않을 수 있었다. 당신은 주님의 명령에 절대 순종할 준비가 되어 있는가? 주님의 지상명령과 주님의 최대계명에 순종할 자세를 갖추고 있는가?

【5대지】 사마리아인들이 성령을 받은 것은 사도들의 기도의 결과이고, 하나님께서 정하신 때가 되었기 때문에 이루어졌다. '안수하매'의 원문은 '안수하였고(and) 성령을 받았다'라고 해석하는 것이 보다 자연스럽다. 안수를 통하여 저들의 믿음이 보다 견고해졌을 수는 있으나 안수 자체가 반드시 성령 받음의 직접 원인이라고 하는 것은 무리한 해석이 될 수 있다. 이것은 치유 사역에도 적용되는 원리이다. 우리는 거룩한 하나님의 선물을 마술사 시몬처럼 인간적인 방법으로 얻으려는 잘못을 저지르지 않도록 해야 한다.

【6대지】 성령의 부으심은 많은 경우 말씀을 들을 때 주신다. '이 말 할 때에'

라는 표현은 성령 강림이 베드로가 설교를 마치기도 전에 있었다는 것을 보여준다. 세례나 할례를 받지 않은 이방인들에게 믿음만으로도 성령을 부어주신 것은 성령 강림이 전적으로 하나님의 뜻에 따라 순식간에 이루어진다는 것을 나타낸다. 성령 충만의 역사는 이처럼 획일적인 법칙으로 설명하기 어렵다. 설교 말씀에 더욱 집중하자. 들은 말씀을 다시 한 번 되새기는 것도 매우 중요한 방법이다. 말씀과 더불어 성령으로!

【7대지】 본 절은 안디옥 교회가 최초의 선교사를 파송하는 장면이다. 온 교회 성도들이 주님을 예배하며 금식하고 있을 때 성령께서 나타나서 두 사람을 선교사로 세우도록 직접 지시하셨다. 성령 충만을 진정으로 원하는가? 때로 우리는 개인적으로나 구역적으로, 또는 교회적으로 금식할 필요가 있다. 성령께서 우리의 영혼을 온전히 장악하셔서 우리의 전 삶이 하나님 나라의 확장 사역에 사용되도록 기도하자.

【결론】 언제 어느 때 성령을 받을 수 있는가? 모든 사람에게 언제나 해당되는 정답은 없다. 그러나 사도행전의 기록을 살펴볼 때 성령 충만의 비결은 교회를 통한 신앙생활과 매우 밀접한 관계가 있음이 분명하다. 성령 충만을 사모하며 모이기를 힘쓰자. 집회 참석을 당신의 삶에 최우선 순위에 두라. 특히 말씀 받을 때 사람의 말로 받지 않고 하나님의 말씀으로 받아 순종하라.

- 절기, 용도, 장르, 특징:
- Key Word: 성령, 성령 충만.
- Remarks:

본문 : **행 2:37~41**
제목 : **영혼의 상처 (Cut to the Heart)**

37.그들이 이 말을 듣고 마음에 찔려 베드로와 다른 사도들에게 물어 이르되 형제들아 우리가 어찌
할꼬 하거늘 **38.**베드로가 이르되 너희가 회개하여 각각 예수 그리스도의 이름으로 세례를 받고 죄
사함을 받으라 그리하면 성령의 선물을 받으리니 **39.**이 약속은 너희와 너희 자녀와 모든 먼 데 사람
곧 주 우리 하나님이 얼마든지 부르시는 자들에게 하신 것이라 하고 **40.**또 여러 말로 확증하며 권하
여 이르되 너희가 이 패역한 세대에서 구원을 받으라 하니 **41.**그 말을 받은 사람들은 세례를 받으매
이 날에 신도의 수가 삼천이나 더하더라

1. 베드로의 설교에 마음이 찔렸음 (= 진리는 영혼에 상처를 줌)
37절= "그들이 이 말을 듣고 마음에 찔려 베드로와 다른 사도들에게 물어 이르되 형제들아 우리가 어찌할꼬 하거늘"

2. 찔림의 상처는 죄 사함으로 치유됨 (= 치료 약은 예수님의 피)
38절= "베드로가 이르되 너희가 회개하여 각각 예수 그리스도의 이름으로 세례를 받고 죄 사함을 받으라"

3. 치유받은 자에게 성령의 선물이 약속됨 (= 성령 충만)
38절= "죄 사함을 받으라 그리하면 성령의 선물을 받으리니"
39절= "이 약속은 너희와 너희 자녀와 모든 먼 데 사람 곧 주 우리 하나님이 얼마든지 부르시는 자들에게 하신 것이라"

◈◈◈

【대지 유형】 주제 설명형 – 본문 분석형 – 대지 연결형
【주제】 하나님의 진리에 찔림 받은 죄인의 영혼은 보혈로 고침 받아 성령으로 충만하게 된다.
【FCF】 많은 신앙인이 진리의 말씀에 영혼이 찔림 받는다는 것을 알지 못함.

【서론】 하나님의 관심은 진리의 말씀에 찔려 상처받은 영혼 위에 머문다. 오순절 성령 강림 사건으로 모여든 청중들에게 베드로의 설교가 있었고, 청중들 속에서 큰 떨림이 일어났다. 영혼의 상처! 이것은 우리의 신앙생활에 매우 중요하다. 왜냐하면 모든 참된 종교의 좌소(座所)는 마음에 있고, 이 마음이

상했다는 것은 인간의 본질에 근본적인 변화가 일어남을 의미하기 때문이다.
【우산질문】 말씀을 통하여 영혼의 상처가 어떻게 시작되며 어떻게 치유받게 되는지, 그리고 상처를 치유받은 자에게 주시는 성령의 선물이 얼마나 놀라운 축복인지 살펴보자.

【1대지】 그리스도의 진리는 회의적이고 반항적인 죄인들의 마음속에 지울 수 없는 상처를 만든다. 베드로의 설교를 들은 유대인들의 마음은 크게 흔들렸다. 하나님의 말씀 속에는 죄인의 영혼을 찌르는 능력이 있다. 말씀을 통하여 죄인의 마음속에서 하나님의 심판의 엄위(嚴威)함과 죄로 인해 받게 되는 형벌에 대한 두려움이 일어나게 되고, 그것들이 우리 영혼에 깊은 상처를 남기게 된다.
【2대지】 진리의 말씀에 찔려 깊게 패인 상처는 아무나 치료할 수 없다. 그 상처는 오직 주님만이 치료하실 수 있다. 주님께서 사용하시는 유일한 치료 약은 십자가의 보혈이다. 그 피를 공급하는 손은 못 박힌 손이다. 주님이 상처받은 자에게 요구하시는 것은 오직 예수님을 즐거이 영접하는 것.
【3대지】 '모든 먼 데 사람 곧 주 우리 하나님이 얼마든지 부르시는 자들'이란 표현은 복음이 유대 지경을 벗어나 세계만방에 전해질 것을 내다보고 한 말이다. 그러므로 성령 충만은 복음을 받는 유대인에게와 모든 이방인에게 고루 약속된 주님의 선물이다. 성령님은 진리의 말씀에 찔림을 받고 예수님의 보혈로 치유 받아 건강해진 영혼 위에 주어지는 하나님의 선물이다.
【결론】 여러분은 자신이 심령의 찔림을 받던 날을 기억하고 있나? 영혼의 상처 때문에 고민하던 밤이 언제였나?

- 절기, 용도, 장르, 특징:
- Key Word: 영혼의 상처.
- Remarks:

본문 : **행 2:37~42**

제목 : **오순절 성령님의 사역 (Recapturing Pentecost)**

37.그들이 이 말을 듣고 마음에 찔려 베드로와 다른 사도들에게 물어 이르되 형제들아 우리가 어찌
할꼬 하거늘 **38.**베드로가 이르되 너희가 회개하여 각각 예수 그리스도의 이름으로 세례를 받고 죄
사함을 받으라 그리하면 성령의 선물을 받으리니 **39.**이 약속은 너희와 너희 자녀와 모든 먼 데 사람
곧 주 우리 하나님이 얼마든지 부르시는 자들에게 하신 것이라 하고 **40.**또 여러 말로 확증하며 권하
여 이르되 너희가 이 패역한 세대에서 구원을 받으라 하니 **41.**그 말을 받은 사람들은 세례를 받으매
이 날에 신도의 수가 삼천이나 더하더라 **42.**그들이 사도의 가르침을 받아 서로 교제하고 떡을 떼며
오로지 기도하기를 힘쓰니라

1. 회개하고 말씀을 받게 하심 (=회심 사역)

37절= "그들이 이 말을 듣고 마음에 찔려 베드로와 다른 사도들에게 물어 이르되 형제들아 우리가 어찌할꼬 하거늘"

41절= "그 말을 받은 사람들은 세례를 받으매…"

2. 세례를 받게 하심 (=공적 고백)

41절= "그 말을 받은 사람들은 세례를 받으매 이 날에 신도의 수가 삼천이나 더하더라"

3. 말씀, 교제, 예배, 기도에 힘쓰게 하심 (=성도의 영적 성장)

42절= "그들이 사도의 가르침을 받아 서로 교제하고 떡을 떼며 오로지 기도하기를 힘쓰니라"

◈◈◈

【대지 유형】 주제 설명형 - 본문 분석형 - 대지 진전형

【주제】 성령님은 죄인들을 회심케 하시고 세례를 받게 하시며, 말씀 예배 교제 기도에 힘쓰게 하신다.

【FCF】 영적 성장에 나태한 현대 교인들의 나약함.

【서론】 성령 강림절이다. 구약의 오순절은 이스라엘 백성들이 광야 생활 40년 동안 만나와 메추라기로 연명하다가 가나안 땅에서 첫 곡식을 수확함에 대해 감사하는 절기였다. 그런데 바로 이날에 성령 강림이 이루어졌다. 이것은 세

상의 죽어가는 영혼들에게 복음을 전해 그들을 사망 권세에서 건져낼 능력으로서의 성령님이 영혼의 양식으로 부어진 것을 상징적으로 보여 준다고 할 수 있다.
【우산질문】 본문을 통하여 오순절 날에 성령께서 행하셨던 일들을 살펴보자. 그날 일어났던 성령님의 사역은 오늘도 계속하여 행하여지고 있다.

【1대지】 성령님의 사역 중 대표적인 사역은 죄인의 마음을 열어 복음을 받아들이게 하고 회심케 하는 것. 성령님은 어떤 말씀을 사용하셔서 무리의 마음을 여셨나? 예수님을 세상의 구주로 세우셨다는 '확증의 메시지', 인류 구속(救贖)을 위한 '십자가의 메시지', 예수님을 사망의 고통에서 풀어 살리셨다는 '부활의 메시지'.
【2대지】 신앙이란 마음속으로만 믿어서는 아직 부족하다. 입으로 예수님이 자신의 주님 되심을 시인해야 비로소 하나님께서 자기 성도로 인정하신다. "이날에 신도의 수가 삼천이나 더하더라." 놀라운 일이다. 베드로의 설교가 아무리 훌륭했다 하더라도 성령님의 강력한 역사가 아니고는 이런 일은 불가능한 일이다.
【3대지】 42절은 예루살렘 초대 교회 성도들의 생활을 증거하는 내용이다: 첫째, '그들이 사도의 가르침을 받아', 둘째, '서로 교제하고', 셋째, '떡을 떼며', 넷째, '기도하기를 힘쓰니라.'
【결론】 주님의 약속대로 성령께서 교회 위에 오셨다. 오신 성령님은 말씀을 듣는 자들을 감동시켜 회개케 하시고, 자신의 믿음을 공적으로 고백케 하신다. 그리고 영적으로 성장시키기 위하여 교회의 말씀과 교제와 예배와 기도를 사용하신다.

- 절기, 용도, 장르, 특징: 평양대부흥 100주년.
- Key Word: 242비전, 성령의 사역.
- Remarks:

본문 : **행 2:41~42**

제목 : **초대교회가 오로지 힘쓴 네 가지**

41.그 말을 받은 사람들은 세례를 받으매 이 날에 신도의 수가 삼천이나 더하더라 **42.**그들이 사도의 가르침을 받아 서로 교제하고 떡을 떼며 오로지 기도하기를 힘쓰니라

1. 성도들은 사도의 가르침을 받는 데 오로지 힘씀 (= 말씀 공부)

42절= "그들이 사도의 가르침을 받아…"

2. 성도들은 서로 교제를 나누는 데 오로지 힘씀 (= 교제)

42절= "…서로 교제하고…"

3. 성도들은 함께 예배드리는 데 오로지 힘씀 (= 예배)

42절= "…떡을 떼며…"

4. 성도들은 함께 기도하는 데 오로지 힘씀 (= 기도)

42절= "…오로지 기도하기를 힘쓰니라"

◈◈◈

【대지 유형】 주제 적용형 - 본문 분석형 - 대지 병렬형

【주제】 교회가 힘써야 할 네 가지는 말씀 공부와 교제, 예배, 그리고 기도이다.

【FCF】 많은 교회가 힘써야 할 것들에 열심을 내지 않고 있음.

【서론】 현대교회들의 대형화 추세가 도를 넘고 있다. 큰 모임 속에는 개인의 필요(sharing, 질문, 서로 기도해주기…)를 충족시키기가 어려움. 20세기 후반부터 소그룹화 경향이 강해짐. 소그룹(small group)은 원래 초대교회 때부터 시작된 것. 오순절 성령 충만 — 3,000명으로 급격하게 성장 — 집에서 집으로의 전인적 소그룹 모임이 활성화됨 —초대교회는 네 가지 일에 몰두함.

【우산질문】 행 2:42에 나타난, 교회가 힘써야 할 네 가지를 살펴보자.

【1대지】 초대교회는 성경 공부에 힘썼다. 공부의 중심: 예수 그리스도의 교훈, 죽으심, 부활, 승천, 성령, 재림. 딤후 3:16, "모든 성경은 하나님의 감동으로 된 것으로 교훈과 책망과 바르게 함과 의로 교육하기에 유익하니." 주님의 메시지의 핵심= 마 28:16~20= 주님의 지상명령.

【2대지】 교제(Fellowship, 디아코니아)는 매우 중요한 요소이다. 초대교회는 새 계명을 지키는 공동체의 모범이 되기에 손색이 없다. 오늘날 교회 안팎에서 사람의 사랑을 갈구하는 부르짖음이 크다. 교회 전체로는 어렵다. 정말 서로를 위해 기도해 줄 수 있는 사람들= 서로의 사정을 나눌 수 있는 사람들= 같은 믿음을 소유한 사람들= 오직 소그룹의 환경 속에서 가능. 진정한 성도의 삶은 타인과의 관계에서 입증된다. 롬 12:15, "즐거워하는 자들로 함께 즐거워하고, 우는 자들로 함께 울라."

【3대지】 떡을 떼는 것은 일차적으로 성찬= 나아가서는 예배(worship). 예배의 핵심은 주님의 십자가 대속의 죽으심에 대한 감사와 경외로부터 출발한다. 초대교회는 모일 때마다 성찬식 거행. 여기 기본 정신은 경배와 예배, 요 4:23~24. 하나님은 예배하는 자를 찾으신다.

【4대지】 일차적으로 교회적인 기도 모임을 가리킨다. 연합 기도. 기도를 통해 하나님께 가까이 나아갈 수 있고, 성도의 필요를 충족 받을 수 있다. 서로서로 기도하고 진정으로 합심하면 거기에 이적과 기사가 따라온다.

【결론】 위 네 가지는 우리의 영적 자양분을 얻는 네 요소. 이를 위해 본 예배와 각 기관이 필요. 그러나 정말 효과적인 방법은 소그룹. 전인적인 소그룹.

- 절기, 용도, 장르, 특징:
- Key Word: 소그룹.
- Remarks:

본문 : **행 3:1~10**

제목 : **성전 미문 치유 사건의 의미**
(In the Name of Jesus, Walk!)

1.제 구 시 기도 시간에 베드로와 요한이 성전에 올라갈새 **2.**나면서 못 걷게 된 이를 사람들이 메
고 오니 이는 성전에 들어가는 사람들에게 구걸하기 위하여 날마다 미문이라는 성전 문에 두는 자라
3.그가 베드로와 요한이 성전에 들어가려 함을 보고 구걸하거늘 **4.**베드로가 요한과 더불어 주목하
여 이르되 우리를 보라 하니 **5.**그가 그들에게서 무엇을 얻을까 하여 바라보거늘 **6.**베드로가 이르되
은과 금은 내게 없거니와 내게 있는 이것을 네게 주노니 나사렛 예수 그리스도의 이름으로 일어나 걸
으라 하고 **7.**오른손을 잡아 일으키니 발과 발목이 곧 힘을 얻고 **8.**뛰어 서서 걸으며 그들과 함께 성
전으로 들어가면서 걷기도 하고 뛰기도 하며 하나님을 찬송하니 **9.**모든 백성이 그 걷는 것과 하나님
을 찬송함을 보고 **10.**그가 본래 성전 미문에 앉아 구걸하던 사람인 줄 알고 그에게 일어난 일로 인
하여 심히 놀랍게 여기며 놀라니라

1. 성전 입구에서 사도들이 장애인과 마주침 (= 주님의 관심이 머무는 곳, 교회가 관심을 가져야 할 대상)

1~2절= "제 구 시 기도 시간에 베드로와 요한이 성전에 올라갈새 나면서 못 걷게 된 이를 사람들이 메고 오니 이는 성전에 들어가는 사람들에게 구걸하기 위하여 날마다 미문이라는 성전 문에 두는 자라"

2. 그 장애인을 주목하며 "우리를 보라"고 함 (= 계속해서 바라봄, 눈과 눈을 마주침)

4절= "베드로가 요한과 더불어 주목하여 이르되 우리를 보라 하니"

3. 예수 이름으로 잡아 일으킴 (= 생명의 역사, 내가 받은 은혜를 나눔)

6~7절= "베드로가 이르되 은과 금은 내게 없거니와 내게 있는 이것을 네게 주노니 나사렛 예수 그리스도의 이름으로 일어나 걸으라 하고 오른손을 잡아 일으키니 발과 발목이 곧 힘을 얻고"

◈◈◈

【대지 유형】 주제 설명형 - 본문 묶음형 - 대지 진전형

【주제】 교회는 약자에게 관심을 가지고 받은 은혜를 나누는 하나님의 기관이다.

【FCF】 많은 교회의 관심이 주님이 보여주신 모범과는 달리 엉뚱한 데 있음.

【서론】 예루살렘 초대교회의 폭발적인 성장은 많은 시련을 극복하는 과정을 통해 이루어졌다. 본문은 이 전개 과정에 따라 예루살렘 내에서 복음이 강력

히 선포되는 계기를 마련한 사건을 기술하고 있다. 본문의 사건은 예수님이 승천하신 이후, 사도들에 의해 예루살렘 교회가 세워지고 교회를 통하여 나타난 첫 번째 기적의 사건이다. 본문은 사도들이 성전 미문에 앉아 구걸하던 선천성 지체 장애인을 고친 사건이다. 이 장애인은 태어나서 한 번도 걸어보지 못한 사람인데, 말씀 한마디로 완치되었고, 이로인해 수많은 사람이 충격을 받았다.

【우산질문】 성전 미문의 장애인이 즉시 고침 받은 사건을 통하여 우리에게 주시는 주님의 음성을 듣자.

【1대지】 본문에는 교회의 상징적인 존재인 사도들이 매일 습관처럼 성전으로 기도하러 올라가는 모습과 일상적으로 구걸하는 자리에 앉아 있는 지체 장애인이 함께 소개되고 있다. 성경은 베드로와 요한이 이 장애인을 어떻게 대했는지를 보여주면서, 주님의 관심이 어디에 머물러 있는지, 교회가 어디에 관심을 가져야 하는지를 가르친다. 나의 도움을 필요로 하는 사람은 없는지, 주님께서 나의 손과 발, 눈과 귀와 심장을 통해서 보고 만지기를 원하는 사람은 없는지, 주님은 바로 그 사람에게 우리의 관심을 집중하라고 말씀하신다.

【2대지】 성도들은 불신 세상을 향하여 '우리를 보라'고 자신 있게 말할 수 있어야 한다. 이 말 속에는 '하나님을 섬기는 우리를 보라'는 뜻이 담겨 있다. 또 '하나님 나라를 위해 수고하는 우리를 본받으라'는 의미도 있다. 그리고 '하나님의 축복 속에 거하는 우리를 보고 주님을 믿음으로 행복한 삶을 사는 우리를 보라'는 의미도 담겨 있다.

【3대지】 원문의 '예수 그리스도의 이름 안에서'라는 표현은 장애인이 자신의 병을 고침 받기 위해서는 예수 그리스도 안에 거하는 일이 선행되어야 한다는 의미이다. 초대 교회는 이처럼 예수 그리스도의 이름 안에 있는 강력한 생명의 능력을 현저히 나타내는 교회였다.

【결론】 여기 하체를 쓰지 못해 앉아 구걸하는 장애인은 바로 우리의 모습이 아닌가? 그와 같은 장애인인 나에게 찾아오셔서 생명을 나눠주시고, 사랑과 이해의 눈으로 바라보시는 주님이 계신다.

- 절기, 용도, 장르, 특징: 치유.
- Key Word: 장애인, 주님의 관심.
- Remarks:

본문 : **행 3:1~10**

제목 : **장애인의 손을 잡아 일으키는 교회**
(Helping the Handicapped Stand-up)

1.제 구 시 기도 시간에 베드로와 요한이 성전에 올라갈새 **2.**나면서 못 걷게 된 이를 사람들이 메
고 오니 이는 성전에 들어가는 사람들에게 구걸하기 위하여 날마다 미문이라는 성전 문에 두는 자라
3.그가 베드로와 요한이 성전에 들어가려 함을 보고 구걸하거늘 **4.**베드로가 요한과 더불어 주목하
여 이르되 우리를 보라 하니 **5.**그가 그들에게서 무엇을 얻을까 하여 바라보거늘 **6.**베드로가 이르되
은과 금은 내게 없거니와 내게 있는 이것을 네게 주노니 나사렛 예수 그리스도의 이름으로 일어나 걸
으라 하고 **7.**오른손을 잡아 일으키니 발과 발목이 곧 힘을 얻고 **8.**뛰어 서서 걸으며 그들과 함께 성
전으로 들어가면서 걷기도 하고 뛰기도 하며 하나님을 찬송하니 **9.**모든 백성이 그 걷는 것과 하나님
을 찬송함을 보고 **10.**그가 본래 성전 미문에 앉아 구걸하던 사람인 줄 알고 그에게 일어난 일로 인
하여 심히 놀랍게 여기며 놀라니라

1. 신체적인 장애를 극복하도록 잡아주어야 함 (= 신체적 장애 극복)
7절= "오른손을 잡아 일으키니 발과 발목이 곧 힘을 얻고"

2. 장애인들의 경제적인 어려움을 극복하도록 도와야 함 (= 경제적 장애 극복)
3절= "그가 베드로와 요한이 성전에 들어가려 함을 보고 구걸하거늘"

3. 사회적인 장애를 극복하도록 도와야 함 (= 사회적 장애 극복)
10절= "그가 본래 성전 미문에 앉아 구걸하던 사람인 줄 알고 그에게 일어난 일로 인하여 심히 놀랍게 여기며 놀라니라"

◈◈◈

【대지 유형】 주제 적용형 - 본문 수집형 - 대지 병렬형
【주제】 교회는 장애인들을 위해 신체적 경제적 사회적 장애를 극복하도록 도와야 한다.
【FCF】 장애인들을 차별하고 그들의 어려움에 무관심한 사회 풍조, 그 풍조에 저항하지 않는 교회의 모습.

【서론】 현 국내 장애인 가구 수는 전 가구 수의 7.5%= 약 100만, 13가구당 1가구. 장애인에 대한 개념을 새로이 할 필요가 있다. 장애인은 결코 특별한 사람

일 수 없다. 거기다가 선천적 장애인보다 후천적 장애인이 몇 배 더 많다. 장애인은 육체적·정신적·영적 장애가 많다. 그들은 우리의 도움을 필요로 한다. 본문은 초대교회 부흥의 중대한 사건. 하체장애인 치유 사건. 역사적 사건이면서 상징적 의미를 주는 사건이다. (본문에 대한 간단한 설명)
【우산질문】 교회는 장애인들을 어떤 면에서 도와야 하는가?

【1대지】 복음의 능력으로 치유가 일어난다. 동시에 교회 식구들의 신체적 장애에 대한 관심이 필요함. 장애인을 위한 시설에 투자가 필요함(화장실, 계단, 엘리베이터, 의료시설 등). 장애인의 관점에서 생각하는 발상의 전환이 필요하다. 치유 기도회.
【2대지】 경제적으로 어려운 식구들, 이웃들에 대한 경제적 지원책 마련이 필요함. 장애인 취업 문제. 우리는 장애인 고용하는 일에 앞장서야 함.
【3대지】 사회적 장애에 대한 개념, 인식 전환의 필요성이 대두 됨. 장애인들의 낮은 자존감은 큰 문제이다. 장애인들의 입장에서 문제를 해결하려는 시도가 필요함. 장애인을 사회의 중심으로 끌어내는 노력이 필요하다. 교회는 대(對)사회적인 선도 기능을 회복해야 한다.
【결론】 인류에게 공헌한 인물 300명. 그중 1/4이 시각장애, 청각장애, 소아마비 등 신체적 장애자이다. 기도와 말씀으로만 아니라 구체적인 행동으로 이웃을 도우라. 복지국가, 장애인의 인권을 존중하는 사회를 선도하는 교회가 되어야 한다.

- 절기, 용도, 장르, 특징: 장애인의 날.
- Key Word: 장애인.
- Remarks:

본문 : **행 4:5~12**

제목 : **나사렛 예수의 이름 (The Name of Jesus Christ of Nazareth)**

5.이튿날 관리들과 장로들과 서기관들이 예루살렘에 모였는데 **6.**대제사장 안나스와 가야바와 요한
과 알렉산더와 및 대제사장의 문중이 다 참여하여 **7.**사도들을 가운데 세우고 묻되 너희가 무슨 권
세와 누구의 이름으로 이 일을 행하였느냐 **8.**이에 베드로가 성령이 충만하여 이르되 백성의 관리들
과 장로들아 **9.**만일 병자에게 행한 착한 일에 대하여 이 사람이 어떻게 구원을 받았느냐고 오늘 우
리에게 질문한다면 **10.**너희와 모든 이스라엘 백성들은 알라 너희가 십자가에 못 박고 하나님이 죽
은 자 가운데서 살리신 나사렛 예수 그리스도의 이름으로 이 사람이 건강하게 되어 너희 앞에 섰느니
라 **11.**이 예수는 너희 건축자들의 버린 돌로서 집 모퉁이의 머릿돌이 되었느니라 다른 이로써는 구
원을 받을 수 없나니 천하 사람 중에 구원을 받을 만한 다른 이름을 우리에게 주신 일이 없음이라 하
였더라

1. 병자를 건강하게 한 이름 (= 치유자 예수)

10절= "…하나님이 죽은 자 가운데서 살리신 나사렛 예수 그리스도의 이름으로 이 사람이 건강하게 되어 너희 앞에 섰느니라"

2. 구원 얻을 유일한 이름 (= 구원자 예수)

12절= "다른 이로서는 구원을 얻을 수 없나니 천하 인간에 구원을 얻을만한 다른 이름을 우리에게 주신 일이 없음이니라"

3. 베드로를 변화시킨 존귀한 이름 (= 존귀하신 예수)

10절= "…나사렛 예수 그리스도의 이름으로 이 사람이 건강하게 되어…"

◈◈◈

【대지 유형】 주제 설명형 - 본문 수집형 - 대지 병렬형

【주제】 예수님의 이름에는 치유자요 구원자요 존귀한 분이라는 의미가 가득하다.

【FCF】 교인 중 베드로처럼 예수님 때문에 확실히 변화된 성도를 보기 어려움.

【서론】 우리는 사도행전에 기록된 초대교회의 사건들을 읽을 때마다 가슴 설레는 감동을 받는다. 본문에는 사도들의 용감한 모습이 과장 없이 그려지고

있다. 어려운 상황에서 사도들이 보여주었던 용기는 참으로 놀랄만했다. 사도의 입을 통하여 최고 공회 앞에서 자랑스럽게 증거된 나사렛 예수의 이름!
【우산질문】 나사렛 예수의 이름이 어떤 이름이기에 겁쟁이 베드로가 이처럼 담대하게 이 이름을 선포하고 있는 것인가?

【1대지】 베드로가 이처럼 담대한 용기를 갖게 된 것은 나사렛 예수께서 모든 병을 치유하시는 능력을 가지신 분이라는 믿음을 가졌기 때문이다. 베드로에게는 성전 미문의 장애인이 말씀 한마디에 벌떡 일어난 것이 큰 일이 아니었다. 왜냐하면 예수의 이름 안에는 이보다 더 큰 능력이 얼마든지 있다는 사실을 익히 알고 있었기 때문이다.
【2대지】 '구원(소테리아)'은 '치유'와 '영혼 구원'이라는 두 가지 의미를 가지고 있다. 유사 이래 그리스도를 통하지 않고 영생의 길을 찾은 사람은 아무도 없다. 진리를 찾아 헤매던 수많은 사람은 결국 예수 그리스도의 십자가 밑에서 참 안식을 찾았고, 영생의 축복을 누릴 수 있었다.
【3대지】 예수 이름이 여러분에게 존귀한 이름으로 다가오는가? 베드로는 남들이 천시하던 나사렛 예수의 이름 속에서 놀라운 존엄성을 발견했고, 이 이름을 마음껏 자랑하고 있다. 이 이름은 베드로를 변화시킨 존귀한 이름이다.
【결론】 베드로와 요한이 가진 것이라고는 나사렛 예수의 이름밖에 없었다. 교회사 2000년에 많은 사람이 예수의 이름만 전해 주면 가난 속에서도, 죽어가면서도, 사랑과 감사와 찬송이 반석에 생수 터지듯 했다. 여러분은 나사렛 예수 이름의 권세를 경험해보신 적이 있나? 예수 이름 속에서 존귀하신 예수님을 발견하고, 그분을 위해 십자가를 지고 따르기로 결심해 본 적이 있는가?

- 절기, 용도, 장르, 특징:
- Key Word: 이름, 예수 이름.
- Remarks:

본문 : **행 4:5~21**

제목 : **우리 시대 가장 귀중한 사람들**
(The Most Valuable Men in Town)

5.이튿날 관리들과 장로들과 서기관들이 예루살렘에 모였는데 **6.**대제사장 안나스와 가야바와 요한
과 알렉산더와 및 대제사장의 문중이 다 참여하여 **7.**사도들을 가운데 세우고 묻되 너희가 무슨 권세
와 누구의 이름으로 이 일을 행하였느냐 **8.**이에 베드로가 성령이 충만하여 이르되 백성의 관리들과
장로들아 **9.**만일 병자에게 행한 착한 일에 대하여 이 사람이 어떻게 구원을 받았느냐고 오늘 우리
에게 질문한다면 **10.**너희와 모든 이스라엘 백성들은 알라 너희가 십자가에 못 박고 하나님이 죽은
자 가운데서 살리신 나사렛 예수 그리스도의 이름으로 이 사람이 건강하게 되어 너희 앞에 섰느니라
11.이 예수는 너희 건축자들의 버린 돌로서 집 모퉁이의 머릿돌이 되었느니라 **12.**다른 이로써는 구
원을 받을 수 없나니 천하 사람 중에 구원을 받을 만한 다른 이름을 우리에게 주신 일이 없음이라 하
였더라 **13.**그들이 베드로와 요한이 담대하게 말함을 보고 그들을 본래 학문 없는 범인으로 알았다
가 이상히 여기며 또 전에 예수와 함께 있던 줄도 알고 **14.**또 병 나은 사람이 그들과 함께 서 있는 것
을 보고 비난할 말이 없는지라 **15.**명하여 공회에서 나가라 하고 서로 의논하여 이르되 **16.**이 사람
들을 어떻게 할까 그들로 말미암아 유명한 표적 나타난 것이 예루살렘에 사는 모든 사람에게 알려졌
으니 우리도 부인할 수 없는지라 **17.**이것이 민간에 더 퍼지지 못하게 그들을 위협하여 이 후에는 이
이름으로 아무에게도 말하지 말게 하자 하고 **18.**그들을 불러 경고하여 도무지 예수의 이름으로 말
하지도 말고 가르치지도 말라 하니 **19.**베드로와 요한이 대답하여 이르되 하나님 앞에서 너희의 말
을 듣는 것이 하나님의 말씀을 듣는 것보다 옳은가 판단하라 **20.**우리는 보고 들은 것을 말하지 아니
할 수 없다 하니 **21.**관리들이 백성들 때문에 그들을 어떻게 처벌할지 방법을 찾지 못하고 다시 위협
하여 놓아 주었으니 이는 모든 사람이 그 된 일을 보고 하나님께 영광을 돌림이라

1. 사도들은 구주에 대해 무지하지 않았음 (= 예수 그리스도에 대한 지식과 믿음이 충만해야 함)

10절= "너희와 모든 이스라엘 백성들은 알라 너희가 십자가에 못 박고 하나님이 죽은 자 가운데서 살리신 나사렛 예수 그리스도의 이름으로 이 사람이 건강하게 되어 너희 앞에 섰느니라"

2. 사도들은 성경에 관하여도 무지하지 않았음 (= 성경에 관한 지식과 믿음이 충만해야 함)

11절= "이 예수는 너희 건축자들의 버린 돌로서 집 모퉁이의 머릿돌이 되었느니라"

3. 사도들은 구원에 관해 무지하지 않았음 (= 구원에 관한 지식과 믿음이 충만해야 함)

12절= "다른 이로써는 구원을 받을 수 없나니 천하 사람 중에 구원을 받을 만한 다른 이름을 우리에게 주신 일이 없음이라 하였더라"

◈◈◈

【대지 유형】 주제 적용형 – 본문 분석형 – 대지 연결형

【주제】 이 세상을 변화시킬 수 있는 사람들은 예수님과 성경과 구원에 관해 충만한 지식과 믿음을 가진 사람들이다.

【FCF】 많은 사람이 예수님, 성경 말씀, 구원의 진리보다 다른 것들에 더 중요성을 부과하고 있음.

【서론】 초대교회 당시 당국자들의 눈에 비친 사도들의 모습은 '귀중한 사람들'과는 거리가 멀었다. 13절. 당시 온 세상은 사도들을 업신여겼지만 사도들이야말로 그 땅에서 가장 귀중한 일을 이룬 사람들이었다. 세상을 변화시킨 소수의 사람들!

【우산질문】 그들이 그토록 놀라운 영향을 끼치는 사람들이 될 수 있었던 비결은 무엇인가?

【1대지】 사도들은 예수님과 함께 생활했다. 이 세상은 예수님과 동행하는 사람들을 필요로 하고 있다. 두 사도가 당시 당국자들에게는 이상한 존재로 보였던 것은 그들 속에 거하신 예수님의 능력 때문이었다. 하나님은 완전히 헌신한 종들을 사용하신다.

【2대지】 '건축자들의 버린 돌'= 시 118:22의 인용이다. 성경 인용을 탁월하게 한 사도. 사도들은 세상 지식은 부족했으나 바로 그 책(성경)을 정확히 알았다. 사람들의 어리석음은 하나님 말씀을 등한시하는 데서 나타난다. 시 111:10= "여호와를 경외함이 곧 지혜의 근본이라."

【3대지】 '구원'-대단히 중요한 단어이다. 여기엔 치유와 구원의 두 가지 뜻이 담겨 있다. 성경의 위대한 인물들(노아, 아브라함, 모세)은 구원에 관해 잘 알고 있었다. 확신에 찬 사도들의 모습을 보라.

【결론】 사도들은 당시 여러 사람의 평가와는 달리 세상을 변화시키는 일에 크게 사용된 가장 귀중한 사람들이 되었다. 여러분도 이 시대 가장 귀중한 사람이 될 수 있다. 주님은 지금 이런 사람들을 간절히 찾고 있다.

- 절기, 용도, 장르, 특징:
- Key Word: 일꾼, 제자, 제자도.
- Remarks:

본문 : **행 4:12**

제목 : **예수 그리스도의 유일성 (Jesus Is Unique)**

12.다른 이로써는 구원을 받을 수 없나니 천하 사람 중에 구원을 받을 만한 다른 이름을 우리에게 주신 일이 없음이라 하였더라

1. 예수님의 비할 수 없이 위대한 영향력: "천하 사람 중에"

2. 예수님의 비할 수 없이 심오한 가르침: "다른 이로써는 구원을 받을 수 없나니"

3. 예수님의 비할 수 없이 균형 잡힌 인격: "천하 사람 중에 구원을 받을 만한"

◈◈◈

【대지 유형】 주제 함축형 - 본문 묵상형 - 대지 병렬형
【주제】 예수님은 인류 구원에 미친 영향력이나 가르침, 인격 면에서 타의 추종을 불허하는 유일하신 구원자이시다.
【FCF】 교인 중에도 예수님의 가르침 속에 있는 역설을 진정으로 깨닫는 사람이 많지 않음.

【서론】 성경이 예언하고 있는 종말 시대의 큰 특징 중 하나는 주류 교회의 배도(背道) 현상이다(살후 2:3). 이 시대 배도의 기운은 종교다원주의를 통해 하나님의 교회 안으로 무섭게 침투되고 있다. 이럴 때일수록 우리는 오직 예수 신앙으로 무장해야 한다. 예수 그리스도만이 우리의 유일한 길이요 진리요 생명임을 더욱 확신해야 한다. 혼합 주의의 위험성을 알아야. 무엇이 예수님을 특별하게 만드는가? 수많은 위대한 종교적 천재들이 있는데 왜 유독 예수님인가?
【우산질문】 말씀을 통하여 예수님의 유일성을 확신하자. 종교다원주의에 맞서 싸우는 영적 전투에서 오직 예수 신앙으로 승리자가 되자.

【1대지】 예수님에 관한 원본의 기록은 엄청난 수의 사본으로 남겨졌다. 5,000

개 이상의 헬라어 사본들과 10,000개 이상의 라틴어 사본, 그리고 9,300개의 다른 언어로 기록된 사본들이 있으며, 교부들의 글 속에 36,000개 이상의 인용 구절이 있다. 인류 역사에 이런 기록에 근처에나마 갈 수 있는 사람은 아무도 없다. 누가 각 세대의 남자와 여자, 심지어 어린이를 근본적으로 변화시킨 예수님의 영향력과 맞설 수 있나?

【2대지】 예수님은 자신을 영접하는 것이 하나님을 영접하는 것이며(마 10:40), 자신을 본 사람은 하나님을 본 것(요 14:9)이라고 말씀하셨다. 충격적인 것은 예수께서 자신이 죄를 용서할 수 있는 분임을 주장하신 점이다. 특이한 주장은 언젠가 그가 세상을 심판하시리라는 것.

【3대지】 예수님은 어떤 사람도 제시할 수 없는 가장 높은 수준의 삶을 가르치셨다. 그리고 그 모든 것을 스스로 지키셨다. 예수님을 매우 잘 알고 있었던 사람들에 의해 기록된 신약의 증언은 분명하다. 예수님은 완전한 삶을 사셨다. 우리는 '예수님이 잘못을 사과했다' 또는 '예수님이 잘못을 인정했다'라는 말을 결코 찾을 수 없다.

【결론】 예수 그리스도는 우리의 유일한 구주요 주님이시다. "다른 이로써는 구원을 받을 수 없나니 천하 사람 중에 구원을 받을 만한 다른 이름을 우리에게 주신 일이 없음이라 하였더라"

- 절기, 용도, 장르, 특징: 전도용 설교, 오이코스전도주일.
- Key Word: 유일성.
- Remarks:

본문 : **행 4:13~22**

제목 : **황금의 입마개**

(The Power of Gospel Dominating Enemies)

13.그들이 베드로와 요한이 담대하게 말함을 보고 그들을 본래 학문 없는 범인으로 알았다가 이상히
여기며 또 전에 예수와 함께 있던 줄도 알고 **14.**또 병 나은 사람이 그들과 함께 서 있는 것을 보고 비
난할 말이 없는지라 **15.**명하여 공회에서 나가라 하고 서로 의논하여 이르되 **16.**이 사람들을 어떻게
할까 그들로 말미암아 유명한 표적 나타난 것이 예루살렘에 사는 모든 사람에게 알려졌으니 우리도
부인할 수 없는지라 **17.**이것이 민간에 더 퍼지지 못하게 그들을 위협하여 이 후에는 이 이름으로 아
무에게도 말하지 말게 하자 하고 **18.**그들을 불러 경고하여 도무지 예수의 이름으로 말하지도 말고
가르치지도 말라 하니 **19.**베드로와 요한이 대답하여 이르되 하나님 앞에서 너희의 말을 듣는 것이
하나님의 말씀을 듣는 것보다 옳은가 판단하라 **20.**우리는 보고 들은 것을 말하지 아니할 수 없다 하
니 **21.**관리들이 백성들 때문에 그들을 어떻게 처벌할지 방법을 찾지 못하고 다시 위협하여 놓아 주
었으니 이는 모든 사람이 그 된 일을 보고 하나님께 영광을 돌림이라 **22.**이 표적으로 병 나은 사람
은 사십여 세나 되었더라

1. 학문 없는 사도들이 담대하게 복음을 전파했음 (= 논리적이며 담대한 말씀 선포)

13절= "그들이 베드로와 요한이 담대하게 말함을 보고 그들을 본래 학문 없는 범인으로 알았다가 이상히 여기며"

2. 병 나은 사람이 사도들과 함께 있는 것을 보았음 (= 치유의 능력 입증)

14절= "또 병 나은 사람이 그들과 함께 서 있는 것을 보고 비난할 말이 없는지라"

3. 사도들은 그들의 위협에도 굴하지 않았음 (= 오직 예수 신앙의 당당함)

18절= "그들을 불러 경고하여 도무지 예수의 이름으로 말하지도 말고 가르치지도 말라 하니"

19~20절= "베드로와 요한이 대답하여 이르되 ... 우리는 보고 들은 것을 말하지 아니할 수 없다 하니"

◈◈◈

【대지 유형】 이유 제시형 - 본문 수집형 - 대지 병렬형

【주제】 (석의) 거짓 종교인들은 참 제자들의 담대한 행동과 표적에 비난할 말

을 잃었다.
【FCF】 많은 교인이 반대세력 앞에 담대하지 못하고 비겁함을 보임.

【서론】 이 땅= 영적 싸움터, 선과 악의 싸움(하나님 나라-사탄왕국, 빛의 세력-어둠의 세력). 이 싸움은 갈수록 치열해지고 있다. 초대교회는 특히 격렬한 싸움에 직면했다. 행 4장에서 그 좋은 예를 본다. 14절, "…비난할 말이 없는지라"
【우산질문】 그들이 사도들에게 비난할 말이 없게 된 것은 어떤 이유에서인가?

【1대지】 당시의 거짓 종교인들은 사도들의 가르침을 싫어했음. 그들은 생각하고 가르치는 것을 자기들의 고유 권한으로 생각했다. 12절= 사도들의 담대한 선포. 거짓 종교인들의 보잘것없는 지식, 능력 - 예수 그리스도 이름의 위대한 권세와의 영적 싸움.
【2대지】 21절, 22절. 비난할 말이 없다= '황금의 입마개'라 할 수 있다. 너무나 확실한 증거, 너무나 당당한 용기. 이것이 우리에게 필요하다. 종교인들은 시인도 부인도 못 하는 비겁한 자들이었다. "이 사람들을 어떻게 할꼬?"- 어둠에 속한 자들의 공통적인 특징이다.
【3대지】 참 용기의 표본인 사도들의 모습(19~20절). 얼마 전과 엄청나게 달라진 사도들= 어떻게 그런 일이 가능한가? 해답은 오직 하나, 약속의 성령이 오셨다! 그들에게 능력을 입히셨다. 주님의 교훈을 생각나게 하셨고, 예수 이름의 권세를 확신하게 하셨고, 보고 들은 것을 기억나게 하셨다.
【결론】 우리 주변에 일어나고 있는 엄청난 싸움. 여러분은 "황금의 입마개"를 경험해 보았는가? 마귀의 입에 재갈을 물려봤는가? 주변 사람들에게 멋있게 외쳐본 적 있는가? 이를 위해 Be with Jesus!

- 절기, 용도, 장르, 특징:
- Key Word: 담대함.
- Remarks:

본문 : **행 4:23~32**

제목 : **한마음으로 소리 높여 드리는 기도**
(Lifting Voice with One Mind)

23.사도들이 놓이매 그 동료에게 가서 제사장들과 장로들의 말을 다 알리니 **24.**그들이 듣고 한마음
으로 하나님께 소리를 높여 이르되 대주재여 천지와 바다와 그 가운데 만물을 지은 이시요 **25.**또 주
의 종 우리 조상 다윗의 입을 통하여 성령으로 말씀하시기를 어찌하여 열방이 분노하며 족속들이 허
사를 경영하였는고 **26.**세상의 군왕들이 나서며 관리들이 함께 모여 주와 그의 그리스도를 대적하도
다 하신 이로소이다 **27.**과연 헤롯과 본디오 빌라도는 이방인과 이스라엘 백성과 합세하여 하나님께
서 기름 부으신 거룩한 종 예수를 거슬러 **28.**하나님의 권능과 뜻대로 이루려고 예정하신 그것을 행
하려고 이 성에 모였나이다 **29.**주여 이제도 그들의 위협함을 굽어보시옵고 또 종들로 하여금 담대
히 하나님의 말씀을 전하게 하여 주시오며 **30.**손을 내밀어 병을 낫게 하시옵고 표적과 기사가 거룩
한 종 예수의 이름으로 이루어지게 하옵소서 하더라 **31.**빌기를 다하매 모인 곳이 진동하더니 무리
가 다 성령이 충만하여 담대히 하나님의 말씀을 전하니라 **32.**믿는 무리가 한마음과 한 뜻이 되어 모
든 물건을 서로 통용하고 자기 재물을 조금이라도 자기 것이라 하는 이가 하나도 없더라

1. 합심기도의 시기: 박해 앞에서 주님의 도우심이 간절히 필요할 때

23~24절= "사도들이 놓이매 그 동료에게 가서 제사장들과 장로들의 말을 다 알리니 그들이 듣고 한마음으로 하나님께 소리를 높여 이르되…"

2. 합심기도의 내용: 신앙 고백과 주님의 도우심 간구

29~30절= "주여 이제도 그들의 위협함을 굽어보시옵고 또 종들로 하여금 담대히 하나님의 말씀을 전하게 하여 주시오며 손을 내밀어 병을 낫게 하시옵고 표적과 기사가 거룩한 종 예수의 이름으로 이루어지게 하옵소서"

3. 합심기도의 결과: 회중의 성령 충만과 영적 성장

31절= "빌기를 다하매 모인 곳이 진동하더니 무리가 다 성령이 충만하여 담대히 하나님의 말씀을 전하니라"

◈◈◈

【대지 유형】 주제 함축형 - 본문 묶음형 - 대지 진전형

【주제】 박해 앞에 노출된 성도들이 합심기도하여 주님의 능력을 받다.

【FCF】 진정한 합심기도에 대한 이해가 부족한 현대교회 회중.

【서론】 하나님의 눈에 가장 아름다운 모임은 성도들의 모임, 특히 성도들이 한마음으로 찬양하고 기도할 때임. 초대교회는 이 점에서 우리에게 귀감이 된다. 본문은 초기 성도들의 참된 신앙의 자세.
【우산질문】 본문에서 초대교회 성도들의 모범적인 합심기도를 살펴보고 본받자.

【1대지】 당시 무서운 박해 앞에 노출된 초대교회, 특히 지도자들 앞에 불어닥친 핍박의 광풍. 사도들과 성도들의 교제. 그들은 혼자가 아니라 공동체로 핍박에 맞섰다. 한마음 한뜻의 공동체. "한마음으로 하나님께 소리를 높여 이르되…" 기도의 형태보다 참여자들의 마음 일치에 강조점을 두고 있다. 훌륭한 지도자들과 훌륭한 성도들이 부럽다!
【2대지】 신앙고백의 내용: 대주재이신 하나님, 현실인식= 하나님의 뜻대로, 하나님의 섭리를 인식. 간구의 내용: 위협받음을 하감하시고, 담대히 하나님 말씀 전하게, 손을 내밀어 병을 낫게, 표적과 기사가 예수 이름으로 일어나게 하옵소서. 하나님의 권능과 예수 이름의 권세에 대한 인정과 신뢰.
【3대지】 무리에게 경외의 심정을 주심. 무리가 다 성령 충만하게 됨. 성도들의 성장된 모습(32절).
【결론】 여러분은 정말 합심기도의 능력을 믿는가? 지금이야말로 기도할 때이다.

- 절기, 용도, 장르, 특징:
- Key Word: 합심기도.
- Remarks:

본문 : **행 4:31~35**

제목 : **역동적인 초대교회의 모습 (The Year of New Beginnings)**

31.빌기를 다하매 모인 곳이 진동하더니 무리가 다 성령이 충만하여 담대히 하나님의 말씀을 전하니
라 **32.**믿는 무리가 한마음과 한 뜻이 되어 모든 물건을 서로 통용하고 자기 재물을 조금이라도 자기
것이라 하는 이가 하나도 없더라 **33.**사도들이 큰 권능으로 주 예수의 부활을 증언하니 무리가 큰 은
혜를 받아 **34.**그 중에 가난한 사람이 없으니 이는 밭과 집 있는 자는 팔아 그 판 것의 값을 가져다가
35.사도들의 발 앞에 두매 그들이 각 사람의 필요를 따라 나누어 줌이라

1. 함께 모여 기도하였더니 모인 곳이 진동하였음 (= 합심기도와 응답)

31절= "빌기를 다하매 모인 곳이 진동하더니…"

2. 무리가 다 성령이 충만하였음 (= 성령 충만)

31절= "…무리가 다 성령이 충만하여…"

3. 사도들이 큰 권능으로 주 예수의 부활을 증언함 (= 능력 전도)

33절= "사도들이 큰 권능으로 주 예수의 부활을 증언하니 무리가 큰 은혜를 받아"

◈◈◈

【대지 유형】 주제 증명형 - 본문 분석형 - 대지 심화형

【주제】 초대교회는 기도 응답과 성령 충만, 그리고 능력 전도 면에서 모범적인 교회였다.

【FCF】 많은 교회가 초대교회의 역동적인 모습에서 멀리 떨어져 있음.

【서론】 새해는 새로이 시작하기 좋은 기회= 문자 그대로 新年이 되도록 해야겠음. 초대 교회는 우리의 모범= 저들의 성령체험, 역동적 사역, 순교적 자세 등. 그리고 행 2장의 오순절 성령 강림 사건, 4장의 대 부흥 사건 등. 새해는 초대교회를 닮아 개인과 교회의 새로운 시작의 해로 만들자!

【우산질문】 본문에서 역동적인 초대교회의 모습을 통해 새해 우리 교회의 시작을 설계하자.

【1대지】 초대 예루살렘 교회는 대 부흥과 큰 이적을 경험했다. 당국자들의 시기와 질투. 사도 베드로와 요한의 투옥과 석방 사건, 그리고 성도들의 합심 통성 기도. 기도회 위에 임한 하나님의 역사= "빌기를 다하매 모인 곳이 진동하더니." 새해는 교회 공동체가 기도 응답을 현저히 경험하는 해로 만들어야겠다. 우리 하나님은 성도들이 함께 모여 기도하는 장소에 관심 많으심. 개인의 기도 골방에서 주님과의 긴밀한 교제= 풍성한 응답. 교회 공동체의 합심기도회= 한 마음, 한 가치관을 세우는 계기= 기도 응답을 크게 받는 새해로 만들자.

【2대지】 예루살렘 교회 성도들은 한곳에 모여 간절한 마음으로 합심기도함= 모인 곳이 흔들릴 뿐 아니라 모든 사람이 성령으로 충만하게 됨. 새해는 온 교회 성도들이 성령 충만한 삶을 사는 해로 만들어야겠다. 그런데 성령 충만에 대한 오해 많음. 성령 충만= 성령의 부으심= 성령께서 나의 모든 내면을 지배함. 나의 생각, 의지, 감정은 성령에 의해 지배당함= 그분의 뜻에 순종. 주님의 뜻이 나의 뜻이 되고 주님의 가치관이 나의 가치관이 되는 변화가 일어남. 성령 충만은 성경이 제시하는 참 성도가 되기 위해 필수적임.

【3대지】 성령 충만함을 받은 사도들은 더욱 열심히 부활의 복음을 증거함= 무리가 큰 은혜를 받고 놀라운 부흥이 일어남. 새해는 온 교회가 빚진 자의 마음으로 능력 있게 복음을 전파하는 해로 삼아야 함. 복음 전파는 교회의 최우선의 사역= 마땅히 해야 할 일이다. 주님의 사도들은 복음 전파를 위해 생명을 아끼지 않음= 모두 순교의 길로 나감. 현대교회에서 가장 부족한 것이 바로 구령의 열정이다. 열정이 부족하니 증거하는 말에도 능력 부족= 다른 것으로 채우려 함(각종 프로그램, 그림, 영상, 연극, 노래 등등). 회복해야 한다! 큰 권능으로 복음을 증거하는 본래의 모습을!

【결론】 오늘날 한국교회에 절실히 필요한 것이 성령 충만의 체험이다. 새해는 기도 응답의 신기원을 이루는 해로, 성령 충만의 신기원을 이루는 해로, 복음전파의 신기원을 이루는 해로!

- **절기, 용도, 장르, 특징:** 신년설교, 교회 비전.
- **Key Word:** 교회의 역동성.
- **Remarks:**

본문 : **행 5:1~11**

제목 : **아나니아 부부 사건 기록을 삽입한 이유**

1.아나니아라 하는 사람이 그의 아내 삽비라와 더불어 소유를 팔아 **2.**그 값에서 얼마를 감추매 그 아내도 알더라 얼마만 가져다가 사도들의 발 앞에 두니 **3.**베드로가 이르되 아나니아야 어찌하여 사탄이 네 마음에 가득하여 네가 성령을 속이고 땅 값 얼마를 감추었느냐 **4.**땅이 그대로 있을 때에는 네 땅이 아니며 판 후에도 네 마음대로 할 수가 없더냐 어찌하여 이 일을 네 마음에 두었느냐 사람에게 거짓말한 것이 아니요 하나님께로다 **5.**아나니아가 이 말을 듣고 엎드러져 혼이 떠나니 이 일을 듣는 사람이 다 크게 두려워하더라 **6.**젊은 사람들이 일어나 시신을 싸서 메고 나가 장사하니라 **7.**세 시간쯤 지나 그의 아내가 그 일어난 일을 알지 못하고 들어오니 **8.**베드로가 이르되 그 땅 판 값이 이것뿐이냐 내게 말하라 하니 이르되 예 이것뿐이라 하더라 **9.**베드로가 이르되 너희가 어찌 함께 꾀하여 주의 영을 시험하려 하느냐 보라 네 남편을 장사하고 오는 사람들의 발이 문 앞에 이르렀으니 또 너를 메어 내가리라 하니 **10.**곧 그가 베드로의 발 앞에 엎드러져 혼이 떠나는지라 젊은 사람들이 들어와 죽은 것을 보고 메어다가 그의 남편 곁에 장사하니 **11.**온 교회와 이 일을 듣는 사람들이 다 크게 두려워하니라

1. 아나니아 부부가 땅 판 돈 얼마를 숨긴 것 때문이 아님(= 돈 문제가 주 이슈가 아님)

4절= "땅이 그대로 있을 때에는 네 땅이 아니며 판 후에도 네 마음대로 할 수가 없더냐…"

2. 그들이 하나님을 속인 것 때문만은 아님 (= 위선과 명예욕만이 아님)

4절= "…어찌하여 이 일을 네 마음에 두었느냐 사람에게 거짓말한 것이 아니요 하나님께로다"

3. 그들의 죽음으로 온 교회가 크게 두려워했다고 함 (= 교회는 공동체임을 강조)

11절= "온 교회와 이 일을 듣는 사람들이 다 크게 두려워하니라"

◈◈◈

【대지 유형】 이유 제시형 - 본문 묵상형 - 대지 반전형

【주제】 아나니아 부부 사건을 초대교회 부흥의 기록 중에 삽입한 것은 교회가 공동체임을 강조하기 위함이다.

【FCF】 교회의 공동체성을 무시하거나 외면하는 개인주의 풍조 만연.

【서론】 아나니아 부부의 참사 사건은 오순절 부흥의 불길에 찬물을 끼얹는 사건이다. 사도들의 이적과 초대교회의 3000명, 5000명 성장의 위력과 영향력을 생각해보라. 그런 와중에 아나니아 부부 사건을 굳이 사도행전 기록에 넣은 데는 무언가 중요한 이유가 있다.
【우산질문】 누가는 왜 이 본문을 사도행전에 끼워 넣었을까?

【1대지】 돈 문제는 오늘 교회들의 분쟁의 주된 이유 중 하나임. 사회로부터 지탄받는 이유이기도 함.
【2대지】 위선, 명예욕 또한 교회 분쟁의 주요 이유이다. 그러나 전체적인 맥락에서 보면 그것이 가장 중요한 것은 아니다.
【3대지】 저자가 "온 교회"란 표현을 처음으로 쓰고 있음. 누가는 여기서 새 용어 'church'를 '믿는 자들의 커뮤니티'란 개념으로 도입. 누가는 이 비극적인 사건을 통해 오히려 교회 공동체를 세우게 되었다고 기술한다.
【결론】 주님의 몸 된 교회. 성도들의 모임인 교회를 사랑하자. 공동체의 일원으로 기꺼이 참여하자.

- 절기, 용도, 장르, 특징:
- Key Word: 교회 공동체.
- Remarks:

본문 : **행 5:26~32**

제목 : **성령 충만하면 (When the Holy Spirit comes on you)**

26.성전 맡은 자가 부하들과 같이 가서 그들을 잡아왔으나 강제로 못함은 백성들이 돌로 칠까 두려워
함이더라 **27.**그들을 끌어다가 공회 앞에 세우니 대제사장이 물어 **28.**이르되 우리가 이 이름으로 사
람을 가르치지 말라고 엄금하였으되 너희가 너희 가르침을 예루살렘에 가득하게 하니 이 사람의 피
를 우리에게로 돌리고자 함이로다 **29.**베드로와 사도들이 대답하여 이르되 사람보다 하나님께 순종
하는 것이 마땅하니라 **30.**너희가 나무에 달아 죽인 예수를 우리 조상의 하나님이 살리시고 **31.**이스
라엘에게 회개함과 죄 사함을 주시려고 그를 오른손으로 높이사 임금과 구주로 삼으셨느니라 **32.**우
리는 이 일에 증인이요 하나님이 자기에게 순종하는 사람들에게 주신 성령도 그러하니라 하더라

1. 사람이나 세상을 두려워하지 않음 (= 담대해짐)

29절= "베드로와 사도들이 대답하여 이르되 사람보다 하나님께 순종하는 것이 마땅하니라"

2. 표적과 기사가 나타남 (= 초자연적 은사)

15절= "심지어 병든 사람을 메고 거리에 나가 침대와 요 위에 누이고 베드로가 지날 때에 혹 그의 그림자라도 누구에게 덮일까 바라고"

16절= "예루살렘 부근의 수많은 사람들도 모여 병든 사람과 더러운 귀신에게 괴로움 받는 사람을 데리고 와서 다 나음을 얻으니라"

3. 복음을 강력히 전파함 (= 놀라운 전도의 열매)

28절= "…너희가 너희 가르침을 예루살렘에 가득하게 하니…"

◈◈◈

【대지 유형】 주제 증명형 - 본문 수집형 - 대지 심화형

【주제】 성령 충만한 사도들은 담대하게 복음을 전하며 수많은 표적과 기사를 나타내었다.

【FCF】 신앙인 중 성령 충만한 성도에게 나타나는 표적을 경험하는 사람이 희귀함.

【서론】 '땅끝까지 이르러 증인이 되라.' 왜 예수님은 도무지 될 것 같지도 않은 일을 이처럼 엄숙하게, 그것도 유언처럼 말씀하셨을까? 이 난제를 푸는 열

쇠가 있다. 바로 성령으로 충만해지는 것.

【우산질문】 성령 충만한 제자들은 어떤 사람들이었나? 그들의 모습은 성령 충만함을 나타내고 있나? 오늘 우리가 성령 충만하면 어떤 성도가 될까?

【1대지】 성령 충만한 사도들이 그러했던 것처럼 성도가 성령 충만해지면 담대해진다. 사람을 두려워하지 않고 부끄러워하지 않는다. 세상을 두려워하지 않는다. 사탄이 아무리 아우성을 쳐도 성령 충만하면 능히 사탄의 세력을 짓밟고 승리할 수 있다.

【2대지】 성령 충만한 사도들은 참으로 놀라운 일을 행했다. 그들에게 몰려온 '병든 사람들'과 '더러운 귀신에게 괴로움 받는 사람들'이 모두 나음을 얻었다. 사도들의 치유 능력은 육체적 질병의 영역뿐 아니라 정신적 영적 질병의 영역까지에도 강력하게 나타났다. 우리도 사도들처럼 성령 충만하고, 사도들처럼 믿음과 충성심을 갖추면 주님의 영광을 나타낼 것이다(요 14:21).

【3대지】 성령 충만한 사도들은 복음을 강력히 전파했다. 그들의 사역에는 놀라운 전도의 열매가 맺혔다. 영적으로 매우 강팍한 예루살렘에 역사상 처음으로 집단적인 회심이 일어났다. C.S. 루이스의 말처럼 '회개하라'는 말은 그 사람을 향해 죽으라는 말과 같다. 즉 죽음을 각오하라는 말인데, 누가 감히 사람들에게 '너의 칼을 내려놓고 하나님 앞에 무릎 꿇고 죽으라'고 말할 수 있겠는가? 그런데 성령 충만하면 그런 일들이 실제로 일어난다.

【결론】 남의 일이 아니다. 예수님의 가장 큰 명령을 공공연히 거역하면서 예수 잘 믿는 것처럼, 신앙생활 잘하는 것처럼 착각하지 말자. 우리 모두 성령 충만하자.

- 절기, 용도, 장르, 특징: 성령강림절.
- Key Word: 성령, 성령 충만.
- Remarks:

본문 : **행 6:8~15; 7:54~60**

제목 : **천사의 얼굴을 가진 사람**

8.스데반이 은혜와 권능이 충만하여 큰 기사와 표적을 민간에 행하니 **9.**이른 바 자유민들 즉 구레네인, 알렉산드리아인, 길리기아와 아시아에서 온 사람들의 회당에서 어떤 자들이 일어나 스데반과 더불어 논쟁할새 **10.**스데반이 지혜와 성령으로 말함을 그들이 능히 당하지 못하여 **11.**사람들을 매수하여 말하게 하되 이 사람이 모세와 하나님을 모독하는 말을 하는 것을 우리가 들었노라 하게 하고 **12.**백성과 장로와 서기관들을 충동시켜 와서 잡아가지고 공회에 이르러 **13.**거짓 증인들을 세우니 이르되 이 사람이 이 거룩한 곳과 율법을 거슬러 말하기를 마지 아니하는도다 **14.**그의 말에 이 나사렛 예수가 이 곳을 헐고 또 모세가 우리에게 전하여 준 규례를 고치겠다 함을 우리가 들었노라 하거늘 **15.**공회 중에 앉은 사람들이 다 스데반을 주목하여 보니 그 얼굴이 천사의 얼굴과 같더라 …… **7:54.**그들이 이 말을 듣고 마음에 찔려 그를 향하여 이를 갈거늘 **55.**스데반이 성령 충만하여 하늘을 우러러 주목하여 하나님의 영광과 및 예수께서 하나님 우편에 서신 것을 보고 **56.**말하되 보라 하늘이 열리고 인자가 하나님 우편에 서신 것을 보노라 한대 **57.**그들이 큰 소리를 지르며 귀를 막고 일제히 그에게 달려들어 **58.**성 밖으로 내치고 돌로 칠새 증인들이 옷을 벗어 사울이라 하는 청년의 발 앞에 두니라 **59.**그들이 돌로 스데반을 치니 스데반이 부르짖어 이르되 주 예수여 내 영혼을 받으시옵소서 하고 **60.**무릎을 꿇고 크게 불러 이르되 주여 이 죄를 그들에게 돌리지 마옵소서 이 말을 하고 자니라

1. 스데반은 은혜와 지혜, 성령 충만하였음 (= 믿음과 성령이 충만한 사람)

8절= "스데반이 은혜와 권능이 충만하여 큰 기사와 표적을 민간에 행하니"
10절= "스데반이 지혜와 성령으로 말함을 그들이 능히 당하지 못하여"

2. 스데반은 하늘이 열린 것을 보았음 (= 하나님 나라를 바라보며 사는 사람)

55절= "스데반이 성령 충만하여 하늘을 우러러 주목하여 하나님의 영광과 및 예수께서 하나님 우편에 서신 것을 보고"
56절= "말하되 보라 하늘이 열리고 인자가 하나님 우편에 서신 것을 보노라 한대"

3. 자신을 돌로 치는 사람들을 위해 기도함 (= 사랑과 용서의 사람)

59절= "그들이 돌로 스데반을 치니 스데반이 부르짖어 이르되 주 예수여 내 영혼을 받으시옵소서 하고"
60절= "무릎을 꿇고 크게 불러 이르되 주여 이 죄를 그들에게 돌리지 마옵소서 이 말을 하고 자니라"

◈◈◈

【대지 유형】 주제 설명형 - 본문 수집형 - 대지 연결형
【주제】 스데반의 얼굴이 천사의 모습이었던 것은 그가 믿음과 성령이 충만하고 사랑과 용서의 영으로 충만하며 하나님 나라를 바라보며 산 사람이었기 때문이다.
【FCF】 우리 중 누가 스데반의 수준으로 주님 나라를 사모하고 있을까?

【서론】 사람의 얼굴은 그 사람의 마음을 비추는 거울이다. 15절= "공회 중에 앉은 사람들이 다 스데반을 주목하여 보니 그 얼굴이 천사의 얼굴과 같더라." 그의 얼굴에 반영되어 나타나는 그의 성품과 신앙과 삶이 마치 천사의 그것과 같았다.
【우산질문】 집사 스데반은 어떤 사람인가? 어떻게 해야 우리의 얼굴이 그런 얼굴이 될 수 있을까?

【1대지】 성도에게 나타나는 천사의 얼굴은 진실한 믿음과 충만한 성령의 결과이다. 스데반의 처지는 그런 얼굴을 하기 어려운 처지였다. 그러나 그의 얼굴에는 전혀 두려움이 없었다. 그에게는 예수 그리스도에 대한 확고한 믿음이 있었다.
【2대지】 공회 앞에서 담대한 스데반, 그를 향하여 이를 갈며 적대감을 드러내는 무리. 하늘이 열리는 체험, 인자가 우편에 서신 것을 봄. 그는 예수님의 고난과 승천의 의미를 알고 있었다. 그는 하나님 나라 역사에 매우 정통한 지식을 갖고 있었다. '무엇을 보고 무엇을 생각하느냐'가 그의 얼굴 모습까지 변화시킨다. 골 3:1~3.
【3대지】 스데반 순교 장면에 나타난 사랑과 용서의 모습. "주여, 이 죄를 저들에게 돌리지 마소서." 돌을 던지는 자들의 잔인한 얼굴과 천사와 같은 스데반의 얼굴= 기막힌 대조.
【결론】 여러분은 지금 어떤 얼굴로 살아가고 있나? 내 얼굴이 천사의 얼굴로 변하게 되는 과정에 걸림돌이 무엇인가? 우리 주님은 갈보리 십자가를 통하여 우리의 영원한 모범이 되셨다.

- 절기, 용도, 장르, 특징:
- Key Word: 천사의 얼굴.
- Remarks:

본문 : **행 8:1~8**

제목 : **사마리아 성의 전도자 빌립**

1.사울은 그가 죽임 당함을 마땅히 여기더라 그 날에 예루살렘에 있는 교회에 큰 박해가 있어 사도 외에는 다 유대와 사마리아 모든 땅으로 흩어지니라 **2.**경건한 사람들이 스데반을 장사하고 위하여 크게 울더라 **3.**사울이 교회를 잔멸할새 각 집에 들어가 남녀를 끌어다가 옥에 넘기니라 **4.**그 흩어진 사람들이 두루 다니며 복음의 말씀을 전할새 **5.**빌립이 사마리아 성에 내려가 그리스도를 백성에게 전파하니 **6.**무리가 빌립의 말도 듣고 행하는 표적도 보고 한마음으로 그가 하는 말을 따르더라 **7.**많은 사람에게 붙었던 더러운 귀신들이 크게 소리를 지르며 나가고 또 많은 중풍병자와 못 걷는 사람이 나으니 **8.**그 성에 큰 기쁨이 있더라

1. 핍박을 피해 사마리아 성으로 내려가 복음을 전파함 (= 환경과 조건에 굴복치 않는 전도자)

4~5절= "그 흩어진 사람들이 두루 다니며 복음의 말씀을 전할새 빌립이 사마리아 성에 내려가 그리스도를 백성에게 전파하니"

2. 말과 표적으로 그리스도를 효과적으로 전하였음 (= 능력 있는 전도자)

6절= "무리가 빌립의 말도 듣고 행하는 표적도 보고 한마음으로 그가 하는 말을 따르더라"

3. 사마리아 성에 큰 기쁨이 임하였음 (= 복음으로 기쁨을 가져오는 전도자)

8절= "그 성에 큰 기쁨이 있더라"

◈◈◈

【대지 유형】 주제 설명형 – 본문 묶음형 – 대지 진전형

【주제】 빌립은 핍박을 피해 내려간 사마리아 성에서 오히려 열심히 전도하여 그리스도의 기쁨을 성에 충만하게 한 전도자였다.

【FCF】 많은 신앙인이 환경 탓을 하면서 전도에 미온적임.

【서론】 본문의 빌립은 사도들이 세운 일곱 집사 중 한 명인 빌립. 그는 사마리아에 큰 기쁨을 가져온 사람. 빌립이 사마리아 성에 어떻게 왔나? 어떤 일을 했나? 어떤 영향을 미쳤나?

【우산질문】 본문에 나타난 전도자 빌립의 전도사역을 살펴보자.

【1대지】 스데반 집사의 순교 사건으로 일어난 예루살렘 성의 큰 박해가 일어났고, 많은 사람이 사방으로 흩어져 갔다. 이것은 하나님의 특별한 섭리였음. 빌립은 사마리아 성으로 피신함. 거기서 쉬지 않고 활발히 전도함. 영혼 구원의 사명을 감당하는 데에는 환경이나 조건에 구애받지 않는 전도자 되어야.
【2대지】 빌립으로부터 복음을 전해 들은 사마리아 성 사람들은 일심으로 복음을 따르게 되었다. 빌립의 전도하는 모습= 말과 표적이 함께 하였음. 빌립의 전도에 있어 핵심은 그리스도였다. 7절의 표적, "많은 사람에게 붙었던 더러운 귀신들이 크게 소리를 지르며 나가고 또 많은 중풍 병자와 못 걷는 사람이 나으니." 더러운 귀신들이 크게 소리 지르며 나갔다= 영적 전쟁. 능력 전도. 고전 4:20, "하나님의 나라는 말에 있지 아니하고 오직 능력에 있음이라." 고전 2:4, "내 말과 내 전도함이 지혜의 권하는 말로 하지 아니하고 다만 성령의 나타남과 능력으로 하여…"
【3대지】 예수님의 복음이 있는 곳에 그리고 예수의 이름과 그 능력으로 치료가 임하는 곳에는 참 기쁨과 환대가 있다. 우리도 빌립처럼 그 지역에 예수님 복음으로 기쁨을 선물하는 전도자와 교회가 되어야겠다.
【결론】 이것이 우리 교회의 모델이 되어야겠다.

- 절기, 용도, 장르, 특징:
- Key Word: 영적 전쟁, 전도.
- Remarks:

본문 : **행 8:9~24**

제목 : **마술사 시몬 사건이 주는 교훈**

9.그 성에 시몬이라 하는 사람이 전부터 있어 마술을 행하여 사마리아 백성을 놀라게 하며 자칭 큰
자라 하니 **10.**낮은 사람부터 높은 사람까지 다 따르며 이르되 이 사람은 크다 일컫는 하나님의 능력
이라 하더라 **11.**오랫동안 그 마술에 놀랐으므로 그들이 따르더니 **12.**빌립이 하나님 나라와 및 예수
그리스도의 이름에 관하여 전도함을 그들이 믿고 남녀가 다 세례를 받으니 **13.**시몬도 믿고 세례를
받은 후에 전심으로 빌립을 따라다니며 그 나타나는 표적과 큰 능력을 보고 놀라니라 **14.**예루살렘
에 있는 사도들이 사마리아도 하나님의 말씀을 받았다 함을 듣고 베드로와 요한을 보내매 **15.**그들
이 내려가서 그들을 위하여 성령 받기를 기도하니 **16.**이는 아직 한 사람에게도 성령 내리신 일이 없
고 오직 주 예수의 이름으로 세례만 받을 뿐이더라 **17.**이에 두 사도가 그들에게 안수하매 성령을 받
는지라 **18.**시몬이 사도들의 안수로 성령 받는 것을 보고 돈을 드려 **19.**이르되 이 권능을 내게도 주
어 누구든지 내가 안수하는 사람은 성령을 받게 하여 주소서 하니 **20.**베드로가 이르되 네가 하나님
의 선물을 돈 주고 살 줄로 생각하였으니 네 은과 네가 함께 망할지어다 **21.**하나님 앞에서 네 마음
이 바르지 못하니 이 도에는 네가 관계도 없고 분깃 될 것도 없느니라 **22.**그러므로 너의 이 악함을
회개하고 주께 기도하라 혹 마음에 품은 것을 사하여 주시리라 **23.**내가 보니 너는 악독이 가득하며
불의에 매인 바 되었도다 **24.**시몬이 대답하여 이르되 나를 위하여 주께 기도하여 말한 것이 하나도
내게 임하지 않게 하소서 하니라

1. 마술사 시몬은 마술로 백성을 놀라게 한 자임 (= 사탄의 작지 않은 능력에 경성해야 함)

9절= "그 성에 시몬이라 하는 사람이 전부터 있어 마술을 행하여 사마리아 백성을 놀라게 하며 자칭 큰 자라 하니"

2. 시몬은 빌립을 통해 나타난 표적과 큰 능력에 압도됨 (= 성령의 능력은 사탄의 세력을 이김)

13절= "시몬도 믿고 세례를 받은 후에 전심으로 빌립을 따라다니며 그 나타나는 표적과 큰 능력을 보고 놀라니라"

3. 세례받은 시몬은 돈으로 성령을 받으려 하였음 (= 믿는다고 하면서도 불의에 매여 있는 자에 유의)

18~19절= "시몬이 사도들의 안수로 성령 받는 것을 보고 돈을 드려 이르되 이 권능을 내게도 주어 누구든지 내가 안수하는 사람은 성령을 받게 하여 주소서 하니"

【대지 유형】 주제 설명형 - 본문 묶음형 - 대지 연결형
【주제】 사탄과의 영적 전투에 이기려면 성령의 능력에 철저히 의지해야 함.
【FCF】 많은 신앙인이 믿는다고 하면서도 성령의 능력에 힘입지 않고 있음.

【서론】 영적 전투의 세계. 마술사 시몬을 통해 나타난 영적 전투의 모습이 생생하다.
【우산질문】 마술사 시몬 사건을 통해 우리에게 주시는 주님의 교훈을 살펴보자.

【1대지】 마술에 대한 상반된 주장= 교묘한 조작? 외부의 신비로운 힘? 두 가지 모두 다 인정하는 것이 옳다. 9~11절까지 시몬에 대한 성 사람들의 태도를 보면 그의 사역은 단순한 눈속임이 아니었다. 그 영적인 존재는 하나님을 높이는 존재가 아니었음. 사탄에 의해 사용되어지는 악한 도구였음.
【2대지】 빌립이 행하는 능력에 압도된 시몬. 능력 대결이 보인다. 빌립 개인의 능력이 아니라 빌립 속에 역사하시는 성령님의 능력이다.
【3대지】 세례받은 시몬= 그러나 여전히 불의에 매여 있는 자였음. 베드로의 강한 책망. 베드로는 아직도 시몬 안에 있는 마술에 대한 생각과 집착을 본 것이다.
【결론】 누구라도 복음을 들어야 한다. 전도자는 보다 큰 성령의 권능이 있어야 한다.

- 절기, 용도, 장르, 특징:
- Key Word: 영적 전투, 사탄의 능력, 마술.
- Remarks:

사도행전

본문 : **행 8:26~40**
제목 : **광야의 구도자 (A Seeker in the Desert)**

26.주의 사자가 빌립에게 말하여 이르되 일어나서 남쪽으로 향하여 예루살렘에서 가사로 내려가
는 길까지 가라 하니 그 길은 광야라 **27.**일어나 가서 보니 에디오피아 사람 곧 에디오피아 여왕 간
다게의 모든 국고를 맡은 관리인 내시가 예배하러 예루살렘에 왔다가 **28.**돌아가는데 수레를 타고
선지자 이사야의 글을 읽더라 **29.**성령이 빌립더러 이르시되 이 수레로 가까이 나아가라 하시거늘
30.빌립이 달려가서 선지자 이사야의 글 읽는 것을 듣고 말하되 읽는 것을 깨닫느냐 **31.**대답하되
지도해 주는 사람이 없으니 어찌 깨달을 수 있느냐 하고 빌립을 청하여 수레에 올라 같이 앉으라 하
니라 **32.**읽는 성경 구절은 이것이니 일렀으되 그가 도살자에게로 가는 양과 같이 끌려갔고 털 깎는
자 앞에 있는 어린 양이 조용함과 같이 그의 입을 열지 아니하였도다 **33.**그가 굴욕을 당했을 때 공
정한 재판도 받지 못하였으니 누가 그의 세대를 말하리요 그의 생명이 땅에서 빼앗김이로다 하였거
늘 **34.**그 내시가 빌립에게 말하되 청컨대 내가 묻노니 선지자가 이 말한 것이 누구를 가리킴이냐 자
기를 가리킴이냐 타인을 가리킴이냐 **35.**빌립이 입을 열어 이 글에서 시작하여 예수를 가르쳐 복음
을 전하니 **36.**길 가다가 물 있는 곳에 이르러 그 내시가 말하되 보라 물이 있으니 내가 세례를 받음
에 무슨 거리낌이 있느냐 **37.**(없음) **38.**이에 명하여 수레를 멈추고 빌립과 내시가 둘 다 물에 내려
가 빌립이 세례를 베풀고 **39.**둘이 물에서 올라올새 주의 영이 빌립을 이끌어간지라 내시는 기쁘게
길을 가므로 그를 다시 보지 못하니라 **40.**빌립은 아소도에 나타나 여러 성을 지나 다니며 복음을 전
하고 가이사랴에 이르니라

1. 먼 거리인 예루살렘까지 예배하러 왔음 (= 예배에 열성적인 구도자)

27절= “에디오피아 사람 곧 에디오피아 여왕 간다게의 모든 국고를 맡은 관리인 내시가 예배하러 예루살렘에 왔다가”

2. 마차 여행 중에도 성경을 읽었음 (= 말씀을 사모하는 구도자)

28절= “…수레를 타고 선지자 이사야의 글을 읽더라”

3. 기꺼이 세례를 받았음 (= 말씀에 순종하는 구도자)

36절= “길 가다가 물 있는 곳에 이르러 그 내시가 말하되, 보라 물이 있으니 내가 세례를 받음에 무슨 거리낌이 있느냐”

◈◈◈

【대지 유형】 주제 설명형 - 본문 수집형 - 대지 진전형

【주제】 (석의) 내시는 예배에 열성적이었고 말씀을 사모하고 말씀에 순종하여 기꺼이 세례받아 에디오피아 선교의 선구자가 되었다.

【FCF】 말씀 공부한다 하면서도 배운 말씀에 순종하는 데는 쉽지 않은 교인들의 모습.

【서론】 본문은 스데반의 순교 사건 후 예루살렘 교회 성도들이 박해를 피하여 사방으로 흩어질 때 집사 빌립의 활약상을 기록하고 있다. 그는 성령님의 지시대로 광야로 가서 에디오피아의 내시를 만났고, 그에게 성경 말씀을 풀어주고 세례를 베풀었다. 내시는 아름다운 구도자로, 빌립은 아름다운 결실자로 그려지고 있다. '에디오피아 여왕 간다게의 모든 국고를 맡은 관리인 내시'. 그는 절기를 지키기 위해 예루살렘을 방문하였다가 귀국하는 길에 성령의 지시하심을 받은 빌립의 전도를 받고 복음을 영접하게 된 것이다.
【우산질문】 본문에 나타난 내시의 모습을 통해 구도자의 특징을 살펴보자. 성령께서 집사 빌립을 동원하여 기어코 복음을 받아들이도록 섭리하실 만큼 주님의 관심을 끌었던 내시는 어떤 사람인가?

【1대지】 주님의 관심은 열성적인 예배자에게 집중된다. 하나님의 사람들은 예배하는 일과 전도하는 일에 목숨을 걸었다. 그들의 최우선 순위는 하나님께 영광 돌리는 일에 있었다. 주님을 예배하는 일을 위해서는 어떤 수고나 어려움도 감수하고자 하는 열심이 필요하다. 내시에게서 우리는 위대한 예배 신앙을 발견한다.
【2대지】 덜컹거리는 달구지 속에서 지치지 않고 성경을 읽는다는 것은 예삿일이 아니다. 말씀을 사모한다는 것은 이런 경우를 보고 하는 말이다. 불편한 마차 여행 중에도 성경을 읽던 내시처럼 우리는 하나님의 말씀을 사모하는 성도가 되어야 한다.
【3대지】 내시의 신앙 자세를 몇 가지로 분석해 볼 수 있다. 첫째, 그는 마음이 단순했다. 둘째, 그는 결단력이 있는 사람이었다. 셋째로 그는 세례를 존중히 여기는 사람이었다.
【결론】 빌립 집사가 에디오피아의 고위 관료를 전도한 일은 이제 복음이 예루살렘을 넘고 또 온 유대를 넘어 이방인 세계까지 이르기 시작했음을 의미한다. 멀리 떨어진 예루살렘을 찾아와 예배드리던 구도자, 불편한 마차 여행 중에도 성경을 손에서 놓지 않던 구도자, 주님의 말씀에 순종하여 세례받고 그토록 기뻐하던 구도자 - 에디오피아 내시는 이 시대 구도자의 모범이기에 부족함이 없다.

- 절기, 용도, 장르, 특징:
- Key Word: 구도자.
- Remarks:

본문 : **행 9:10~19**
제목 : **주께서 선택한 주님의 그릇**

10.그 때에 다메섹에 아나니아라 하는 제자가 있더니 주께서 환상 중에 불러 이르시되 아나니아야
하시거늘 대답하되 주여 내가 여기 있나이다 하니 **11.**주께서 이르시되 일어나 직가라 하는 거리로
가서 유다의 집에서 다소 사람 사울이라 하는 사람을 찾으라 그가 기도하는 중이니라 **12.**그가 아나
니아라 하는 사람이 들어와서 자기에게 안수하여 다시 보게 하는 것을 보았느니라 하시거늘 **13.**아
나니아가 대답하되 주여 이 사람에 대하여 내가 여러 사람에게 듣사온즉 그가 예루살렘에서 주의 성
도에게 적지 않은 해를 끼쳤다 하더니 **14.**여기서도 주의 이름을 부르는 모든 사람을 결박할 권한을
대제사장들에게서 받았나이다 하거늘 **15.**주께서 이르시되 가라 이 사람은 내 이름을 이방인과 임금
들과 이스라엘 자손들에게 전하기 위하여 택한 나의 그릇이라 **16.**그가 내 이름을 위하여 얼마나 고
난을 받아야 할 것을 내가 그에게 보이리라 하시니 **17.**아나니아가 떠나 그 집에 들어가서 그에게 안
수하여 이르되 형제 사울아 주 곧 네가 오는 길에서 나타나셨던 예수께서 나를 보내어 너로 다시 보
게 하시고 성령으로 충만하게 하신다 하니 **18.**즉시 사울의 눈에서 비늘 같은 것이 벗어져 다시 보게
된지라 일어나 세례를 받고 **19.**음식을 먹으매 강건하여지니라

1. 주께서 직접 사울을 찾아 세우셨음 (= 은혜로 선택된 일꾼)

11절= "주께서 이르시되 일어나 직가라 하는 거리로 가서 유다의 집에서 다소 사람 사울이라 하는 사람을 찾으라 그가 기도하는 중이니라"

2. 이방인에게 주의 이름을 전하기 위해 택하셨음 (= 세계 선교의 일꾼)

15절= "이 사람은 내 이름을 이방인과 임금들과 이스라엘 자손들에게 전하기 위하여 택한 나의 그릇이라"

3. 주의 이름을 위해 고난받아야 했음 (= 그리스도의 남은 고난을 채울 일꾼)

16절= "그가 내 이름을 위하여 얼마나 고난을 받아야 할 것을 내가 그에게 보이리라"

◈◈◈

【대지 유형】 주제 설명형 - 본문 수집형 - 대지 진전형
【주제】 (석의) 오직 은혜로 택함 받은 바울은 이방인 선교에 부름 받아 고난을 무릅쓰고 사명을 감당하는 주의 일꾼이 되었다.
【FCF】 많은 신앙인이 자신의 소명에 대해 확신을 갖지 못함.

【서론】 15절, "주께서 이르시되 가라 이 사람은 내 이름을 이방인과 임금들과 이스라엘 자손들에게 전하기 위하여 택한 나의 그릇이라." 사도 바울은 그의 서신들에서 선택이란 단어를 자주 사용함(롬 1:1; 갈 1:1). 바울은 예수께서 특별히 선택한 일꾼이었음. 그는 본문의 사건 이후 완전히 변화되어 주님의 뜻을 이루는 위대한 사도가 되었다.
【우산질문】 바울은 어떤 그릇이었으며 무엇을 위해 선택되었나?

【1대지】 바울은 주님으로부터 선택되었다는 의식이 확실했다. 갈 2:8, "베드로에게 역사하사 그를 할례자의 사도로 삼으신 이가 또한 내게 역사하사 나를 이방인의 사도로 삼으셨느니라." 바울은 예수님의 교회에 대적이었는데도 부름 받았다. 불가항력적인 은혜. 그는 왜 그렇게 되었는지 알 길이 없었다. 스스로 '죄인 중의 괴수'로 자처할 만큼 악인이었는데 어떻게 선택되었는지!
【2대지】 복음은 세계적, 모든 인류를 위한 것. 그런데 유대인과 이방인과의 벽이 높다. 바울의 주장= "유대인이나 이방인이나 차별이 없다." 이방인의 사도로서, 분명한 소명이 있었고 대단한 열심히 있었다. 그가 이방인의 사도로서 갖추고 있었던 조건들: 풍부한 학식, single, 천막 만드는 기술, 로마 시민권 소지, 많은 체험.
【3대지】 바울, 주님 때문에 수많은 고난을 받아야 했다. 행 9:23; 고후 11:23~27.
【결론】 여러분은 무엇을 위한 그릇인가? 자기 사명을 분명히 인식해야.

- 절기, 용도, 장르, 특징:
- Key Word: 선택, 일꾼.
- Remarks:

본문 : **행 10:30~48**
제목 : **고넬료 회심 사건의 의의 (Cornelius Calls for Peter)**

30.고넬료가 이르되 내가 나흘 전 이맘때까지 내 집에서 제 구 시 기도를 하는데 갑자기 한 사람이
빛난 옷을 입고 내 앞에 서서 **31.**말하되 고넬료야 하나님이 네 기도를 들으시고 네 구제를 기억하셨
으니 **32.**사람을 욥바에 보내어 베드로라 하는 시몬을 청하라 그가 바닷가 무두장이 시몬의 집에 유
숙하느니라 하시기로 **33.**내가 곧 당신에게 사람을 보내었는데 오셨으니 잘하였나이다 이제 우리
는 주께서 당신에게 명하신 모든 것을 듣고자 하여 다 하나님 앞에 있나이다 **34.**베드로가 입을 열
어 말하되 내가 참으로 하나님은 사람의 외모를 보지 아니하시고 **35.**각 나라 중 하나님을 경외하며
의를 행하는 사람은 다 받으시는 줄 깨달았도다 **36.**만유의 주 되신 예수 그리스도로 말미암아 화평
의 복음을 전하사 이스라엘 자손들에게 보내신 말씀 **37.**곧 요한이 그 세례를 반포한 후에 갈릴리에
서 시작하여 온 유대에 두루 전파된 그것을 너희도 알거니와 **38.**하나님이 나사렛 예수에게 성령과
능력을 기름 붓듯 하셨으매 그가 두루 다니시며 선한 일을 행하시고 마귀에게 눌린 모든 사람을 고
치셨으니 이는 하나님이 함께 하셨음이라 …… **42.**우리에게 명하사 백성에게 전도하되 하나님이 살
아 있는 자와 죽은 자의 재판장으로 정하신 자가 곧 이 사람인 것을 증언하게 하셨고 **43.**그에 대하
여 모든 선지자도 증언하되 그를 믿는 사람들이 다 그의 이름을 힘입어 죄 사함을 받는다 하였느니라
44.베드로가 이 말을 할 때에 성령이 말씀 듣는 모든 사람에게 내려오시니 **45.**베드로와 함께 온 할
례 받은 신자들이 이방인들에게도 성령 부어 주심으로 말미암아 놀라니 **46.**이는 방언을 말하며 하
나님 높임을 들음이러라 **47.**이에 베드로가 이르되 이 사람들이 우리와 같이 성령을 받았으니 누가
능히 물로 세례 베풂을 금하리요 하고 **48.**명하여 예수 그리스도의 이름으로 세례를 베풀라 하니라
그들이 베드로에게 며칠 더 머물기를 청하니라

1. 베드로를 청하라 하심 (= 복음의 필요성)
31~32절= "고넬료야 하나님이 네 기도를 들으시고 네 구제를 기억하셨으니 사람을 욥바에 보내어 베드로라 하는 시몬을 청하라"

2. 복음 전파를 천사 대신 베드로에게 맡기심 (= 복음은 사람이 전함)
32절= "베드로라 하는 시몬을 청하라"
11:13~14= "천사가 내 집에 서서 말하되 네가 사람을 욥바에 보내어 베드로라 하는 시몬을 청하라 그가 너와 네 온 집의 구원 얻을 말씀을 네게 이르리라"

3. 최초의 이방인 전도임 (= 타문화 전도의 필요성)
34~35절= "베드로가 입을 열어 가로되 내가 참으로 하나님은 사람의 외모를 취하지 아니하시고 각 나라중 하나님을 경외하며 의를 행하는 사람은 하나님이 받으시는 줄 깨달았도다"

4. 예수님의 사역, 죽으심, 부활, 죄 사함을 증거함 (= 오직 예수 메시지)
36절= "만유의 주 되신 예수 그리스도로 말미암아 화평의 복음을 전하사 이스라엘 자손들에게 보내신 말씀"
43절= "…저에 대하여 모든 선지자도 증거하되 저를 믿는 사람들이 다 그 이름을 힘입어 죄 사함을 받는다 하였느니라"

◆◆◆

【대지 유형】 주제 설명형 – 본문 묶음형 – 대지 심화형
【주제】 고넬료 회심 사건은 복음 전파는 사람에 의해 오직 예수 신앙의 메시지를 이방인에게까지 이르러야 함을 보여준다.
【FCF】 많은 강단의 메시지가 오직 예수 신앙의 내용에서 벗어나고 있음.

【서론】 초대교회는 이 세상이 시작된 이래 그 누구도 하지 않았던 일을 시작하려 했다. 제자들은 '복음(유앙겔, 기쁜 소식)'을 다른 나라에까지 전하는 세계 최초의 선교사였다. 본문에는 예수님에게 온전히 사로잡힌 베드로의 복음 전도 행적이 나온다.
【우산질문】 고넬료의 회심과 성령 부으심의 사건이 주는 진리가 무엇인가?

【1대지】 고넬료는 그 당시 모든 사람이 만나고 싶어하는 특별한 사람이었다. 그는 훌륭한 사람이었다. "베드로를 청하라." 의로운 자라고 칭송받던 고넬료에게 주신 주님의 명령이다. "너와 네 가족은 그에게서 구원받는 길을 배우라."
【2대지】 복음을 사람에게 전하는 것은 천사가 아닌 우리의 일이다. 하나님은 "세상의 약한 것들을 택하사 강한 것들을 부끄럽게"(고전 1:27) 하시기로 결정하셨기 때문. 더딜지 모르지만 결국은 사랑이 이긴다. 복음은 하나님 사랑의 표현. 그리고 전도자는 이 사랑의 통로이다.
【3대지】 예수님께서 모든 족속을 제자 삼으라는 명령을 거듭 주셨지만, 베드로는 아직 이방인에게 접근할 준비가 되어 있지 않았다. 주님은 욥바에서 기도하고 있던 베드로에게 환상을 세 번씩이나 보여주셨다. 이를 통해 그가 갖고 있었던 경직된 유대적 사고방식이 변화받았고, 전통과 금기가 무너지게 되었다.
【4대지】 베드로의 설교는 크게 세 가지를 강조한다. 첫째는 마귀에게 눌려 모든 자를 고치시고 건지시는 그리스도의 능력의 기름 부음에 대한 말씀, 둘째는 십자가에 달려 돌아가신 예수님, 그리고 셋째는 다시 사신 예수님에 관한 선포이다.
【결론】 첫 번째 단계는 내가 예수님을 직접 아는 것. 고넬료의 온 가정이 성령의 부으심을 받은 것처럼 우리도 주의 성령으로 부으심을 받는 것. 그리고 나면 우리 속에 사랑과 능력이 들어와 주님을 뜨겁게 사랑하게 되고 다른 이들에게 그분을 담대히 소개하게 된다.

- 절기, 용도, 장르, 특징:
- Key Word: 이방인 선교.
- Remarks:

본문 : **행 11:19~26**

제목 : **바나바와 하나님의 은혜 (Barnaba at Antioch)**

19.그 때에 스데반의 일로 일어난 환난으로 말미암아 흩어진 자들이 베니게와 구브로와 안디옥까지
이르러 유대인에게만 말씀을 전하는데 **20.**그 중에 구브로와 구레네 몇 사람이 안디옥에 이르러 헬
라인에게도 말하여 주 예수를 전파하니 **21.**주의 손이 그들과 함께 하시매 수많은 사람들이 믿고 주
께 돌아오더라 **22.**예루살렘 교회가 이 사람들의 소문을 듣고 바나바를 안디옥까지 보내니 **23.**그가
이르러 하나님의 은혜를 보고 기뻐하여 모든 사람에게 굳건한 마음으로 주와 함께 머물러 있으라 권
하니 **24.**바나바는 착한 사람이요 성령과 믿음이 충만한 사람이라 이에 큰 무리가 주께 더하여지더라
25.바나바가 사울을 찾으러 다소에 가서 **26.**만나매 안디옥에 데리고 와서 둘이 교회에 일 년간 모여
있어 큰 무리를 가르쳤고 제자들이 안디옥에서 비로소 그리스도인이라 일컬음을 받게 되었더라

1. 바나바는 안디옥 성도들에게서 하나님의 은혜를 보았음 (= 하나님의 은혜는 은혜받은 사람에게서 보여짐)

23절= "그가 이르러 하나님의 은혜를 보고 기뻐하여…"

2. 바나바는 하나님의 은혜를 보고 기뻐함 (= 하나님의 은혜는 성도에게 특별한 기쁨의 원천이 됨)

23절= "그가 이르러 하나님의 은혜를 보고 기뻐하여…"

3. 바나바는 안디옥 성도들에게 '굳건한 마음으로 주와 함께 머물러 있으라'고 권함 (= 하나님의 은혜는 '굳은 마음으로 주께 붙어 있는 자'에게 부어짐)

23절= "그가 이르러 하나님의 은혜를 보고 기뻐하여 모든 사람에게 굳건한 마음으로 주와 함께 머물러 있으라 권하니"

◈◈◈

【대지 유형】 주제 설명형 - 본문 묵상형 - 대지 연결형

【주제】 주께 붙어 있는 자는 은혜받게 되며 은혜받은 다른 성도를 보고 기뻐한다.

【FCF】 많은 교회가 은혜받은 성도로 인해 기뻐하는 분위기가 되어 있지 않음.

【서론】 은혜는 우리 주님의 미들 네임(중간 이름)이다. 은혜받는 것은 매우 중요한 일이다. 은혜를 받아야 믿음이 일어나고, 믿음이 굳건해야 영적 전투에

서 넘어지지 않고 승리할 수 있기 때문이다.
【우산질문】 하나님의 은혜는 너무나 크고 광대하여 아무리 연구해도 다 알 수 없다. 본문을 통해 하나님의 은혜의 몇 가지 모습을 상고해 보자.

【1대지】 하나님의 은혜는 그 은혜가 사람의 영혼에 만들어내는 놀라운 변화를 통하여 보여진다. 주변의 성도 중 하나님의 은혜를 받기 전의 모습과 받은 후의 모습을 비교해 보라. 은혜가 임하면 사탄의 모습을 닮아가던 자가 하나님의 형상으로 변해간다. 하나님의 은혜는 삶 속에 나타나는 실제적인 증거들을 통하여 밝히 드러난다.
【2대지】 우리가 하나님과 바른 관계를 맺고 있을 때, 우리는 다른 사람들 위에 임하는 하나님의 은혜와 축복의 모습을 보고 기뻐하게 된다. 바나바는 안디옥 교회로 인해 기뻐했다. 신실한 그리스도인이라면 누구나 시온의 번영을 기도하며 기뻐한다.
【3대지】 "굳건한 마음으로 주와 함께 머물러 있으라" - 주님의 십자가 구속 사역에 붙어 있어야. 주님의 말씀과 함께 머물러 있어야. 주님의 성령님과 함께 머물러 있어야. 주님의 백성과 함께 머물러 있어야 한다.
【결론】 하나님의 은혜는 '굳건한 마음으로 주와 함께 머물러 있는 자'에게 부어진다. 그러므로 그리스도께 굳건한 마음으로 붙어 있는 것보다 더 중요한 것은 없다.

- 절기, 용도, 장르, 특징:
- Key Word: 은혜.
- Remarks:

본문 : **행 11:19~26**

제목 : **안디옥의 큰 인물 바나바 (Barnabas, A Man of Character)**

19.그 때에 스데반의 일로 일어난 환난으로 말미암아 흩어진 자들이 베니게와 구브로와 안디옥까지
이르러 유대인에게만 말씀을 전하는데 **20.**그 중에 구브로와 구레네 몇 사람이 안디옥에 이르러 헬
라인에게도 말하여 주 예수를 전파하니 **21.**주의 손이 그들과 함께 하시매 수많은 사람들이 믿고 주
께 돌아오더라 **22.**예루살렘 교회가 이 사람들의 소문을 듣고 바나바를 안디옥까지 보내니 **23.**그가
이르러 하나님의 은혜를 보고 기뻐하여 모든 사람에게 굳건한 마음으로 주와 함께 머물러 있으라 권
하니 **24.**바나바는 착한 사람이요 성령과 믿음이 충만한 사람이라 이에 큰 무리가 주께 더하여지더라
25.바나바가 사울을 찾으러 다소에 가서 **26.**만나매 안디옥에 데리고 와서 둘이 교회에 일 년간 모여
있어 큰 무리를 가르쳤고 제자들이 안디옥에서 비로소 그리스도인이라 일컬음을 받게 되었더라

1. 바나바는 착한 사람임 (= 선한 사람으로 인정됨)

24절= "바나바는 착한 사람이요…"

2. 성령과 믿음이 충만한 사람임 (= 풍부한 은혜의 삶)

24절= "바나바는 착한 사람이요 성령과 믿음이 충만한 사람이라…"

3. '주와 함께 머물러 있으라'고 권면함 (= 어려운 사람들을 격려)

23절= "그가 이르러 하나님의 은혜를 보고 기뻐하여 모든 사람에게 굳건한 마음으로 주와 함께 머물러 있으라 권하니"

4. 후배 사울을 찾아 동역자로 세운 사람임 (= 사람을 세우고 동역 함)

25~26절= "바나바가 사울을 찾으러 다소에 가서 만나매 안디옥에 데리고 와서 둘이 교회에 일 년간 모여 있어 큰 무리를 가르쳤고 제자들이 안디옥에서 비로소 그리스도인이라 일컬음을 받게 되었더라"

◈◈◈

【대지 유형】 주제 설명형 - 본문 분석형 - 대지 심화형

【주제】 큰 인물은 착한 성품으로 성령 충만하고 어려운 사람들을 격려하며 사람을 세우고 동역 하는 사람이다.

【FCF】 교인 중에 성령 충만하여 다른 사람을 세우고 동역 하는 사람을 찾기 힘듦.

【서론】 예루살렘에서 450km 떨어진 곳에 있는 안디옥. 안디옥에서는 유대인 뿐 아니라 순수 헬라인들에게도 복음이 전파되었다. 예루살렘 교회는 바나바를 안디옥으로 파송하여 젊은 안디옥 교회를 돌보도록 하였다.
【우산질문】 본문에 나타난 바나바는 어떤 사람인가?

【1대지】 성품이 착하면 말도 착하게 되고 행동도 착하게 된다. 사람들은 착한 사람에게 호감을 갖게 되고 그 사람의 말에 귀를 기울이게 되며 결국 그를 따르게 된다.
【2대지】 바나바가 그렇게 착한 사람일 수 있었던 비결은 그가 성령과 믿음이 충만한 사람이었기 때문. 그는 천성적으로 착했을 수 있지만 오히려 예수 믿고 성령을 받음으로 이런 열매를 맺게 되었다는 의미가 더 크다. 성령의 사람, 믿음의 사람은 이렇게 하나님의 은혜를 볼 줄 알고 그것과 함께 기뻐한다.
【3대지】 바나바는 왜 그들에게 이러한 권면을 하였던 것일까? 그것은 이제 예수 그리스도를 주님으로 영접하고 그리스도인이 된 이방인들에게 많은 박해와 시험들이 닥치게 될 것이라는 사실을 그가 잘 알고 있었기 때문이었다. 참된 리더란 칭찬과 격려의 사람이다. 우리도 성령 충만하여 주위의 사람들에게 칭찬과 격려를 아끼지 말아야겠다.
【4대지】 바나바는 사울이 안디옥 교회에 가장 적합한 사람임을 잘 알고 있었다. 그는 사울을 '찾으러' 직접 멀리 떨어져 있는 다소까지 가는 수고를 마다치 않았다. 실로 바나바와 사울의 팀 목회는 엄청난 열매를 거두게 되었다.
【결론】 주님의 교회에 이런 사람이 필요하다. 성품이 착한 사람, 성령과 믿음이 충만한 사람, 다른 사람을 격려할 줄 아는 사람, 더 나아가서 다른 사람을 세워주고 함께 동역 할 줄 아는 사람, 이런 사람이 필요하다. 먼저 목회자들이 훌륭한 동역을 해야 한다. 평신도들 역시 교회의 가르침을 잘 받아 믿지 않는 세상 사람들로부터 참된 그리스도인으로 인정받을 수 있어야 한다.

- 절기, 용도, 장르, 특징:
- Key Word: 성령 충만, 믿음 충만.
- Remarks:

본문 : **행 11:19~26; 13:1~5**
제목 : **섬기며 보내는 교회 (A Mighty Missionary Church)**

11:19.그 때에 스데반의 일로 일어난 환난으로 말미암아 흩어진 자들이 베니게와 구브로와 안디옥까
지 이르러 유대인에게만 말씀을 전하는데 **20.**그 중에 구브로와 구레네 몇 사람이 안디옥에 이르러
헬라인에게도 말하여 주 예수를 전파하니 **21.**주의 손이 그들과 함께 하시매 수많은 사람들이 믿고
주께 돌아오더라 **22.**예루살렘 교회가 이 사람들의 소문을 듣고 바나바를 안디옥까지 보내니 **23.**그
가 이르러 하나님의 은혜를 보고 기뻐하여 모든 사람에게 굳건한 마음으로 주와 함께 머물러 있으라
권하니 **24.**바나바는 착한 사람이요 성령과 믿음이 충만한 사람이라 이에 큰 무리가 주께 더하여지
더라 **25.**바나바가 사울을 찾으러 다소에 가서 **26.**만나매 안디옥에 데리고 와서 둘이 교회에 일 년
간 모여 있어 큰 무리를 가르쳤고 제자들이 안디옥에서 비로소 그리스도인이라 일컬음을 받게 되었
더라 …… **13:1.**안디옥 교회에 선지자들과 교사들이 있으니 곧 바나바와 니게르라 하는 시므온과 구
레네 사람 루기오와 분봉 왕 헤롯의 젖동생 마나엔과 및 사울이라 **2.**주를 섬겨 금식할 때에 성령이
이르시되 내가 불러 시키는 일을 위하여 바나바와 사울을 따로 세우라 하시니 **3.**이에 금식하며 기도
하고 두 사람에게 안수하여 보내니라 **4.**두 사람이 성령의 보내심을 받아 실루기아에 내려가 거기서
배 타고 구브로에 가서 **5.**살라미에 이르러 하나님의 말씀을 유대인의 여러 회당에서 전할새 요한을
수행원으로 두었더라

1. 주의 손이 함께 하시는 표적이 나타남 (= 영적인 교회, a spiritual church)
21절= "주의 손이 그들과 함께 하시매 수많은 사람들이 믿고 주께 돌아오더라"

2. 유능한 교사들이 주를 섬겨 금식하였음 (= 섬기는 교회, a serving church)
2절= "주를 섬겨 금식할 때에…"

3. 바울과 바나바를 안수하여 선교사로 파송함 (= 보내는 교회, a sending church)
3절= "이에 금식하며 기도하고 두 사람에게 안수하여 보내니라"

◈◈◈

【대지 유형】 주제 설명형 - 본문 묶음형 - 대지 심화형
【주제】 안디옥 교회는 영적이며 섬기는 교회일 뿐 아니라 보내는 교회로서 우리의 모범이 되는 교회이다.
【FCF】 많은 교회가 섬김의 교회, 영적인 교회로부터 먼 거리에 있음.

【서론】 기독교는 희망의 종교이다. 교회는 하나님의 꿈을 가슴 속에 품은 사람들의 모임. 우리는 하나님의 비전을 품고 잃은 영혼에 대한 하나님의 열정을 품어야. 안디옥 교회는 건강한 교회의 모범이다.
【우산질문】 안디옥 교회의 내적인 상태가 어떠하며, 그들이 하나님의 뜻을 순종하여 선교 일선에 나서는 모습이 어떠한가를 살펴보자.

【1대지】 안디옥 교회가 세워진 과정(19절, 20절, 21절)이 영적이었음. 평판에 있어서도 영적임(22절). 가르침에 있어서도 영적임. 성도들의 삶 속에 영적인 열매가 맺혀졌다. 그리스도인이란 호칭을 얻음.
【2대지】 교회에 유능한 교사들이 있다는 것은 매우 고무적이다. 그들의 마음은 주님의 인도하심에 열려 있었다. 건강한 교회는 온전히 섬기는 교회이다.
【3대지】 성령님의 지시에 즉시 순종하였고, 선교사역을 위해 금식하며 기도함. "성령님의 보내심을 받아"= 교회의 공적 의식이 지닌 권위를 거룩히 여겨야 함. 교회는 사람을 파송하는 것(sending)보다 함께 모이는 일(gathering)에 더 익숙함. 그러므로 선교사를 보내는 것은 믿음의 행위이다.
【결론】 건강한 교회로 가자. 보냄을 받는 일꾼을 양성하는 일, 영적인 교회의 토양을 만드는 일이 급선무이다.

- 절기, 용도, 장르, 특징:
- Key Word: 교회, 건강한 교회.
- Remarks:

본문 : **행 11:19~30**
제목 : **안디옥 교회처럼 우리도**

19.그 때에 스데반의 일로 일어난 환난으로 말미암아 흩어진 자들이 베니게와 구브로와 안디옥까지
이르러 유대인에게만 말씀을 전하는데 **20.**그 중에 구브로와 구레네 몇 사람이 안디옥에 이르러 헬
라인에게도 말하여 주 예수를 전파하니 **21.**주의 손이 그들과 함께 하시매 수많은 사람들이 믿고 주
께 돌아오더라 **22.**예루살렘 교회가 이 사람들의 소문을 듣고 바나바를 안디옥까지 보내니 **23.**그가
이르러 하나님의 은혜를 보고 기뻐하여 모든 사람에게 굳건한 마음으로 주와 함께 머물러 있으라 권
하니 **24.**바나바는 착한 사람이요 성령과 믿음이 충만한 사람이라 이에 큰 무리가 주께 더하여지더
라 **25.**바나바가 사울을 찾으러 다소에 가서 **26.**만나매 안디옥에 데리고 와서 둘이 교회에 일 년간
모여 있어 큰 무리를 가르쳤고 제자들이 안디옥에서 비로소 그리스도인이라 일컬음을 받게 되었더
라 **27.**그 때에 선지자들이 예루살렘에서 안디옥에 이르니 **28.**그 중에 아가보라 하는 한 사람이 일
어나 성령으로 말하되 천하에 큰 흉년이 들리라 하더니 글라우디오 때에 그렇게 되니라 **29.**제자들
이 각각 그 힘대로 유대에 사는 형제들에게 부조를 보내기로 작정하고 **30.**이를 실행하여 바나바와
사울의 손으로 장로들에게 보내니라

1. 유대인과 이방인이 함께 믿고 주께로 돌아왔음 (= 지속적인 회심이 있는 교회)

19~21절= "…안디옥까지 이르러 유대인에게만 말씀을 전하는데… 헬라인에게도 말하여 주 예수를 전파하니 주의 손이 그들과 함께 하시매 수많은 사람들이 믿고 주께 돌아오더라"

2. 바나바와 사울이 일 년간 큰 무리를 가르쳤음 (= 말씀을 가르치고 배우는 교회)

26절= "둘이 교회에 일 년간 모여 있어 큰 무리를 가르쳤고…"

3. 흉년 든 유대 교회에 힘껏 부조를 모아 보냈음 (= 사랑으로 봉사하는 교회)

29절= "제자들이 각각 그 힘대로 유대에 사는 형제들에게 부조를 보내기로 작정하고"

◈◈◈

【대지 유형】 주제 설명형 – 본문 묶음형 – 대지 진전형
【주제】 (석의) 안디옥 교회는 훌륭한 지도자의 가르침으로 전도하며 봉사하는 교회로 성장해 갔다.

【FCF】 말씀 공부를 등한시 하는 교회, 이웃에게 베풀 줄 모르는 교회의 나태한 모습.

【서론】 교회는= 세상으로부터 불러낸 자들의 모임. 세상에 있으나 세상에 속하지 않았다. 세상과 구별된 단체이다. 성령의 역사로 예루살렘 교회가 성립됨, 유대인 중심, 큰 교회였으나 아직 편협된 구조를 갖고 있었음. 예루살렘의 박해를 피해 안디옥까지 도피한 자들이 교회를 세움. 바울과 바나바의 사역. 안디옥 교회= 세계선교의 심장부 역할을 하게 되다.
【우산질문】 안디옥 교회는 어떤 교회인가?

【1대지】 19~21절. 처음 유대인에게 전도—나중 헬라인에게로 확산—주의 손이 함께 하심. 당시로써는 가히 혁명적인 하나님 나라 사역이다. 주님이 기뻐하심. 진정한 회심을 개개인의 1차 목표로 세워야.
【2대지】 22~26절. 바나바 혼자 역부족, 사울을 초청. 당시 사울은 회심 후 아라비아에서 3년간 훈련받고 자기 고향에 가서 있던 중 초청받았다. 바나바와 사울은 참으로 훌륭한 교사들. 말씀 공부의 위력이 나타났다. 그리스도인(=작은 그리스도)이라 일컬음. 도대체 어떤 교회였길래 이런 이름을 얻게 되었는가? 단순히 숫자의 부흥이 아니다. 생명의 말씀을 통해 품성의 변화, 가치관의 변화로부터 생활 속의 그리스도의 모습을 보인 결과이다.
【3대지】 27~30절. 큰 흉년에 고생하는 예루살렘 교회를 위해 부조를 보냄. 1년 된 개척교회로서 대단한 사역.
【결론】 하나님은 안디옥 교회를 사랑하시고 크게 사용하심. 세계선교의 보루가 되었음. 안디옥 교회처럼 우리도….

- 절기, 용도, 장르, 특징: 교회론.
- Key Word: 교회.
- Remarks:

본문 : **행 11:19~30**

제목 : **안디옥에서 시작된 새 호칭 (First Called Christians in Antioch)**

19.그 때에 스데반의 일로 일어난 환난으로 말미암아 흩어진 자들이 베니게와 구브로와 안디옥까지
이르러 유대인에게만 말씀을 전하는데 **20.**그 중에 구브로와 구레네 몇 사람이 안디옥에 이르러 헬
라인에게도 말하여 주 예수를 전파하니 **21.**주의 손이 그들과 함께 하시매 수많은 사람들이 믿고 주
께 돌아오더라 **22.**예루살렘 교회가 이 사람들의 소문을 듣고 바나바를 안디옥까지 보내니 **23.**그가
이르러 하나님의 은혜를 보고 기뻐하여 모든 사람에게 굳건한 마음으로 주와 함께 머물러 있으라 권
하니 **24.**바나바는 착한 사람이요 성령과 믿음이 충만한 사람이라 이에 큰 무리가 주께 더하여지더
라 **25.**바나바가 사울을 찾으러 다소에 가서 **26.**만나매 안디옥에 데리고 와서 둘이 교회에 일 년간
모여 있어 큰 무리를 가르쳤고 제자들이 안디옥에서 비로소 그리스도인이라 일컬음을 받게 되었더
라 **27.**그 때에 선지자들이 예루살렘에서 안디옥에 이르니 **28.**그 중에 아가보라 하는 한 사람이 일
어나 성령으로 말하되 천하에 큰 흉년이 들리라 하더니 글라우디오 때에 그렇게 되니라 **29.**제자들
이 각각 그 힘대로 유대에 사는 형제들에게 부조를 보내기로 작정하고 **30.**이를 실행하여 바나바와
사울의 손으로 장로들에게 보내니라

1. 모든 것을 포기하고 안디옥까지 도피함 (= 포기의 시작이 그리스도인의 시작)

19절= "그 때에 스데반의 일로 일어난 환난으로 말미암아 흩어진 자들이 베니게와 구브로와 안디옥까지 이르러 유대인에게만 말씀을 전하는데"

2. 안디옥에서 주 예수를 전파함 (= 전도의 시작이 그리스도인의 시작)

19절= "…안디옥까지 이르러 유대인에게만 말씀을 전하는데"

20절= "그 중에 구브로와 구레네 몇 사람이 안디옥에 이르러 헬라인에게도 말하여 주 예수를 전파하니"

3. 바나바와 바울이 일 년간 큰 무리를 가르쳤음 (= 양육의 시작이 그리스도인의 시작)

26절= "만나매 안디옥에 데리고 와서 둘이 교회에 일 년간 모여 있어 큰 무리를 가르쳤고 제자들이 안디옥에서 비로소 그리스도인이라 일컬음을 받게 되었더라"

4. 유대의 교회에 부조를 보냄 (= 부조의 시작이 그리스도인의 시작)

28~30절= "…천하에 큰 흉년이 들리라 하더니 글라우디오 때에 그렇게 되니라 제자들이 각각 그 힘대로 유대에 사는 형제들에게 부조를 보내기로 작정하고 이를 실행하여 바나바와 사울의 손으로 장로들에게 보내니라"

◈◈◈

【대지 유형】 주제 설명형 - 본문 묶음형 - 대지 연결형

【주제】 환난을 피해 온 자들이 세운 안디옥 교회는 전도와 양육, 그리고 이웃 사랑으로 모범적인 교회로 성장했다.

【FCF】 전도와 양육과 봉사의 사역이 균형 잡힌 교회를 찾기 어려움.

【서론】 25~26절은 '그리스도인(크리스티아노스)'이란 명칭이 안디옥에서 처음 생겨났음을 보여주는 구절. '크리스티아노스'의 접미사 '이아노스'는 '~에게 속한 자', '~의 종'이란 뜻을 가지고 있다. 본문에서는 복수형으로 쓰였으므로 '그리스도에게 속한 자들', 즉 그리스도의 완전한 추종자들이란 의미이다. 이 단어는 쉬운 단어가 아니다.
【우산질문】 본문을 통하여, 안디옥 교회의 성도들이 '비로소 그리스도인이라 일컬음'을 받게 된 경위를 살펴보자.

【1대지】 안디옥에서 교회를 시작했던 성도들은 신앙의 자유를 찾아 모든 것을 포기하고 예루살렘에서부터 안디옥까지 도피해 온 사람들이다. 이들의 도피는 신앙적인 도피이다. 초대 교회가 작은 능력으로 큰 열매를 맺게 된 것은 성도들이 믿음을 위하여 모든 것을 포기한 사람들이었기 때문이다.
【2대지】 안디옥의 성도들이 그리스도인이라 불려지게 된 것은 그들이 전도하기를 힘썼기 때문. 전도의 시작이 그리스도인의 시작이다. 안디옥으로 도피하여 온 성도들은 그곳에서 주 예수 그리스도를 이방인에게까지 전하는 도전의 사람들이었다. 그들에게 '그리스도인'이라는 새로운 명칭이 주어진 것은 전혀 이상한 일이 아니다. "전도자는 하늘나라의 VIP이다." 전도의 시작이 그리스도인의 시작이다.
【3대지】 그들은 일 년 동안 안디옥 교회 신자들의 신앙 성숙을 위하여 전적으로 헌신하였던 것. 아마도 그들은 예수 그리스도의 삶과 죽으심, 부활, 승천, 보혜사 성령의 오심, 현재의 일과 장래 일어날 일에 관한 여러 가지를 배웠을 것이다. 양육의 시작이 그리스도인의 시작이다.
【4대지】 제자들 모두는 유대에 거주하고 있는 형제들의 부족한 것을 보충하여 주고자 최선을 다하여 원조 물자를 보내기로 결정하고 이를 실행하였다. 부조의 시작이 그리스도인의 시작이다. 나누어 줄 줄 아는 성도들의 마음이 야말로 참 그리스도인의 특성이다.
【결론】 주님이 인정하시는 그리스도인이 되고 싶은가? 오늘을 참 그리스도인으로 시작하는 출발점으로 삼으려면 주님을 위하여 모두를 포기할 줄 알아야. 때를 얻든지 못 얻든지 전도를 시작하여야. 모든 결실은 하나님께 맡기고 우리는 농부의 심정으로 씨를 뿌려야 한다. 그리고 어려운 이웃을 도우며 사랑하여야 한다.

- 절기, 용도, 장르, 특징:
- Key Word: 그리스도인, 부조, 양육.
- Remarks:

본문 : **행 12:1~12**
제목 : **초대교회의 위기 극복 모습**

1.그 때에 헤롯 왕이 손을 들어 교회 중에서 몇 사람을 해하려 하여 **2.**요한의 형제 야고보를 칼로 죽이니 **3.**유대인들이 이 일을 기뻐하는 것을 보고 베드로도 잡으려 할새 때는 무교절 기간이라 **4.**잡으매 옥에 가두어 군인 넷씩인 네 패에게 맡겨 지키고 유월절 후에 백성 앞에 끌어 내고자 하더라 **5.**이에 베드로는 옥에 갇혔고 교회는 그를 위하여 간절히 하나님께 기도하더라 **6.**헤롯이 잡아 내려고 하는 그 전날 밤에 베드로가 두 군인 틈에서 두 쇠사슬에 매여 누워 자는데 파수꾼들이 문 밖에서 옥을 지키더니 **7.**홀연히 주의 사자가 나타나매 옥중에 광채가 빛나며 또 베드로의 옆구리를 쳐 깨워 이르되 급히 일어나라 하니 쇠사슬이 그 손에서 벗어지더라 **8.**천사가 이르되 띠를 띠고 신을 신으라 하거늘 베드로가 그대로 하니 천사가 또 이르되 겉옷을 입고 따라오라 한대 **9.**베드로가 나와서 따라갈새 천사가 하는 것이 생시인 줄 알지 못하고 환상을 보는가 하니라 **10.**이에 첫째와 둘째 파수를 지나 시내로 통한 쇠문에 이르니 문이 저절로 열리는지라 나와서 한 거리를 지나매 천사가 곧 떠나더라 **11.**이에 베드로가 정신이 들어 이르되 내가 이제야 참으로 주께서 그의 천사를 보내어 나를 헤롯의 손과 유대 백성의 모든 기대에서 벗어나게 하신 줄 알겠노라 하여 **12.**깨닫고 마가라 하는 요한의 어머니 마리아의 집에 가니 여러 사람이 거기에 모여 기도하고 있더라

1. 교회가 모여 기도함 (= 중보기도 신앙)

12절= "…여러 사람이 거기에 모여 기도하고 있더라"

2. 간절히 하나님께 기도함 (= 간절한 기도 신앙)

5절= "이에 베드로는 옥에 갇혔고 교회는 그를 위하여 간절히 하나님께 기도하더라"

3. 천사를 보내어 구원하심 (= 기적 통해 구원)

7절= "홀연히 주의 사자가 나타나매 옥중에 광채가 빛나며 또 베드로의 옆구리를 쳐 깨워 이르되 급히 일어나라 하니 쇠사슬이 그 손에서 벗어지더라"

◈◈◈

【대지 유형】 주제 설명형 - 본문 수집형 - 대지 혼재형(2+1)
【주제】 (석의) 초대교회는 함께 모여 간절히 기도하므로 하나님의 도움을 받아 위기를 극복하였다.
【FCF】 많은 교회가 함께 모여 간절히 기도하는 기도의 영을 알지 못함.

【서론】 예루살렘 교회에 큰 위기가 찾아옴. 야고보 사도의 순교 후 베드로까

지 붙잡혀 목숨이 위험하게 됨. 옥에 갇힌 베드로. 두 군인 틈 사이에 쇠사슬에 매임. 초대교회는 기도로 이 위기를 극복하였음. 우리 인생에 이런 위기 찾아올 때 어떻게 극복할지 배우자.

【우산질문】 초대교회는 이 위기를 어떻게 극복하게 되었나?

【1대지】 12절. 베드로가 발견한 것은 기도하는 성도들의 모습. 하나님께 기도한 주체는 한 개인이 아니라 교회였음. 교회의 중보기도가 중요하다. 기도할 때 명백하고 지각 있게 하나님께 접근해야. 사실 기도할 때의 우리 마음은? 정말로 하나님을 뵈옵고 그의 존전에 들어가는 자세인가?

【2대지】 '간절히'= 하늘 향해 쭉 뻗은 손. 우리의 기도는 응답 될 때까지 하늘 향해 손을 쭉 뻗어야. 예수님의 겟세마네 기도를 보라. 땀방울이 핏방울 되도록 기도하심. 이 기도는 "영혼을 휘감는 열렬한 욕구로 하나님께 나아가는" 기도. 롬 8:26, "이와 같이 성령도 우리 연약함을…."

【3대지】 천사 출현, 쇠사슬 풀림, 둘째 파수와 쇠문 등 기적이 계속 나타남. 여러분의 과거 신앙생활 중 기적을 체험해 보았나?

【결론】 교회가 모여 한마음으로 기도하며 연합하는 것보다 더 중요한 것은 없다.

- 절기, 용도, 장르, 특징:
- Key Word: 위기 극복.
- Remarks:

본문 : **행 13:16~30; 1:11**
제목 : **그 오시는 이 (The One Who Is Coming)**

16.바울이 일어나 손짓하며 말하되 이스라엘 사람들과 및 하나님을 경외하는 사람들아 들으라 **17.**이
이스라엘 백성의 하나님이 우리 조상들을 택하시고 애굽 땅에서 나그네 된 그 백성을 높여 큰 권능으
로 인도하여 내사 **18.**광야에서 약 사십 년간 그들의 소행을 참으시고 **19.**가나안 땅 일곱 족속을 멸
하사 그 땅을 기업으로 주시기까지 약 사백오십 년간이라 **20.**그 후에 선지자 사무엘 때까지 사사를
주셨더니 **21.**그 후에 그들이 왕을 구하거늘 하나님이 베냐민 지파 사람 기스의 아들 사울을 사십 년
간 주셨다가 **22.**폐하시고 다윗을 왕으로 세우시고 증언하여 이르시되 내가 이새의 아들 다윗을 만나
니 내 마음에 맞는 사람이라 내 뜻을 다 이루리라 하시더니 **23.**하나님이 약속하신 대로 이 사람의 후
손에서 이스라엘을 위하여 구주를 세우셨으니 곧 예수라 **24.**그가 오시기에 앞서 요한이 먼저 회개의
세례를 이스라엘 모든 백성에게 전파하니라 **25.**요한이 그 달려갈 길을 마칠 때에 말하되 너희가 나
를 누구로 생각하느냐 나는 그리스도가 아니라 내 뒤에 오시는 이가 있으니 나는 그 발의 신발끈을 풀
기도 감당하지 못하리라 하였으니 **26.**형제들아 아브라함의 후손과 너희 중 하나님을 경외하는 사람
들아 이 구원의 말씀을 우리에게 보내셨거늘 **27.**예루살렘에 사는 자들과 그들 관리들이 예수와 및
안식일마다 외우는 바 선지자들의 말을 알지 못하므로 예수를 정죄하여 선지자들의 말을 응하게 하
였도다 **28.**죽일 죄를 하나도 찾지 못하였으나 빌라도에게 죽여 달라 하였으니 **29.**성경에 그를 가리
켜 기록한 말씀을 다 응하게 한 것이라 후에 나무에서 내려다가 무덤에 두었으나 **30.**하나님이 죽은
자 가운데서 그를 살리신지라 …… **1:11.**이르되 갈릴리 사람들아 어찌하여 서서 하늘을 쳐다보느냐
너희 가운데서 하늘로 올려지신 이 예수는 하늘로 가심을 본 그대로 오시리라 하였느니라

1. 약속대로 다윗의 후손으로 오심 (= 다윗의 자손 예수 그리스도)

23절= "하나님이 약속하신 대로 이 사람의 씨에서 이스라엘을 위하여 구주를 세우셨으니 곧 예수라"

2. 요한이 "내 뒤에 오시는 이"라 말함 (= 세례요한이 증언한 예수 그리스도)

25절= "요한이 그 달려 갈 길을 마칠 때에 말하되 너희가 나를 누구로 생각하느냐 나는 그리스도가 아니라 내 뒤에 오시는 이가 있으니 나는 그 발의 신 풀기도 감당치 못하리라 하였으니"

3. 예루살렘 사람들과 관원들이 빌라도에게 넘겼음 (= 유대인들이 십자가에 못 박은 예수)

27, 28절= "예루살렘에 사는 자들과 저희 관원들이 예수와 및 안식일마다 외우는바 선지자들의 말을 알지 못하므로 예수를 정죄하여 선지자들의 말을 응하게 하였도다/ 죽일 죄를 하나도 찾지 못하였으나 빌라도에게 죽여 달라 하였으니"

4. 승천하신 예수는 본 그대로 오실 것임 (= 속히 오실 재림주 예수)

행 1:11= "갈릴리 사람들아 어찌하여 서서 하늘을 쳐다 보느냐 너희 가운데서 하늘로 올리우신 이 예수는 하늘로 가심을 본 그대로 오시리라 하였느니라"

◈◈◈

【대지 유형】 주제 설명형 - 본문 묶음형 - 대지 진전형
【주제】 '그 오시는 이'는 세례요한이 증언한 다윗의 자손 예수요 유대인들이 십자가에 못 박아 죽였으나 부활 승천하여 다시 오실 예수 그리스도이시다.
【FCF】 많은 신자가 예수 그리스도의 역사성에 대한 깊은 이해와 확신이 부족함.

【서론】 본문을 통하여 우리는 초림 예수께서 어떤 분이신가를 명백히 알 수 있다. 바울은 구약의 말씀을 이용하여 메시아(=그리스도)의 역사성을 강조한다. 그 오시는 이! 이것은 구약 성경 전체의 초점이었다.
【우산질문】 구약에서 예언된 그리스도는 어떤 분이었는가를 살펴보자.

【1대지】 예수님께서 다윗 언약을 계승하는 왕으로 오신 것. "네 위가 영원히 견고하리라"= 다윗의 자손이 신령한 왕국의 왕이 되어서 세계만민을 통치하는 왕이 되신다는 말씀. 바울의 설교 첫 번째 주제는 '예수님이 바로 다윗의 자손으로 오신 분이요 구약성경이 예언하고 있는 그 분이시다'라는 것.
【2대지】 세례요한이 누구인가? 구약의 마지막 선지자 말라기로부터 400년간 하나님의 음성을 듣지 못하는 영적 공백기를 깨고 역사의 무대에 등장한 사람. 구약에 예언된 그리스도는 세례요한이 직접 보고 증언했던 바로 그분.
【3대지】 "그 오시는 이"는 성경의 약속과 선지자들의 증거대로 때가 차매(갈 4:4) 육신을 입고 이 땅에 오셨다. 그분은 성경의 예언대로 십자가에 못 박혀 인류 구속의 대업을 완수하셨다. 그분은 예언대로 부활 승천하셨고, 예언대로 속히 다시 오실 것이다.
【4대지】 주님의 재림 약속은 이 시대 성도들에게 최대의 관심사일 수밖에 없다. 왜냐하면 지금은 분명 종말 시대이기 때문. 성경의 예언은 어느 것 하나도 땅에 떨어지지 아니하고 이루어져 왔고, 또 이루어지고 있다. 그런데 이토록 지치지 않고 강조되고 있는 예수 재림의 예언이 한낱 공상가들의 허망한 얘기로 끝나겠는가?
【결론】 주님은 이제 마지막 심판의 때에 맞추어 구름을 타고 다시 오실 것이다. 주 안에서 죽은 자들이 먼저 부활하여 공중에서 주님을 영접하게 될 것이다. 주님을 믿고 주님의 교회를 사랑하며 충성하던 여러분은 홀연히 변화하여 공중으로 휴거되어 주님을 맞이하게 될 것이다.

- 절기, 용도, 장르, 특징: 대림절.
- Key Word: 예수.
- Remarks:

본문 : **행 13:21~23**

제목 : **하나님의 마음에 맞는 사람 (A Man After God's Own Heart)**

21.그 후에 그들이 왕을 구하거늘 하나님이 베냐민 지파 사람 기스의 아들 사울을 사십 년간 주셨다
가 **22.**폐하시고 다윗을 왕으로 세우시고 증언하여 이르시되 내가 이새의 아들 다윗을 만나니 내 마
음에 맞는 사람이라 내 뜻을 다 이루리라 하시더니 **23.**하나님이 약속하신 대로 이 사람의 후손에서
이스라엘을 위하여 구주를 세우셨으니 곧 예수라

1. 다윗은 항상 하나님의 뜻을 알고자 힘썼음 (= 기도와 말씀의 사람)

36절= "다윗은 당시에 하나님의 뜻을 따라 섬기다가 잠들어 그 조상들과 함께 묻혀 썩음을 당하였으되"

2. 다윗은 하나님을 높이는 일에 힘썼음 (= 찬양의 사람)

시 119:164= "주의 의로운 규례들로 말미암아 내가 하루 일곱 번씩 주를 찬양하나이다."

3. 다윗은 범죄 후 철저히 회개하였음 (= 회개의 사람)

시 51:16~17= "주께서는 제사를 기뻐하지 아니하시나니 그렇지 아니하면 내가 드렸을 것이라 주는 번제를 기뻐하지 아니하시나이다 하나님께서 구하시는 제사는 상한 심령이라 하나님이여 상하고 통회하는 마음을 주께서 멸시하지 아니하시리이다"

4. 다윗은 성전 건축을 위해 전심으로 준비하였음 (= 영혼 사랑, 교회 사랑)

대상 22:14= "내가 환난 중에 여호와의 성전을 위하여 금 십만 달란트와 은 백만 달란트와 놋과 철을 그 무게를 달 수 없을 만큼 심히 많이 준비하였고 또 재목과 돌을 준비하였으나 너는 더할 것이며"

◈◈◈

【대지 유형】 이유 제시형 – 본문 수집형 – 대지 병렬형

【주제】 (석의) 다윗이 하나님 마음에 합한 것은 그가 기도와 말씀, 찬양의 사람이요 회개의 용기를 가진 사람이고 하나님 나라와 영혼을 사랑한 사람이었기 때문이다.

【FCF】 많은 신앙인이 하나님 마음에 맞는 사람이 되려고 노력조차 제대로 안 하고 있음.

【서론】 그리스도인에게 있어 듣기에 가장 황홀한 말은 하나님께서 친히 '너는

내 마음에 맞는 사람'이라고 인정해 주시는 말씀일 것. 하나님은 당신의 경륜을 위하여 사울을 역사 속에 불러 쓰시다가 폐(廢)하시고 다윗을 불러 쓰셨다. 왜 다윗인가? 한마디로, 하나님의 마음에 합한 사람이었기 때문.

【우산질문】 다윗의 어떤 면이 하나님의 마음에 합했는지 구약의 증언을 통하여 살펴보자.

【1대지】 하나님과 진정한 관계를 맺지 못한 사울과는 달리, 다윗은 열정적으로 하나님을 찾았다. 다윗의 열정은 하나님과 개인적인 관계를 갖는 것이었다. 그는 그 관계없이는 살 수 없었다. 여러분은 하나님의 뜻을 깨닫기 위해 얼마나 애쓰는가? 학교를 선택하고 직장을 선택하는 일에 하나님의 인도를 얼마나 구하는가?

【2대지】 다윗과 같이 하나님을 알고자 하는 간절한 마음을 가지고 심령으로 주님을 찬양하자. 온 마음을 다하여 주님의 이름을 높이자. 그러면 하나님께서도 여러분을 높여주신다. 그때 여러분은 하나님의 마음에 합한 사람으로 등록될 것이다.

【3대지】 성경이 다윗을 하나님의 마음에 합한 사람으로 평가하는 것은 무엇보다 그가 죄를 깨달았을 때 철저히 회개한 '회개의 사람'이었기 때문이다(삼하 12:13~17). 성경은 죄인이 회개할 때 하나님께서 베풀어주시는 축복을 거듭하여 강조한다. 주님은 회개하는 자에게 재앙이 사라지게 하며, 긍휼히 여김을 받게 해 주시고, 죄에서 해방시켜 주신다.

【4대지】 다윗이 성전을 지으려고 한 것은 하나님을 사랑하고 사람들을 사랑했기 때문이다. 그는 백성들의 영혼을 사랑했다. 백성들과 함께하시는 하나님의 임재를 상징하는 성전을 그리도 사모했다. 금 10만 달란트는 우리 돈으로 약 9조 원. 다윗이 어떠한 마음으로, 어느 정도의 열정으로 성전 건축 준비에 임했는가를 짐작할 수 있는 대목이다. 이것은 온 마음을 다하여 교회를 사랑하며 영혼을 사랑하는 성도의 모습을 보여준다.

【결론】 22절. 이 언약대로 다윗의 후손으로 오신 예수 그리스도는 전 인류의 구속주가 되심으로써 택한 백성의 영원한 왕이 되셨다. 실로 다윗은 하나님의 마음에 맞는 사람으로서 엄청난 영광과 축복을 받은 사람이 되었다.

- 절기, 용도, 장르, 특징:
- Key Word: 다윗, 성전건축, 하나님 마음에 합한 사람.
- Remarks:

본문 : **행 13:23~41**

제목 : **바울의 안디옥 설교에 나타난 그리스도**
(Jesus Christ of the Covenant)

23.하나님이 약속하신 대로 이 사람의 후손에서 이스라엘을 위하여 구주를 세우셨으니 곧 예수라
24.그가 오시기에 앞서 요한이 먼저 회개의 세례를 이스라엘 모든 백성에게 전파하니라 **25.**요한이
그 달려갈 길을 마칠 때에 말하되 너희가 나를 누구로 생각하느냐 나는 그리스도가 아니라 내 뒤에
오시는 이가 있으니 나는 그 발의 신발끈을 풀기도 감당하지 못하리라 하였으니 **26.**형제들아 아브
라함의 후손과 너희 중 하나님을 경외하는 사람들아 이 구원의 말씀을 우리에게 보내셨거늘 **27.**예
루살렘에 사는 자들과 그들 관리들이 예수와 및 안식일마다 외우는 바 선지자들의 말을 알지 못하
므로 예수를 정죄하여 선지자들의 말을 응하게 하였도다 **28.**죽일 죄를 하나도 찾지 못하였으나 빌
라도에게 죽여 달라 하였으니 **29.**성경에 그를 가리켜 기록한 말씀을 다 응하게 한 것이라 후에 나
무에서 내려다가 무덤에 두었으나 **30.**하나님이 죽은 자 가운데서 그를 살리신지라 **31.**갈릴리로부
터 예루살렘에 함께 올라간 사람들에게 여러 날 보이셨으니 그들이 이제 백성 앞에서 그의 증인이라
32.우리도 조상들에게 주신 약속을 너희에게 전파하노니 **33.**곧 하나님이 예수를 일으키사 우리 자
녀들에게 이 약속을 이루게 하셨다 함이라 시편 둘째 편에 기록한 바와 같이 너는 내 아들이라 오늘
너를 낳았다 하셨고 **34.**또 하나님께서 죽은 자 가운데서 그를 일으키사 다시 썩음을 당하지 않게 하
실 것을 가르쳐 이르시되 내가 다윗의 거룩하고 미쁜 은사를 너희에게 주리라 하셨으며 **35.**또 다른
시편에 일렀으되 주의 거룩한 자로 썩음을 당하지 않게 하시리라 하셨느니라 **36.**다윗은 당시에 하
나님의 뜻을 따라 섬기다가 잠들어 그 조상들과 함께 묻혀 썩음을 당하였으되 **37.**하나님께서 살리
신 이는 썩음을 당하지 아니하였나니 **38.**그러므로 형제들아 너희가 알 것은 이 사람을 힘입어 죄 사
함을 너희에게 전하는 이것이며 **39.**또 모세의 율법으로 너희가 의롭다 하심을 얻지 못하던 모든 일
에도 이 사람을 힘입어 믿는 자마다 의롭다 하심을 얻는 이것이라 **40.**그런즉 너희는 선지자들을 통
하여 말씀하신 것이 너희에게 미칠까 삼가라 **41.**일렀으되 보라 멸시하는 사람들아 너희는 놀라고
멸망하라 내가 너희 때를 당하여 한 일을 행할 것이니 사람이 너희에게 일러줄지라도 도무지 믿지 못
할 일이라 하였느니라 하니라

1. 예수님은 약속의 씨로 오신 분이심 (= 언약의 그리스도)

23절= "하나님이 약속하신 대로 이 사람의 후손에서 이스라엘을 위하여 구주를 세우셨으니 곧 예수라"

2. 인간은 성경 말씀을 알지 못하므로 예수님을 정죄하여 죽였음 (= 대속의 그리스도)

27절= "예루살렘에 사는 자들과 그들 관리들이 예수와 및 안식일마다 외우는 바 선지자들의 말을 알지 못하므로 예수를 정죄하여 선지자들의 말을 응하게 하였도다"

3. 하나님은 약속대로 예수님을 다시 살리셨음 (= 부활의 그리스도)

30절= "하나님이 죽은 자 가운데서 그를 살리신지라"
33절= "곧 하나님이 예수를 일으키사 우리 자녀들에게 이 약속을 이루게 하셨다 함이라"

◈◈◈

【**대지 유형**】 주제 설명형 - 본문 수집형 - 대지 진전형
【**주제**】 바울의 안디옥 설교는 예수님이 언약의 그리스도요 대속의 그리스도이며 부활하신 그리스도이심을 선포한다.
【**FCF**】 그리스도에 대한 명확한 성경적 개념을 갖지 못해 쉽게 믿음이 흔들리는 사람들의 모습.

【**서론**】 사도 바울은 비시디아 안디옥에서 했던 설교에서 구약의 내용과 예수 그리스도를 연결시켜 복음을 선포한다. 그는 구약을 인용하되 그리스도 중심의 해석을 통하여 하나님의 구원 경륜을 명쾌히 제시한다. 예수께서 십자가와 부활을 통하여 구원 사역을 이룬 것은 하나님께서 구약의 언약을 성취하신 것을 말한다.
【**우산질문**】 사도 바울의 안디옥 설교에 나타난 예수님, 그분을 통해 펼쳐지는 역사의 섭리에 대해 함께 생각하며 은혜를 나누는 시간이 되기를 바란다.

【**1대지**】 바울은 먼저 하나님께서 이스라엘에게 주신 것들을 열거한다. 이스라엘 백성들은 다윗을 최고의 선물로 생각했지만, 바울은 하나님이 인류에게 주신 최고의 선물은 바로 예수 그리스도임을 강력히 논증한다. 더 이상은 없다. 바울이 보는 예수님은 구약의 언약의 약속에 따라 하나님께서 세우신 '약속의 씨로 오신 분'이다.
【**2대지**】 바울의 설교는 당시의 유대 종교지도자들을 고발하고 있다. 유대인들이 생명의 주를 죽인 것은 전적으로 그들의 무지 때문이었다. '알지 못해서', '무식해서' 그랬다는 것. 결국, 인간의 무지와 잔학한 행위 속에서도 하나님의 예언의 말씀은 성취되었고, 우리 예수님은 '대속의 그리스도'가 되셨다.
【**3대지**】 예수님은 사망에 매여 있을 수 없는 존재이므로 공의로우신 하나님은 그에게 묶여 있는 사망의 고통을 풀어 다시 살리셨다. 주님이 왜 부활하셨나? 사도 바울의 설교에 나타난 부활의 당위성은 언약의 성취에 있다. 예수님은 추모의 대상 정도가 아니라 신앙의 대상이다. 다윗도 아브라함도 모세도 뛰어넘지 못한 죽음의 한계를 오직 예수님만이 뛰어넘어 부활하셨다.
【**결론**】 바울이 전한 설교는 언약의 그리스도, 대속의 그리스도, 부활의 그리스도에 대한 말씀이었다. 원색적인 복음의 말씀이다. 바울은 '부활의 그리스도'로 말미암아 그를 믿는 우리에게 죄 사함의 은총과 의롭다 칭함 받는 복을 주셨다고 감격에 찬 선언을 하고 있다.

- 절기, 용도, 장르, 특징:
- Key Word: 그리스도.
- Remarks:

본문 : **행 13:42~52**

제목 : **기쁨과 성령이 충만한 교회**

(Filled with Joy and with the Holy Spirit)

42.그들이 나갈새 사람들이 청하되 다음 안식일에도 이 말씀을 하라 하더라 **43.**회당의 모임이 끝난
후에 유대인과 유대교에 입교한 경건한 사람들이 많이 바울과 바나바를 따르니 두 사도가 더불어 말
하고 항상 하나님의 은혜 가운데 있으라 권하니라 **44.**그 다음 안식일에는 온 시민이 거의 다 하나님
의 말씀을 듣고자 하여 모이니 **45.**유대인들이 그 무리를 보고 시기가 가득하여 바울이 말한 것을 반
박하고 비방하거늘 **46.**바울과 바나바가 담대히 말하여 이르되 하나님의 말씀을 마땅히 먼저 너희에
게 전할 것이로되 너희가 그것을 버리고 영생을 얻기에 합당하지 않은 자로 자처하기로 우리가 이방
인에게로 향하노라 **47.**주께서 이같이 우리에게 명하시되 내가 너를 이방의 빛으로 삼아 너로 땅 끝
까지 구원하게 하리라 하셨느니라 하니 **48.**이방인들이 듣고 기뻐하여 하나님의 말씀을 찬송하며 영
생을 주시기로 작정된 자는 다 믿더라 **49.**주의 말씀이 그 지방에 두루 퍼지니라 **50.**이에 유대인들
이 경건한 귀부인들과 그 시내 유력자들을 선동하여 바울과 바나바를 박해하게 하여 그 지역에서 쫓
아내니 **51.**두 사람이 그들을 향하여 발의 티끌을 떨어 버리고 이고니온으로 가거늘 **52.**제자들은
기쁨과 성령이 충만하니라

1. 말씀을 듣고 믿는 자가 많았음 (= 믿음에서 오는 기쁨)

48절= "이방인들이 듣고 기뻐하여 하나님의 말씀을 찬송하며 영생을 주시기로 작정된 자는 다 믿더라"

49절= "주의 말씀이 그 지방에 두루 퍼지니라"

2. 박해 속에서도 오히려 기뻐하였음 (= 박해 속에 피어나는 기쁨)

50절= "이에 유대인들이 경건한 귀부인들과 그 시내 유력자들을 선동하여 바울과 바나바를 박해하게 하여 그 지역에서 쫓아내니"

3. 제자들은 기쁨과 성령이 충만하였음 (= 그리스도의 제자 된 자들의 기쁨)

52절= "제자들은 기쁨과 성령이 충만하니라"

◈◈◈

【대지 유형】 주제 설명형 - 본문 묶음형 - 대지 심화형

【주제】 안디옥 교회는 믿음에서 오는 기쁨, 박해 속에서 피어나는 기쁨, 제자 됨에서 오는 기쁨을 경험하는 성도들의 교회였다.

【FCF】 기쁨과 성령이 충만한 성도들을 교회에서 찾아보기 쉽지 않음.

【서론】 비시디아 안디옥 교회는 하나님의 능력이 함께한 교회였다. 모범이 되는 교회이다. 이 교회의 성도들은 기쁨과 성령이 충만했다. 본문은 바울의 말씀을 들은 제자들이 기쁨과 성령이 충만하였다고 말한다. "제자들은 기쁨과 성령이 충만하니라"(52절). 기쁨이 충만한 교회가 된다는 것은 정말 좋은 일이다. 성령 충만한 교회가 된다는 것은 생각만 해도 황홀한 일이다.
【우산질문】 비시디아 안디옥 교회가 충만히 가졌던 기쁨은 어떤 기쁨이었는가?

【1대지】 바울의 설교는 성경의 핵심 내용을 일목요연하게 선포하는 것이었다. 청중은 바울의 이색적인 설교에 큰 감동을 받게 되었고, 다시 말씀 전해줄 것을 간청했다. 말씀을 듣고 사람들이 믿음을 가지게 되면, 믿는 자의 마음에 기쁨이 솟아날 뿐 아니라 전하는 자에게도 놀라운 기쁨이 주어진다. 비시디아 안디옥 교회 제자들이 기쁨이 충만했던 이유는 '하나님이 작정하신 자들'이 전하는 말씀을 믿고 돌아왔기 때문이다.
【2대지】 그들은 바울의 설교를 듣기 위해 모여든 많은 무리가 보고 '시기가 가득하게' 되었다. 그들의 뒤에는 복음 전파를 방해하는 사탄의 세력이 움직이고 있었다. 박해를 피해서 떠나는 사도들의 모습은 어떠했을까? 실의에 차서 침울했을까? 앞날에 대한 걱정 때문에 얼굴색이 어두웠을까? 아니다. 그들은 주님을 위해 핍박받는 것을 오히려 자랑스럽게 생각하며 기뻐했다.
【3대지】 기쁨과 성령이 충만한 상태는 말씀을 받고 회개하여 새사람이 된 자들의 전형적인 특징이다(행 4:31; 8:8). 이 기쁨은 그리스도의 참 제자 된 자들의 기쁨이다. 성령님은 하나님의 뜻이 온전히 펼쳐지는 자리에서 우리에게 가장 큰 은혜와 기쁨을 주신다. 따라서 성령 충만한 성도는 얼굴을 찌푸리지 않는다. 성령 충만은 기쁨 충만이기 때문이다.
【결론】 기쁨이 충만한 교회! 생각만 해도 가슴 뿌듯한 교회상이다. 기쁨이 충만한 성도! 주님이 우리에게 요구하시는 성도의 자화상이다. 이를 위해 비시디아 안디옥 교회처럼 서야겠다.

- 절기, 용도, 장르, 특징: 신년.
- Key Word: 기쁨, 성령 충만, 교회.
- Remarks:

본문 : **행 13:50~14:7**

제목 : **이고니온의 용감한 전도자들**

(The Brave Evangelists at Iconium)

50.이에 유대인들이 경건한 귀부인들과 그 시내 유력자들을 선동하여 바울과 바나바를 박해하게 하여 그 지역에서 쫓아내니 **51.**두 사람이 그들을 향하여 발의 티끌을 떨어 버리고 이고니온으로 가거늘 **52.**제자들은 기쁨과 성령이 충만하니라 **14:1.**이에 이고니온에서 두 사도가 함께 유대인의 회당에 들어가 말하니 유대와 헬라의 허다한 무리가 믿더라 **2.**그러나 순종하지 아니하는 유대인들이 이방인들의 마음을 선동하여 형제들에게 악감을 품게 하거늘 **3.**두 사도가 오래 있어 주를 힘입어 담대히 말하니 주께서 그들의 손으로 표적과 기사를 행하게 하여 주사 자기 은혜의 말씀을 증언하시니 **4.**그 시내의 무리가 나뉘어 유대인을 따르는 자도 있고 두 사도를 따르는 자도 있는지라 **5.**이방인과 유대인과 그 관리들이 두 사도를 모욕하며 돌로 치려고 달려드니 **6.**그들이 알고 도망하여 루가오니아의 두 성 루스드라와 더베와 그 근방으로 가서 **7.**거기서 복음을 전하니라

1. 복음을 전하자 믿는 자가 생겼음 (= 전도의 열매는 새신자)

1절= "이에 이고니온에서 두 사도가 함께 유대인의 회당에 들어가 말하니 유대와 헬라의 허다한 무리가 믿더라"

2. 반대자들에게서 박해를 받았음 (= 전도의 반대급부는 핍박)

2절= "그러나 순종하지 아니하는 유대인들이 이방인들의 마음을 선동하여 형제들에게 악감을 품게 하거늘"

3. 표적과 기사로 은혜의 말씀을 전함 (= 전도의 상급은 표적과 기사)

3절= "…주께서 그들의 손으로 표적과 기사를 행하게 하여 주사 자기 은혜의 말씀을 증언하시니"

◈◈◈

【대지 유형】 주제 설명형 - 본문 수집형 - 대지 반전형

【주제】 이고니온의 전도자들이 보여주는 것은 복음 전선에 열매도 있지만 핍박이 함께하며, 하나님은 전도자에게 표적과 기사로 말씀을 전하게 하신다는 것이다.

【FCF】 현대 교회에 핍박을 무릅쓰고 전도에 나서는 용감한 성도들을 보기 어려움.

【서론】 초대교회 성도들은 예수님을 증거하기 위하여 어떤 핍박이나 환난도 불사했던 사람들이다. 그 놀라운 전도자들 행렬의 앞줄에 바울과 바나바가 있다. 두 사람은 비시디아 안디옥에서 복음을 전파했고, 그곳의 이방인들은 복음을 기쁘게 받고 주님께로 돌아왔다.

【우산질문】 바울과 바나바가 다음 선교지로 택한 곳은 이고니온이었다. 본문은 두 전도자가 전했던 말씀, 만났던 상황, 그에 대한 대응 등에 있어서 전형적인 모형이다. 말씀을 통하여 전도의 영이 성도 여러분에게 충만히 임하게 되기를 바란다.

사도행전

【1대지】 복음은 전하기만 하면 반드시 믿는 사람이 생긴다는 사실을 마음에 새기자. 주님은 우리가 전도할 때 새신자를 전도의 열매로 주신다. 바울 사도는 예수님 전하는 것 외에는 다른 어떤 것에도 관심이 없었다. 그는 어떤 상황에서도 예수님을 증거했다. 전하지 않고는 견딜 수 없는, 말하지 않고는 숨 쉴 수조차 없는 복음, 그 복음의 주인이신 예수님이 여러분의 마음에도 뜨겁게 살아 있기를 바란다.

【2대지】 하나님은 핍박을 통해 다른 곳에 복음을 전하게 하셨다. 처음 예루살렘에 핍박이 몰아치자 복음은 안디옥으로. 비시디아 안디옥에 박해가 오자 바울과 바나바는 복음을 가지고 이고니온으로 왔다. 결과적으로 박해 때문에 이고니온에 복음이 전해졌다. 주님의 복음을 전하다가 고난 겪은 분들의 이야기는 끝이 없다.

【3대지】 표적과 기사는 고난과 박해 가운데서도 자기 일신상의 안전을 도모하지 않고 오직 "주를 힘입어 담대히 복음을 전하는" 종들을 위하여 주님이 준비해주시는 상급이다. 전도자는 힘 있게 복음을 전하지만 결실을 가능케 하는 것은 사실상 전도자의 몫이 아니다. 주님은 구원하실 자를 구원하시고 감동시키실 자를 감동시키신다.

【결론】 이고니온의 전도자들! 그들은 용감했다. 무서운 핍박 속에서도 굴하지 않고 복음을 전하는 사명자들이었다. 때로는 박해를 피해 다른 곳으로 피신하면서도 또 그곳에서 새로운 신자들을 만들어 내는 일에 목숨을 건 사람들이다.

- 절기, 용도, 장르, 특징:
- Key Word: 전도.
- Remarks:

본문 : **행 14:11~18; 20:22~24; 26:24~25**
제목 : **사도 바울의 자기변명**

14:11.무리가 바울이 한 일을 보고 루가오니아 방언으로 소리 질러 이르되 신들이 사람의 형상으로 우리 가운데 내려오셨다 하여 **12.**바나바는 제우스라 하고 바울은 그 중에 말하는 자이므로 헤르메스라 하더라 **13.**시외 제우스 신당의 제사장이 소와 화환들을 가지고 대문 앞에 와서 무리와 함께 제사하고자 하니 **14.**두 사도 바나바와 바울이 듣고 옷을 찢고 무리 가운데 뛰어 들어가서 소리 질러 **15.**이르되 여러분이여 어찌하여 이러한 일을 하느냐 우리도 여러분과 같은 성정을 가진 사람이라 여러분에게 복음을 전하는 것은 이런 헛된 일을 버리고 천지와 바다와 그 가운데 만물을 지으시고 살아 계신 하나님께로 돌아오게 함이라 **16.**하나님이 지나간 세대에는 모든 민족으로 자기들의 길들을 가게 방임하셨으나 **17.**그러나 자기를 증언하지 아니하신 것이 아니니 곧 여러분에게 하늘로부터 비를 내리시며 결실기를 주시는 선한 일을 하사 음식과 기쁨으로 여러분의 마음에 만족하게 하셨느니라 하고 **18.**이렇게 말하여 겨우 무리를 말려 자기들에게 제사를 못하게 하니라 …… **20:22.**보라 이제 나는 성령에 매여 예루살렘으로 가는데 거기서 무슨 일을 당할는지 알지 못하노라 **23.**오직 성령이 각 성에서 내게 증언하여 결박과 환난이 나를 기다린다 하시나 **24.**내가 달려갈 길과 주 예수께 받은 사명 곧 하나님의 은혜의 복음을 증언하는 일을 마치려 함에는 나의 생명조차 조금도 귀한 것으로 여기지 아니하노라 …… **26:24.**바울이 이같이 변명하매 베스도가 크게 소리 내어 이르되 바울아 네가 미쳤도다 네 많은 학문이 너를 미치게 한다 하니 **25.**바울이 이르되 베스도 각하여 내가 미친 것이 아니요 참되고 온전한 말을 하나이다

1. 루스드라 사람들에게 "우리도 여러분과 같은 성정을 가진 사람이라"고 함 (= 나는 신이 아니라는 변명. 오직 주님만 바라보게 함)

14:15= "여러분이여 어찌하여 이러한 일을 하느냐 우리도 여러분과 같은 성정을 가진 사람이라"

2. 베스도 총독에게 "내가 미친 것이 아니요 참된 말을 한다"고 함 (= 나는 미치지 않았다는 변명. 오해받을 정도로 주님 사랑함)

26:24~25= "바울이 이같이 변명하매 베스도가 크게 소리 내어 이르되 바울아 네가 미쳤도다 네 많은 학문이 너를 미치게 한다 하니 바울이 이르되 베스도 각하여 내가 미친 것이 아니요 참되고 온전한 말을 하나이다"

3. 에베소의 목회자들에게 "복음 전파를 위해 생명을 내놓았노라"고 함 (= 나는 목숨 걸고 전도했노라는 간증)

20:24= "내가 달려갈 길과 주 예수께 받은 사명 곧 하나님의 은혜의 복음을 증언하는 일을 마치려 함에는 나의 생명조차 조금도 귀한 것으로 여기지 아니하노라"

◆◆◆

【대지 유형】 주제 설명형 - 본문 수집형 - 대지 혼재형(2+1)
【주제】 바울이 생애의 중요한 순간에 했던 변명은 사실은 주님을 사랑하고 있다는 증거이다.
【FCF】 신앙인 중 미친 사람이라고 오해받을 만큼 주님 사랑하는 사람이 많지 않음.

【서론】 바울의 일생은 한 편의 드라마와 같음. 그의 생애의 중요한 시점에서 터져 나온 변명의 말들—성경 여러 곳에서 찾아보자.
【우산질문】 사도 바울이 사역 곳곳에서 변명했던 상황과 의미를 살펴보자.

【1대지】 루스드라의 이적. "이들은 신들이라!" 무리에게 적극적으로 말리는 사도. 우리는 신의 자리에 앉지 말아야. 우상적인 존재가 되지 말아야. 하나님께 돌릴 영광을 가로채지 말아야 한다.
【2대지】 왜 미쳤다는 소리를 듣나? 열정 때문. 예수님을 진정으로 만난 사람이라면 가끔씩 듣는 말이다. 미친 사람은 물불을 가리지 않는다. 우리는 미친 사람이라고 오해받을 정도로 주님을 사랑해야 한다. 지금은 예수님을 위해 제대로 미친 사람이 없는 것이 문제이다.
【3대지】 바울의 십자가 신앙(십자가만 알기로 하고, 십자가만 자랑하기로 하고, 십자가만 전하기로 결단함). 모든 전도자의 모범적 자세.
【결론】 우리의 믿음도 이런 수준은 되어야.

- 절기, 용도, 장르, 특징:
- Key Word: 헌신, 변명.
- Remarks:

본문 : **행 14:19~23**

제목 : **건강한 교회 세우기**

19.유대인들이 안디옥과 이고니온에서 와서 무리를 충동하니 그들이 돌로 바울을 쳐서 죽은 줄로 알
고 시외로 끌어 내치니라 **20.**제자들이 둘러섰을 때에 바울이 일어나 그 성에 들어갔다가 이튿날 바
나바와 함께 더베로 가서 **21.**복음을 그 성에서 전하여 많은 사람을 제자로 삼고 루스드라와 이고니
온과 안디옥으로 돌아가서 **22.**제자들의 마음을 굳게 하여 이 믿음에 머물러 있으라 권하고 또 우리
가 하나님의 나라에 들어가려면 많은 환난을 겪어야 할 것이라 하고 **23.**각 교회에서 장로들을 택하
여 금식 기도 하며 그들이 믿는 주께 그들을 위탁하고

1. 바울은 돌에 맞아 거의 죽은 상태에서 회복되어 하루 만에 더베로 전도여행을 떠났음 (= 전도를 통해 세워지는 건강한 교회)

20~21절= "…바울이 일어나 그 성에 들어갔다가 이튿날 바나바와 함께 더베로 가서 복음을 그 성에서 전하여 많은 사람을 제자로 삼고…"

2. 바울은 제자들의 마음을 굳게 하고 믿음을 격려하였음 (= 상호 격려를 통해 세워지는 건강한 교회)

21~22절= "…루스드라와 이고니온과 안디옥으로 돌아가서 제자들의 마음을 굳게 하여 이 믿음에 머물러 있으라 권하고 또 우리가 하나님의 나라에 들어가려면 많은 환난을 겪어야 할 것이라 하고"

3. 바울은 교회 지도자들을 택하여 세웠음 (= 양육을 통해 세워지는 건강한 교회)

23절= "각 교회에서 장로들을 택하여 금식 기도 하며 그들이 믿는 주께 그들을 위탁하고"

◈◈◈

【대지 유형】 주제 설명형 - 본문 묶음형 - 대지 연결형

【주제】 (적용) 건강한 교회는 전도와 상호 격려와 양육을 통해 든든히 세워진다.

【FCF】 많은 신앙인이 전도나 교제에 미지근함.

【서론】 건강한 교회, 어떻게 세워야 할까?

【우산질문】 본문을 통하여 교회를 세워나가던 바울 일행의 모습을 살펴보자.

【1대지】 바울은 폭도에 의해 돌에 맞아 거의 죽게 되었다(19절). 그런데 주위 사람들이 깜짝 놀랄 만큼 급속도로 회복되었다. 사도는 영혼 구원을 위하여 하루 만에 더베로 향했음. 이것이 사도의 삶의 목적이었다(고전 9:16). 전도는 우리가 교회로서 존재하는 데 필수불가결한 것이다. 막 16:15.
【2대지】 '권하고'= 격려하다. 교회로 모인 우리는 서로서로 격려하는 일에 더욱 힘써야. 특히 건강한 가정들이 모여서 건강한 교회가 된다.
【3대지】 교회를 세우는 일에 무엇보다 필요한 것은 사람들을 키워서 성숙한 일꾼으로 만드는 일. 새신자는 빠른 시간 안에 균형 잡힌 '청년' 그리고 '어른'이 되어져야. 그런데 사람들은 세우는 일보다 찢는 데 더 열심인 경우도 있다. 바울은 믿는 자들을 세우는 일에 헌신했다.
【결론】 세우는 데 필요한 세 가지를 기억하자. 전도와 격려, 그리고 양육을 통해 더욱 강한 교회로 세워나가자.

- 절기, 용도, 장르, 특징: 신년.
- Key Word: 세우다, 건강한 교회.
- Remarks:

본문 : **행 16:6~10**
제목 : **온전한 헌신**

6.성령이 아시아에서 말씀을 전하지 못하게 하시거늘 그들이 브루기아와 갈라디아 땅으로 다녀가
7.무시아 앞에 이르러 비두니아로 가고자 애쓰되 예수의 영이 허락하지 아니하시는지라 **8.**무시아를
지나 드로아로 내려갔는데 **9.**밤에 환상이 바울에게 보이니 마게도냐 사람 하나가 서서 그에게 청하
여 이르되 마게도냐로 건너와서 우리를 도우라 하거늘 **10.**바울이 그 환상을 보았을 때 우리가 곧 마
게도냐로 떠나기를 힘쓰니 이는 하나님이 저 사람들에게 복음을 전하라고 우리를 부르신 줄로 인정
함이러라

1. 바울은 성령님의 음성을 듣는 귀를 가지고 있었음 (= 헌신의 기초는 성령의 음성에 민감한 귀)

6절= "성령이 아시아에서 말씀을 전하지 못하게 하시거늘…"
7절= "…예수의 영이 허락하지 아니하시는지라"

2. 마게도냐 사람의 '건너와서 도우라'는 영혼의 소리를 들었음 (= 헌신의 방향은 복음을 요구하는 영혼의 요청)

9절= "밤에 환상이 바울에게 보이니 마게도냐 사람 하나가 서서 그에게 청하여 이르되 마게도냐로 건너와서 우리를 도우라 하거늘"

3. 하나님의 뜻을 깨닫고 마게도냐로 떠났음 (= 온전한 헌신의 사람)

10절= "바울이 그 환상을 보았을 때 우리가 곧 마게도냐로 떠나기를 힘쓰니 이는 하나님이 저 사람들에게 복음을 전하라고 우리를 부르신 줄로 인정함이러라"

◈◈◈

【대지 유형】 주제 설명형 - 본문 분석형 - 대지 진전형
【주제】 온전한 헌신은 성령님의 음성에 민감하여 하나님 나라를 향해 자신을 던지는 것이다.
【FCF】 많은 신앙인이 온전한 헌신에 대해 무지하다.

【서론】 하나님은 우리에게 변화를 요구하신다. 우리를 세상의 소금, 세상의 빛이라 하심. 세상을 변화시키는 힘은 어디서 오나? 하나님의 뜻에 대한 완전

한 헌신. 본문에는 하나님 앞에 전적인 헌신을 완성한 한 사람이 나온다.
【우산질문】 바울을 통해 우리도 어떻게 하면 온전한 헌신을 드릴 수 있는가를 찾아보자.

【1대지】 바울은 민감한 영적 감각을 가지고 있었다. 성령은 우리에게 능력을 부여하신다. 성령의 역사하심을 의지하지 않고는 아무것도 할 수 없다. 특히 우리의 잘못된 발걸음을 막으시는 성령의 음성을 듣는 것이 헌신의 첫걸음이다. 헌신은 결단과 희생의 실천이 있어야 헌신이다.
【2대지】 헌신하는 사람은 다른 사람의 영혼의 소리를 들을 줄 알아야 한다. 마게도냐 청년의 호소를 들을 수 있는 사람은 복된 사람이다.
【3대지】 우리 교회를 향한 성령님의 음성!
【결론】 중요한 것은 성령님의 음성을 듣는 일이요 나를 부르는 영혼의 호소를 듣는 일이다.

- 절기, 용도, 장르, 특징:
- Key Word: 온전한 헌신.
- Remarks:

본문 : **행 16:19~34**
제목 : **감사하는 두 전도자 (Two Thankful Preachers)**

9.밤에 환상이 바울에게 보이니 마게도냐 사람 하나가 서서 그에게 청하여 이르되 마게도냐로 건너
와서 우리를 도우라 하거늘 **10.**바울이 그 환상을 보았을 때 우리가 곧 마게도냐로 떠나기를 힘쓰니
이는 하나님이 저 사람들에게 복음을 전하라고 우리를 부르신 줄로 인정함이러라 **11.**우리가 드로아
에서 배로 떠나 사모드라게로 직행하여 이튿날 네압볼리로 가고 **12.**거기서 빌립보에 이르니 이는
마게도냐 지방의 첫 성이요 또 로마의 식민지라 이 성에서 수일을 유하다가 **13.**안식일에 우리가 기
도할 곳이 있을까 하여 문 밖 강가에 나가 거기 앉아서 모인 여자들에게 말하는데 **14.**두아디라 시
에 있는 자색 옷감 장사로서 하나님을 섬기는 루디아라 하는 한 여자가 말을 듣고 있을 때 주께서 그
마음을 열어 바울의 말을 따르게 하신지라 **15.**그와 그 집이 다 세례를 받고 우리에게 청하여 이르되
만일 나를 주 믿는 자로 알거든 내 집에 들어와 유하라 하고 강권하여 머물게 하니라 **16.**우리가 기
도하는 곳에 가다가 점치는 귀신 들린 여종 하나를 만나니 점으로 그 주인들에게 큰 이익을 주는 자
라 **17.**그가 바울과 우리를 따라와 소리 질러 이르되 이 사람들은 지극히 높은 하나님의 종으로서 구
원의 길을 너희에게 전하는 자라 하며 **18.**이같이 여러 날을 하는지라 바울이 심히 괴로워하여 돌이
켜 그 귀신에게 이르되 예수 그리스도의 이름으로 내가 네게 명하노니 그에게서 나오라 하니 귀신이
즉시 나오니라 **19.**여종의 주인들은 자기 수익의 소망이 끊어진 것을 보고 바울과 실라를 붙잡아 장
터로 관리들에게 끌어 갔다가 **20.**상관들 앞에 데리고 가서 말하되 이 사람들이 유대인인데 우리 성
을 심히 요란하게 하여 **21.**로마 사람인 우리가 받지도 못하고 행하지도 못할 풍속을 전한다 하거늘
22.무리가 일제히 일어나 고발하니 상관들이 옷을 찢어 벗기고 매로 치라 하여 **23.**많이 친 후에 옥
에 가두고 간수에게 명하여 든든히 지키라 하니 **24.**그가 이러한 명령을 받아 그들을 깊은 옥에 가
두고 그 발을 차꼬에 든든히 채웠더니 **25.**한밤중에 바울과 실라가 기도하고 하나님을 찬송하매 죄
수들이 듣더라 **26.**이에 갑자기 큰 지진이 나서 옥터가 움직이고 문이 곧 다 열리며 모든 사람의 매
인 것이 다 벗어진지라 **27.**간수가 자다가 깨어 옥문들이 열린 것을 보고 죄수들이 도망한 줄 생각하
고 칼을 빼어 자결하려 하거늘 **28.**바울이 크게 소리 질러 이르되 네 몸을 상하지 말라 우리가 다 여
기 있노라 하니 **29.**간수가 등불을 달라고 하며 뛰어 들어가 무서워 떨며 바울과 실라 앞에 엎드리고
30.그들을 데리고 나가 이르되 선생들이여 내가 어떻게 하여야 구원을 받으리이까 하거늘 **31.**이르
되 주 예수를 믿으라 그리하면 너와 네 집이 구원을 받으리라 하고 **32.**주의 말씀을 그 사람과 그 집
에 있는 모든 사람에게 전하더라 **33.**그 밤 그 시각에 간수가 그들을 데려다가 그 맞은 자리를 씻어
주고 자기와 그 온 가족이 다 세례를 받은 후 **34.**그들을 데리고 자기 집에 올라가서 음식을 차려 주
고 그와 온 집안이 하나님을 믿으므로 크게 기뻐하니라

1. 바울과 실라는 감옥에 갇혀 있으면서도 자신들을 구원하신 하나님을 찬송하였음 (= 이미 행하신 일에 대한 감사)

25절= "한밤중에 바울과 실라가 기도하고 하나님을 찬송하매 죄수들이 듣더라"

2. 하나님께서 인도해 오시는 것들에 대해 감사 찬송을 드렸음 (= 지금 섭리하고 계시는 일들에 대한 감사)

9절= "밤에 환상이 바울에게 보이니 마게도냐 사람 하나가 서서 그에게 청하여 이르되 마게도냐로 건너와서 우리를 도우라 하거늘"
14절= "두아디라 시에 있는 자색 옷감 장사로서 하나님을 섬기는 루디아라 하는 한 여자가 말을 듣고 있을 때 주께서 그 마음을 열어 바울의 말을 따르게 하신지라"

3. 하나님께서 그들의 찬송을 기사와 표적으로 보상하심 (= 장차 하나님이 하실 일들에 대한 감사)

26절= "이에 갑자기 큰 지진이 나서 옥터가 움직이고 문이 곧 다 열리며 모든 사람의 매인 것이 다 벗어진지라"

◆◆◆

【대지 유형】 주제 설명형 - 본문 수집형 - 대지 진전형

【주제】 바울과 실라는 하나님의 과거 현재 미래의 하시는 일에 대해 믿음으로 찬송을 올렸다.

【FCF】 많은 신앙인은 환경이 조금만 좋지 않아도 감사가 메마름.

【서론】 본문= 고난 중에도 구원의 주님을 찬송하는 두 전도자. 23, 24절에 두 전도자의 어려운 상황. 더이상 희망이 없어 보이는 두 사람= 뜻밖에 25절의 찬송이 울려퍼진다.

【우산질문】 바울과 실라가 감옥에서 찬송하던 모습을 그려보자.

【1대지】 "찬미하매"= 미완료 과거, 큰 지진이 날 때까지 찬양하였음. 죄악에서 구원해 내신 주님께 감사하는 영으로 충만함. 바울의 감동적인 고백= 고후 4:8~10. 이 찬송의 동력은?= 예수님이 이미 고난받으셨기 때문.

【2대지】 바울과 실라는 지금 하나님이 그들의 삶 속에 역사하고 계심을 알고 있었다. 마게도니아인의 환상, 루디아의 회심…. 우린 너무 쉽게 하나님의 은혜를 잊어버리는 경향이 있다.

【3대지】 옥 터가 지진으로 움직였다. 매인 것이 풀어졌다. 하나님은 모든 믿는 자들을 위해 장차 놀라운 일을 행하실 것이다.

【결론】 우리를 위해 행하신 구원의 놀라운 은혜를 찬송하자. 지금 우리의 기도를 들으시며 이끄시는 손길을 감사하자. 장차 우리를 위해 완성하실 하나님 나라의 위대한 사역을 바라보며 더욱 감사하자.

- 절기, 용도, 장르, 특징: 추수감사주일.
- Key Word: 감사.
- Remarks:

본문 : **행 16:22~34**
제목 : **옥중의 예배자들 (The Prison Revival)**

22.무리가 일제히 일어나 고발하니 상관들이 옷을 찢어 벗기고 매로 치라 하여 **23.**많이 친 후에 옥
에 가두고 간수에게 명하여 든든히 지키라 하니 **24.**그가 이러한 명령을 받아 그들을 깊은 옥에 가
두고 그 발을 차꼬에 든든히 채웠더니 **25.**한밤중에 바울과 실라가 기도하고 하나님을 찬송하매 죄
수들이 듣더라 **26.**이에 갑자기 큰 지진이 나서 옥터가 움직이고 문이 곧 다 열리며 모든 사람의 매
인 것이 다 벗어진지라 **27.**간수가 자다가 깨어 옥문들이 열린 것을 보고 죄수들이 도망한 줄 생각하
고 칼을 빼어 자결하려 하거늘 **28.**바울이 크게 소리 질러 이르되 네 몸을 상하지 말라 우리가 다 여
기 있노라 하니 **29.**간수가 등불을 달라고 하며 뛰어 들어가 무서워 떨며 바울과 실라 앞에 엎드리고
30.그들을 데리고 나가 이르되 선생들이여 내가 어떻게 하여야 구원을 받으리이까 하거늘 **31.**이르
되 주 예수를 믿으라 그리하면 너와 네 집이 구원을 받으리라 하고 **32.**주의 말씀을 그 사람과 그 집
에 있는 모든 사람에게 전하더라 **33.**그 밤 그 시각에 간수가 그들을 데려다가 그 맞은 자리를 씻어
주고 자기와 그 온 가족이 다 세례를 받은 후 **34.**그들을 데리고 자기 집에 올라가서 음식을 차려 주
고 그와 온 집안이 하나님을 믿으므로 크게 기뻐하니라

1. 어둠 속에서 하나님께 기도했음 (= 절망적인 환경 속에서의 기도, 진정한 기도)

25절= "한밤중에 바울과 실라가 기도하고…"

2. 고통 속에서 하나님을 찬송했음 (= 살아 있는 찬양, 진정한 찬송)

25절= "한밤중에 바울과 실라가 기도하고 하나님을 찬송하매 죄수들이 듣더라"

3. 간수에게 복음을 전하고 세례를 베풂 (= 살아 있는 말씀)

30~32절= "선생들이여 내가 어떻게 하여야 구원을 받으리이까 하거늘, 이르되 주 예수를 믿으라 그리하면 너와 네 집이 구원을 받으리라 하고 주의 말씀을 그 사람과 그 집에 있는 모든 사람에게 전하더라"

◈◈◈

【대지 유형】 주제 설명형 – 본문 수집형 – 대지

【주제】 바울과 실라는 옥중에서도 하나님께 기도하며 찬송하는 믿음을 가졌고, 간수에게 세례를 베풀며 살아있는 말씀을 전했다.

【FCF】 기도와 찬송이 살아 있는 성도들을 찾아보기 어려운 현대 교회의 모습.

【서론】 본문은 극단적인 상황에서 예배하는 두 사람을 보여준다. 그들은 지하 감옥에 갇혀 내일을 알 수 없는 죄수의 신분이면서도 기도하고 찬양하며 하나님께 영광을 돌렸고, 하나님께서는 옥문이 열리는 놀라운 이적을 보이셨다. 그들은 두려워 떠는 간수에게 가장 중요한 말씀을 전했다. 빌립보 지역의 부흥은 이렇게 시작되었다.
【우산질문】 옥중의 예배자들의 모습은 어떠했나?

【1대지】 옥중의 예배자 바울과 실라는 절망적인 환경 속에서 기도했다. 환란과 고통이 우리를 하나님 앞에 무릎 꿇게 한다면 그것은 우리에게 축복이 된다. 하나님의 사람에게는 기도할 수도 없을 만큼의 진한 어두움은 없다. 참 그리스도인의 기도를 막을 수 있는 상황은 어디에도 없다.
【2대지】 바울과 실라의 고통은 자기들의 과오로 인한 것이 아니라 예수 그리스도의 복음을 전하다가 당한 고통이므로, 하나님께서 자기들을 지켜주시지 않는 것에 대해 충분히 항의할 수 있지만 그들은 그렇게 하지 않았다. 그들은 오히려 환난 날에 응답하시는 하나님을 부르며 생명의 하나님께 기도했다. 옥중의 예배자들이 기쁨의 찬송을 부를 수 있었던 것은 자신들의 문제보다는 하나님의 능력에 모든 생각을 집중했기 때문이다. 그들은 하나님께서 자신들을 건져내실 수 있음을 믿었다.
【3대지】 참으로 멋진 그리스도인들이다. 성도들은 이런 여유를 가져야 한다. 지진에 옥문이 열린 것을 보고 죄수들이 도망한 줄 생각하고 자결하려 했던 간수에 비하면 괴롭고 처참한 형편에서도 찬송하는 넉넉함, 그리고 옥문이 열리고 착고가 풀어졌는데도 도망가지 않고 의연히 그 자리를 지키고 있는 여유로움은 우리의 마음을 감동으로 뛰게 한다. 옥중의 예배자 바울과 실라는 간수에게 복음을 전하고 마침내 세례까지 베풀었다. 그들이 전한 말씀은 살아있는 말씀이었다. 단순한 말씀이지만 영감 있는 말씀이었다.
【결론】 바울과 실라에게는 구원의 기쁨이 있었고, 예수님을 대신하여 고난받는다는 감사가 넘쳤다. 그들의 찬송은 살아계신 하나님의 능력을 받아내는 위대한 도구가 되었다. 두 사람에게는 영혼을 향한 뜨거운 사랑이 있었고, 불신 영혼에게 줄 살아 있는 생명의 말씀이 있었다.

- 절기, 용도, 장르, 특징:
- Key Word: 예배, 기쁨, 찬송.
- Remarks:

본문 : **행 19:8~20**

제목 : **흥왕하는 주의 말씀 (The Great Revival of Ephesus)**

8.바울이 회당에 들어가 석 달 동안 담대히 하나님 나라에 관하여 강론하며 권면하되 **9.**어떤 사람들
은 마음이 굳어 순종하지 않고 무리 앞에서 이 도를 비방하거늘 바울이 그들을 떠나 제자들을 따로
세우고 두란노 서원에서 날마다 강론하니라 **10.**두 해 동안 이같이 하니 아시아에 사는 자는 유대인
이나 헬라인이나 다 주의 말씀을 듣더라 **11.**하나님이 바울의 손으로 놀라운 능력을 행하게 하시니
12.심지어 사람들이 바울의 몸에서 손수건이나 앞치마를 가져다가 병든 사람에게 얹으면 그 병이 떠
나고 악귀도 나가더라 **13.**이에 돌아다니며 마술하는 어떤 유대인들이 시험삼아 악귀 들린 자들에
게 주 예수의 이름을 불러 말하되 내가 바울이 전파하는 예수를 의지하여 너희에게 명하노라 하더라
14.유대의 한 제사장 스게와의 일곱 아들도 이 일을 행하더니 **15.**악귀가 대답하여 이르되 내가 예수
도 알고 바울도 알거니와 너희는 누구냐 하며 **16.**악귀 들린 사람이 그들에게 뛰어올라 눌러 이기니
그들이 상하여 벗은 몸으로 그 집에서 도망하는지라 **17.**에베소에 사는 유대인과 헬라인들이 다 이
일을 알고 두려워하며 주 예수의 이름을 높이고 **18.**믿은 사람들이 많이 와서 자복하여 행한 일을 알
리며 **19.**또 마술을 행하던 많은 사람이 그 책을 모아 가지고 와서 모든 사람 앞에서 불사르니 그 책
값을 계산한즉 은 오만이나 되더라 **20.**이와 같이 주의 말씀이 힘이 있어 흥왕하여 세력을 얻으니라

1. 주의 말씀이 아시아인들에게 심겨졌음 (= 심겨지는 주의 말씀)

9~10절= "…바울이 그들을 떠나 제자들을 따로 세우고 두란노 서원에서 날마다 강론하니라. 두 해 동안 이같이 하니 아시아에 사는 자는 유대인이나 헬라인이나 다 주의 말씀을 듣더라"

2. 능력 있는 말씀 앞에 원수의 방해가 끊이지 않음 (= 마귀의 방해)

9절= "어떤 사람들은 마음이 굳어 순종하지 않고 무리 앞에서 이 도를 비방하거늘…"

3. 주의 말씀이 흥왕하여 세력을 얻음 (= 말씀 흥왕, 부흥)

20절= "이와 같이 주의 말씀이 힘이 있어 흥왕하여 세력을 얻으니라"

◈◈◈

【대지 유형】 주제 설명형 – 본문 수집형 – 대지 반전형

【주제】 에베소 교회는 말씀이 심겨져 부흥이 시작되었고, 마귀의 방해를 이기고 더욱 부흥을 이루었다.

【FCF】 마귀의 방해에 쉽게 무너지는 현대 교회의 얕은 믿음 수준.

【서론】 예수께서 세우신 교회는 어느 시대 어느 장소를 막론하고 언제나 부흥해야 한다. 교회는 하나님의 말씀을 통하여 자신의 거룩하지 못함과 세속적인 모습을 항상 살펴 정결케 되기에 힘써야 한다. 교회의 부흥은 교회를 사랑하는 모든 성도의 공통적인 바람이다. 그러므로 참 성도라면 성경에서 부흥에 대한 기사를 접할 때마다 가슴 설레는 감격을 맛보게 될 것이다.
【우산질문】 에베소의 위대한 부흥은 어떻게 시작되었나?

【1대지】 모든 사람이 '주의 말씀'을 들었다고 표현한 까닭은 바울 사도가 주님의 말씀을 가감 없이 그대로 전달함으로써 사람들이 직접 주님으로부터 말씀을 들은 것과 다름이 없었기 때문이다. 여러분의 가정에서 말씀이 자라게 하라. 여러분의 구역에서 순수한 하나님의 말씀이 더욱 심겨지고 자라나게 하라. 부족한 저도 우리 교회에서 하나님 나라의 말씀이 더 깊이 심겨지고 더 높이 자라나도록 최선을 다할 것이다.
【2대지】 성경은 이들의 적대적 반응을 점층적으로 묘사한다. 첫 단계는 마음이 굳어진 단계. 두 번째 단계는 비방(誹謗)의 단계. 능력 있는 하나님의 말씀 앞에는 원수의 방해가 끊이지 않는다. 이 방해는 때로는 직접적으로, 때로는 교묘한 방법으로 찾아온다. 그러나 하나님의 능력은 언제나 이들 훼방하는 세력보다 크고 지혜롭다.
【3대지】 복음의 빛이 비취면 어둠은 물러간다. 천국의 진리, 천국의 빛은 어둠을 몰아내고 썩은 것을 불태워버리는 놀라운 힘을 가지고 있다. 복음이 들어가매 사람들 속에 있던 온갖 더러운 죄들이 토해지게 되었다. 천국의 능력이 나타나자 세상의 온갖 술수와 눈속임 등은 만천하에 거짓임이 드러나면서 불태워지게 된 것이다. 부흥이 와야겠다. 에베소에서처럼 대대적인 부흥이 와야 한다. 교회 성장의 직접적 요인은 그 무엇보다 기존 성도들의 철저한 회개와 영적 각성에 있다.
【결론】 복음이 심겨진 곳에서는 놀라운 역사가 시작된다. 위대한 힘을 지닌 한 그루의 나무처럼 복음은 바윗돌 사이에서도 자라난다. 비록 위선과 형식주의와 세속주의가 가득한 곳에서도 생명의 복음은 성장한다. 주위 환경이 심히 나빠도 복음은 한 사람, 또 한 사람, 그리고 많은 사람을 사로잡게 될 것이다.

- 절기, 용도, 장르, 특징:
- Key Word: 부흥, 말씀.
- Remarks:

본문 : **행 20:7~12**

제목 : **유두고 사건의 교훈**

7.그 주간의 첫날에 우리가 떡을 떼려 하여 모였더니 바울이 이튿날 떠나고자 하여 그들에게 강론할 새 말을 밤중까지 계속하매 **8.**우리가 모인 윗다락에 등불을 많이 켰는데 **9.**유두고라 하는 청년이 창에 걸터 앉아 있다가 깊이 졸더니 바울이 강론하기를 더 오래 하매 졸음을 이기지 못하여 삼 층에서 떨어지거늘 일으켜보니 죽었는지라 **10.**바울이 내려가서 그 위에 엎드려 그 몸을 안고 말하되 떠들지 말라 생명이 그에게 있다 하고 **11.**올라가 떡을 떼어 먹고 오랫동안 곧 날이 새기까지 이야기하고 떠나니라 **12.**사람들이 살아난 청년을 데리고 가서 적지 않게 위로를 받았더라

1. 유두고는 졸다가 떨어져 죽었음 (= 위기의 순간에 졸지 말아야 함)

9절= "유두고라 하는 청년이 창에 걸터 앉아 있다가 깊이 졸더니 바울이 강론하기를 더 오래 하매 졸음을 이기지 못하여 삼 층에서 떨어지거늘 일으켜보니 죽었는지라"

2. 창에 걸터앉아 있다가 떨어져 죽었음 (= 위험한 자리나 높은 자리에 앉지 말아야 함)

9절= "유두고라 하는 청년이 창에 걸터 앉아 있다가 ... 삼 층에서 떨어지거늘 일으켜보니 죽었는지라"

3. 주위 사람들이 붙들어주지 않았음 (= 졸고 있는 사람을 깨워야 함)

9절= "유두고라 하는 청년이 창에 걸터 앉아 있다가… 삼 층에서 떨어지거늘…"

◆◆◆

【대지 유형】 주제 설명형 - 본문 묵상형 - 대지 병렬형

【주제】 성도는 위기의 순간에 졸지 않고, 위험한 자리에 앉지도 않고, 졸고 있는 사람을 깨우는 사람이 되어야 한다.

【FCF】 말세에 졸고 있는 성도가 많음.

【서론】 본문은 바울의 2차 전도여행 중 일어난 사건. 드로아 지방. 예루살렘으로 떠나기 전날 밤이 깊도록 말씀을 전함. 유두고 청년이 창에 걸터앉아 졸다가 떨어져 죽는 사건 발생.

【우산질문】 유두고 사건이 우리에게 주는 교훈은 무엇인가?

【1대지】 유두고는 졸다가 죽었다. 죽는 줄도 모르고 졸았다. 언제? 설교 말씀이 선포되고 있는 엄숙한 시간, 진지한 자리에서. 바울 사도는 이제 떠나면 잡혀서 순교하게 될 터인데, 당대 최고의 설교자가 설교하는 자리에서 졸다니! 지금이 어느 때인데 졸 수 있단 말인가? 밤이 깊었다? 영적으로 깊은 밤이다. 피곤했다? 세상 일에 너무 피곤하여 영적 졸음이 올 수 있다.
【2대지】 창에 걸터앉았다? 매우 위험한 자리이다. 위험한 자리에 가지도 말아야 한다. 그곳은 설교자에게 집중하기 어려운 자리이다. 그곳은 높은 곳이다. 우리는 겸손하게 낮은 자리에 앉아야 한다.
【3대지】 아무도 졸고 있는 청년을 깨우지 않았다. 아무도 붙들어주지 않았다. 우리 주위에 졸고 있는 성도는 없는가 살펴보라. 강제로라도 내려 앉혀야 한다.
【결론】 유두고의 죽음은 큰 시험거리였다. 청중들의 동요, 설교 중단, 은혜 중단. 마귀는 이런 사건을 크게 이용하려 한다. 여러분은 지금 졸고 있지 않는가? 여러분은 지금 어디에 앉아 있는가? 옆 사람 중 졸고 있는 사람은 없는가?

- 절기, 용도, 장르, 특징:
- Key Word: 유두고, 졸음.
- Remarks:

본문 : **행 21:10~16**

제목 : **사명자의 길**

10.여러 날 머물러 있더니 아가보라 하는 한 선지자가 유대로부터 내려와 **11.**우리에게 와서 바울의
띠를 가져다가 자기 수족을 잡아매고 말하기를 성령이 말씀하시되 예루살렘에서 유대인들이 이같이
이 띠 임자를 결박하여 이방인의 손에 넘겨 주리라 하거늘 **12.**우리가 그 말을 듣고 그 곳 사람들과
더불어 바울에게 예루살렘으로 올라가지 말라 권하니 **13.**바울이 대답하되 여러분이 어찌하여 울어
내 마음을 상하게 하느냐 나는 주 예수의 이름을 위하여 결박 당할 뿐 아니라 예루살렘에서 죽을 것
도 각오하였노라 하니 **14.**그가 권함을 받지 아니하므로 우리가 주의 뜻대로 이루어지이다 하고 그
쳤노라 **15.**이 여러 날 후에 여장을 꾸려 예루살렘으로 올라갈새 **16.**가이사랴의 몇 제자가 함께 가
며 한 오랜 제자 구브로 사람 나손을 데리고 가니 이는 우리가 그의 집에 머물려 함이라

1. 그 길이 죽음의 길인 줄 알면서 올라갔음 (= 일사각오의 길)

11절= "우리에게 와서 바울의 띠를 가져다가 자기 수족을 잡아매고 말하기를 성령이 말씀하시되 예루살렘에서 유대인들이 이같이 이 띠 임자를 결박하여 이방인의 손에 넘겨 주리라 하거늘"

2. 동료들의 만류를 뿌리치고 올라갔음 (= 인정을 초월하고 가는 길)

13절= "바울이 대답하되 여러분이 어찌하여 울어 내 마음을 상하게 하느냐 나는 주 예수의 이름을 위하여 결박당할 뿐 아니라 예루살렘에서 죽을 것도 각오하였노라"

3. 그 길이 주의 뜻임을 알고 올라갔음 (= 자원하여 선택한 고난의 길)

14절= "그가 권함을 받지 아니하므로 우리가 주의 뜻대로 이루어지이다 하고 그쳤노라"

◈◈◈

【대지 유형】 주제 설명형 - 본문 수집형 - 대지 연결형

【주제】 (석의) 바울은 일사각오로 동료들의 눈물 어린 만류를 뿌리치고 예루살렘으로 죽음의 길을 떠났다.

【FCF】 많은 신앙인이 사명자의 길에서 주저하거나 흔들리고 있음.

【서론】 본문은 3차 전도여행을 마치고 예루살렘으로 올라가고 있는 바울 사

도에 대한 이야기. 오순절 전에 예루살렘에 도착하도록 일정을 재촉했다. 그런데 가는 곳마다 성령의 예언, "예루살렘에 환난과 결박이 기다린다."

【우산질문】 예루살렘으로 올라가는 바울의 모습을 통해 사명자가 가는 길이 어떠한 길인지 살펴보자.

【1대지】 20:23, "오직 성령이 각 성에서 내게 증거하여 결박과 환난이 기다린다..." 바울 스스로 그 길이 마지막 길임을 알고 각오한 길이었다. 바울은 성령의 지시를 '가기는 가되 미리 대비하는 것'으로 받았다. 사태의 심각성을 알려주신 것. 미리 알고 행할 때 힘이 있다.

【2대지】 동료들의 인정 어린 만류에 약해질 수 있다. 바울은 이것을 뿌리치고 인정을 초월하고 예루살렘으로 갔다. 예수님의 십자가 사건을 앞두고 베드로의 만류 사건에서, 예수님은 '사탄아 물러가라'고 하셨다. 사탄은 때로 인정을 동원하여 십자가의 길을 피하도록 한다.

【3대지】 사명자는 자기 몸이 자신의 것이 아니다. 그는 오직 하나님의 뜻에 따라 움직여야 한다. 예수님이 지신 십자가도 자원하여 지신 것이다.

【결론】 그 길은 결국 로마로 가는 길이 되었다. 하나님의 방법은 사람의 생각과 다르다. 바울은 죽음을 각오하고 예루살렘에 올라갔지만 하나님은 그를 로마로 보내시고, 세계 선교의 대전환점이 되게 하셨다. 사명자의 길은 그 사명이 있는 한 죽지 않는다.

- 절기, 용도, 장르, 특징:
- Key Word: 사명자.
- Remarks:

본문 : **행 24:1~9, 21**

제목 : **세상의 눈에 비친 사도 바울**
(A Pestilent Fellow and Mover of Sedition)

1.닷새 후에 대제사장 아나니아가 어떤 장로들과 한 변호사 더둘로와 함께 내려와서 총독 앞에서 바울을 고발하니라 **2.**바울을 부르매 더둘로가 고발하여 이르되 **3.**벨릭스 각하여 우리가 당신을 힘입어 태평을 누리고 또 이 민족이 당신의 선견으로 말미암아 여러 가지로 개선된 것을 우리가 어느 모양으로나 어느 곳에서나 크게 감사하나이다 **4.**당신을 더 괴롭게 아니하려 하여 우리가 대강 여짜옵나니 관용하여 들으시기를 원하나이다 **5.**우리가 보니 이 사람은 전염병 같은 자라 천하에 흩어진 유대인을 다 소요하게 하는 자요 나사렛 이단의 우두머리라 **6.**그가 또 성전을 더럽게 하려 하므로 우리가 잡았사오니 (6하반-8상반 없음) **8.**당신이 친히 그를 심문하시면 우리가 고발하는 이 모든 일을 아실 수 있나이다 하니 9.유대인들도 이에 참가하여 이 말이 옳다 주장하니라 …… **21.**오직 내가 그들 가운데 서서 외치기를 내가 죽은 자의 부활에 대하여 오늘 너희 앞에 심문을 받는다고 한 이 한 소리만 있을 따름이니이다 하니

1. 전염병 같은 자 (= 영향력 큰 전도자)

5절= "우리가 보니 이 사람은 전염병 같은 자라…"

2. 천하를 소요하게 하는 자 (= 영적 전투의 승리자)

5절= "…천하에 흩어진 유대인을 다 소요하게 하는 자요…"

3. 죽은 자의 부활을 외치는 자 (= 부활신앙 선포자)

21절= "오직 내가 그들 가운데 서서 외치기를 내가 죽은 자의 부활에 대하여 오늘 너희 앞에 심문을 받는다고 한 이 한 소리만 있을 따름이니이다…"

◈◈◈

【대지 유형】 주제 설명형 - 본문 수집형 - 대지 심화형

【주제】 바울은 전염병같이 복음을 퍼뜨려 천하를 소요하게 하는 자요 담대히 부활을 외치는 불덩어리였다.

【FCF】 현대교회에서 전염성이 강한(contagious) 크리스천을 찾아보기 쉽지 않음.

【서론】 이 미지근한 라오디게아 교회 시대에 교회에 불을 지르는 사람이 절실히 필요하다. 아마도 이런 사람에 가장 근접한 인물은 사도 바울일 것. 바울은 지금 유대인들에 의해 고발되어 가이사랴에 주재한 로마 총독 벨릭스 앞

에 서 있다. 우리는 그들이 바울에 대해 송사하던 말들을 통해 세상의 눈에 비친 바울의 모습을 유추(類推)할 수 있다.
【우산질문】 본문을 통하여 세상의 눈에 비친 바울의 모습을 살펴보고, 이에 비해 우리의 모습은 세상에 어떻게 비쳐지고 있는지 돌아보자.

【1대지】 본 절은 원수들이 고용한 변호사 더둘로가 고소한 첫 번째 말이다. 더둘로는 바울을 한 마디로 '전염병(로이몬)'과 같은 존재라고 했다. '로이몬'은 악한 온역, 페스트(흑사병)를 말하는데, 흑사병은 전염성이 엄청나게 강하고 일단 한 번 감염되면 치명적인 병이다. 여러분은 '전염성이 강한 그리스도인(Contagious Christian)'이라는 호칭을 받아본 적이 있나?
【2대지】 그는 가는 곳마다 그리스도의 피 묻은 복음으로 소요(騷擾)를 일으켰다. 바울의 사역이 얼마나 왕성했던지, 그를 고소한 더둘로는 정치적인 소요로 날조하여 송사했다. 우리에게 선지자의 예언을 전하는 설교자는 부족하지 않지만 유감스럽게도 선지자적 설교자는 찾기가 쉽지 않다. 바울처럼 우리도 화산 같은 심장을 품고 사탄의 왕국 심장부에 십자가의 창끝을 찌를 수 있는 담력을 키워야겠다.
【3대지】 바울은 이리떼 같은 무리 앞에서 예수 그리스도의 부활과 그를 믿는 자들의 부활을 담대하게 선포하는 '부활 신앙의 선포자'였다. 여러분은 지금 세상의 눈에 어떤 모습으로 비쳐지고 있나? 여러분은 어떤 상황에서도 예수님의 죽으심과 부활, 그리고 성령 부으심의 역사에 대해 담대히 증거하는 증인인가? 돌같이 완고한 죄인들을 대하여 오래 참으시는 주님은 그다지 놀랍지 않지만, 게으르고 이기적이며 부활의 증인 되기를 주저하는 교회를 대하여 이토록 오래 참으시는 주님을 보고는 놀랄 수밖에 없다.
【결론】 우리는 부드러운 옷을 입고 부드러운 말을 강같이 흘러내리면서도 성령의 기름은 한 잔에도 차지 않는 사람들을 경계해야 하고 그들에 대해 싫증을 내야 한다. 우리는 복음 전파 대신 자기선전을 일삼는 사람을 경계해야 하고, 자신의 성결보다는 행복에 더 큰 관심을 두는 사람들로부터 우리 자신을 지켜야 한다. 불타는 떨기나무가 모세를 끌었던 것같이 불타는 교회야말로 세상 사람들을 끌어들일 것이고, 그 가운데서 우리는 살아계신 하나님의 음성을 들을 수 있을 것이다.

- 절기, 용도, 장르, 특징:
- Key Word: 바울, 전염병.
- Remarks:

본문 : **행 24:22~26**

제목 : **모범적인 말씀 선포 (Paul's Biblical Preaching)**

22.벨릭스가 이 도에 관한 것을 더 자세히 아는 고로 연기하여 이르되 천부장 루시아가 내려오거든 너희 일을 처결하리라 하고 **23.**백부장에게 명하여 바울을 지키되 자유를 주고 그의 친구들이 그를 돌보아 주는 것을 금하지 말라 하니라 **24.**수일 후에 벨릭스가 그 아내 유대 여자 드루실라와 함께 와서 바울을 불러 그리스도 예수 믿는 도를 듣거늘 **25.**바울이 의와 절제와 장차 오는 심판을 강론하니 벨릭스가 두려워하여 대답하되 지금은 가라 내가 틈이 있으면 너를 부르리라 하고 **26.**동시에 또 바울에게서 돈을 받을까 바라는 고로 더 자주 불러 같이 이야기하더라

1. 죄인을 두렵게 만듦 (= 하나님 중심의 설교)

25절= "바울이 의와 절제와 장차 오는 심판을 강론하니 벨릭스가 두려워하여 대답하되 시방은 가라 내가 틈이 있으면 너를 부르리라 하고"

2. 의와 절제와 심판을 강론함 (= 복음의 핵심을 선포함)

24절= "…벨릭스가 그 아내 유대 여자 드루실라와 함께 와서 바울을 불러 그리스도 예수 믿는 도를 듣거늘"

25절= "바울이 의와 절제와 장차 오는 심판을 강론하니…"

3. 우리 시대의 설교에 주는 도전

◈◈◈

【대지 유형】 주제 설명형 - 본문 수집형 - 대지 혼재형(2+1)

【주제】 바울이 전한 설교는 하나님 중심의 설교로서 의와 절제와 심판을 가감 없이 선포한 말씀이었다.

【FCF】 의와 절제와 심판을 담대하게 외치는 강단이 흔하지 않고, 이런 메시지를 받아들이는 회중도 많지 않음.

【서론】 예배의 요소 중 가장 중요한 것은 말씀, 곧 설교이다. 설교는 하나님께서 자신의 종을 통하여 회중에게 주시는 하나님의 말씀이다. 본문은 총독 벨릭스에게 말씀을 전하는 바울의 모습을 간략하게 전하고 있지만, 이 시대 설교자와 회중에게 놀라운 통찰력을 주고 있다. 24절과 25절에서 우리는 설교자 바울의 모범적인 자세를 명확하게 살펴볼 수 있다.

【우산질문】 어떤 설교가 '들려지는 하나님의 말씀'으로서 모범적인 설교인가? 바울의 설교는 어떤 점에서 모범적이었나?

【1대지】 벨릭스에게 바울 사도는 하나님 나라 복음의 핵심을 가감 없이 전했고, 그 결과 당시 최고 권력자로서 아무것도 무서울 것이 없던 총독 벨릭스는 바울의 설교를 듣고 '두려워'했다. 바울은 한결같은 마음으로 복음을 전했다. 어떤 상황에서도 사도는 사람 중심이 아닌 하나님 중심의 메시지를 용감하게 선포했다.

【2대지】 '의(義, Righteousness)'에 관한 것. 절제에 관한 것. '장차 임할 심판'. 말씀을 전하는 자는 어떤 상황에서도 복음의 핵심을 담대하게 전하여야 한다.

【3대지】 첫째로 말씀을 전하는 자의 자기 동기에 관한 문제. 두 번째로 우리의 방법론. 많은 설교와 많은 메시지가 성경적인 방법에서 이탈하고 있음이 분명하다. 세 번째로 우리에게 도전이 되는 것은 바울의 선지자적 외침이다.

【결론】 바울의 청중이었던 두 사람은 말씀을 받는 데 실패했다. 그럼에도 바울의 설교가 모범적인 것은 그의 말씀 선포의 동기와 방법이 성경적이기 때문이고, 그의 선포가 선지자적 외침이기 때문이다.

- 절기, 용도, 장르, 특징:
- Key Word: 설교, 의와 절제와 심판.
- Remarks:

본문 : **행 26:9~18**

제목 : **가시채를 뒷발질하는 황소**

9.나도 나사렛 예수의 이름을 대적하여 많은 일을 행하여야 될 줄 스스로 생각하고 **10.**예루살렘에
서 이런 일을 행하여 대제사장들에게서 권한을 받아 가지고 많은 성도를 옥에 가두며 또 죽일 때에
내가 찬성 투표를 하였고 **11.**또 모든 회당에서 여러 번 형벌하여 강제로 모독하는 말을 하게 하고
그들에 대하여 심히 격분하여 외국 성에까지 가서 박해하였고 **12.**그 일로 대제사장들의 권한과 위
임을 받고 다메섹으로 갔나이다 **13.**왕이여 정오가 되어 길에서 보니 하늘로부터 해보다 더 밝은 빛
이 나와 내 동행들을 둘러 비추는지라 **14.**우리가 다 땅에 엎드러지매 내가 소리를 들으니 히브리 말
로 이르되 사울아 사울아 네가 어찌하여 나를 박해하느냐 가시채를 뒷발질하기가 네게 고생이니라
15.내가 대답하되 주님 누구시니이까 주께서 이르시되 나는 네가 박해하는 예수라 **16.**일어나 너의
발로 서라 내가 네게 나타난 것은 곧 네가 나를 본 일과 장차 내가 네게 나타날 일에 너로 종과 증인
을 삼으려 함이니 **17.**이스라엘과 이방인들에게서 내가 너를 구원하여 그들에게 보내어 **18.**그 눈을
뜨게 하여 어둠에서 빛으로, 사탄의 권세에서 하나님께로 돌아오게 하고 죄 사함과 나를 믿어 거룩하
게 된 무리 가운데서 기업을 얻게 하리라 하더이다

1. 예수님은 사울을 '가시채를 뒷발질하는' 황소로 비유하심 (= 타락한 인간, 그러나 하나님께 귀한 존재)

14절= "사울아 사울아 네가 어찌하여 나를 박해하느냐 가시채를 뒷발질하기가 네게 고생이니라"

2. 주님은 농부가 고집 센 황소를 다루듯이 사울을 가시채로 다루심 (= 엄격한 방법의 연단)

14절= "…가시채를 뒷발질하기가 네게 고생이니라"

3. 사울은 이 가시채를 뒷발질하고 있었음 (= 가시채를 차는 발길, 주님이 계획한 그 이상의 고난을 당함)

14절= "…가시채를 뒷발질하기가 네게 고생이니라"

◈◈◈

【대지 유형】 주제 설명형 - 본문 묵상형 - 대지 연결형

【주제】 사울의 교회 핍박에 대해 주님은 가시채를 뒷발질하는 황소의 비유로 교훈하신다.

【FCF】 교회 내에 가시채를 발길질하는 사람들이 증가하고 있음.

【서론】 예수님 부활사건 이후 교회사에 가장 중요한 사건은 사울의 회심 사건. 본문은 사도 바울의 긴 간증 중 일부. 제목, 황소. 소몰이채(가시가 달린 채찍)를 걷어차서 자신에게 상처를 준다. 예수님은 하늘로부터 온 비유를 말씀.
【우산질문】 "가시채를 뒷발질하기가 네게 고생이니라"고 하신 예수님의 말씀이 무슨 의미인가?

【1대지】 요일 3:1. 황소= 하나님 형상의 고귀한 모습을 상실해버린 타락한 인간. 죄인들은 짐승처럼 행동하는 존재로 전락. 무지하고 정욕의 노예. 그러나 우린 하나님에 의해 귀한 존재로 대접받고 있다(요일 3:1; 4:9, 10). 주님은 우리를 먹이신다(시 23편).
【2대지】 우리는 농부가 고집 센 황소를 다루듯이 하나님께서 우리를 다루실 수밖에 없도록 행동했다. 주님은 창조주요 통치자로서 얼마나 온유한 방법으로 우릴 다루시는가! 말씀으로 훈계, 주변 환경을 통한 깨달음으로. 그러나 때론 좀 더 엄격한 방법으로(율법, 양심, 질병, 갖가지 고난…).
【3대지】 가시채를 뒷발질하는 것= 구원받은 것에 항의, 복음과 목회자와 교회들에 대한 반감, 양심에 반하는 고의적인 범죄, 진리에 대한 회의와 훼방, 하나님 백성에 대한 핍박, 하나님 백성에 대한 비방과 핍박 등등. 바울의 경우: 본문 10, 11절. 참으로 불행한 자들이다. 예) 세례요한을 감금한 헤롯의 번민. 주님의 교회를 훼방하는 자들의 텅 빈 마음. 사울은 이미 그의 마음 깊은 곳에 양심의 찔림이 있었다(스데반의 체포, 메시지, 당당한 죽음, 엄청난 충격). 오히려 더 열심히 그리스도인들을 핍박했음. "네게 고생이니라."
【결론】 이 모든 완고한 일들이 황소에게 있다. 이런 사람은 결국 쓰디쓴 후회를 맛보게 된다. 우리 대부분 이런 경험이 있을 것이다. 우리 교회도, 우리 민족도…. 순종하는 황소가 되자.

- 절기, 용도, 장르, 특징:
- Key Word: 가시채.
- Remarks:

본문 : **행 26:24~29**

제목 : **바울의 모범적 생애 (Becoming What I Am)**

24.바울이 이같이 변명하매 베스도가 크게 소리 내어 이르되 바울아 네가 미쳤도다 네 많은 학문이
너를 미치게 한다 하니 **25.**바울이 이르되 베스도 각하여 내가 미친 것이 아니요 참되고 온전한 말을
하나이다 **26.**왕께서는 이 일을 아시기로 내가 왕께 담대히 말하노니 이 일에 하나라도 아시지 못함
이 없는 줄 믿나이다 이 일은 한쪽 구석에서 행한 것이 아니니이다 **27.**아그립바 왕이여 선지자를 믿
으시나이까 믿으시는 줄 아나이다 **28.**아그립바가 바울에게 이르되 네가 적은 말로 나를 권하여 그
리스도인이 되게 하려 하는도다 **29.**바울이 이르되 말이 적으나 많으나 당신뿐만 아니라 오늘 내 말
을 듣는 모든 사람도 다 이렇게 결박된 것 외에는 나와 같이 되기를 하나님께 원하나이다 하니라

1. 예수님을 만나 철저히 회심함 (= 회심, 새로운 피조물)

13절= "왕이여 정오가 되어 길에서 보니 하늘로부터 해보다 더 밝은 빛이 나와 내 동행들을 둘러 비추는지라"

14절= "우리가 다 땅에 엎드러지매 내가 소리를 들으니 히브리 말로 이르되 사울아 사울아 네가 어찌하여 나를 박해하느냐?"

2. 예수님과 연합된 삶을 살았음 (적용적 해석: 연합의 삶)

갈 2:20= "내가 그리스도와 함께 십자가에 못 박혔나니 그런즉 이제는 내가 사는 것이 아니요 오직 내 안에 그리스도께서 사시는 것이라"

3. 희생적 헌신의 삶을 살았음 (적용적 해석: 헌신의 삶)

고후 11:23~28= "내가 수고를 넘치도록 하고 옥에 갇히기도 더 많이 하고 매도 수없이 맞고 여러 번 죽을 뻔하였으니, 유대인들에게 사십에서 하나 감한 매를 다섯 번 맞았으며 세 번 태장으로 맞고 한 번 돌로 맞고 세 번 파선하고 일 주야를 깊은 바다에서 지냈으며, 여러 번 여행하면서 강의 위험과 강도의 위험과 동족의 위험과 이방인의 위험과 시내의 위험과 광야의 위험과 바다의 위험과 거짓 형제 중의 위험을 당하고 또 수고하며 애쓰고 여러 번 자지 못하고 주리며 목마르고 여러 번 굶고 춥고 헐벗었노라. 이 외의 일은 고사하고 아직도 날마다 내 속에 눌리는 일이 있으니 곧 모든 교회를 위하여 염려하는 것이라"

◈◈◈

【대지 유형】 주제 설명형 - 본문 수집형 - 대지 심화형

【**주제**】 회심 후 바울은 예수님과 연합된 삶, 헌신의 삶을 통해 신앙인의 모범을 보여주었다.
【**FCF**】 바울의 모범적 생애를 실제로 닮아가고자 하는 성도들이 많지 않음.

【**서론**】 "나와 같이 되기를 원하나이다." 바울과 같이 된다는 것은 무엇을 의미하나? 과연 사도행전과 서신서에 나타난 바울 사도의 생애는 우리의 모범이 되기에 충분하다.
【**우산질문**】 말씀을 통하여 그의 회심, 예수님과의 연합된 삶, 그리고 그의 희생적 헌신의 삶을 살펴보며 우리의 삶을 점검해 보자.

【**1대지**】 설교자는 피할 수 있고 또 자주 피하고 있지만, 예수님을 피할 수 있는 자는 아무도 없다. 그날 거기서 젊은 바리새인 사울의 인생철학은 생명 되신 그분과 맞닥뜨려졌다. 바울은 '하늘로부터 해보다 더 밝은 빛이' 눈이 멀 지경으로 비치는 중에 주님의 환상을 보았다. 그 후로 바울은 세상의 모든 권세나 명예에 대하여 눈이 멀어버렸다.
【**2대지**】 주님과의 평화를 발견한 바울은 세상의 모든 불경건한 것들에 대하여 전쟁을 선포했다. 그리고 이를 위해 날마다 죽는 삶을 살았다. 우리도 바울처럼 예수님과 연합된 삶을 사는 일에 더욱 매진하자. 바울처럼 겸손으로 낙인찍힌 사람이 되자. 우리도 바울처럼 열정으로 낙인찍힌 사람이 되자.
【**3대지**】 바울은 고난으로 낙인찍힌 사람이었다. 그는 하나님 나라에 대적하는 모든 세력에 대하여 선전포고를 했다. 그는 가끔 심히 굶주렸다. 그러나 식탁이 풍성할 때 어려움을 당한 교회를 위해 금식하기도 했다. 그는 모든 사람이 복 받기를 바랐지만, 자신은 저주받는 것도 불사했다.
【**결론**】 우리의 삶도 바울처럼 주님과의 연합의 삶, 희생적 헌신의 삶이 되게 하옵소서!

- 절기, 용도, 장르, 특징:
- Key Word: 회심, 희생, 모범.
- Remarks:

부록

1. 설교클리닉 수료자들의 소감문

2. 설교 작성 양식

3. 설교 평가 양식

4. 설교클리닉 안내

| 부록 1 |

강해대지설교 클리닉 수료자들의 소감문

(아래의 글은 지난 4년 동안 전국 각지에서 2박 3일씩 60회 이상 진행되어 온 설교클리닉을 수료한 목회자들이 마지막 시간에 현장에서 직접 기록한 소감문의 일부이다.)

윤○○ 목사 (천안 ○○교회)

오랫동안 목회하면서 정리되지 않았던 과제를 이제야 정리한 기분입니다. 강해대지설교 클리닉을 통해서 설교자로서의 자긍심과 책임감을 다시 한 번 확인하게 되었습니다.

설교로 목회하라! 전적으로 공감하였습니다. 교인들의 70~80%는 주일예배만 참석하는 것이 현실인데, 주일예배 30분 설교에 성도들의 변화를 이루어야 하는 것이 얼마나 어려운 일인가를 고민해 왔습니다.

그러나 이번 설교클리닉을 통하여 "주일 30분 설교"를 통해서도 변화를 이끌 수 있다는 희망을 갖게 되었습니다. 설교를 통하여 하나님의 말씀이 영혼을 찌를 때 그곳에서 마음의 생각과 뜻을 변화시키게 될 것이라는 확신을 가지게 되었습니다.

한국교회 강단의 놀라운 변화를 기대하며 〈박순오 목사 강해대지설교 클리닉〉을 강력 추천합니다. 박순오 목사님의 열정과 헌신에 깊은 존경을 표합니다. 감사합니다.

김○○ 목사 (김천○○교회)

'강해대지설교 클리닉"에 두 번째 참석하고 감사드립니다. 지난번 구미봉곡교회에서 열렸던 17기 설교클리닉 때에는 생소함, 기존 틀을 깨는 시간이었습니다. 강의 내용은 수긍이 되었었지만, 실제 설교 작성의 적용이 쉽지 않았고, 이해가 명확하지 않았던 것은 사실이었습니다. 두 번째 재수강하면서 흐릿하고 희미하던 내용이 보다 분명해짐을 깨달았습니다. 보다 더 설교자로서의 사명에 충실할 수 있게 되는 계기가 되었습니다.

영광스러운 말씀 사역자로서 교회를 섬기며 하나님 나라를 세워가는 신실한 목사로 하나님 앞에 서도록 하겠습니다. 아낌없이 나누시며 섬기시는 박순오 목사님께 감사드립니다. 아울러 주님께서 세우시려는 바로 그 교회, 사도행전적인 교회를 회복시켜 가는 일에 매진하겠습니다. 기대가 됩니다.

염○○ 목사 (구미○○교회)

설교는 목사에게 하나님이 전담으로 맡기신 막중한 임무인데, 이를 알면서 어떻게 말씀이 말씀 되게 하는 설교를 하는지 구체적인 방법은 모호했습니다. 강해대지설교 클리닉은 2박 3일 짧은 일정에도 불구하고 이같은 문제에 답을 주는 매우 유용한 과정입니다.

강의를 듣고 직접 설교를 작성해서 발표하고 세밀한 평가로 이어지는 것이 실제적이고 본문을 다양한 각도에서 관찰하고 주요 메시지를 추출하여 설교를 만드는 실용적인 스킬이 참가자에게 주어집니다. 다음 기에 또 참석하겠습니다.

최○○ 목사 (포항 ○○교회)

귀한 〈강해대지설교 클리닉〉을 개설하여 뜨거운 열정과 깊은 학문, 높은 신학, 한없는 은혜로 지도해주신 박순오 목사님께 진심으로 감사를 드립니다.

먼저 성도들을 맡겨주신 대목자장 예수님께 죄송스럽고 본 교회 성도들에게도 미안하기 그지없습니다. 성경 본문 설교를 해온다고 자신했는데, 본문 중심, 주제 중심, 적용 중심 없이 Logos, Pathos, Ethos의 조화가 없음을 깊이 깨달았습니다.

이제부터라도 열심히 훈련받아 목회 현장과 어느 장소, 어느 때라도 하나님 뜻에 맞는 설교자로서 부끄럼 없는 남은 시간을 충성할 것을 결단합니다. 고맙습니다. 열심히 훈련받겠습니다.

최○○ 목사 (오대산 ○○교회)

박순오 목사님의 설교클리닉을 통하여 설교 작성에 관하여 제대로 교정받는 시간이 되었습니다. 나 자신의 부족함과 그것을 어떻게 채워 제대로 된 설교로 나아갈 것인가에 대하여 고민하는 시간이었고, 한줄기 서광이 비춰지는 시간이었습니다.

설교 제목에 있어서 그동안 그냥 적당히 어울리는 것으로 정해왔다면, 제대로 된 정확한 제목을 정해야 하며 그 제목에 따라 대지의 흐름이 논리정연하게 전개되어야 함을 명심하게 된 시간이었습니다. 설교하다보면 문맥과 제목과 다른 방향으로 나아갔던 점, 제목과는 상관없는 대지들의 나열들이 있었음을 고백합니다. 그동안 설교를 하고도 설교자 자신이 정확히 무엇을 전달해서 무엇을 얻었는가 하는 막연한 마무리였다면, 이제는 총을 제대로 쏴서 정확한 전달력을 가질 것과 무엇을 적용하여 얻을 것인지, 분명한 방향점을 갖게 하는 계기가 되었습니다.

FCF(Fallen Condition Focus) 청중의 상태와 대상을 분명히 하며 그들을 향한 성경 본문 그대로 전하고자 하는 메시지를 추출하여 적용하는 일에 있어서 앞으로 많은 훈련이 필요합니다. 열심히 하여 제대로 된 설교자가 되도록 변화되어 갈 것입니다. 설교에 대한 직설적인 코멘트는 신선한 충격과 도전의 시간이었으며, 막연하게 내게 부족한 점이 무엇인가를 생각해 온 것을 족집게로 짚어주시는 감사하고도 시원한 시간이 되었습니다.

진정한 말씀의 사람, 메시지를 전하는 자가 되어 말씀으로 목회하며 부흥하는 열매가 맺어지길 소망합니다. 박순오 목사님, 감사합니다. 건강하십시오!

천○○ 목사 (○○○교회)

샬롬! 강해대지설교 클리닉 제25기가 6월 13일~15일까지 동해로교회(천성배 목사 시무)에서 은혜와 감동 가운데 진행되었다.

그동안 나름대로 강해대지설교를 해 온다고 했지만 너무나 소극적인 자세로 임했던 것을 새삼 깨닫게 되었다. 이번에 박순오 목사님을 통하여 더 자세히, 더 깊이 있게 배우게 됨을 감사드린다.

첫날에 12명이 참석하였는데 둘째 날에 이런저런 사정으로 몇 분이 빠졌다. 마음이 많이 아팠다. 사랑하는 양떼에 주님의 말씀을 먹여야 할 막중한 사명을 받은 분들이 가장 기본적이고 가장 우선되어야 할 설교 준비를 어떻게 해야 할 것인가에 대하여 너무나 소홀히 하고 있음에 가슴이 아팠다.

이번 기회를 통하여 강릉 지역에 설교에 대한 뜨거운 열정들이 살아나서 설교 클리닉이 더욱 활성화되기를 소망한다. 귀한 시간을 내셔서 거룩한 사역을 하시는 박순오 목사님께 감사드리며, 이번 기회를 통하여 하나님의 귀한 말씀을 더 깊이 있게 연구하고 전할 수 있기를 소망한다.

김○○ 목사 (중국선교사)

"작년부터 〈박순오 목사 강해대지설교클리닉〉을 참석하려고 마음을 먹었는데 드디어 14기에 참석하게 되었다. 2박 3일의 짧은 시간이었지만 이론과 실습을 병행하면서 설교에 대한 클리닉(진단과 치료)을 목회자가 된 이후 처음으로 받게 되었다. 결론을 말하자면 행운을 넘어서 큰 도전과 목사로서 설교자의 삶이 얼마나 중요한가를 발견하고 깨닫는 시간이었다.

설교작성에 어려움이 있었던 터라 일반 담임목사들이 일주일에 열 편 이상의 설교를 해야 하는 압박을 어떻게 견뎌낼까? 하며 늘 궁금했는데, 이 클리닉을 통해서 "아, 이거구나!" 하며 감탄이 터져 나왔다. 한 본문을 정한 뒤 본문과 주제와 적용중심의 강해대지설교를 하는 것이 기존의 설교작성보다 정말 쉽게 할 수 있었다…"

김○○ 목사 (김천○○교회)

1992년 3월 목사 안수받고 지금까지 설교사역에 정진해 왔지만 한 번도 설교에 대해 자유로워 본 적이 없었습니다. 설교 세미나 장소를 찾아 이곳저곳 다녀봤지만, 실제 적용하기가 어려웠고 마음에 내키지 않았습니다. 이번 2박 3일간의 설교클리닉을 통해서 배운바, 기록된 하나님의 말씀을 들려지는 하나님의 말씀으로 전달하기 위해 본문 중심, 주제 중심, 적용 중심의 설교를 할 수 있는 계기가 되었습니다. 본문의 의도에 충실한 설교를 위해 부지런히 배우고 훈련해서 신실한, 영광스러운 말씀의 수종자가 되도록 하겠습니다. 아낌없이 나눠주시고 설교 교정해 주시고 방향을 제시해주셔서 너무너무 감사합니다.

이○○ 목사 (안동 ○○교회)

사람은 정말 좋은 스승, 좋은 코치를 만나야 한다. 그 아래서 훌륭한 제자, 훌륭한 선수가 만들어지기 때문이다. 나는 좋은 스승 훌륭한 코치를 만났다. 그동안 좀 더 말씀 사역을 잘 해보고자 온갖 설교세미나를 다 접해보았다. 그래도 채워지지 않았던 허전함, 뭔가 몇 퍼센트 부족함을 늘 느끼고 있었다.

그런데 아낌없이 주는 나무와 같이 자신의 열정을 쏟아 강의해 주신 박순오 목사님을 만나 강해대지설교 클리닉을 받게 되었다. 너무 좋았다. 박 목사님께 진심 어린 감사를 드린다.

이제 고민 끝, 더이상 다른 데 기웃거릴 필요 없는 가장 확실한 강해대지설교 클리닉임을 확신한다. 성령의 검 곧 하나님의 말씀이 내게 주어진 강력한 무기인데 이를 어떻게 갈아서 어떻게 사용할지 확실히 배웠다. 여기에는 아주 정교한 과학적 이론이 있고 하나님의 말씀이 인간의 말로 변질될 수 없는 장치가 있다. 성경을 기록케 한 영적인 성령님의 역사가 있다.

두 번 들은 강의, 더욱 선명해졌다. 반복보다 더 좋은 왕도는 없다. 이제 나와의 싸움이 시작되었다. 숙련도를 높여서 충실한 말씀의 수종자로 성언운반 일념의 사명을 기쁨과 감사함으로 감당하고자 한다. 끝으로 이를 아직 모르는 동역자들에게 반드시 이 클리닉을 강력하게 추천한다.

박 목사님 감사합니다. 한국강단을 살리는 이 거룩한 사명 잘 감당하시기를 바랍니다. 늘 강건하시길 기원합니다.

강○○ 목사

설교클리닉 시간이었는데도 최고의 감동과 은혜가 넘치는 시간이었습니다. 그동안 설교 때문에 힘들고 어려웠는데 21기 안동송천교회에서 클리닉을 받고 놀랍게 설교가 변화고 있어요. 18기에 이어 두 번째 강의를 듣고 나니 그동안 미숙했던 애벌레의 껍질을 깨고 나오는 것 같습니다.

꼭 두 번을 들어 보세요. 한 번 수강하는 것보다 효과가 두 배 뜸뿍입니다. 이번 세미나에 에너지를 팍! 팍! 넣어주신 이 시대에 최고의 강사이자 스승님이신 박순오 목사님께 정말 무엇으로 표현할 수 없는 감사를 전하고 싶습니다. 정말 이 감사는 반드시 박순오 목사님의 강의를 필히 들어 봐야 알 수 있는 특권이며 100점 받은 자의 가슴과 마음으로 하는 감사입니다.

설교클리닉 좋습니다. 딱딱하지 않아요. 은혜스럽습니다. 감격해서 울고 싶어요. 그동안 나의 방식만 고집했던 모습이 부끄럽고 왠지 초라

해 보입니다.

꼭 추천합니다. 박순오 목사님의 설교클리닉을 듣고 목회의 turning point를 만들어 보세요. 박순오 목사님은 당신을 가장 성경적이고 가장 매력적이고 가장 능력 있는 설교자로 만들어 줄 것입니다.

어디에서도 이렇게 멋진 강의를 들을 수 없는 열강을 해 주신 박순오 목사님, 사랑합니다. 존경합니다. 고맙습니다.

함○○ 목사 (○○○교회)

금번 설교클리닉에서 많은 도움을 받았다. 특히 석의적 해석과 적용적 해석의 개념을 명확히 알게 되었다.

본문에서 추출해 낸 각 대지를 오늘 성도의 삶에 적용되는 해석으로 이끌어내는 지혜를 배우게 되어 기쁘다.

그동안 대지의 적용에 대한 구체적 방법을 알지 못해 어려웠는데, 이번에 4가지 방향(what to do, where to do, why to do, how to do)으로 삶의 현장에 적용해 나가는 지혜를 들으므로 나의 설교에 많은 부분을 업그레이드하게 되었다. 귀한 시간을 동역자를 위해 수고하시는 박순오 목사님께 감사를 드린다.

서○○ 목사 (○○ ○○○교회)

정말 하나님의 은혜로 박순오 목사님의 강해대지설교 클리닉을 배우게 되어 감사드립니다. 목회의 길에 들어선 지 6개월 만에 설교 준비에 큰 부담감과 늘 스트레스 속에 있을 때, 선배 목사님을 통해 박 목사님의 설교클리닉을 소개받게 되었습니다. 저는 너무나 갈급한 마음으로 동두천에서 안동으로 달려왔습니다.

그동안 아내는 늘 저의 설교를 들으면 혼나는 듯한 느낌을 받는다고 하였습니다. 저는 나름대로 열심히 준비하여 틀에 박히지 않은 설교, 율법적이지 않은 설교, 도덕적이지 않은 설교를 한다고 생각했는데, 강사

목사님께서 아주 정확하게 지적해 주셨습니다.

저의 부족함을 많이 느끼고 깨닫게 해 주신 박순오 목사님께 감사드립니다. 강해대지설교를 하기 위한 준비가 너무 부족함을 알기에, 앞으로 더욱 열심히 할 것을 다짐하며, 앞으로 계속해서 참여하도록 하겠습니다.

앞으로 발전 가능성이 크다고 칭찬과 격려해주신 목사님께 참으로 감사드리며, 늘 주님 안에서 평안하시고 오래도록 건강하시기를 바랍니다. 감사합니다.

| 부록 2 |

설교 작성 양식

성명 :   교회명:

제목 :	주제:
본문 :	FCF:
	목표:
〈서론〉	
①	⑤
②	⑥
③	⑦
④	⑧(우산질문)
1. ______________	(대지해석:)
절 =	
(설명)	
①	⑤
②	⑥
③	⑦
④	⑧(종)
(예증)	
①	⑤
②	⑥
③	⑦
④	⑧(종)
(적용)	
①	⑤
②	⑥
③	⑦
④	⑧(종)

2. ______________________________ (대지해석:)

절 =

(설명)

①	⑤
②	⑥
③	⑦
④	⑧(총)

(예증)

①	⑤
②	⑥
③	⑦
④	⑧(총)

(적용)

①	⑤
②	⑥
③	⑦
④	⑧(총)

3. ______________________________ (대지해석:)

절 =

(설명)

①	⑤
②	⑥
③	⑦
④	⑧(총)

(예증)

①	⑤
②	⑥
③	⑦
④	⑧(총)

(적용)

①	⑤
②	⑥
③	⑦
④	⑧(총)

총결론 :

| 부록 3 |

설교 평가 양식

5 – 최고(Superior)	4 – 잘함(Good)	3 – 보통(Average)
2 – 미숙(Poor)	1 – 문제있음(Inadequate)	

1. 조직(Organization)

1) 서론

- 배경이나 자료의 사용이 적절한가? _____
- 핵심 주제를 위한 입구 역할을 잘 하고 있는가? _____
- 길이나 시간은 적당한가? _____
- 청중들의 욕구나 필요성을 다루고 있는가? _____

2) 구조

- 제목과 대지가 본문의 의도를 드러내고 있는가? _____
- 제목과 대지가 주제를 통일적으로 나타내는가? _____
- 제목은 주제를 드러내기에 적절한가? _____
- 대지의 분해는 적절한가? _____
- 각 대지들 사이에 논리적 심리적 연결이 되어 있는가? _____

2. 내용(Content)

1) 전체

- 설교가 정확한 주석에 기초를 두고 있는가? _____
- 각 대지의 해석(직역 또는 의역)은 적절한가? _____
- 핵심사상이나 주제에 대한 분석이 논리적인가? _____
- 설교자가 자신의 설교내용이 타당하다는 사실을 당신에게 확신시켜 주었는가? _____
- 내용의 독창성을 보여주고 있는가? _____

3) 보충자료
- 재미있었는가? _____
- 다양성은 있는가? _____
- 구체적인가? _____

3. 스타일(Style)
- 설교자가 정확한 문법을 사용하고 있는가? _____
- 말이나 단어들이 구체적이며 정확한가? _____
- 말이나 단어들에 생동감과 다양성이 있는가? _____

4. 전달(Delivery)
1) 직접성
- 설교자가 정말 전하고자 하는 것 같은가? _____
- 친밀한 느낌을 주는가? _____
- 설교가 살아있는 대화처럼 느껴지는가? _____

2) 언어전달
- 성우식의 고저장단, 희로애락이 잘 표현되고 있는가? _____
- 목소리는 듣기에 편한가? _____
- 발음이 정확하고 다채로운가? _____
- 설교자가 효과적으로 말을 멈추는가? _____

3) 신체적 전달
- 얼굴표정은 자연스러운가? _____
- 온몸을 다 사용하면서 설교하는가? _____
- 제스처는 자연스럽고 분명한가? _____
- 좋지 않은 습관적 버릇은 없는가? _____

4) 시선
- 설교자가 교인들의 눈을 바로 바라보는가? _____
- 설교자가 회중들의 반응을 잘 의식하고 있다는 느낌이 드는가? _____

강단 설교의 새로운 지평을 열다

- 강해대지설교 클리닉 -

강해대지설교는 기존의 성경 본문의 의도를 떠난 인본주의 설교와의 차별화를 선언한다

1) 설교자는 설교의 전 과정(서론-본론-결론)이 설교 본문에 내재된 말씀의 운동력(에너르게스, 生氣, 히 4:12)을 회중에게 풀어내는 성령님의 역사의 현장임을 명심하고, 회중에게 이를 각인시킨다.
2) 설교 작성시 성경 본문의 의도에 충실한 설교에서 벗어나지 않게 하는 설교 주제잡기 5대 규칙을 철저히 따른다.
3) 설교의 주제가 선명하게 드러나도록 설교 전 과정에서 주제를 반복하여 강조하는 틀(Frame)을 사용한다.
4) 각 대지 진술에 대해 회중에게 적용할 수 있는 대지 해석을 대지 진술과 병기(倂記)함으로써 설교자 자신과 회중의 믿음과 삶에 적용적인 설교가 되게 한다.
5) FCF(Fallen Condition Focus)를 서론에서 제시하고, 각 대지의 전개 과정에서 FCF를 계속 적용하여 설교가 분명한 방향성이 있도록 한다.
6) 제목과 주제의 중요성을 강조하고 특히 서론 작성 5단계를 통하여 이를 회중의 마음에 각인시킨다.
7) 각 대지의 전개(展開)는 설명부와 예증부와 적용부로 적절히 구성하되, 특히 적용부 작성 4대 요소(What, Where, Why, How)를 최대한 반영한다.
8) 주어진 성경 본문에 꼭 맞는 맞춤형 대지 유형들의 조합이 되도록 평소에 대지 유형에 대한 연구를 게을리하지 않는다.
9) 설교자는 예배 시작부터 마칠 때까지 설교의 로고스(Logos)와 파토스(Pathos) 그리고 에토스(Ethos)가 어떻게 융합 되어 나타나고 있는가를 항상 살핀다.
10) 설교자는 예배의 전 과정을 통하여 본문에 내재되어 있는 말씀 생기가 성령의 검이 되어 회중에게 역사하고 있는지를 살핀다.

설교클리닉 **2박3일**의 감동

설교가 하나님의 말씀이 되려면
성경 본문의 의도에 충실한 설교여야 함

강해대지설교의 3대 특징

1) 본문 중심(Text-centered)
2) 주제 중심(Subject-centered)
3) 적용 중심(Application-centered)

설교주제잡기의 5대 규칙

1) 제목은 주제로부터 '그대로' 또는 '함축적으로' 가져온다.
2) 대지진술은 본문에서 '그대로' 또는 '함축적으로' 가져온다.
3) 제목과 대지는 자연스럽게 연결되어 스토리가 되어야 한다.
4) 본문을 적절히(proportionally) 분할하여 대지를 잡는다.
5) 대지해석은 대지 진술을 적용적으로 해석하여야 한다(직역 또는 의역).

대지 전개의 3요소

1) 설명부: 반복, 재진술, 묘사와 정의, 주해, 논증
2) 예증부: 유추(analogy), 실례(example), 은유(metaphor) 형식의 예화
3) 적용부: What to do, Where to do, Why to do, How to do

강해대지설교 **작성 훈련**

1) 설교 클리닉 2박3일 과정

- 살아 있는 강의 (교재: 『좋은 설교』)
- 참여자들의 설교 시연과 대표강사의 강평 및 교정
- 10명 이상이면 전국 어느 지역에서나 개설 가능

* 『설교주제잡기 700선 제1권』의 "설교클리닉 2박3일의 감동"을 참조하십시오.

2) 설교 클리닉 중급반 과정 (1박2일)

- 본문 석의에 입각한 설교 작성 강의
- 『설교주제잡기 700선』 제1권~제7권 사용, Dynamic Discussion
- 2박3일 과정 수료자에 한함

3) 강해대지설교 일일 세미나

- 『설교주제잡기 700선』 각권에서 실제 주일예배 설교를 작성하는 방법을 쉽게 안내함
- 각 노회, 연합회, 목회자 모임 등에서 특별 집회의 기회로 이용하실 수 있음

강해대지설교 **도서**안내

『좋은 설교: 강해대지설교 클리닉의 이론과 실제』

박순오 저, 시그마프레스 刊, 2017.

하나님 행위로서의 설교, 좋은 설교와 위대한 설교, 강해 대지설교로의 부름, 설교 작성의 준비, 설교 작성의 실제, 대지의 다양한 유형, 설교 전달의 실제, 그리스도 중심의 설교. 부록: 설교클리닉 수료자들의 생생한 소감문

『설교주제잡기 700선』

박순오 저, 조명문화사 刊, 2018.

제1권 : 설교주제잡기(모세오경), 설교 작성의 이론과 실제
제2권 : 설교주제잡기(역사서, 시가서, 선지서), 대지의 다 양한 유형과 그 변화
제3권 : 설교주제잡기(마태복음, 마가복음, 누가복음), 한 본문에서 다양한 개요를 잡는 방법
제4권 : 설교주제잡기(요한복음, 사도행전), 대지 유형 변 화에 따른 개요 변화
제5권 : 설교주제잡기(로마서~요한계시록), 그리스도 중심 의 설교 작성하기
제6권 : 성경적 상징주의를 적용한 설교주제잡기
제7권 : 목회계획에 따른 설교주제잡기(송구영신, 사순절, 부활절, 성령강림절, 가정의달, 맥추감사절 추수 감사절, 3.1절, 광복절, 대림절, 성탄절 등)

***공급처 : 교보, 알라딘, 영풍, 또는 저자로부터 직접 공급**

설교클리닉 **강사**

박순오 목사

- 서울대학교 공과대학 졸업
- 총신대학교 신학대학원 졸업(M.Div, 구약신학)
- 미국 Westminster 신학교, Covenant 신학교 수학
- 계명대학교 대학원 졸업(Ph.D. 실천신학)
- 뉴욕언약교회 개척 시무(12년)
- New York Evangelical Seminary 이사장 역임
- 예장총회 교육부장 역임
- 대구기독교총연합회 대표회장 역임
- 대구성시화운동본부 대표본부장 역임
- 대구서현교회 담임목사 역임
- 현)기독영성상담연구소 이사장
- 현)Philippine Evangelical Seminary 외래교수
- 현)사단법인 나눔과기쁨 상임대표
- 현)강해대지설교클리닉 대표강사

강해대지설교의 엄청난 능력을 아십니까?
회중의 혼과 영과 관절과 골수를 찔러 쪼개는
말씀 생기(히4:12)를 아십니까?
강해대지설교의 새로운 세계로
여러분을 안내해 드립니다.

설교클리닉 수료자 **소감**

강○○ 목사 (○○○교회)
저는 설교자로서 부족함을 느끼면서도 그래도 잘 하려고 노력은 하고 있고 나름대로 괜찮은 설교자라고 생각해 왔습니다. 그러던 중 박순오 목사님의 강해대지설교 클리닉을 통해서 제 설교가 성도 들의 삶을 변화시키지 못하는 원인을 발견하게 되었습니다…

허○○ 목사 (○○축복교회)
…2박 3일동안 성실하게 참여했다. 참석하게 된 것이 너무 잘했다는 생각이 들었다. 폭넓고 깊은 주제를 관철하는 설교의 능력은 타의 추종을 불허하겠다는 생각이 들었다. 이렇게 다양하고 오묘한 팩트 들을 프레임화 해서 수십 가지의 다양한 패턴의 설교의 집중력을 키워주는 설교가 또 있을까? 정말 놀랍고 놀라웠다…

조○○ 목사 (○○○교회)
…설교 사역에 대한 마음이 안개 속을 걷듯 희미했던 나에게 정오의 찬란한 햇빛이 들어오듯 밝고 소망에 찬 마음으로 가득차진다. 본 과정을 마치니 설교의 기본 틀이 눈에 확 들어온다. 나도 잘 할 수 있다는 용기가 생긴다…

전○○ 목사 (○○교회)
…설교의 주제와 제목을 정하는 것부터 시작하여 설교 전체를 완성하는 데 있어서 체계적인 방법을 배움으로써 각 대지의 진술과 대지 해석, 그리고 대지 전개의 세 요소인 설명-예증-적용을 지금까지보다는 비교되지 않을 정도로 부요하고 힘차게 전달할 수 있게 되었다…

| 문의 |

강해대지설교 클리닉 대표강사
사단법인 나눔과 기쁨 상임대표 **박순오** 목사 010-3825-6187

서울시 마포구 토정로 319 (용강동, 3층) (사)나눔과 기쁨 ☎ 1544-9509